JN090867

# たんの吸引等第三号研修（特定の者）テキスト

## 改訂版

たんの吸引、経管栄養注入の知識と技術


編　NPO法人
医療的ケアネット

執筆　高木憲司・下川和洋
江川文誠・三浦清邦
北住映二・石井光子
二宮啓子・勝田仁美

# はじめに――NPO法人医療的ケアネットと第３号研修

「医療的ケア」のあゆみは、1980年代に鼻腔チューブ栄養や口腔内吸引からはじまり、気管切開児の支援、そして1990年代に入り、人工呼吸器や酸素療法が生活の一部になり、胃ろう管理へと変化してきました。

「医療的ケア」と私の関わりは1980年代、大阪府の養護学校校医（交野養護学校）になってから、養護教諭や担任教諭らとの医療的ケアについての定期的な勉強会に取り組みました。そして、その勉強会などから以下の二つにつながっていきました。

一つは2000年の第42回日本小児神経学会(大阪)での議論に引き継がれ、医師を中心にした「障害児医療の専門家としての療育支援」の取り組みへと発展しました。そして、学会として社会活動委員会を立ち上げ、現在も一年に一回、医師・看護師等対象の「医療的ケア研修セミナー」を開催しています(第1回2004年・大津市)。テキストは『医療的ケア研修テキスト』(2006年初版、2012年新版）を作りました。小児神経科医も医療的ケアについて勉強しようというものでした。

もう一つは、非医療職との医療的ケアに関する勉強会で、2002年に「保健・医療・教育・福祉ネットワーク近畿」の発足へとつながり、2003年の夏には京都府丹後半島で「医療的ケア研修セミナー」を二日間にわたって開催しました。その成功を契機に非医療職の「医療的ケア研修セミナー」は年に一度、名古屋、横浜、仙台など各地で開催するようになり、2007年３月には現在のNPO法人医療的ケアネットとして歩むことになりました。

こうした障害児者への医療的ケア支援の経緯と並行して、2000年以降、高齢者に対する医療的ケア、とくに吸引と胃ろう管理が問題化して、2012年の当時の民主党政権下での「社会福祉士及び介護福祉士法等の改正」により、医療的ケアの実施が非医療職でも一定の研修後（第三号研修）に実施可能になりました。この法制化の検証と討論については、『医療的ケア児者の地域生活支援の行方（2013年）』と『医療的ケア児者の地域生活保障――特定研修を全国各地へひろげよう（2014年）』（いずれもクリエイツかもがわ）に詳述しています。

この法律は、増え続ける高齢者の口腔内吸引や胃ろうに非医療職員が対応するための緊急的な法制化であり、養護学校（特別支援学校）で教職員が取り組んできた医療的ケアとは温度差がありました。事実、厚生労働省担当局は当初は老健局であり、障害福祉の社会援護局ではなかったことでもわかります。障害児者運動のなかで生まれてきたニーズとは少し異なっていたために、現在でも第三号研修そのものが、現場で十分認知され、活用される状況には至っていません。

また、第三号研修のテキストも厚生労働省と文部科学省の二系列で作成されていて、３号研修の基礎研修を行う時のテキスト・スライドは、両者をうまく補完する形で行ってきた経過があります。本書の執筆者は、障害児者への医療的ケアに関わってきた歴史をもち、いまなお現場で支援をつづけている方々です。基本的には、厚生労働省や文部科学省のこれまでのテキスト内容に沿いつつ、若干の修正と新たに必要なものを加筆したものです。

いま医療的ケアの必要な障害児者を支えてきた親も老い、障害者本人も老いてきています。自宅での支援も難しいなか、今後のどのような支援が必要なのかを考えた時、入所施設への入所だけでなく、グループホームを終の住処にできるようなシステムなどを保障していかねばなりません。

医療的ケアを含めて、生きていくために必要な支援を24時間行う、パーソナル・アシスタント制度の北欧スウェーデンは、ヨーロッパの難民受け入れによる経済的理由によって、きびしい状況にあると聞きます。わが国でのパーソナル・アシスタント制度は、札幌市などごく一部の取り組みです。必要な人に必要なだけの支援を受けられる制度をつくるために、さらに声を上げていかなければなりません。障害者の高齢化や重症化も待ってくれません。そのためには、いまある第三号研修をより中身のある制度、経済的に事業として成り立ち、支援者がやりがいを感じる制度にしていかなければなりません。本書はそのために役立つものと確信しています。

＊改訂版発行にあたり以下の内容を反映しました。

1．2021（令和3）年6月11日、「日常生活及び社会生活を営むために恒常的に医療的ケア（人工呼吸器による呼吸管理、喀痰吸引その他の医療行為）を受けることが不可欠である児童（18歳以上の高校生等を含む）」を「医療的ケア児」と定義し、その支援を国・地方公共団体の責務（責任と義務）とした「医療的ケア児及びその家族に対する支援に関する法律」（医療的ケア児支援法）が国会で成立。

2．2021年4月1日からの医療的ケア児に対する支援を充実させるための加算の創設、拡充、報酬単価の改定。

3．初版では講義Ⅱ、講義Ⅲの演習部分が重複していましたが、改訂にあたり集約。

2021年8月

NPO法人医療的ケアネット　理事長　杉本健郎

＊本書の編集制作にあたり、「子どもから大人までの利用者」対象を編集方針としました。

⑴「喀痰の吸引等」の用語は、制度の場合を除いて「たんの吸引等」と表記しました。

⑵「Ⅰ重度障害児者等の地域生活に関する講義」は、第三号研修の講師経験が豊かな執筆陣（奥付参照）に担当していただきました。

⑶ 出典：文部科学省ホームページ『特別支援学校における介護職員等によるたんの吸引等（特定の者対象）研修テキスト』Ⅱの講義、Ⅲの演習の章を全面的に引用し、その執筆者（奥付に詳細）に編集方針に基づいた内容に加筆・改変していただきました。
http://www.mext.go.jp/a_menu/shotou/tokubetu/material/1323049.htm

⑷ 出典：大人に関する内容および資料、Q&Aは、厚生労働省ホームページ『喀痰吸引等研修テキスト（第三号研修）』から引用しました。
http://www.mhlw.go.jp/seisakunitsuite/bunya/hukushi_kaigo/shougaishahukushi/kaigosyokuin/text.html

もくじ

# Ⅰ　重度障害児者等の地域生活に関する講義

## Ⅱ たんの吸引等を必要とする重度障害児者等の障害および支援、緊急時の対応および危険防止に関する講義(健康状態の把握・経管栄養)経管栄養に関する演習

## III たんの吸引等を必要とする重度障害児者等の障害および支援、緊急時の対応および危険防止に関する講義 たんの吸引に関する演習

## 2　たんの吸引(基本)

# 講義 I

# 重度障害児者等の地域生活に関する講義

# 1 介護職員等によるたんの吸引等（第三号研修「特定の者対象」）の研修の概要

I-1

## たんの吸引等の制度（全体像）

介護職員等による喀痰吸引等（たんの吸引等）の制度の全体像です。

本制度を運用する役割は都道府県になります。都道府県は、研修機関の登録、指導監督を行い、研修を終えた介護職員等に認定証を交付し、たんの吸引等を実施する事業者の登録・指導監督を行います。

研修を修了した介護職員等が、登録事業所に勤務したんの吸引等を実施する場合は、住民票等を添えて都道府県に登録し、“認定特定行為従事者”となる必要があります。

2017（平成29）年度以降の国家試験に合格した介護福祉士については、たんの吸引等について研修を修了しているため、登録事業所に勤務した場合にはたんの吸引等が実施できます。

なお、介護福祉士養成施設において、実地研修が修了していない場合は、実地研修の修了が必須となります。

また、たんの吸引等については、医行為であることに変わりはないため、医師の指示と看護職員との連携、本人・家族への説明と同意が義務づけられています。

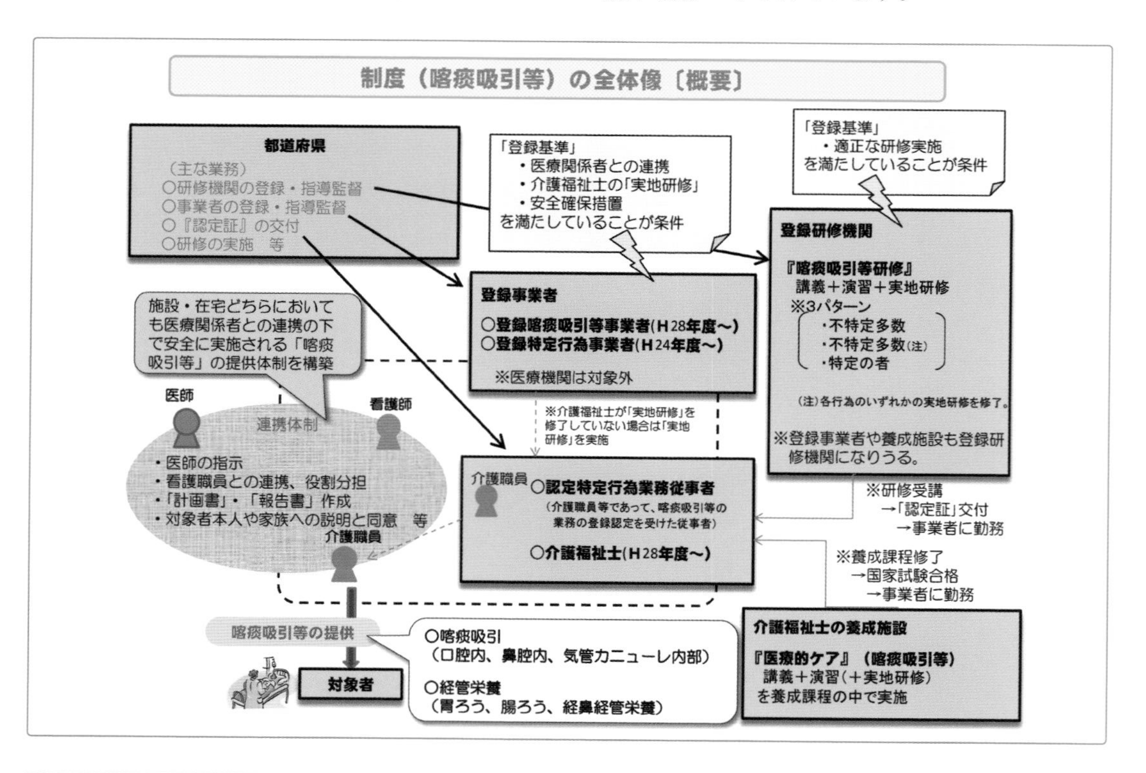

## Ⅰ-2

# 障害者総合支援法の理念

**障害者総合支援法**（平成24年6月27日）

**第1条の2　基本理念**

障害者及び障害児が日常生活又は社会生活を営むための支援は、全ての国民が、障害の有無にかかわらず、等しく基本的人権を享有するかけがえのない個人として尊重されるものであるとの理念にのっとり、全ての国民が、障害の有無によって分け隔てられることなく、相互に人格と個性を尊重し合いながら共生する社会を実現するため、全ての障害者及び障害児が可能な限りその身近な場所において必要な日常生活又は社会生活を営むための支援を受けられることにより社会参加の機会が確保されること及びどこで誰と生活するかについての選択の機会が確保され、地域社会において他の人々と共生することを妨げられないこと並びに障害者及び障害児にとって日常生活又は社会生活を営む上で障壁となるような社会における事物、制度、慣行、観念その他一切のものの除去に資することを旨として、総合的かつ計画的に行わなければならない。

障害者へのサービス提供は「障害者総合支援法」の基本理念に則って行うことになります。

重要な理念の一つとして「どこで誰と生活するかについての選択の機会が確保され、地域社会において他の人々と共生することを妨げられないこと並びに障害者及び障害児にとって日常生活又は社会生活を営む上で障壁となるような社会における事物、制度、慣行、観念その他一切のものの除去に資することを旨とし」があります。

医療職以外の介護職員等に、たんの吸引や経管栄養注入等を可能とすることにより、重度の障害のある方々も自分が暮らしたいところに暮らすという選択ができるようになりました。

この研修には、そのような方々の生活の幅を広げるといった意義があることを理解する必要があります。

## Ⅰ-3

# 医療的ケアとは？

## 介護職員等によるたんの吸引等の法改正以前の取扱い

○ 喀痰吸引・経管栄養は、医行為に該当し、医師法等により、医師、看護職員のみが実施可能

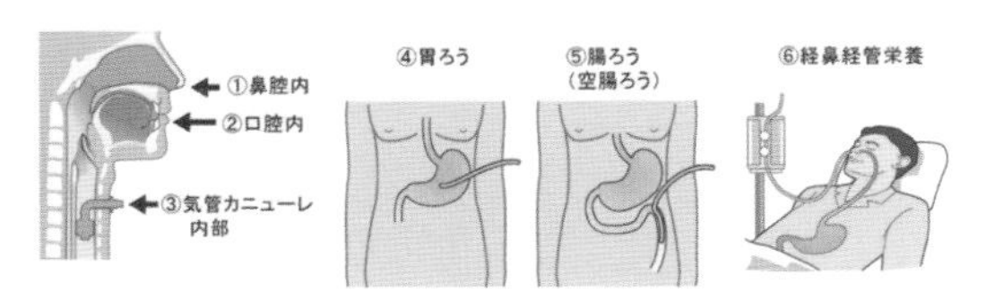


○ 例外として、一定の条件下（本人の文書による同意、適切な医学的管理等）でヘルパー等による実施を容認（実質的違法性阻却論）

◆在宅の患者・障害者・・・①②③
◆特別支援学校の児童生徒・・・①②＋④⑤⑥
◆特別養護老人ホームの利用者・・・②＋④

※ ①～⑥のそれぞれの行為の中に、部分的にヘルパー等が行えない行為がある。
（例：特養での胃ろうにおけるチューブ等の接続と注入開始は実施行為に位置づけられていない）

「医療的ケア」（たんの吸引等）とは、たんの吸引（鼻腔内・口腔内・気管カニューレ内）と経管栄養（胃ろう・腸ろう・経鼻経管栄養）を指し、これらは基本的に医療行為に該当し、医師法等により、医師、看護職員のみ実施可能とされていました（たんの吸引については、平成

22年度からリハビリテーション専門職にも解禁)。

ところが、平成24年度以前においても、「実質的違法性阻却」、つまり違法な行為ではあるが、運用上の取扱いで介護職員等にも当面のやむを得ない措置として容認してきていたのです。

行為の種類は、たんの吸引の口腔内、鼻腔内、気管カニューレ内と経管栄養の胃ろう、腸ろう、経鼻経管栄養ですが、在宅、特別支援学校、特別養護老人ホームのそれぞれの通知ごとで取扱いが異なっていました。

I-4

## 介護職員等によるたんの吸引等の実施のための制度について（「社会福祉士及び介護福祉士法」の一部改正）

介護職員等によるたんの吸引等の実施のための制度について「社会福祉士および介護福祉士法」の一部改正案が可決成立し、介護福祉士および一定の研修を受けた介護職員等は、一定の条件の下にたんの吸引等の行為を実施できることになりました。

他の医療関係職と同様に、保健師助産師看護師法の規定にかかわらず、診療の補助として、たんの吸引等を行うことを業とすることができることとされました。

実施可能な行為は、「喀痰吸引その他の日常生活を営むのに必要な行為であって、医師の指示の下に行われるもの」とし、具体的には前述した通りです。

介護職員等の範囲ですが、「介護福祉士」と「介護福祉士以外の介護職員等」とされ、一定の研修を修了した者を都道府県知事が認定することとされました。しかし、介護職員等が個人として認定を受けただけではたんの吸引等はできず、「医師、看護職員等の医療関係者との連携の確保」等の一定の要件を備えた「登録事業者」に所属することで実施が可能とな

**趣旨**

○介護福祉士及び一定の研修を受けた介護職員等は、一定の条件の下に喀痰吸引等の行為を実施できることとする。
☆喀痰吸引や経管栄養は「医行為」と整理されており、現在は、一定の条件の下に実質的違法性阻却論により容認されている状況。

**実施可能な行為**

○喀痰吸引その他の日常生活を営むのに必要な行為であって、医師の指示の下に行われるもの
※ 保健師助産師看護師法の規定にかかわらず、診療の補助として、喀痰吸引等を行うことを業とすることができる。
☆具体的な行為については省令で定める
・喀痰吸引(口腔内、鼻腔内、気管カニューレ内部)
・経管栄養(胃ろう、腸ろう、経鼻経管栄養)

**介護職員等の範囲**

○介護福祉士
☆具体的な養成カリキュラムは省令で定める
○介護福祉士以外の介護職員等
☆一定の研修を修了した者を都道府県知事が認定
☆認定証の交付事務は都道府県が登録研修機関に委託可能

**登録研修機関**

○喀痰吸引等の研修を行う機関を都道府県知事に登録
(全ての要件に適合している場合は登録)
○登録の要件
☆基本研修、実地研修を行うこと
☆医師・看護師その他の者を講師として研修業務に従事
☆研修業務を適正・確実に実施するための基準に適合
☆具体的な要件については省令で定める
※ 登録研修機関の指導監督に必要な登録の更新制、届出、改善命令等の規定を整備。

**登録事業者**

○自らの事業の一環として、喀痰吸引等の業務を行う者は、事業所ごとに都道府県知事に登録
(全ての要件に適合している場合は登録)
○登録の要件
☆医師、看護職員等の医療関係者との連携の確保
☆記録の整備その他安全かつ適正に実施するための措置
☆具体的な要件については省令で定める
※ 登録事業者の指導監督に必要な届出、報告徴収等の規程を整備

<対象となる施設・事業所等の例>
・介護関係施設(特別養護老人ホーム、老人保健施設、グループホーム、有料老人ホーム、通所介護、短期入所生活介護等)
・障害者支援施設等(通所施設及びグループホーム等)
・在宅(訪問介護、重度訪問介護(移動中や外出先を含む)等)
・特別支援学校
※医療機関は対象外
出典:介護職員等によるたんの吸引等の実施のための制度の在り方に関する検討会「中間まとめ」

**実施時期及び経過措置**

○平成24年4月1日施行
(介護福祉士については平成28年4月1日施行。ただし、それ以前であっても、一定の研修を受ければ実施可能)
○現在、一定の条件の下に喀痰吸引等を実施している者が新たな制度の下でも実施できるために必要な経過措置

ります。これまでの、個人契約的な不安定性が解消され、事業者がしっかりと責任をもつこととなりました。

〈対象となる施設・事業所等の例〉ですが

・介護関係施設（特別養護老人ホーム、老人保健施設、グループホーム、有料老人ホーム、通所介護、短期入所生活介護等）
・障害者支援施設（通所施設およびグループホーム等）
・在宅（訪問介護、重度訪問介護（移動中や外出先を含む）等）
・特別支援学校

などが想定されますが、医療機関については、医療職種の配置があり、たんの吸引等については看護師等の本来業務として行うべきであることから対象外とされています。

この制度の実施時期は、一部を除き2012（平成24）年4月1日の施行、介護福祉士については2016（平成28）年4月1日の施行となりました。

Ⅰ-5

## 介護職員等によるたんの吸引等（特定の者対象）の研修カリキュラム　第三号研修の概要

介護職員等によるたんの吸引等（特定の者対象）の研修カリキュラム（第三号研修）の概要をみておきましょう。

研修は、基本研修と実地研修があります。

基本研修は、8時間の講義と1時間のシミュレーター演習からなっています。

その後、実地研修を行いますが、第三号研修の場合は、誰に行うかが特定されていますので、その方に対して実地研修を実施します。本人や家族の意向を尊重し、個別性も重視していただきたいと思います。

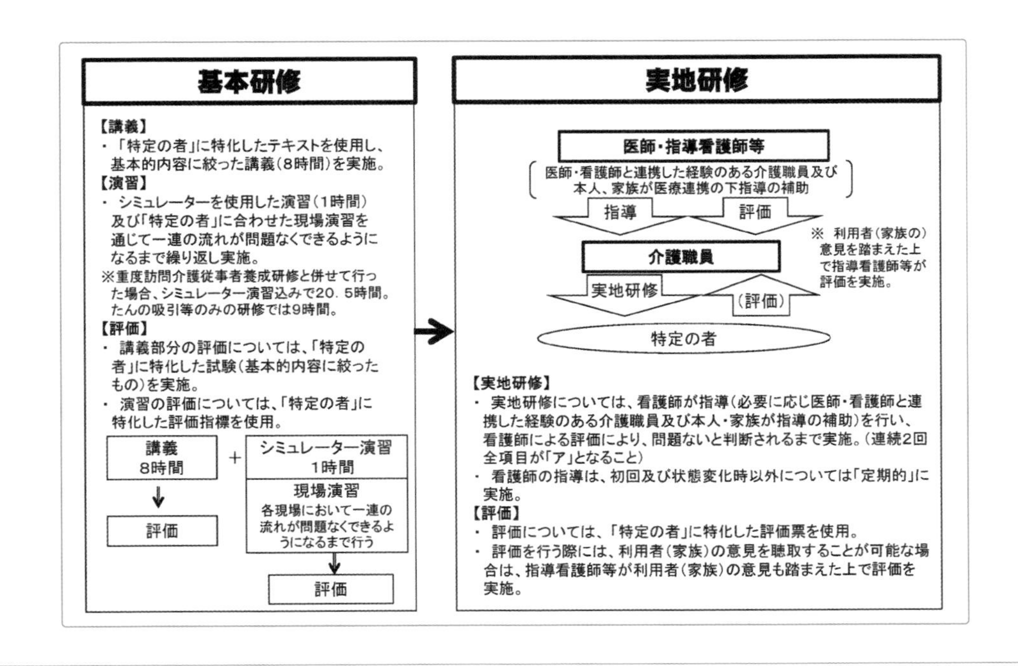

基本研修
【講義】
・「特定の者」に特化したテキストを使用し、基本的内容に絞った講義（8時間）を実施。
【演習】
・シミュレーターを使用した演習（1時間）及び「特定の者」に合わせた現場演習を通じて一連の流れが問題なくできるようになるまで繰り返し実施。
※重度訪問介護従事者養成研修と併せて行った場合、シミュレーター演習込みで20．5時間。たんの吸引等のみの研修では9時間。
【評価】
・講義部分の評価については、「特定の者」に特化した試験（基本的内容に絞ったもの）を実施。
・演習の評価については、「特定の者」に特化した評価指標を使用。
講義
8時間
評価
＋
シミュレーター演習
1時間
現場演習
各現場において一連の流れが問題なくできるようになるまで行う
評価
実地研修
医師・指導看護師等
医師・看護師と連携した経験のある介護職員及び本人、家族が医療連携の下指導の補助
指導
評価
※ 利用者（家族の）意見を踏まえた上で指導看護師等が評価を実施。
介護職員
実地研修
（評価）
特定の者
【実地研修】
・実地研修については、看護師が指導（必要に応じ医師・看護師と連携した経験のある介護職員及び本人・家族が指導の補助）を行い、看護師による評価により、問題ないと判断されるまで実施。（連続2回全項目が「ア」となること）
・看護師の指導は、初回及び状態変化時以外については「定期的」に実施。
【評価】
・評価については、「特定の者」に特化した評価票を使用。
・評価を行う際には、利用者（家族）の意見を聴取することが可能な場合は、指導看護師等が利用者（家族）の意見も踏まえた上で評価を実施。

I-6

## 【第三号研修】基本研修カリキュラム

基本研修のカリキュラムです。

基本研修では、８時間の講義と１時間の演習（シミュレーター演習）を行います。

講義部分の知識習得の確認のため、筆記試験を行います。

四肢択一式問題を20問、30分で回答していただき、90点以上を合格としますので、みなさんしっかり講義を受けてください（研修機関によって異なる場合があります）。

出題の範囲は、たんの吸引と経管栄養に関する基礎的な部分です。

基本研修のいわゆる集合的に行う演習（シミュレーター演習）については、当該行為のイメージをつかむこと（手順の確認等）を目的とし、評価は行いません。

実地研修の序盤に、実際に本人のいる現場において、指導看護師や経験のある介護職員が行うたんの吸引等を見ながら本人ごとの手順にしたがって演習（現場演習）を実施し、プロセスの評価を行います。位置づけとしてはここまでが「基本研修」となります。

I-7

## 【第三号研修】実地研修

実地研修の内容です。

ケアの対象者は特定の方で、その方が必要とする行為の実地研修のみを行います。

実地研修では、医師や看護師等が指導しますが、特に在宅においては、必要に応じ医師・看護師と連携した経験のある介護職員および本人・家族が指導の補助を行います。医師や看護師等による評価により、連続２回全項目が問題ないと判断されるまで実施します。

評価を行う際には、本人の意見をお聞きすることができる場合は、本人の意見も踏まえた上で評価を実施してください。

本人の意思が十分に確認できない場合は、家族の方の意見も十分にお聞きする必要があります。

医師や看護師等の指導は、初回および状態変化時以外については「定期的」に実施します。

### 第二号研修の取扱いの変更について

平成27年3月27日付け厚生労働省社会・援護局長通知により、第二号研修の取扱いが見直されました。これまで、第二号研修については、口腔内の喀痰吸引、鼻腔内の喀痰吸引、胃ろうまたは腸ろうによる経管栄養の実地研修を3つあわせて履修する必要がありましたが、気管カニューレ内部の喀痰吸引と経鼻経管栄養も含め、実地研修を個別に履修、登録できるようになりました。この場合、対象者が代わっても実地研修の際、履修は必要ないことから、座学は長いけれど、対象者に必要な行為から資格を取って行けるという利便性が高まりました。ただし、重度障害児者は個別性が高いため、医療連携は欠かせません。

「特定の者」の実地研修については、特定の者の特定の行為ごとに行う必要がありますが、基本研修をそのつど再受講する必要はありません。

（高木憲司）

〈I-6〉

| 科　目 | 中項目 | 時間数 |
|---|---|---|
| 重度障害児・者等の地域生活等に関する講義 | ・障害者自立支援法と関係法規<br>・利用可能な制度<br>・重度障害児・者等の地域生活　等 | 2 |
| 喀痰吸引等を必要とする重度障害児・者等の障害及び支援に関する講義<br>緊急時の対応及び危険防止に関する講義 | ・呼吸について<br>・呼吸異常時の症状、緊急時対応<br>・人工呼吸器について<br>・人工呼吸器に係る緊急時対応<br>・喀痰吸引概説<br>・口腔内・鼻腔内・気管カニューレ内部の吸引<br>・喀痰吸引のリスク、中止要件、緊急時対応<br>・喀痰吸引の手順、留意点　等 | 3 |
| | ・健康状態の把握<br>・食と排泄（消化）について<br>・経管栄養概説<br>・胃ろう（腸ろう）と経鼻経管栄養<br>・経管栄養のリスク、中止要件、緊急時対応<br>・経管栄養の手順、留意点　等 | 3 |
| 喀痰吸引等に関する演習 | ・喀痰吸引（口腔内）<br>・喀痰吸引（鼻腔内）<br>・喀痰吸引（気管カニューレ内部）<br>・経管栄養（胃ろう・腸ろう）<br>・経管栄養（経鼻） | 1 |

○　基本研修（講義及び演習）
※　演習（シミュレーター演習）については、当該行為のイメージをつかむこと（手順の確認等）を目的とし、評価は行わない。実地研修の序盤に、実際に利用者のいる現場において、指導看護師や経験のある介護職員が行う喀痰吸引等を見ながら利用者ごとの手順に従って演習（現場演習）を実施し、プロセスの評価を行う。

〈I-7〉

| | |
|---|---|
| 口腔内の喀痰吸引 | 指導看護師等による評価（所定の判断基準）により、問題ないと判断されるまで実施。<br><br>※　評価を行う際には、利用者の意見を聴取することが可能な場合は、利用者の意見も踏まえた上で評価を実施。 |
| 鼻腔内の喀痰吸引 | |
| 気管カニューレ内部の喀痰吸引 | |
| 胃ろう又は腸ろうによる経管栄養 | |
| 経鼻経管栄養 | |

○　指導看護師等による指導、確認を初回及び状態変化時に行い、初回及び状態変化時以外の時は、定期的に指導看護師等による指導、確認を行うこととし、医師・看護師等と連携した本人・家族又は経験のある介護職員等が実地研修の指導の補助をすることも可能とする。また、指導看護師等は、実地研修の評価を行うものとする。
○　実地研修を受けた介護職員等に対し、所定の評価票（介護職員等による喀痰吸引等の研修テキストに添付）を用いて評価を行う。（特定の者ごとの実施方法を考慮した評価基準とすることができる。）
○　評価票の全ての項目についての医師又は指導看護師等の評価結果が、**連続2回「手順どおりに実施できる」となった場合に、実地研修の修了を認める。**
○　「特定の者」の実地研修については、特定の者の特定の行為ごとに行う必要がある。なお、その際、基本研修を再受講する必要は無い。

先輩ヘルパーやご本人、家族から事前に十分な手技に関する指導を受けてから評価をお願いしてください

# 2 障害者の権利に関する条約と医療・福祉・教育の制度改革

障害者の権利に関する条約と医療・福祉・教育の制度改革を説明します。

はじめに、これまでの障害児・者の福祉の動向と背景をみていきましょう。

I-8

## 障害保健福祉施策の歴史

共生社会の実現や障害児者の社会参加、それを阻むさまざまな障壁の除去等を理念とする現在の障害者総合支援法に至るまでの障害保健福祉施策の歴史を振り返ってみましょう。

この間の特徴を3つにまとめてみました。

①障害のある人や難病の方を支援するための個々の法律が、障害者総合支援法へと一本化されてきました。

②行政による措置から、利用者本位のサービス体系による契約に転換されました。これにともない利用者負担も導入されましたが、所得に応じた負担上限月額が設定されています。

③国際障害者年や障害者の権利に関する条約、

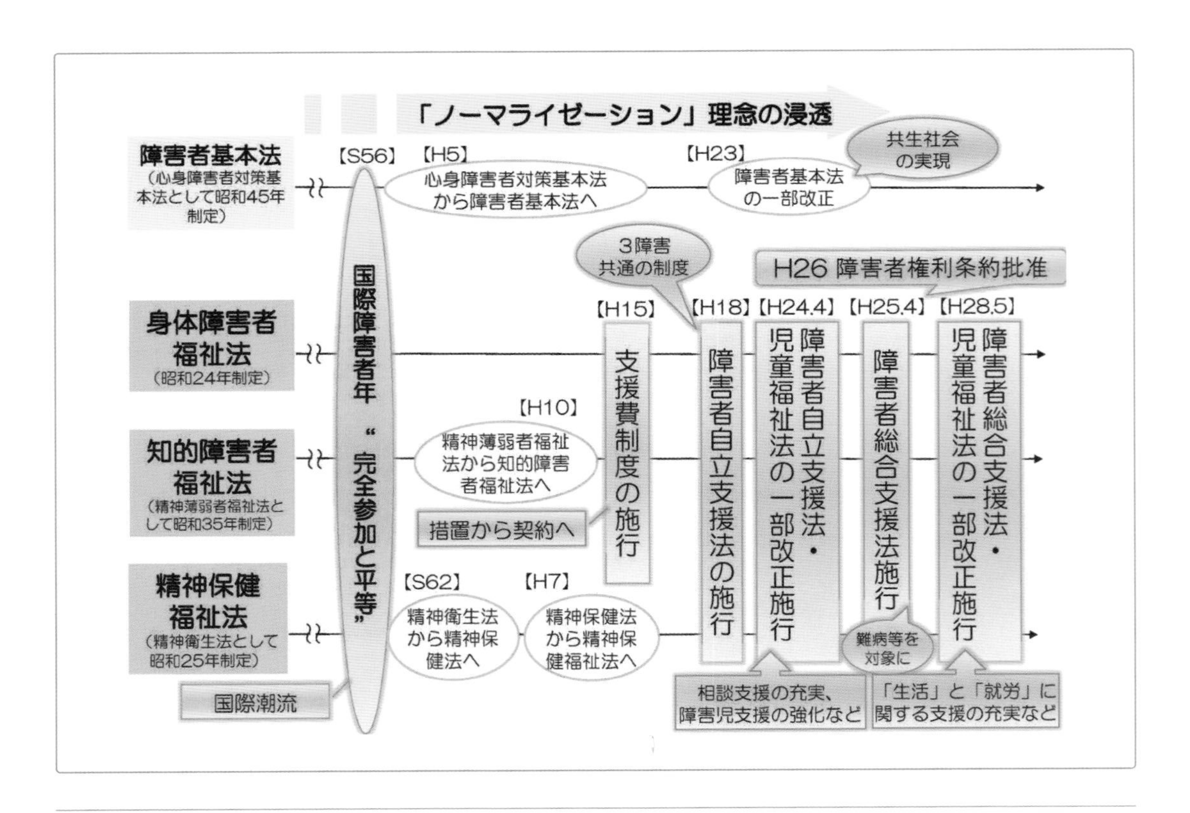

ノーマライゼーション理念などの国際潮流が、国内法の改革等に大きな影響を与えてきました。

I-9

## 障害者の権利に関する条約批准に向けた法改正

「障害者の権利に関する条約」（障害者権利条約）は、2006（平成18）年に国連総会で採択され、2008（平成20）年までに20か国が批准して条約は発効しました。しかし、日本政府が批准したのは、署名をした2007（平成19）年9月から約6年後の2014（平成26）年1月でした。なぜ批准までに時間がかかったのでしょうか。それは批准に向けた国内法の整備に時間を要したからなのです。

表にありますように福祉分野では障害者基本法の改正や障害者差別解消法などの制定、教育分野では障害のある者とない者が共に学ぶインクルーシブ教育を実現するために学校教育法施行令の一部改正などが行われました。障害者権利条約批准のために、なぜこのように国内法の改正が必要だったのでしょうか。それを理解するためには法のピラミッドを理解しておく必要があります。日本の法秩序は、憲法を頂点としたピラミッドを形成しています。上位の法令に対して下位の法令は矛盾してはいけません。条約は法律に対して上位にありますので、下位の法律以下が条約に矛盾しないように法改正や新しい法の制定が必要だったのです。

| | | | |
|---|---|---|---|
| 日本 | 福祉 | 2003年（平成15年）<br>支援費制度<br>2004年（平成16年）<br>障害者基本法改正<br>2006年（平成18年）<br>障害者自立支援法 | 2009年（平成21年）<br>障がい者制度改革推進本部<br>2011年（平成23年）<br>障害者基本法改正<br>2013年（平成25年）<br>障害者総合支援法<br>障害者差別解消法 |
| 日本 | 教育 | 2003年（平成15年）<br>特別支援教育の在り方に関する調査研究協力者会議 | 2012年（平成24年）<br>共生社会の形成に向けたインクルーシブ教育システム構築のための特別支援教育の推進<br>2013年（平成25年）<br>学校教育法施行令一部改正 |
| 世界 | 福祉・教育 | 1994年（平成6年）<br>ユネスコ・サラマンカ宣言<br>2006年（平成18年）<br>国連・障害者の権利に関する条約 | 2014年（平成26年）<br>日本が「障害者の権利に関する条約を批准」を批准した |

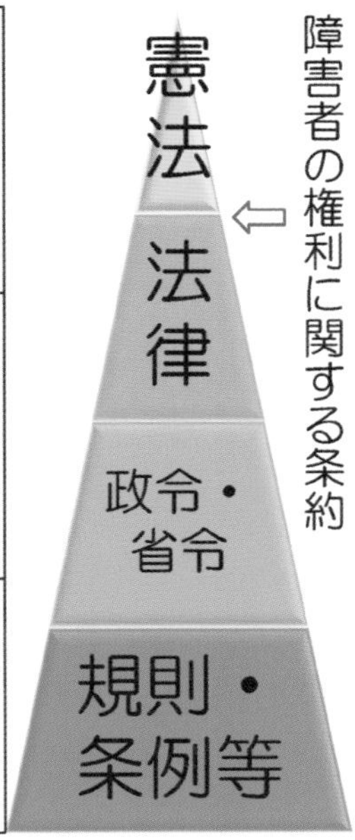

憲法
⇦ 障害者の権利に関する条約
法律
政令・省令
規則・条例等

## I-10 障害を理由とする差別の解消の推進に関する法律（障害者差別解消法）

障害を理由とする差別の解消の推進に関する法律（障害者差別解消法）

施行日：平成２８年４月１日（施行後３年を目途に必要な見直し検討）
改正法施行日：公布の日（令和３年６月４日）から起算して３年を超えない範囲内において政令で定める日

- 障害者の権利に関する条約（第5条　平等及び無差別）
- 障害者基本法（第4条　差別の禁止）
  ① 障害を理由とする差別等の権利侵害禁止
  ② 社会的障壁の除去と合理的配慮の提供
  ③ 国による啓発・知識普及の取り組み

具体化

- 障害を理由とする差別の解消の推進に関する法律（障害者差別解消法）

| | 差別的取扱いの禁止 | 合理的配慮の不提供の禁止 |
|---|---|---|
| 国・地方公共団体等 | 法的義務 | 法的義務 |
| 民間事業者 | 法的義務 | 努力義務 → 令和3年6月4日から3年以内 → 法的義務 |

出典　厚生労働省　一部改変

障害者権利条約の第５条には平等および無差別、そして障害者基本法の第４条には差別の禁止が規定されています。これを具体化する法律として、2013（平成25）年に「障害を理由とする差別の解消の推進に関する法律」（障害者差別解消法）が制定されました。障害者差別解消法は制定後約３年間の周知および対応要領などの作成のための期間を経て、2016（平成28）年４月１日から施行されました。

この法律により、国・地方公共団体や民間業者の区別なく、差別的な取り扱いの禁止は法的義務になりました。一方、「障害者が他の者との平等を基礎として全ての人権及び基本的自由を享有し、又は行使することを確保するための必要かつ適当な変更及び調整」（障害者権利条約第２条）である合理的配慮の提供は、民間には努力義務、国・地方公共団体には義務になりました。

なお、同法は令和３年５月に改正（令和３年法律第56号）され、努力義務だった民間事業者の合理的配慮の提供が義務化されました。改正法の施行日は、民間事業者への配慮から「公布の日（令和３年６月４日）から起算して３年を超えない範囲内において政令で定める日」とありますが、国会の附帯決議では「公布の日から三年を待たず、可能な限り早期に行うこと」とされました。

## I-11 合理的配慮とは何か？

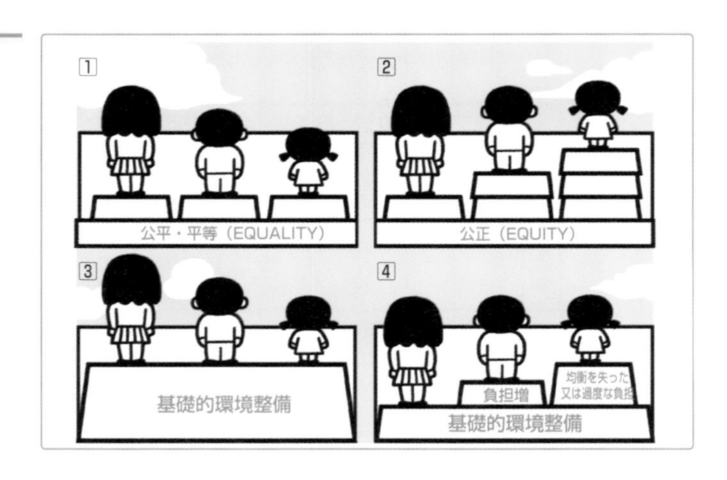


この合理的配慮について図をもとに説明しましょう。公平・平等は全員に対して同じもの

を与えます。しかし、この図の1のように壁の向こうを見たいという3人のニーズに対して、同じ高さの台を与えられても一番背の低い子どものニーズは満たされません。平等に与える前に全員の「見たい」というニーズが満たされた公正な状態（2）が重要なのです。この個々に応じた高さの台が合理的配慮になります。

さらに合理的配慮の基礎となる環境整備を基礎的環境整備と言います。ここでは全員に対して提供される台ですが、この台が高い、すなわち基礎的環境整備が充実していれば多くの人のニーズを同時に満たすことができます（3）。しかし、台が低い、すなわち基礎的環境整備が不十分だと人によっては、より特別な配慮が必要になります（4）。障害者権利条約第2条は合理的配慮を「均衡を失った又は過度の負担を課さないもの」としていますので、過度な負担の場合には、特別な配慮を提供しないという場合もありえます。これについて「文部科学省における障害を理由とする差別の解消の推進に関する対応要領」（平成27年12月25日）では、「過重な負担については、具体的な検討をせずに過重な負担を拡大解釈するなどして法の趣旨を損なうことなく、個別の事案ごとに、次に掲げる要素等を考慮し、具体的場面や状況に応じて総合的・客観的に判断することが必要」としています。このように個別・具体的に、合理的配慮が提供できるかの検討が大切です。

I-12

# 障害者総合支援法および児童福祉法の一部改正

平成28年5月

| 障害者総合支援法 | 児童福祉法 |
|---|---|
| 1．障害者の望む地域生活の支援<br>(1) 自立生活援助<br>(2) 就労定着支援<br>(3) 重度訪問介護を入院時も可能とする<br>(4) 65歳で介護保険に移行の際の軽減（償還できる仕組み）<br>2．障害児支援のニーズの多様化へのきめ細かな対応<br>(1) 居宅訪問により児童発達支援を提供するサービスの創設<br>(2) 保育所等訪問支援の対象を拡大する<br>(3) 医療的ケア児の支援の充実<br>(4) 障害児福祉計画を策定<br>3．サービスの質の確保・向上に向けた環境整備<br>(1) 補装具費の貸与の活用も可能とする<br>(2) 都道府県、自治体の事務の効率化 | ○第56条の6第2項<br>地方公共団体は、人工呼吸器を装着している障害児その他の日常生活を営むために医療を要する状態にある障害児が、その心身の状況に応じた適切な保健、医療、福祉その他の各関連分野の支援を受けられるよう、保健、医療、福祉その他の各関連分野の支援を行う機関との連絡調整を行うための体制の整備に関し、必要な措置を講ずるように努めなければならない。 |
| 平成30年4月1日施行（2．(3) 以外） | 平成28年6月3日施行 |

2012（平成24）年施行の障害者総合支援法は、法律制定時の付帯決議に「三年後の見直し」が入っていました。そこで、2016（平成28）年6月に障害者総合支援法および児童福祉法の改正が行われました。2018（平成30）年から重度訪問介護の入院時の利用や居宅訪問による児童発達支援の創設などが盛り込まれています。同時に児童福祉法の改正で、第56条の6第2項が新設されました。ここで特徴的なのは、法律で医療的ケアの代表に人工呼吸器を位置づけた点です。従来であれば医療的ケアの内容を「吸引や経管栄養などの医療を…」としていたところを、近年増加する人工呼吸器装着児の実情を考慮した表現になりました。

なお、2年ごとの医療の診療報酬改定と3年ごとの福祉の介護報酬・障害福祉サービス等報酬が同時改定される年は、大きく制度改正が行われると言われます。2018（平成30）年はその同時改定の年に当たります。

（下川和洋）

I-13

# 「医療的ケア児支援法」（「医療的ケア児及びその家族に対する支援に関する法律」）成立

### 「努力義務」で地域格差が生じていた

2016（平成28）年の改正障害者総合支援法では、障害児福祉計画の策定が義務化されました。その福祉計画策定に向けて厚生労働省が示した「障害福祉サービス等及び障害児通所支援等の円滑な実施を確保するための基本的な指針」では、各都道府県、各圏域および各市町村に「医療的ケア児支援のための関係機関の協議の場の設置」を求めました。

一方、障害者総合支援法と同時に改正された児童福祉法には、医療的ケアが必要な障害児に対して必要な支援を受けられるように「体制の整備に関し、必要な措置を講ずるように努めなければならない。」としました。しかし、自治体に課せられたのは「努力義務」であるため、取り組みや対応に地域格差が生じていました。

### 「医療的ケア児支援法」で国・自治体の責務が明確に

このような状況を踏まえて、2021（令和3）年6月11日、「日常生活及び社会生活を営むために恒常的に医療的ケア（人工呼吸器による呼吸管理、喀痰吸引その他の医療行為）を受けることが不可欠である児童（18歳以上の高校生等を含む。）」を「医療的ケア児」と定義し、その支援を国・地方公共団体の責務（責

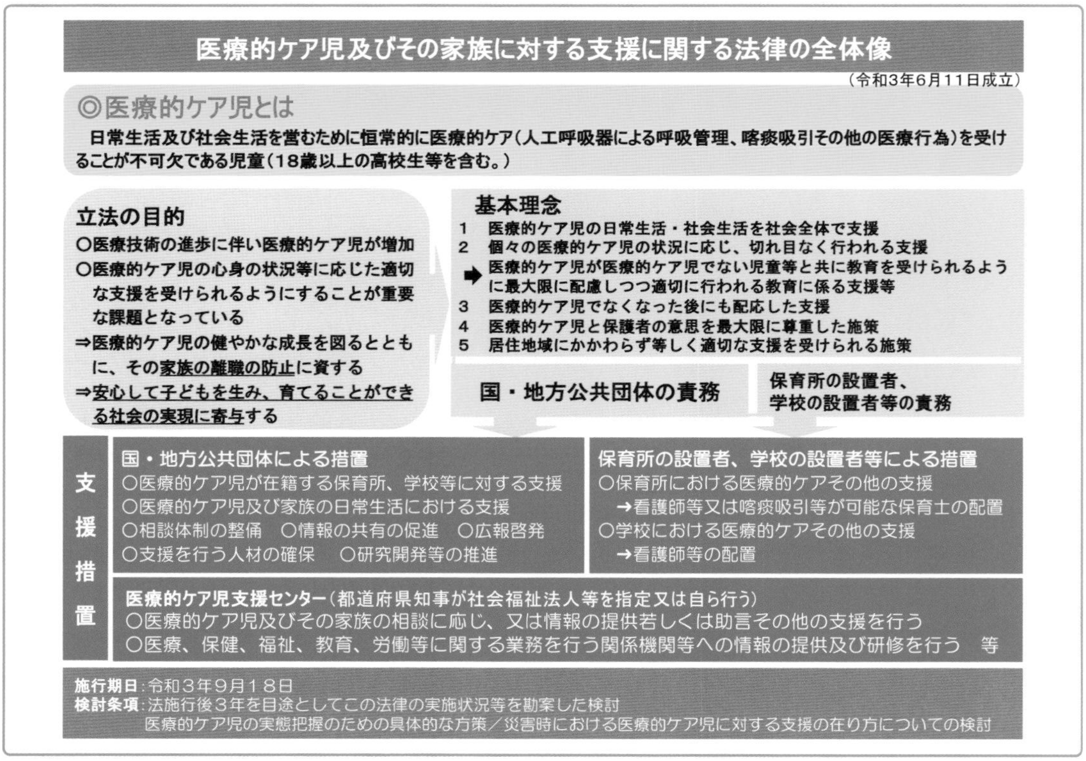

**医療的ケア児及びその家族に対する支援に関する法律の全体像**

（令和3年6月11日成立）

**◎医療的ケア児とは**

日常生活及び社会生活を営むために恒常的に医療的ケア（人工呼吸器による呼吸管理、喀痰吸引その他の医療行為）を受けることが不可欠である児童（18歳以上の高校生等を含む。）

**立法の目的**

○医療技術の進歩に伴い医療的ケア児が増加
○医療的ケア児の心身の状況等に応じた適切な支援を受けられるようにすることが重要な課題となっている
⇒医療的ケア児の健やかな成長を図るとともに、その家族の離職の防止に資する
⇒安心して子どもを生み、育てることができる社会の実現に寄与する

**基本理念**

1 医療的ケア児の日常生活・社会生活を社会全体で支援
2 個々の医療的ケア児の状況に応じ、切れ目なく行われる支援
➡ 医療的ケア児が医療的ケア児でない児童等と共に教育を受けられるように最大限に配慮しつつ適切に行われる教育に係る支援等
3 医療的ケア児でなくなった後にも配慮した支援
4 医療的ケア児と保護者の意思を最大限に尊重した施策
5 居住地域にかかわらず等しく適切な支援を受けられる施策

**国・地方公共団体の責務**

**保育所の設置者、学校の設置者等の責務**

**支援措置**

**国・地方公共団体による措置**
○医療的ケア児が在籍する保育所、学校等に対する支援
○医療的ケア児及び家族の日常生活における支援
○相談体制の整備 ○情報の共有の促進 ○広報啓発
○支援を行う人材の確保 ○研究開発等の推進

**保育所の設置者、学校の設置者等による措置**
○保育所における医療的ケアその他の支援
→看護師等又は喀痰吸引等が可能な保育士の配置
○学校における医療的ケアその他の支援
→看護師等の配置

**医療的ケア児支援センター**（都道府県知事が社会福祉法人等を指定又は自ら行う）
○医療的ケア児及びその家族の相談に応じ、又は情報の提供若しくは助言その他の支援を行う
○医療、保健、福祉、教育、労働等に関する業務を行う関係機関等への情報の提供及び研修を行う　等

**施行期日**：令和３年９月１８日
**検討条項**：法施行後３年を目途としてこの法律の実施状況等を勘案した検討
医療的ケア児の実態把握のための具体的な方策／災害時における医療的ケア児に対する支援の在り方についての検討

任と義務）とした「医療的ケア児及びその家族に対する支援に関する法律」（医療的ケア児支援法）が国会で成立しました。同年6月18日に公布され、同年9月18日が施行日となります。同法では保育所や学校における対応の充実、地域の中で相談や情報提供等を行う「医療的ケア児支援センター」を都道府県に設置することなどが定められました。

### 成人期移行の際の支援などを附帯決議

なお、法案審議において衆議院厚生労働委員会委員会議決および参議院厚生労働委員会附帯議決が行われました。内容は①成人期移行の際の支援、②医療的ケア児支援センターに対する措置、③既に看護師のいない保育所・学校等に在籍する医療的ケア児への配慮、④法が定義する「医療的ケア」によって「医療行為」の範囲が変更されたかのような誤解を招くことがないよう適切に周知、⑤早期の愛着形成に向けた家族支援の在り方に関する実態把握と支援体制構築、等になります。

## コラム　医行為と介護行為

### 「附帯決議」に注目！――従来の見解に変更はない

医療的ケア児支援法の附帯決議に、「『医療的ケア』に係る『医療行為』の範囲が変更されたかのような誤解を招くことがないよう、適切に周知」とあります。これは、第2条の「この法律において「医療的ケア」とは、人工呼吸器による呼吸管理、喀痰吸引その他の医療行為をいう」という条文が、いずれの行為が医行為に該当するかは「個別具体的に判断されるべきもの」（「介護職員等による喀痰吸引等制度Q＆A」A-30参照＝本書巻末207ページ）という、従来の厚生労働省見解に変更が行われたかのように誤解されないことを求めた内容です。

### 介護職員に知られていない厚生労働省2005年「通知」

医行為と介護行為の線引きは、昔から続く課題です。1999年9月に総務庁（当時）が「要援護高齢者対策に関する行政監察結果」として厚生省（当時）に「ホームヘルパー業務の見直し」の中で、「ホームヘルパーが、身体介護に関連する行為をできる限り幅広く行えるように」と勧告を行い、それに対して日本看護協会は「ホームヘルパーの医療行為に反対。訪問看護の提供体制の整備が優先」と見解（2000年9月）を発表しました。

その後、2005年に厚生労働省は「医師法第17条、歯科医師法第17条及び保健師助産師看護師法第31条の解釈について」（スライド1-16＝25ページ）を発出しました。ところで、筆者がたんの吸引等第三号研修の会場で参加者にこの通知を読んだことがあるかを問いかけると、100人ほどの参加者の中で手が挙がるのは5人ほどです。つまり、現場の介護職員のみなさんにはほとんど知られていないのです。

### 「個別具体的に判断されるべきもの」

医療的ケア児支援法が国会審議に入る前の2021年5月27日に、厚生労働省担当者と障害者団体25団体が懇談を行いました。重度訪問介護などの支給を「○○は医行為だから支給決定しない」という自治体があることに対して、厚生労働省から「自治体などがグレーゾーン行為を医師法違反だと障害者に言ってくることに対しては、医師法の解釈は、自治事務じゃないので、自治体に解釈権限はない。厚労省医事課だけが解釈する権限を持っている。まずはこのことを自治体に伝えて話してみてほしい、それでもだめなら問い合わせを」という話がありました（http://www.kaigoseido.net/iryoukea/gureij2021.htm（2021年7月15日））。

このように行為内容で単純に医行為と介護行為の線引きはできないわけで、ご本人に必要な行為が医行為なのか、介護行為なのかは、これからも「個別具体的に判断されるべきもの」なのです。

# 3 介護職員等によるたんの吸引等の実施にかかわる制度

医療職ではない介護職や教員、保育士など（以下、介護職員等）によるたんの吸引等の実施にかかわる制度の概要です。

「介護サービスの基盤強化のための介護保険法等の一部を改正する法律」が成立し、2011（平成23）年6月22日に公布されました。施行日は一部を除き2012（平成24）年4月1日です。

2011（平成23）年度は、その準備期間ということで、「不特定多数の者対象」「特定の者対象」いずれの研修コースも都道府県において実施されていましたが、2012（平成24）年度以降は、法に基づく登録研修機関も研修を実施できるようになりました。

## I-14 医療的ケアの歴史と厚生労働省の動向

| 年月日 | 内容 |
|---|---|
| 2003年（平成15年）6月9日 | 「看護師等によるＡＬＳ患者の在宅療養支援に関する分科会」報告● |
| 2004年（平成16年）9月17日 | 「盲・聾・養護学校におけるたんの吸引等の医学的・法律学的整理に関するとりまとめ」報告● |
| 2005年（平成17年）3月10日 | 「在宅におけるＡＬＳ以外の療養患者・障害者に対するたんの吸引の取扱いに関する取りまとめ」報告● |
| 2005年（平成17年）7月26日 | 「医師法第17条、歯科医師法第17条及び保健師助産師看護師法第31条の解釈について」厚生労働省医政局長通知 |
| 2008年（平成20年）11月20日 | 「安心と希望の介護ビジョン」報告 |
| 2010年（平成22年）3月31日 | 「特別養護老人ホームにおける看護職員と介護職員の連携によるケアの在り方に関する取りまとめ」報告● |
| 2010年（平成22年）7月5日 | 「介護職員等によるたんの吸引等の実施のための制度の在り方に関する検討会」設置 |

●「実質的違法性の阻却論」にもとづく法律学的整理

特別支援学校では、1989（平成元）年頃からたんの吸引等の医療的ケアを必要とする児童生徒が増えてきて全国的な課題になりました。これを受けて文部科学省は、1998（平成10）年から全国的なモデル事業を立ち上げて厚生労働省と協議しながら検討を進めてきました。

一方、成人の難病である筋萎縮性側索硬化症（ALS）の患者会は、ヘルパー等によるたんの吸引の実施を求める要望書を政府に提出し、2003（平成15）年に厚生労働省の検討会が報告書をまとめました。そこで、たんの吸引等の医療的ケアは、医療資格者しか対応できない医行為ではあるが、一定の条件を満たすことで違法性がなくなるという「実質的違法性阻却論」による法律の解釈が行われました。以後、厚生労働省は、生活している場所（居宅、学校、施設）や対象者（障害児者、高齢者）などの対象を広げながら、介護職員等による医療的ケアの実施を認める報告書をまとめました。

## I-15
# 「実質的違法性の阻却」の考え方

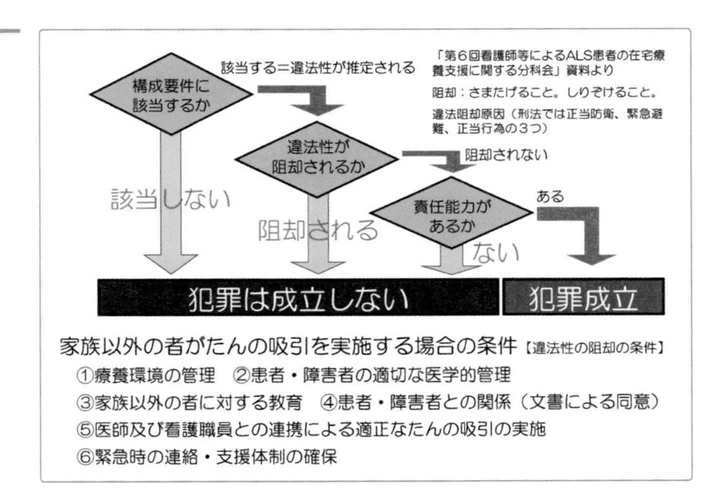


この「実質的違法性の阻却」とは、介護職員等による医療的ケアが処罰に値するだけの法益侵害（介護職員等が医行為を業として行う）がある場合に、その行為が正当化されるだけの事情が存在するか否かの判断を実質的に行い、正当化されるときには、違法性が阻却されるという法律上の解釈による対応になります。

報告書では、正当化されるための事情として、文書による同意や研修の実施など6つの条件をあげて、それを満たす場合は違法性が阻却される（違法性がなくなる）と整理されました。

## I-16
# 非医行為の例示 厚生労働省の通知

平成17年7月26日　厚生労働省医政局長通知　平成28年11月1日周知する通知
医師法第17条、歯科医師法第17条及び保健師助産師看護師法第31条の解釈について

医療機関以外の高齢者介護・障害者介護の現場において判断に疑義が生じることの多い行為であって、原則として医行為ではないと考えられるものを列挙

| | |
|---|---|
| ○水銀体温計等による腋下等での体温測定<br>○自動血圧測定器による血圧測定<br>○入院治療の必要がないもの等に対するパルスオキシメーターの装着<br>○軽微な切り傷等の処置<br>○容態が安定している等の条件を満たした場合の医薬品使用の介助<br>（皮膚への軟膏の塗布（褥瘡の処置を除く。）、皮膚への湿布の貼付、点眼薬の点眼、一包化された内用薬の内服（舌下錠の使用も含む）、肛門からの坐薬挿入又は鼻腔粘膜への薬剤噴霧を介助すること） | ○爪に異常がない場合等の爪切り等<br>○重度の歯周病等がない場合、歯ブラシ等で歯や口腔粘膜の汚れを取り除くこと<br>○耳垢を除去すること<br>○ストマ装具のパウチにたまった排泄物を取り除くこと<br>○自己導尿を補助するためカテーテルの準備等をすること<br>○市販のディスポーザブルグリセリン浣腸器を用いて浣腸すること |

たんの吸引等を介護職員等が実施する体制を整備する過程において、医行為の解釈について整理が行われています。

2005（平成17）年7月、「医師法第17条、歯科医師法第17条及び保健師助産師看護師法第31条の解釈について」（厚生労働省医政局長通知）が発出されています。医療機関以外の高齢者介護・障害者介護の現場において判断に疑義が生じることの多い行為であって、原則として医行為ではない（非医行為）と考えられるものを列挙しました。

なお、本通知が高齢者介護・障害者介護

の現場等で十分に知られていない状況から、2016（平成28）年11月1日に厚生労働省は周知のための通知を出しています。

## Ⅰ-17 学校におけるてんかん発作時の座薬挿入について

平成28年2月1日　文部科学省による厚生労働省への照会
教職員が、座薬を挿入する場合、緊急やむを得ない措置として行われるものであり、次の4つの条件を満たす場合には、医師法違反とはならないと解してよろしいか。
①保護者等が事前に医師から、書面で指示を受けていること。
②保護者等が学校に対して、具体的に依頼していること。
③教職員が次の点に留意して座薬を使用すること。
・座薬使用が認められる児童生徒本人であることの確認
・座薬の挿入の際の留意事項に関する書面の記載事項を遵守
・衛生上の観点から、手袋を装着した上で座薬を挿入
④保護者等又は教職員は座薬を使用後、必要機関に受診させる
①～④「実質的違法性の阻却」のための条件

平成28年2月24日　厚生労働省からの回答
・貴見のとおり。

2005（平成17）年の厚生労働省の通知では、原則医行為ではない行為として医薬品使用の介助を例示しました。しかし、容態が安定している等の条件があるため、てんかん発作時の対応が課題になりました。そこで、2016（平成28）年2月に文部科学省は4つの条件を示した上で、てんかんの重積発作時の座薬挿入が認められるかどうか厚生労働省に照会を行いました。その後、厚生労働省から「貴見のとおり」という回答を得ました。

ここで文部科学省が示した4つの条件は「実質的違法性の阻却」のための条件になります。

## Ⅰ-18 介護職員等によるたんの吸引等の実施のための制度の在り方に関する検討会について

1．趣旨
これまで、当面のやむを得ず必要な措置（実質的違法性阻却）として、在宅・特別養護老人ホーム・特別支援学校において、介護職員等がたんの吸引・経管栄養のうちの一定の行為を実施することを運用によって認めてきた。
しかしながら、こうした運用による対応については、そもそも法律において位置づけるべきではないか、グループホーム・有料老人ホームや障害者施設等においては対応できていないのではないか、在宅でもホームヘルパーの業務として位置づけるべきではないか等の課題が指摘されている。
こうしたことから、たんの吸引等が必要な者に対して、必要なケアをより安全に提供するため、介護職員等によるたんの吸引等の実施のための法制度の在り方等について、検討を行う。

2．検討課題
①介護職員等によるたんの吸引等の実施のための法制度の在り方
②たんの吸引等の適切な実施のために必要な研修の在り方
③試行的に行う場合の事業の在り方

2003（平成15）年の「看護師等によるALS患者の在宅療養支援に関する分科会」報告にはじまる医療的ケアに関する通知では、当面のやむを得ず必要な措置（実質的違法性阻却）として、在宅・特別支援学校・特別養護老人ホームにおいて、介護職員等によるたんの吸引・経管栄養などの行為の実施を法律の運用によって認めてきました。

しかし、こうした運用による対応については、そもそも法律に位置づけるべきではないか、グループホーム・有料老人ホームや障害者施設等においては対応できていないのではないか、在宅でもホームヘルパーの業務として位置づけるべきではないか等の課題が指摘されてきました。

こうしたことから、たんの吸引等が必要な者に対して、必要なケアをより安全に提供するため、介護職員等によるたんの吸引等の実施のための法制度のあり方等について検討を行うこととなり、「介護職員等によるたんの吸引等の実施のための制度の在り方に関する検討会」が設置されました。

I-19

## 「不特定多数の者対象」と「特定の者対象」における研修の違い

「介護職員等によるたんの吸引等の実施のための制度の在り方に関する検討会」で最初に提案されたのは、基本研修（講義50時間、演習各5回以上）と実地研修（各行為10または20回以上、適切に実施できるまで）を受けることで、医師の指示書があれば、誰にでもたんの吸引等を行えるという研修でした。看護師は医師の指示にもとづいて医行為を行いますが、この研修を修了した介護職員等は、その行為が吸引と経管栄養に限定されたものとイメージすればわかりやすいでしょう。この研修類型は、第一号・第二号研修および介護福祉士の養成カリキュラム等に取り入れられています。

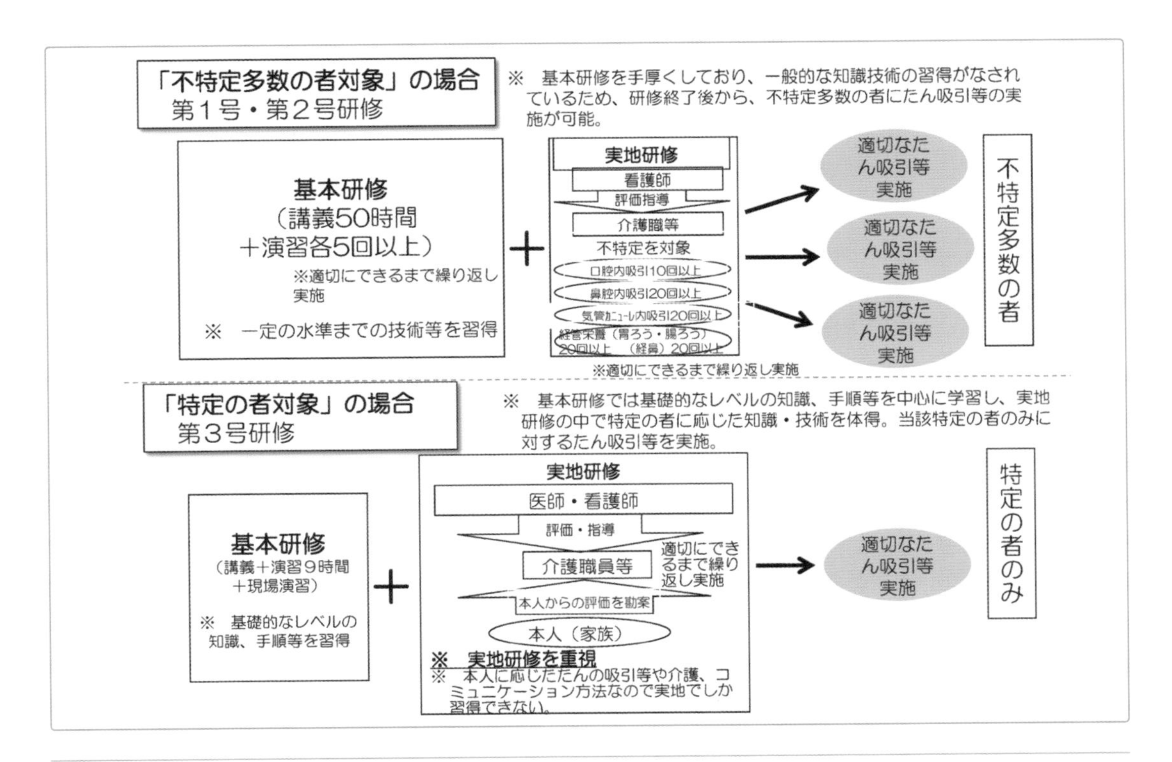

一方で、重度訪問介護従業者養成研修基礎課程・追加課程という3日間程度の研修でたんの吸引を行える介護職を育ててきたALSなどの障害当事者や、独自に研修体系をつくってきた特別支援学校関係者から長時間の研修は困難という意見が出されました。そこで特定の対象者に限定して、実地研修を重視した研修類型として第3号研修が位置づけられました。

I-20

## 法律の理解①
# 医療職の業務独占・名称独占

医師・看護師は名称独占と業務独占を法で規定

医師：（第17条）医師でなければ、医業をなしてはならない。
（第18条）医師でなければ、医師又はこれに紛らわしい名称を用いてはならない。

看護師：（第31条）看護師でない者は、第5条に規定する業をしてはならない。（※第5条：療養上の世話又は診療の補助を行うことを業とする者）

看護師以外のコメディカル（PTとOTの場合）

業務（理学療法士及び作業療法士法第15条）
理学療法士又は作業療法士は、保健師助産師看護師法 第31条第1項 及び第32条 の 規定にかかわらず、診療の補助として理学療法又は作業療法を行うことを業とすることができる。

名称の使用制限（同法第17条）

業務独占の解除

検討会での論議を踏まえて、2012（平成24）年に社会福祉士及び介護福祉士法の改正が行われ、介護職員等によるたんの吸引等の医療的ケアが法制化されました。従来の法律の解釈による運用ではなく、法律に位置づけられたことは重要です。たんの吸引等を行う上で、自分自身を法的に守るためには、どのような法律の下でたんの吸引等が行えるようになったのか、法に関する理解が大切です。その理解のためにはまず、医療職の職務・資格などを規定する法律の理解が必要です。

医師法第17条により医師は医業を、保健師助産師看護師法第31条第1項及び第32条により看護師等には療養上の世話または診療の補助について業務独占が認められています。これは、無資格者を取り締まるための規定でもあります。

ところで理学療法士や作業療法士は、医師の指示の下に診療の補助として理学療法または作業療法を行っています。診療の補助は看護師の独占業務なので、診療の補助を行えるように理学療法士及び作業療法士法第15条では、保健師助産師看護師法の規定にもかかわらず、診療上の補助を行えるとしています。これを「業務独占の解除」と言います。

コラム

### 苦悩するヘルパー

1999（平成11）年頃、利用者に「湿布を貼って欲しい」と頼まれたヘルパーは、床に湿布を置いて、その上に寝るように介助して肩に湿布を貼ったというエピソードがありました。日常生活の中で必要な行為が医行為かどうかは具体的に明示されていません。

今では笑えるようなエピソードも、当時「医師法違反で警察に捕まる恐れがある」と言われたヘルパーの苦悩はいかばかりかと思います。

スライドI-16　非医行為の例示（25頁）が平成17年に出されたのは画期的なできごとなのです。

I-21

## 法律の理解②
# 改正社会福祉士及び介護福祉士法

社会福祉士及び介護福祉士法
（保健師助産師看護師法との関係）
第四十八条の二　介護福祉士は、保健師助産師看護師法（昭和二十三年法律第二百三号）第三十一条第一項及び第三十二条の規定にかかわらず、診療の補助として喀痰吸引等を行うことを業とすることができる。

業務独占の解除

附則（追加：平成２３年法律第７２号）
（認定特定行為業務従事者に係る特例）
第三条　介護の業務に従事する者（介護福祉士を除く。次条第二項において同じ。）のうち、同条第一項の認定特定行為業務従事者認定証の交付を受けている者（以下「認定特定行為業務従事者」という。）は、当分の間、保健師助産師看護師法第三十一条第一項及び第三十二条の規定にかかわらず、診療の補助として、医師の指示の下に、特定行為（喀痰吸引等のうち当該認定特定行為業務従事者が修了した次条第二項に規定する喀痰吸引等研修の課程に応じて厚生労働省令で定める行為をいう。以下同じ。）を行うことを業とすることができる。

2012（平成24）年の社会福祉士及び介護福祉士法の改正では、第48条第２項に「業務独占の解除」の規定が載りました。理学療法士及び作業療法士法第15条と同様な形になります。

なお、この法律の対象は社会福祉士および介護福祉士であるため、その他の介護職員等は対象ではありません。介護福祉士以外のヘルパーや教員、保育士などの場合は、附則第３条に同様な規定がありますので、この規定の下でたんの吸引等を業とすることができるようになりました。

I-22

## 法制化にともなう影響①
# サービス報酬

○ 平成24年度から、一定の研修を受けた介護職員等が、医療関係者との連携の下、たんの吸引等を実施することが可能となることに伴い、以下の見直しを行う。
①訪問系サービスにおける特定事業所加算の算定要件等の見直し
②施設入所支援（障害者支援施設）、福祉型障害児入所施設、生活介護の加算の算定要件の見直し
③日中活動系・居住系サービス等（＊）の加算の評価の見直し
（＊）短期入所（医療型短期入所を除く）、共同生活介護（ケアホーム）、自立訓練（生活訓練）、宿泊型自立訓練、就労移行支援、就労継続支援A型、就労継続支援B型、共同生活援助（グループホーム）、児童発達支援（主たる対象とする障害が重症心身障害である場合を除く）及び放課後等デイサービス（主たる対象とする障害が重症心身障害である場合を除く）

このようにたんの吸引等の対応は、「実質的違法性の阻却」という法律の解釈による運用から、2012（平成24）年に社会福祉士及び介護福祉士法に位置づけられました。この法制化により、介護職員等が行うたんの吸引等が業となり、責任が明確になるとともに、その実施を担保する制度も同時に進みました。

例えば、たんの吸引等の対応を提供する対象の福祉サービス事業所等には、加算がつくようになりました。

## Ⅰ-23
## 法制化にともなう影響②
# 指示書の保険適用

【介護職員等喀痰吸引等指示書】240点

平成２６年度改訂で保険医が介護職員等喀痰吸引等指示書を交付できる事業者に特別支援学校等の学校を加える。

［対象事業者］

① 介護保険関係

訪問介護、訪問入浴介護、通所介護、短期入所生活介護、特定施設入居者生活介護を行う者 等

② 障害者自立支援法関係

指定居宅介護の事業、重度訪問介護、同行援護又は行動援護に係る指定障害福祉サービスの事業を行う者、指定生活介護事業者 等

③ 学校教育法関係

学校教育法１条校（幼稚園、小学校、中学校、高等学校、中等教育学校、特別支援学校、大学、高等専門学校）（喀痰吸引等を実施するための適切な研修を修了した教員が配置されている学校に限る。）

たんの吸引等を行う事業者は、主治医から指示書を受ける必要があり、その際に文書料の支払いがあります。文書料はこれまで、病院側が設定した料金を支払う必要がありました。法制化により、介護職員等喀痰吸引等指示書に対する保険適用が行われるようになりました。

なお、ひとりの人が、たんの吸引等を提供する複数の事業所のサービス等を利用することが考えられます。例えば学齢期であれば、移動支援を行うA事業所、教育を行うB学校、放課後等デイサービスC事業所、訪問介護による居宅での入浴を行うD事業所など複数事業所の利用です。このように複数の事業所が関与する場合に、指示書の写し（コピー）を関係事業者間で共有化することができます。

その際、指示書には事業者種別（介護保険法、障害者総合支援法等による事業の種別）および事業者名称を併記するとともに、「本人に関係する登録喀痰吸引等事業者に限り本指示書をコピー使用することを許可する」と記述された指示書が使われます。

## Ⅰ-24
## 法制化にともなう影響③
# 訪問看護ステーションの役割

（問７）介護職員がたんの吸引等を行えることになったが、看護職員が介護職員のたんの吸引等について手技の確認等を行った場合についても訪問看護基本療養費を算定できるのか。

（答）介護職員が患者に対してたんの吸引等を行っているところに、訪問看護を行うとともに、吸引等についての手技の確認等を行った場合は算定できる。なお、患者宅に訪問しない場合については、算定できない。

「疑義解釈資料の送付について（その１）」〈別添５〉訪問看護療養費
（厚生労働省保険局医療課　平成24年3月30日付事務連絡）

（問１）訪問看護指示書の有効期間は６か月となっているが、介護職員等喀痰吸引等指示書の有効期間は同じく６か月か。

（答）そのとおり。

「疑義解釈資料の送付について（その４）」〈別添3〉訪問看護療養費関係
（厚生労働省保険局医療課平成24年5月18日付事務連絡）

たんの吸引等研修の実地研修では、ヘルパー等の訪問介護職員は、本人の自宅で日常利用している訪問看護ステーションの訪問看護師に指導看護師として評価を受ける場合が多くありま

す。こうした介護職員に対する訪問看護師の研修の扱いについて、2012（平成24）年3月30日の厚生労働省の疑義解釈資料では、「介護職員が患者に対してたんの吸引等を行っているところに、訪問看護を行うとともに、吸引等についての手技の確認等を行った場合は算定できる」とあります。このように訪問看護ステーションの役割の一つとして、介護職員への研修が訪問看護基本療養費の算定に位置づけられました。

なお、介護職員等喀痰吸引等指示書の有効期間は、厚生労働省の通知により6か月とされています。

I-25

## 厚生労働省Q&A(D-11)から 経鼻経管栄養のチューブの確認

D23年度研修事業（特定の者）関係（D11）

Q特定の者対象の研修の場合、経鼻胃管チューブが胃まで届いているかの確認は誰が実施することとして研修を行えばよいか。

A経鼻胃管チューブが胃まで届いているかの確認については、重要な事項であるので、介護職員等が行う手順としても、栄養を注入する前に、少なくとも鼻から管が抜けていないか、口腔内で経鼻胃管がとぐろを巻いていないか程度は確認するように手順の中に含めているところである。注入前に、シリンジで内容物を吸う、空気を入れてバブル音を確認するといった処置に関しては、知識としてもっていただく必要があるので、講義では説明していただきたいが、基本的には、経鼻経管栄養の際には、栄養チューブが正確に胃の中に挿入されていることの確認は医師、保健師、助産師又は看護師が行うこととしており、例えば在宅においては、訪問看護師等の医療者が確認する事項、あるいは家族が確認する事項として位置づけており、介護職員等には要求しないこととしている。

厚生労働省「喀痰吸引等業務の施行等に係るQ&Aについて（その3）」（平成23年12月28日）

文部科学省「特別支援学校等の医療的ケアに関する調査」によると、胃ろうは2007（平成19）年の1,340人から2016（平成28）年の4,063人へと9年間で約3倍になっています。このように胃ろうの方が増えていますが、成人に比べて小児の場合、経鼻胃管による経管栄養も多く見られます。減少傾向ではありますが、1,808人（平成28年）います。

胃ろうの場合、栄養チューブが胃に入っている状態は通常、容易に確認できます（腹腔内への誤挿入、バルーンによる幽門閉塞などのトラブルはありますが）。一方、経鼻胃管チューブの先端が胃まで届いているかの確認は重要な事項です。この確認作業について厚生労働省「喀痰吸引等業務の施行等に係るQ&Aについて（その3）」（平成23年12月28日）（D-11、213ページ）では、スライドのように回答しています。

医療機関でさえ、チューブの気管誤挿入事故などが起きているため、確認作業の責任を介護職員等に課すことは難しいと思います。そのため「介護職員等には要求しない」という表現になっていると思われます。しかし、実際に現場で対応する際、この確認作業で確認できないなど少しでもリスクを感じた場合には、経管栄養を実施しないで家族や医療者に連絡を取るという選択が大切です。安全確保のためには「実施しない」の選択肢も必要なのです。

I-26

# 厚生労働省Q&A（A-30）から 吸引・経管栄養以外の行為の取扱い

A 喀痰吸引等の制度に関すること（A30）

Q今般の制度化によって、介護従事者にも可能となった行為以外の行為は、実施できなくなると考えて良いか。

A喀痰吸引と経管栄養以外の行為が医行為に該当するか否かや、介護職員が当該行為を実施することが当面のやむを得ない措置として許容されるか否かは、行為の態様、患者の状態等を勘案して個別具体的に判断されるべきものであり、法が施行された後もその取扱いに変更を加えるものではない。

厚生労働省「喀痰吸引等業務の施行等に係るQ&Aについて（その4）」（平成24年2月24日）

2012（平成24）年の社会福祉士及び介護福祉士法の改正では、介護職員等によるたんの吸引と経管栄養の実施が認められました。では、この行為以外の行為（酸素の取扱等）は、実施できないのでしょうか？ 厚生労働省「喀痰吸引等業務の施行等に係るQ&Aについて（その4）」（平成24年2月24日）（A-30、207ページ）では、スライドのように回答しています。

法律によって「やっても良い」とされた行為以外をすべて「やってはいけない」という反対解釈は行わないで、「実質的違法性の阻却」の要件も含めて、個別具体的に判断するという点が大切です。

（下川和洋）

コラム

## 学校において医療的ケアを実施する意義

文部科学省通知「特別支援学校等における医療的ケアの今後の対応について」（平成23年12月20日）から5年が経過し、児童福祉法の一部改正（平成28年年6月3日施行）には、人工呼吸器等を必要とする子どもたちの支援が明示されました。そうした情勢の中、文部科学省は「学校における医療的ケアの実施に関する検討会議」を設置し、平成29年11月10日に第1回を開催しました。その時の資料に学校において医療的ケアを実施する意義が示されました。このように単に行為を行うだけでなく、教育的な視点、教育的な意義をもって行うことが大切です。

学校において医療的ケアを実施することで

●教育機会の確保・充実
授業の継続性の確保、訪問教育から通学への移行、登校日数の増加

＋

●経管栄養や導尿等を通じた生活リズムの形成
（健康保持・心理的な安定）
●吸引や姿勢変換の必要性など自分の意思や希望を伝える力の育成　（コミュニケーション・人間関係の形成）
●排痰の成功などによる自己肯定感・自尊感情の向上
（心理的な安定・人間関係の形成）
●安全で円滑な医療的ケアの実施による信頼関係の構築
（人間関係の形成・コミュニケーション）
※カッコは対応する学習指導要領「自立活動」の区分の例

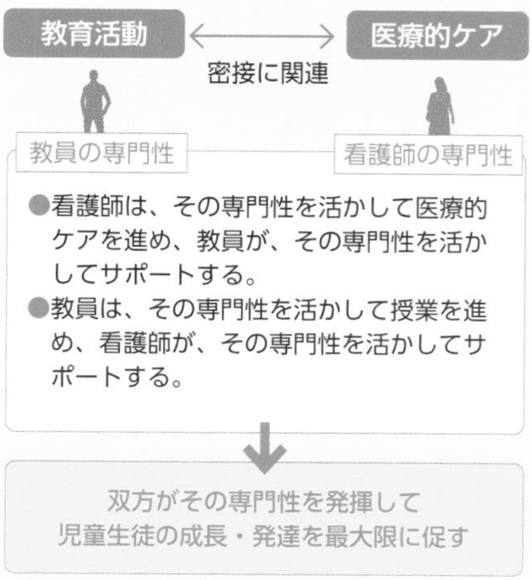

教育活動 ⟷ 医療的ケア
密接に関連

教員の専門性　看護師の専門性

●看護師は、その専門性を活かして医療的ケアを進め、教員が、その専門性を活かしてサポートする。
●教員は、その専門性を活かして授業を進め、看護師が、その専門性を活かしてサポートする。

↓

双方がその専門性を発揮して
児童生徒の成長・発達を最大限に促す

# 4 利用可能な制度

重度障害児・者が利用可能な制度として、障害者総合支援法における障害福祉サービスをご紹介します。

介護給付として、

・居宅介護　・重度訪問介護　・同行援護
・行動援護　・療養介護　・生活介護
・短期入所　・重度障害者等包括支援
・共同生活介護　・施設入所支援があり、

訓練等給付として、

・自立訓練（機能訓練・生活訓練）
・就労移行支援　・就労継続支援（A型・B型）
・共同生活援助　・就労定着支援
・自立生活援助があります。

その他、利用可能な制度として、自立支援医療、補装具、地域生活支援事業などがあります。

なお、障害児については、児童福祉法におけるサービスとして、障害児通所支援・障害児入所支援があります。

I-27

## 障害児者に対する支援体系

障害児者に対する支援体系です。

障害福祉サービスの自立支援給付と、地域生活支援事業のうち、相談支援（一般的な相談支援）やコミュニケーション支援等は、最

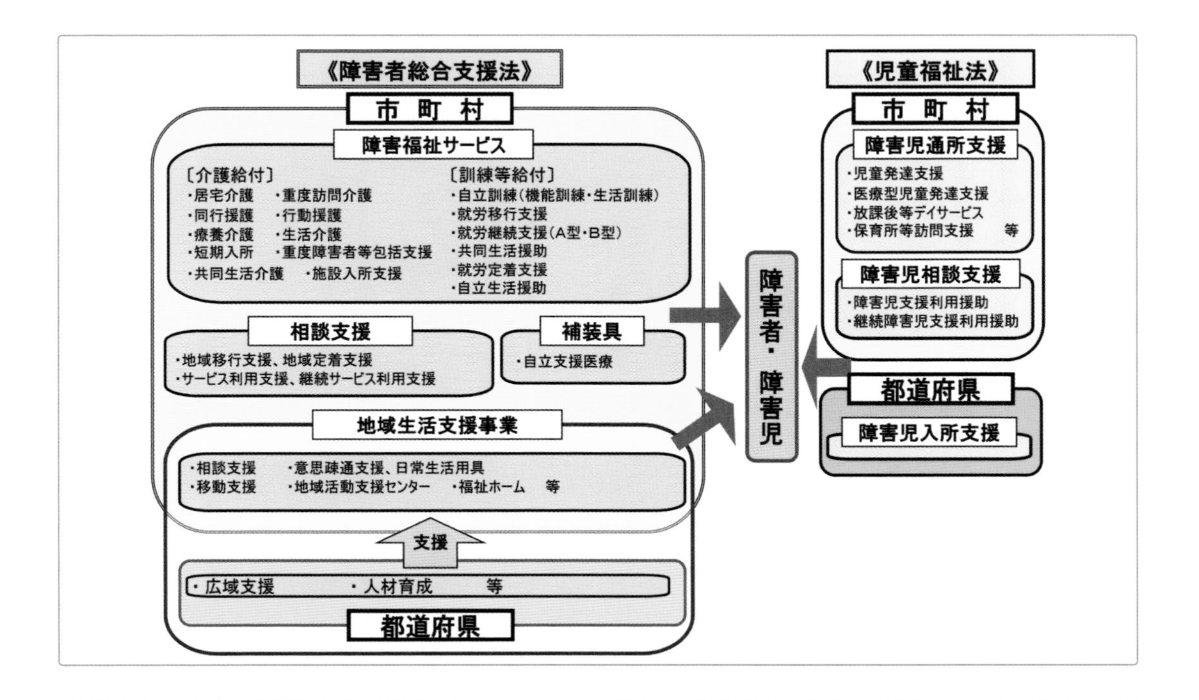

も身近な行政単位である市町村が実施主体となって、障害児・者にかかった費用の一部または全部を給付します。

都道府県は、広域支援や人材育成の面で市町村をバックアップします。

Ⅰ-28

# 障害児者へのライフステージと一貫した支援

2014（平成26）年の厚生労働省「今後の障害児支援の在り方について（報告書）」によると、障害児者へのライフステージと一貫した支援について、「支援を必要としている障害児については、入学や進学、卒業などによって、支援を中心的に行う者が替わるため、支援の一貫性が途切れてしまうことがある。子どものライフステージに応じて一貫した支援を行っていくという視点が重要である」とした上で、市町村を基本とした相談支援体制の充実、移行期における支援、個別の支援計画の活用等についてあげられています。

これらは、現行の障害児支援制度の中で一定程度は実現されていますが、未だ十分と言える状況ではありません。障害児およびその家族のライフステージに沿って、保健、医療、福祉、保育、教育、就労支援等を含めた関係者がチームとなって支援を行うことができるように、さらなる対応が必要となります。

また、改正児童福祉法においては、医療的

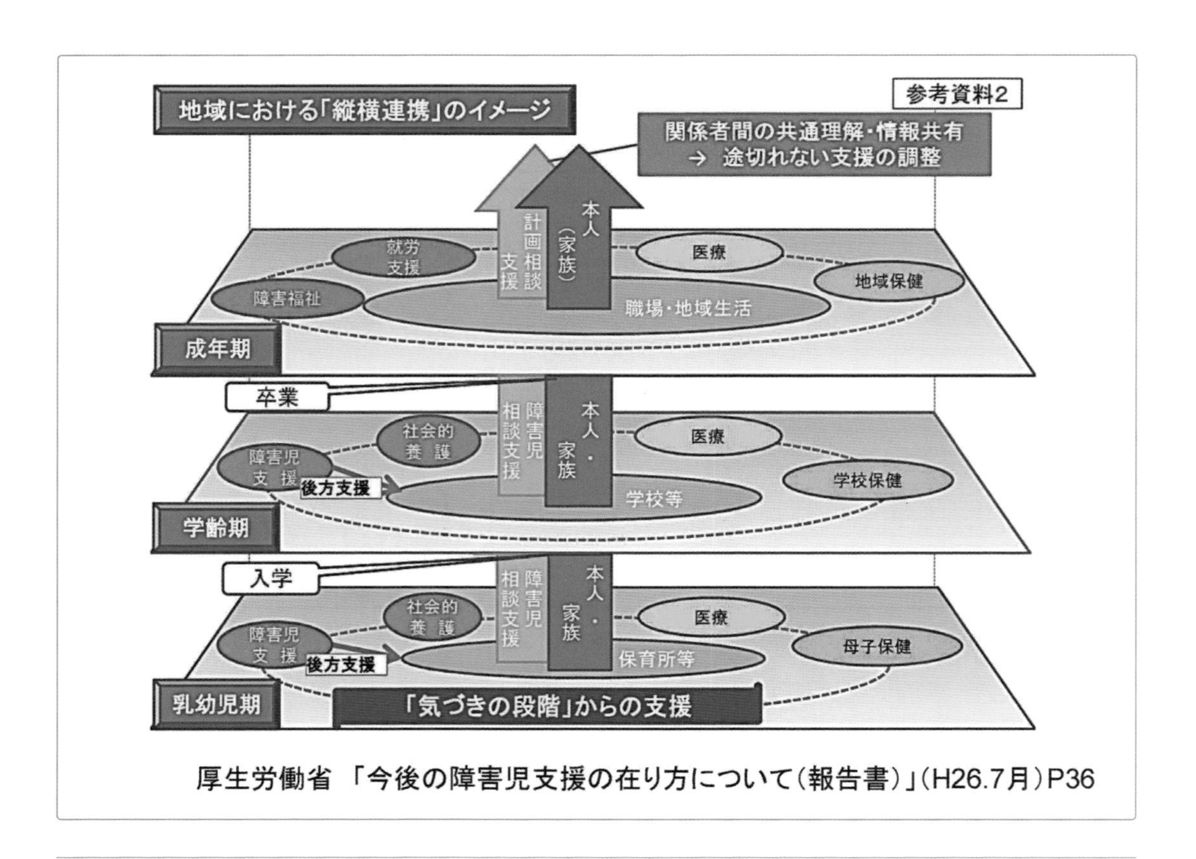

厚生労働省 「今後の障害児支援の在り方について（報告書）」（H26.7月）P36

ケア児が、地域において必要な支援を円滑に受けることができるよう、地方公共団体は保健、医療、福祉その他の各関連分野の支援を行う機関との連絡調整を行うための体制の整備について、必要な措置を講ずるよう努めることとされました。

I-29

# 障害福祉サービス等の体系1

障害者総合支援法に基づく「障害福祉サービス」の体系です。

訪問系サービスとしては、居宅介護（介護保険の訪問介護に相当）、重度訪問介護（重度の肢体不自由者、知的障害者、精神障害者に対して外出時も含めて総合的に援助を行う）、同行援護（視覚障害児・者に対して外出時に必要な情報提供や介護を行う）、行動援護（自己判断能力が制限されている人が行動するときに、危険を回避するために必要な支援、外出支援を行う）などがあります。

日中活動系サービスとして、短期入所、療養介護（医療が必要な人が利用）、生活介護（いわゆるデイサービス）があり、施設系サービスとして、施設入所支援があります。居住系サービスとして、共同生活援助（いわゆるグループホーム）があり、訓練系・就労系サービスとして、身体障害者が利用する自立訓練（機能訓練）、知的・精神障害者が利用する自立訓練（生活訓練）のほか、就労移行支援、就労

**障害福祉サービス等の体系（介護給付・訓練等給付）**

| | | サービス | 対象 | サービス内容 | 利用者数 | 施設・事業所数 |
|---|---|---|---|---|---|---|
| 訪問系 | 介護給付 | 居宅介護 | 者 児 | 自宅で、入浴、排せつ、食事の介護等を行う | 190,500 | 20,829 |
| 訪問系 | 介護給付 | 重度訪問介護 | 者 | 重度の肢体不自由者又は重度の知的障害若しくは精神障害により行動上著しい困難を有する者であって常に介護を必要とする人に、自宅で、入浴、排せつ、食事の介護、外出時における移動支援、入院時の支援等を総合的に行う | 11,568 | 7,393 |
| 訪問系 | 介護給付 | 同行援護 | 者 児 | 視覚障害により、移動に著しい困難を有する人が外出する時、必要な情報提供や介護を行う | 24,913 | 5,721 |
| 訪問系 | 介護給付 | 行動援護 | 者 児 | 自己判断能力が制限されている人が行動するときに、危険を回避するために必要な支援、外出支援を行う | 11,334 | 1,845 |
| 訪問系 | 介護給付 | 重度障害者等包括支援 | 者 児 | 介護の必要性がとても高い人に、居宅介護等複数のサービスを包括的に行う | 34 | 10 |
| 日中活動系 | 介護給付 | 短期入所 | 者 児 | 自宅で介護する人が病気の場合などに、短期間、夜間も含めた施設で、入浴、排せつ、食事の介護等を行う | 44,098 | 4,719 |
| 日中活動系 | 介護給付 | 療養介護 | 者 | 医療と常時介護を必要とする人に、医療機関で機能訓練、療養上の管理、看護、介護及び日常生活の世話を行う | 20,922 | 257 |
| 日中活動系 | 介護給付 | 生活介護 | 者 | 常に介護を必要とする人に、昼間、入浴、排せつ、食事の介護等を行うとともに、創作的活動又は生産活動の機会を提供する | 291,967 | 11,447 |
| 施設系 | 介護給付 | 施設入所支援 | 者 | 施設に入所する人に、夜間や休日、入浴、排せつ、食事の介護等を行う | 126,815 | 2,583 |
| 居住支援系 | 訓練等給付 | 自立生活援助 | 者 | 一人暮らしに必要な理解力・生活力等を補うため、定期的な居宅訪問や随時の対応により日常生活における課題を把握し、必要な支援を行う | 1,017 | 245 |
| 居住支援系 | 訓練等給付 | 共同生活援助 | 者 | 夜間や休日、共同生活を行う住居で、相談、入浴、排せつ、食事の介護、日常生活上の援助を行う | 143,472 | 10,164 |
| 訓練系・就労系 | 訓練等給付 | 自立訓練（機能訓練） | 者 | 自立した日常生活又は社会生活ができるよう、一定期間、身体機能の維持、向上のために必要な訓練を行う | 2,154 | 177 |
| 訓練系・就労系 | 訓練等給付 | 自立訓練（生活訓練） | 者 | 自立した日常生活又は社会生活ができるよう、一定期間、生活能力の維持、向上のために必要な支援、訓練を行う | 13,154 | 1,211 |
| 訓練系・就労系 | 訓練等給付 | 就労移行支援 | 者 | 一般企業等への就労を希望する人に、一定期間、就労に必要な知識及び能力の向上のために必要な訓練を行う | 35,066 | 3,030 |
| 訓練系・就労系 | 訓練等給付 | 就労継続支援（A型） | 者 | 一般企業等での就労が困難な人に、雇用して就労の機会を提供するとともに、能力等の向上のために必要な訓練を行う | 76,726 | 3,956 |
| 訓練系・就労系 | 訓練等給付 | 就労継続支援（B型） | 者 | 一般企業等での就労が困難な人に、就労する機会を提供するとともに、能力等の向上のために必要な訓練を行う | 286,833 | 13,972 |
| 訓練系・就労系 | 訓練等給付 | 就労定着支援 | 者 | 一般就労に移行した人に、就労に伴う生活面の課題に対応するための支援を行う | 13,382 | 1,367 |

（注）1.表中の「者」は「障害者」、「児」は「障害児」であり、利用できるサービスにマークを付している。 2.利用者数及び施設・事業所数は、令和 3 年 3月サービス提供分（国保連データ）

継続支援A型（雇用型）、就労継続支援B型（非雇用型）があります。また、2018（平成30）年度から自立生活援助（一定期間、定期的な巡回訪問や随時の対応により、適時なタイミングで適切な支援を行う）が追加されました。

さらに、2018（平成30）年度から就労定着支援（一般就労に移行した障害者の就労に伴う生活上の支援ニーズに対応できるよう、一定の期間にわたり、事業所・家族との連絡調整を行う）が追加されました。

I-30

# 障害福祉サービス等の体系2

障害児通所系サービスとしては、福祉型の児童発達支援、医療型児童発達支援、放課後等デイサービス、障害児訪問系サービスとしては、保育所等訪問支援があり、また居宅訪問型発達支援が2018（平成30）年度から創設されました。

障害児入所系サービスとして、福祉型と医療型の障害児入所施設があります。

相談支援系サービスでは、計画相談支援、障害児相談支援、地域移行支援、地域定着支援があります。

また、前述のとおり、2018（平成30）年度から創設されたサービスとして、自立生活援助、就労定着支援があり、重度訪問介護が入院中にも利用可能となるなどの制度改正が行われています。

**障害福祉サービス等の体系（障害児支援、相談支援に係る給付）**

| | | サービス内容 | | 利用者数 | 施設・事業所数 |
|---|---|---|---|---|---|
| 障害児通所系 | 障害児支援に係る給付 | 児童発達支援 児 | 日常生活における基本的な動作の指導、知識技能の付与、集団生活への適応訓練などの支援を行う | 139,978 | 8,408 |
| | | 医療型児童発達支援 児 | 日常生活における基本的な動作の指導、知識技能の付与、 集団生活への適応訓練などの支援及び治療を行う | 1,886 | 90 |
| | | 放課後等デイサービス 児 | 授業の終了後又は休校日に、児童発達支援センター等の施設に通わせ、生活能力向上のための必要な訓練、社会との交流促進などの支援を行う | 252,104 | 15,994 |
| 障害児訪問系 | | 居宅訪問型児童発達支援 児 | 重度の障害等により外出が著しく困難な障害児の居宅を訪問して発達支援を行う | 254 | 88 |
| | | 保育所等訪問支援 児 | 保育所、乳児院・児童養護施設等を訪問し、障害児に対して、障害児以外の児童との集団生活への適応のための専門的な支援などを行う | 8,894 | 985 |
| 障害児入所系 | | 福祉型障害児入所施設 児 | 施設に入所している障害児に対して、保護、日常生活の指導及び知識技能の付与を行う | 1,421 | 185 |
| | | 医療型障害児入所施設 児 | 施設に入所又は指定医療機関に入院している障害児に対して、保護、日常生活の指導及び知識技能の付与並びに治療を行う | 1,871 | 194 |
| 相談支援系 | 相談支援に係る給付 | 計画相談支援 者 児 | 【サービス利用支援】<br>・ サービス申請に係る支給決定前にサービス等利用計画案を作成<br>・ 支給決定後、事業者等と連絡調整等を行い、サービス等利用計画を作成<br>【継続利用支援】<br>・ サービス等の利用状況等の検証（モニタリング）<br>・ 事業所等と連絡調整、必要に応じて新たな支給決定等に係る申請の勧奨 | 229,258 | 9,264 |
| | | 障害児相談支援 児 | 【障害児利用援助】<br>・ 障害児通所支援の申請に係る給付決定の前に利用計画案を作成<br>・ 給付決定後、事業者等と連絡調整等を行うとともに利用計画を作成<br>【継続障害児支援利用援助】 | 80,972 | 5,624 |
| | | 地域移行支援 者 | 住居の確保等、地域での生活に移行するための活動に関する相談、各障害福祉サービス事業所への同行支援等を行う | 547 | 316 |
| | | 地域定着支援 者 | 常時、連絡体制を確保し障害の特性に起因して生じた緊急事態等における相談、障害福祉サービス事業所等と連絡調整など、緊急時の各種支援を行う | 3,933 | 573 |

※ 障害児支援は、個別に利用の要否を判断（支援区分を認定する仕組みとなっていない）※ 相談支援は、支援区分によらず利用の要否を判断（支援区分を利用要件としていない）

（注）1.表中の「者」は「障害者」、「児」は「障害児」であり、利用できるサービスにマークを付している。 2.利用者数及び施設・事業所数は、令和 3年 3月サービス提供分（国保連データ）

I-31

# 児童発達支援

就学前に利用できるサービスとしては、児童発達支援事業があります。

療育の観点から集団療育および個別療育を行う必要があると認められる未就学の障害児が対象です。

**○ 対象者**

■ 療育の観点から集団療育及び個別療育を行う必要があると認められる未就学の障害児

**○ サービス内容**

■ 日常生活における基本的な動作の指導、知識技能の付与、集団生活への適応訓練、その他必要な支援を行う。

**○ 主な人員配置**

■ 児童発達支援センター
- 児童指導員及び保育士　4:1以上
- 児童指導員　1人以上
- 保育士　1人以上
- 児童発達支援管理責任者　1人以上

■ 児童発達支援センター以外
- 児童指導員及び保育士　10:2以上
  （令和5年3月31日までは障害福祉サービス経験者を人員配置に含めることが可能）
  ※ うち半数以上は児童指導員又は保育士
- 児童発達支援管理責任者　1人以上

**○ 報酬単価（令和3年4月～）**

**■ 基本報酬（利用定員等に応じた単位設定）**

■ 児童発達支援センター
- 難聴児・重症心身障害児以外　778～1,086単位
- 難聴児　975～1,384単位
- 重症心身障害児　924～1,331単位

■ 児童発達支援センター以外
- 重症心身障害児以外(主に未就学児を受け入れる事業所)　486～885単位
- 重症心身障害児以外(主に未就学児以外を受け入れる事業所)　404～754単位
- 重症心身障害児　837～2,098単位

※ 重症心身障害児以外で医療的ケア児を受け入れる場合、医療的ケアスコア及び看護職員の配置状況に応じて、上記より667～2,000単位高い単位となる。

**■ 主な加算**

■ 個別サポート加算(Ⅰ)
→ ケアニーズが高い障害児が利用した場合に加算　100単位

■ 個別サポート加算(Ⅱ)
→ 要保護・要支援児童を受入れ、保護者の同意を得て、公的機関や医師等と連携し支援した場合に加算　125単位

■ 事業所内相談支援加算(Ⅰ)(Ⅱ)
→ 障害児や保護者の相談援助やペアレント・トレーニングを行った場合に加算
- 事業所内相談支援加算(Ⅰ)(個別)　100単位
- 事業所内相談支援加算(Ⅱ)(ｸﾞﾙｰﾌﾟ)　80単位

■ 児童指導員等加配加算(利用定員等に応じた単位設定)
→ 基準人員に加え、理学療法士等、保育士、児童指導員等の者を加配した場合に加算
- 理学療法士・保育士等　22～374単位
- 児童指導員等　15～247単位
- その他従業者(資格要件なし)　11～180単位　(手話通訳者・手話通訳士を含む。)

■ 専門的支援加算(利用定員等に応じた単位設定)
→ 基準人員に加えて、専門的な支援の強化のため、理学療法士等、5年以上児童福祉事業に従事した保育士又は児童指導員を加配した場合に加算
- 理学療法士・保育士等　22～374単位
- 児童指導員　15～247単位

■ 看護職員加配加算(Ⅰ)(Ⅱ)(利用定員等に応じた単位設定)
→ 重症心身障害児が医療的ケアを必要とするときに看護職員を基準(1人以上)より多く配置した場合に加算
- 1人加配　80～400単位
- 2人加配　160～800単位

**○ 事業所数**　8,408（国保連令和　3年　3月実績）

**○ 利用者数**　139,978（国保連令和　3年　3月実績）

### 医療的ケア児に対する支援を充実させるため、加算が創設・拡充（令和３年度～）※児童福祉法

**●医療的ケアが必要な障害児に対する支援の充実**

- いわゆる「動ける医ケア児」にも対応した新たな判定スコア（新判定スコア）を用いた基本報酬の創設（児童発達支援、放課後等デイサービス）
- 看護職員加配加算の算定要件の緩和（児童発達支援、放課後等デイサービス、福祉型障害児入所施設）

**●児童発達支援、放課後等デイサービスの報酬体系等の見直し**

- 基本報酬区分の見直し
- より手厚い支援を評価する加算の創設（①個別サポート加算Ⅰ：ケアニーズの高い児童（著しく重度および行動上の課題のある児童）への支援を評価、②個別サポート加算Ⅱ：虐待等の要保護児童等への支援について評価、③専門的支援加算：専門的支援を必要とする児童のため専門職の配置を評価）

## I-32

# 医療型児童発達支援

医療的ケアが必要な児童については、医療型児童発達支援事業があり、各地域の療育センター等で実施されています。

## I-33

# 居宅訪問により児童発達支援を提供するサービスの創設

さらに、2018（平成30年）度から、重度の障害等の状態にある障害児であって、障害児通所支援を利用するために外出することが著しく困難な障害児に発達支援が提供できるよう、障害児の居宅を訪問して発達支援を行うサービス（居宅訪問型児童発達支援）が創設されました。

放課後等デイサービスが利用できない状況の子どもも対象となります。

### 医療的ケア児・者に対する支援を充実させるため、加算が創設・拡充
（令和３年度～）※障害者総合支援法・児童福祉法

**●医療連携体制加算（医療的ケアの単価の充実）**
（短期入所・重度障害者等包括支援・自立訓練（生活訓練）・就労移行支援、就労継続支援、共同生活援助、児童発達支援、放課後等デイサービス）

- 従来、看護の濃度に関わらず一律単価であった加算額について、医療的ケアの単価を充実させ、非医療的ケア（健康観察等）の単価を適正化。
- 通常は看護師配置がない福祉型短期入所でも、高度な医療的ケアを必要とする者の受入れが可能となるよう、新単価（8時間以上2000単位）を創設。

**●医療的ケア対応支援加算の創設（グループホーム）**

- グループホームにおける医療的ケアが必要な者に対する支援について、看護職員を配置するグループホームに対する加算を創設。

コラム

### 「医療的ケア児支援」全国に広がる

2016年の児童福祉法改正、2018年度、2021年度障害福祉サービス等報酬改定により、「医療的ケア児支援」が全国でも注目されるようになってきた。さらに、2021年6月には「医療的ケア児及びその家族に対する支援に関する法律」（以下、「医療的ケア児支援法」）が可決成立した。
「医療的ケア児支援法」の詳細は別項（22ページ）に譲るが、日本の歴史上、初めて国や地方自治体が医療的ケア児の支援を行う責務を負うことを明文化した法律で、2021年9月に施行される予定である。この法律により、予算措置を伴った医療的ケア児の学校等での受け入れの促進や、ワンストップの相談窓口の設置等の支援が全国的に拡がっていくことは確実であり大いに期待したい。

〈I-32〉

**○ 対象者**

■ 肢体不自由があり、理学療法等の機能訓練又は医学的管理下での支援が必要と認められた障害児

**○ サービス内容**

■ 日常生活における基本的な動作の指導、知識技能の付与、集団生活への適応訓練、その他必要な支援及び治療を行う。

**○ 主な人員配置**

■ 児童指導員　1人以上
■ 保育士　1人以上
■ 看護職員　1人以上
■ 理学療法士又は作業療法士　1人以上
■ 児童発達支援管理責任者　1人以上

**○ 報酬単価（令和3年4月～）**

**■ 基本報酬**

■ 医療型児童発達支援センター
・ 肢体不自由児　389単位
・ 重症心身障害児　501単位

■ 指定発達支援医療機関
・ 肢体不自由児　338単位
・ 重症心身障害児　450単位

**■ 主な加算**

■ 個別サポート加算（Ⅰ）
→ ケアニーズが高い障害児が利用した場合に加算　100単位

■ 個別サポート加算（Ⅱ）
→ 要保護・要支援児童を受入れ、保護者の同意を得て、公的機関や医師等と連携し支援した場合に加算　125単位

■ 事業所内相談支援加算（Ⅰ）（Ⅱ）
→ 障害児や保護者の相談援助やペアレント・トレーニングを行った場合に加算
・事業所内相談支援加算（Ⅰ）（個別）　100単位
・事業所内相談支援加算（Ⅱ）（グループ）　80単位

保育職員加配加算
→ 児童指導員又は保育士を1名加配した場合に加算　50単位
※ 定員21人以上の事業所において2名以上配置した場合は＋22単位

**○ 事業所数**　90（国保連令和　3年　3月実績）

**○ 利用者数**　1,886（国保連令和　3年　3月実績）

〈I-33〉

**○ 対象者**

■ 重症心身障害児等の重度の障害児等であって、児童発達支援等の障害児通所支援を受けるために外出することが著しく困難な障害児

**○ サービス内容**

■ 障害児の居宅を訪問し、日常生活における基本的な動作の指導、知識技能の付与その他必要な支援を行う。

**○ 人員配置**

■ 訪問支援員
■ 児童発達支援管理責任者　1人以上
■ 管理者

**○報酬単価（令和3年4月～）**

**■ 基本報酬**

1,035単位

**■ 主な加算**

■ 訪問支援員特別加算（679単位）
→ 作業療法士や理学療法士、言語聴覚士、保育士、看護職員等の専門性の高い職員を配置した場合に加算

■ 通所施設移行支援加算（500単位）
→ 利用児童に対し、児童発達支援センター、指定児童発達支援事業所又は放課後等デイサービス事業所に通うための相談援助及び連絡調整を行った場合に加算（1回を限度）

**○ 事業所数**　88　（国保連令和　3年　3月実績）

**○ 利用者数**　254　（国保連令和　3年　3月実績）

## Ⅰ-34

# 保育所等訪問支援

保育所、幼稚園、小学校、特別支援学校、認定こども園その他の児童が集団生活を営む施設に通う障害児であって、当該施設を訪問し、専門的な支援が必要と認められた障害児に対して、保育所等訪問支援があります。

## Ⅰ-35

# 放課後等デイサービス

就学期の児童については、授業の終了後または休業日に支援が必要と認められた障害児に対して、放課後等デイサービスが利用できます。

医療的ケアに対応できる事業所はまだまだ少ないのが現状です。

### 医療的ケア児の基本報酬の創設（児童発達支援・放課後等デイサービス）

従来は、障害児通所サービス（児童発達支援・放課後等デイサービス）の基本報酬において、医療的ケア児を直接評価しておらず、一般児と同じ報酬単価であったため、受入れの裾野が十分に広がってこなかった。2021年度改定においては、いわゆる「動ける医ケア児」にも対応した新たな判定スコアを用い、医療的ケア児を直接評価する基本報酬が新設。また、新たに「見守りスコア」も制定された。

基本報酬においては、医療濃度に応じ、「3：1（新スコア15点以下の児）」「2：1（新スコア16～31点の児）」または「1：1（新スコア32点以上の児）」の看護職員配置を想定し、実際に配置を行った場合は必要な額が手当てされる。

また、1事業所当たりごく少人数の医ケア児の場合（基本報酬では採算が取りづらい）であっても幅広い事業所で受入れが進むよう「医療連携体制加算」の単価が大幅に拡充された。

**医療的ケアの新判定スコア**　　点数変更（要件変更含む）　追加項目

医療的ケアのスコアを見直すとともに、新たに「見守りスコア」を設定

| 項目 | 内容 | | 基本スコア | 見守りスコア 高 | 中 | 低 |
|---|---|---|---|---|---|---|
| 1 | 人工呼吸器（NPPV、ネイザルハイフロー、パーカッションベンチレーター、肺炎補助装置、高頻度胸壁振動装置を含む） | | 10 | 2 | 1 | 0 |
| 2 | 気管切開 | | 8 | 2 | | 0 |
| 3 | 鼻咽頭エアウエイ | | 5 | 1 | | 0 |
| 4 | 酸素療法 | | 8 | 1 | | 0 |
| 5 | 吸引 | 口鼻腔・気管内吸引 | 8 | 1 | | 0 |
| 6 | 利用時間中のネブライザー使用・薬液吸入 | | 3 | 0 | | |
| 7 | 経管栄養 | 経鼻胃管、胃瘻 | 8 | 2 | | 0 |
| | | 経鼻腸管、軽胃瘻腸管、腸瘻、食道瘻 | 8 | 2 | | 0 |
| | | 持続経管注入ポンプ使用 | 3 | 1 | | 0 |
| 8 | 中心静脈カテーテル | 中心静脈栄養、肺高血圧症治療薬、麻薬など | 8 | 2 | | 0 |
| 9 | その他の注射管理 | 皮下注射（インスリン、麻薬など） | 5 | 1 | | 0 |
| | | 持続皮下注射ポンプ使用 | 3 | 1 | | 0 |
| 10 | 血糖測定 | 利用時間中の観血的血糖測定器 | 3 | 0 | | |
| | | 埋め込み式血糖測定機による血糖測定 | 3 | 1 | | 0 |
| 11 | 継続する透析（血液透析、腹膜透析を含む） | | 8 | 2 | | 0 |
| 12 | 排尿管理 | 利用時間中の間欠的導尿 | 5 | 0 | | |
| | | 持続的導尿（尿道留置カテーテル、膀胱瘻、胃瘻、尿路ストーマ） | 3 | 1 | | 0 |
| 13 | 排便管理 | 消化管ストーマ | 5 | 1 | | 0 |
| | | 利用時間中の摘便、洗腸 | 5 | 0 | | |
| | | 利用時間中の浣腸 | 3 | 0 | | |
| 14 | 痙攣時の管理 | 座薬挿入、吸引、酸素投与、迷走神経刺激、装置の作動など | 3 | 2 | | 0 |

〈Ⅰ-34〉

**○ 対象者**

■ 保育所、幼稚園、小学校、特別支援学校、認定こども園その他児童が集団生活を営む施設に通う障害児であって、当該施設を訪問し、専門的な支援が必要と認められた障害児（平成30年度から、乳児院及び児童養護施設に入所している障害児を対象に追加)。

**○ サービス内容**

■ 保育所等を訪問し、障害児に対して、障害児以外の児童との集団生活への適応のための専門的な支援その他必要な支援を行う。

**○ 人員配置**

■ 訪問支援員
■ 児童発達支援管理責任者 1人以上
■ 管理者

**○報酬単価（令和3年4月～）**

**■ 基本報酬**

1,035単位

**■ 主な加算**

■ 訪問支援員特別加算(679単位)
→ 作業療法士や理学療法士、言語聴覚士、保育士、看護職員等の専門性の高い職員を配置した場合に加算

■ 初回加算(200単位)
→ 児童発達支援管理責任者が、初回訪問又は初回訪問の同月に保育所等の訪問先との事前調整やアセスメントに同行した場合に加算

**○ 事業所数** 985（国保連令和 3年 3月実績） **○ 利用者数** 8,894（国保連令和 3年 3月実績）

〈Ⅰ-35〉

**○ 対象者**

■ 学校教育法第1条に規定している学校(幼稚園及び大学を除く。)に就学しており、授業の終了後又は休業日に支援が必要と認められた障害児

**○ サービス内容**

■ 授業の終了後又は学校の休業日に、児童発達支援センター等の施設に通わせ、生活能力向上のために必要な訓練、社会との交流の促進その他必要な支援を行う。

**○ 主な人員配置**

■ 児童指導員及び保育士 10:2以上
（令和5年3月31日までは障害福祉サービス経験者を人員配置に含めることが可能）
■ 児童発達支援管理責任者 1人以上
■ 管理者

**○報酬単価（令和3年4月～）**

**■ 基本報酬（利用定員等に応じた単位設定）** 注）30分以下の支援は報酬の対象外となる。

■ 授業終了後
・ 重症心身障害児以外 302 ～ 604単位
・ 重症心身障害児 686 ～ 1,756単位

■ 休業日
・ 重症心身障害児以外 372 ～ 721単位
・ 重症心身障害児 810 ～ 2,038単位

※ 重症心身障害児以外で医療的ケア児を受け入れる場合、医療的ケアスコア及び看護職員の配置状況に応じて、上記より667～2,000単位高い単位となる。

**■ 主な加算**

■ 個別サポート加算(Ⅰ)
→ ケアニーズが高い障害児が利用した場合に加算 100単位

■ 個別サポート加算(Ⅱ)
→ 要保護・要支援児童を受入れ、保護者の同意を得て、公的機関や医師等と連携し支援した場合に加算 125単位

■ 事業所内相談支援加算(Ⅰ)(Ⅱ)
→ 障害児や保護者の相談援助やペアレント・トレーニングを行った場合に加算
・事業所内相談支援加算(Ⅰ)(個別) 100単位
・事業所内相談支援加算(Ⅱ)(ｸﾞﾙｰﾌﾟ) 80単位

■ 児童指導員等加配加算(利用定員等に応じた単位設定)
→ 基準人員に加えて、理学療法士等、保育士、児童指導員等の者を加配した場合に加算
・ 理学療法士・保育士等 75～374単位 ・ 児童指導員等 49～247単位
・ その他従業者(資格要件なし) 36～180単位 (手話通訳者・手話通訳士を含む。)

■ 専門的支援加算(利用定員等に応じた単位設定)
→ 基準人員に加えて、専門的な支援の強化のため、理学療法士等を加配した場合に加算 75～374単位

■ 看護職員加配加算(Ⅰ)(Ⅱ)(利用定員等に応じた単位設定)
→ 重症心身障害児が医療的ケアを必要とするときに看護職員を基準(1人以上)より多く配置した場合に加算
・ 1人加配 133～400単位 ・ 2人加配 266～800単位

**○ 事業所数** 15,994（国保連令和 3年 3月実績） **○ 利用者数** 252,104（国保連令和 3年 3月実績）

## I-36

# 生活介護

特別支援学校高等部の卒業後（18歳以上）には、生活介護等の利用が可能となります。こちらも医療的ケアに対応できる事業所は少数です。

## I-37

# 重度訪問介護

訪問系サービスで、18歳以上から利用可能なサービスとしては、重度訪問介護があります。重症児者、筋ジストロフィー、ALS等の医療的ケアが必要な方に対応したサービスです。

2018（平成30）年度からは、入院中にも利用可能となりました。

## I-38

# 障害福祉サービス等の利用者負担について（居宅・通所サービスの場合【障害児者】）

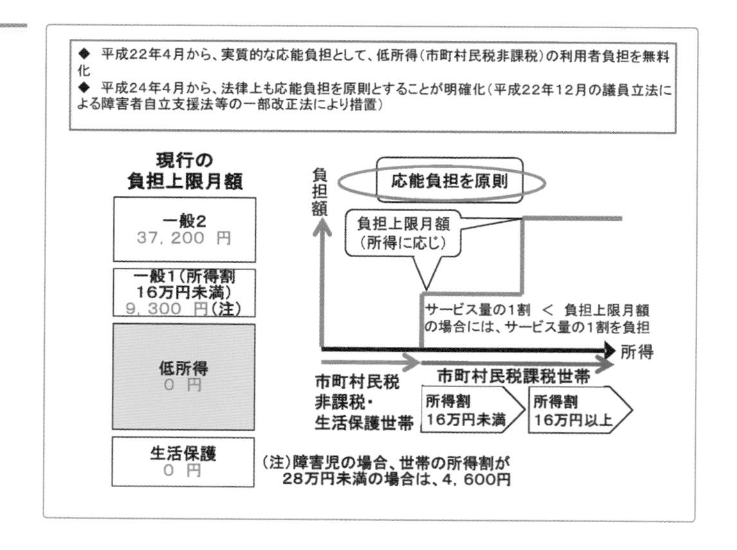


この図は、障害福祉サービスと補装具に関する利用者負担についてまとめたものです。

2010（平成22）年4月1日から、市町村民税非課税世帯の障害者、障害児の、福祉サービスおよび補装具にかかわる利用者負担が無料とされました（補装具については所得制限あり）。

一般世帯については、市町村民税所得割の額によって、負担の軽減が図られています。所得に応じて負担上限月額が設定され、ひと月に利用したサービス量にかかわらず、それ以上の負担は生じません。

なお、世帯の範囲については、18歳以上の方については本人のみ（配偶者がいる場合は本人および配偶者）の所得に応じた負担額とされています。

〈Ⅰ-36〉

**○ 対象者**

■ 地域や入所施設において、安定した生活を営むため、常時介護等の支援が必要な者
① 障害支援区分が区分3(障害者支援施設等に入所する場合は区分4)以上である者
② 年齢が50歳以上の場合は、障害支援区分が区分2(障害者支援施設等に入所する場合は区分3)以上である者

**○ サービス内容**

■ 主として昼間において、入浴、排せつ及び食事等の介護や、日常生活上の支援、生産活動の機会等の提供

**○ 主な人員配置**

利用者の障害程度に応じて、相応しいサービスの提供体制が確保されるよう、利用者の平均障害支援区分等に応じた人員配置の基準を設定
■ サービス管理責任者
■ 生活支援員等 6:1～3:1

**○ 報酬単価（令和3年4月～）**

**■ 基本報酬**

基本単位数は、事業者ごとに利用者の①利用定員の合計数及び②障害支援区分に応じ所定単位数を算定

■ 定員21人以上40人以下の場合

| (区分6) | (区分5) | (区分4) | (区分3) | (区分2以下)※ 未判定の者を含む |
|---|---|---|---|---|
| 1,147単位 | 853単位 | 585単位 | 524単位 | 476単位 |

**■ 主な加算**

| 人員配置体制加算(33～265単位) | 訪問支援特別加算(187～280単位) | 延長支援加算(61～92単位) |
|---|---|---|
| → 直接処遇職員を加配(1.7:1～2.5:1)した事業所に加算<br>※ 指定生活介護事業所は区分5･6･準ずる者が一定の割合を満たす必要 | → 連続した5日間以上利用がない利用者に対し、居宅を訪問して相談援助等を行った場合<br>(1月に2回まで加算) | → 営業時間である8時間を超えてサービスを提供した場合(通所による利用者に限る) |

**○ 事業所数** 11,447（国保連令和 3年 3月実績）　**○ 利用者数** 291,967(国保連令和 3年 3月実績）

〈Ⅰ-37〉

**○ 対象者**

■ 重度の肢体不自由者又は重度の知的障害若しくは精神障害により行動上著しい困難を有する者であって、常時介護を要する障害者
→ 障害支援区分4以上に該当し、次の(一)又は(二)のいずれかに該当する者
(一) 二肢以上に麻痺等がある者であって、障害支援区分の認定調査項目のうち「歩行」、「移乗」、「排尿」、「排便」のいずれもが「支援が不要」以外に認定されている者
(二) 障害支援区分の認定調査項目のうち行動関連項目等(12項目)の合計点数が10点以上である者

**○ サービス内容**

居宅等における
■ 入浴、排せつ及び食事等の介護
■ 調理、洗濯及び掃除等の家事
■ その他生活全般にわたる援助
■ 外出時における移動中の介護
■ 入院中の病院等における意思疎通支援(令和元年10月追加) 等
※ 日常生活に生じる様々な介護の事態に対応するための見守り等の支援を含む。

**○ 主な人員配置**

■ サービス提供責任者:常勤ヘルパーのうち1名以上
・ 介護福祉士、実務者研修修了者 等
・ 居宅介護職員初任者研修修了者等であって3年以上の実務経験がある者
■ ヘルパー:常勤換算2. 5人以上
・ 居宅介護に従事可能な者、重度訪問介護従事者養成研修修了者

**○ 重度訪問介護加算対象者**

■ 15%加算対象者…重度訪問介護の対象者(一)に該当する者であって、重度障害者等包括支援の対象者の要件に該当する者(障害支援区分6)

※ 重度障害者等包括支援対象者
・ 重度訪問介護の対象であって、四肢全てに麻痺等があり、寝たきり状態にある障害者であって、人工呼吸器による呼吸管理を行っている身体障害者（Ⅰ類型(筋ジス、脊椎損傷、ALS、遷延性意識障害等を想定))、又は最重度知的障害者(Ⅱ類型(重症心身障害者を想定))
・ 障害支援区分の認定調査項目のうち行動関連項目等(12項目)の合計点数が10点以上である者(Ⅲ類型(強度行動障害を想定))

■ 8. 5%加算対象者…障害支援区分6の者

**○ 報酬単価（令和3年4月～）**

**■ 基本報酬**

185単位(1時間未満)～1,412単位(8時間未満) ※ 8時間を超える場合は、8時間までの単価の95%を算定

**■ 主な加算**

| 特定事業所加算(10%又は20%加算) | 行動障害支援連携加算(30日間1回を限度として1回につき584単位加算) | 喀痰吸引等支援体制加算(1日当たり100単位加算) |
|---|---|---|
| → ①サービス提供体制の整備、②良質な人材の確保、③重度障害者への対応に積極的に取り組む事業所のサービスを評価 | → サービス提供責任者と支援計画シート等作成者が連携し、利用者の心身の状況等の評価を共同して行うことを評価 | → 特定事業所加算(20%加算)の算定が困難な事業所に対して、喀痰の吸引等が必要な者に対する支援体制を評価 |

**○ 事業所数** 7,393（国保連令和 3年 3月実績）　**○ 利用者数** 11,568(国保連令和 3年 3月実績）

I-39

# 〈参考〉医療保険、介護保険、障害者福祉施策制度一覧

障害者福祉施策以外にも、医療保険制度や介護保険制度によるサービスも受けられる場合があります。

| | 医療保険 | | 介護保険 | 障害者福祉施策 |
|---|---|---|---|---|
| 根拠法 | 健康保険法 等 | 高齢者の医療の確保に関する法律 | 介護保険法 | 障害者総合支援法・児童福祉法 |
| 実施主体等 | 国民健康保険<br>被用者保険(健康保険組合、協会けんぽ、共済組合 等) | 後期高齢者医療広域連合 | 市町村 | 市町村 |
| 財源 | 保険料<br>税金 | 保険料<br>税金<br>各種保険者からの支援金 | 保険料<br>税金 | 税金 |
| 対象者 | 各種保険加入者及び家族 | 75歳以上の者 | 65歳以上の者<br>特定疾病の者で40歳以上65歳未満の者 | 身体障害児・者<br>知的障害児・者<br>精神障害児・者<br>難病児・者 |
| 利用者負担 | 3割負担<br>※義務教育就学前:2割、70歳以上75歳未満:1割、現役並み所得者:3割 | 1割負担 | 1割負担 | 所得に応じて4区分の負担上限月額を設定<br>市町村民税非課税世帯は無料<br>(障害者総合支援法医療は除く) |

I-40

# 〈参考〉65歳以上の要介護状態にある障害者と40歳以上の特定疾患の者における介護保険制度と障害者福祉制度との関係

65歳以上の要介護状態にある障害者と40歳以上の特定疾患の者における介護保険制度と障害者福祉制度との関係ですが、介護保険と障害者福祉制度で共通するサービスについては、介護保険からの給付が優先との原則はありますが、全身性障害者等に対する介護保険の支給限度額を超える部分は障害者福祉制度から給付する、いわゆる［上乗せ部分］や、訓練等給付などの介護保険にないサービスは障害者福祉制度から給付する、いわゆる［横出し部分］は認められています。

また、2018（平成30）年度からは、一定の条件を満たす65歳以上の障害者の自己負担が軽減されます。

（高木憲司）

〈Ⅰ-40〉

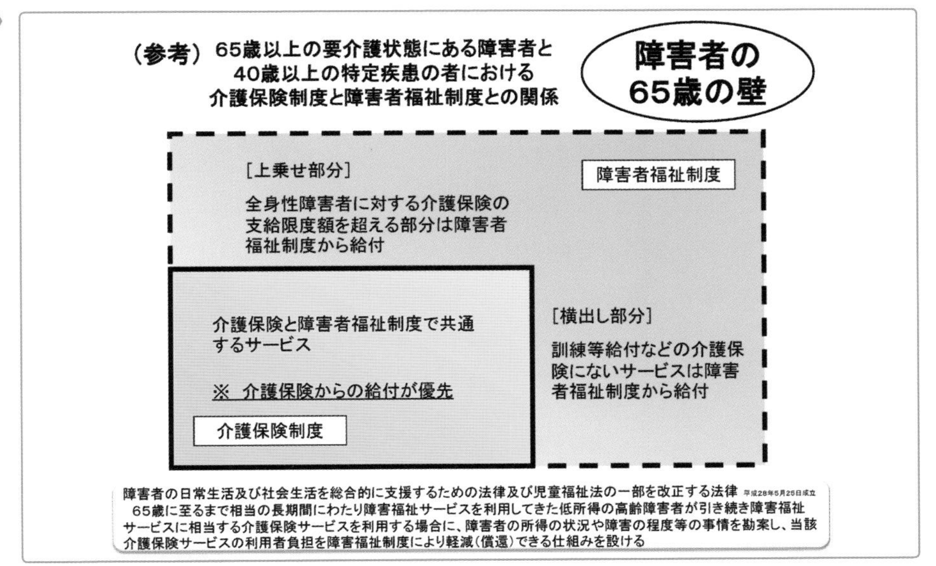
（参考）65歳以上の要介護状態にある障害者と
40歳以上の特定疾患の者における
介護保険制度と障害者福祉制度との関係
障害者の
65歳の壁
［上乗せ部分］
全身性障害者に対する介護保険の
支給限度額を超える部分は障害者
福祉制度から給付
障害者福祉制度
介護保険と障害者福祉制度で共通
するサービス
※ 介護保険からの給付が優先
介護保険制度
［横出し部分］
訓練等給付などの介護保
険にないサービスは障害
者福祉制度から給付
障害者の日常生活及び社会生活を総合的に支援するための法律及び児童福祉法の一部を改正する法律 平成28年5月25日成立
65歳に至るまで相当の長期間にわたり障害福祉サービスを利用してきた低所得の高齢障害者が引き続き障害福祉
サービスに相当する介護保険サービスを利用する場合に、障害者の所得の状況や障害の程度等の事情を勘案し、当該
介護保険サービスの利用者負担を障害福祉制度により軽減（償還）できる仕組みを設ける

# 5 医療的ケアが必要になる病気の理解

## Ⅰ-41 筋肉が動く仕組みは馬車と相似形

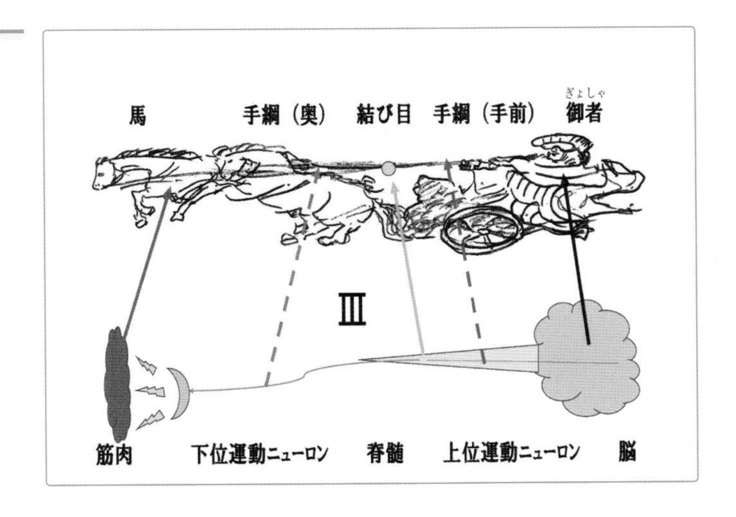
馬
手綱（奥）
結び目
手綱（手前）
ぎょしゃ
御者
Ⅲ
筋肉
下位運動ニューロン
脊髄
上位運動ニューロン
脳

筋肉が動く仕組みは馬車に似ています。

まず、私たちが運動をする時に活躍するのは筋肉ですが、それは馬車の馬にあたります。馬が走ってくれるから馬車は前に進むことができます。つぎに馬車の御者（ぎょしゃ）にあたる司令塔はどこかと言えば脳になります。神経というのはこの「御者の気持ちを馬に伝える部分」となります。

神経の中でも運動にかかわる神経細胞のことを運動ニューロンと呼びます。筋肉は2本の運動ニューロンを介して動くのですが、脳から直接出るものを上位運動ニューロン、バトンタッチを受ける側を下位運動ニューロンと呼びます。これを馬車に当てはめると手前の手綱と奥の手綱ということになります。この2つの手綱は途中の結び目でつながっていますが、この結び目がある場所が人体では脊髄と呼ばれます。脊髄は背骨の中を通っている神経の束で、首から腰までの細長い形（図のクリーム色の部分）をしています。

これから筋肉がうまく動かない病気の説明をしてゆきますが、馬車に相当する脳から筋肉にいたる経路のどこの具合が悪くて、その病気になるのかという視点で見ていきましょう。

I-42

## 神経細胞（ニューロン）の仕組み

日光や水分に反応してゆっくり成長する植物に比べ、動物は成長のための栄養素を自分が動いて取りに行く必要があり、運動が生まれました。運動には俊敏さがもとめられるので、素早く伝達をする神経細胞が必要となりました。ニューロン（神経細胞）図の右下の図は模式図です。左側から細胞体部、そこから長く伸びた軸索、最後に次の神経細胞や筋肉細胞に伝達をするシナプスという3つの部分からなります。

例えば足の筋肉を動かすためには、大脳皮質の足の運動を司る神経細胞（上位ニューロン：左図中紫色）の細胞体部がまず興奮をして、それが軸索を伝わって脊髄を下りてゆき、脊髄の前角というところにある次の神経細胞（下位ニューロン：左図中ピンク色）の細胞体部に興奮の伝搬が行われ、そこから軸索を通って最後の筋肉組織に到達して興奮を伝搬します。

そして、足の指を動かすためにたった2つの

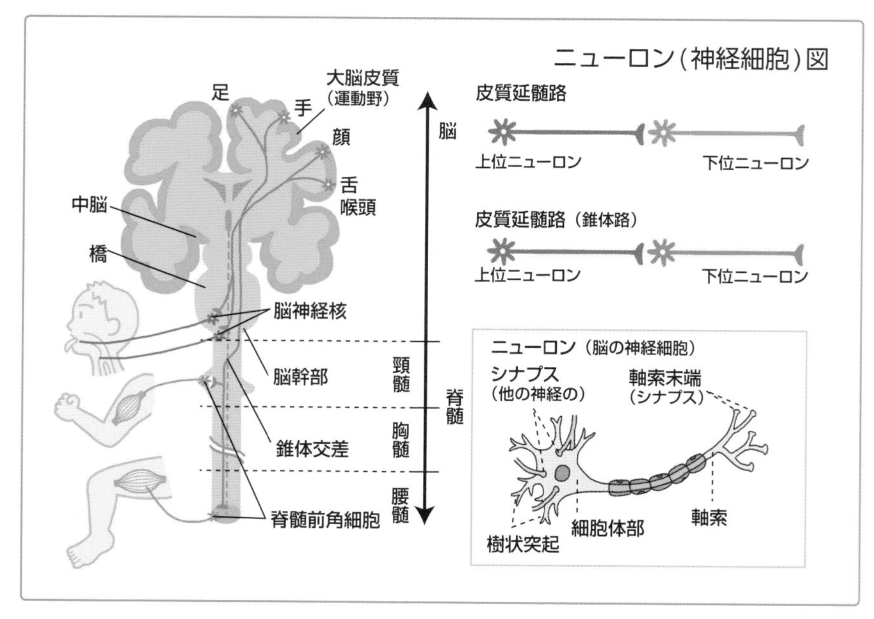


出典：http://www.als.gr.jp/public/als_about/sickstate/sickstate_02.html
http://tsushan.hatenadiary.jp/entry/2018/03/10/200305にもとづき描画

ニューロンしかかかわっていないので、その長さは身長の半分にも及ぶ人体最長の細胞ということになります。手を動かす場合にも同様の経過をたどります。

また、喉や口の周りなど首から上の筋肉を動かす場合には、大脳皮質から出た上位ニューロンの興奮は、脊髄の手前の脳幹部で次の神経細胞（下位ニューロン：左図中青色）の細胞体部へ興奮の伝搬が行われ、そこから軸索を通って最後の筋肉に到達します。このように脳幹部から出てくる下位ニューロンに脳から直接出てくる嗅神経と視神経を合わせたものを脳神経と言います。

I-43

# 筋肉が動く仕組み

病気の話に入る前に、運動をする際の各部分の役割を見ていきましょう。

まず脳ですが、脳のてっぺんの頭頂部と呼ばれるところに運動神経が集まった場所があります（運動野）。この部分は人が前頭葉で「あそこの筋肉を動かそう」と決めるとその命令にしたがって信号を発する場所になっています。上位運動ニューロンの出発点ですね。

つぎに、脳幹という場所が、脳の中心部分に芯棒のようにあるのですが、ここは脳から直接出る各種神経（脳神経）の出発点が集まっている場所です。例えば嚥下を司る脳神経に「よし、飲み込もう」という命令が下ると、脳幹部の出発点に伝わって、そこから下位運動ニューロンが出て目的の筋肉群に伝わって、上手に飲み込むことができるというわけです。この脳幹部は下位運動神経の出発点だけでなく、多くの感覚神経や意識、心拍、呼吸など

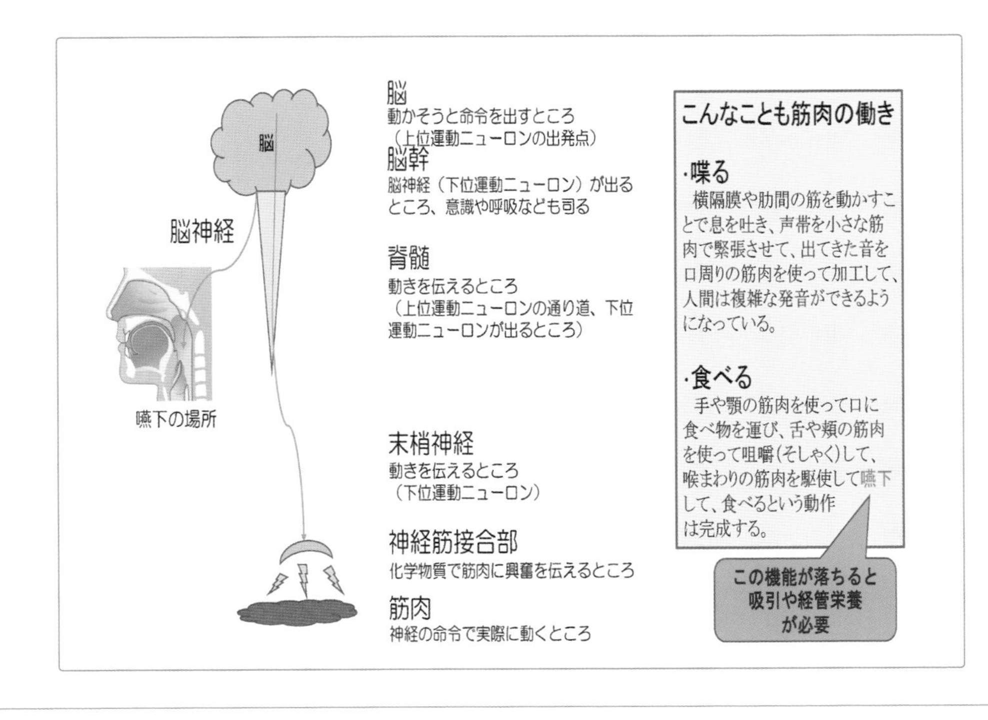

脳
脳
動かそうと命令を出すところ
（上位運動ニューロンの出発点）
脳幹
脳神経（下位運動ニューロン）が出るところ、意識や呼吸なども司る
脳神経
脊髄
動きを伝えるところ
（上位運動ニューロンの通り道、下位運動ニューロンが出るところ）
嚥下の場所
末梢神経
動きを伝えるところ
（下位運動ニューロン）
神経筋接合部
化学物質で筋肉に興奮を伝えるところ
筋肉
神経の命令で実際に動くところ
こんなことも筋肉の働き
·喋る
横隔膜や肋間の筋を動かすことで息を吐き、声帯を小さな筋肉で緊張させて、出てきた音を口周りの筋肉を使って加工して、人間は複雑な発音ができるようになっている。
·食べる
手や顎の筋肉を使って口に食べ物を運び、舌や頬の筋肉を使って咀嚼（そしゃく）して、喉まわりの筋肉を駆使して嚥下して、食べるという動作は完成する。
この機能が落ちると吸引や経管栄養が必要

人間が生きていく時に基礎的な生理をささえる場所でもあります。

脳幹の下に首から腰にいたる細長い脊髄が位置します。この部分は手綱の結び目が集まった場所でしたね。首のあたりでは呼吸や手の動きを司る下位運動ニューロン、胸からは胸や腹の筋肉を司る下位運動ニューロンが、腰の部分からは足や膀胱、直腸といった場所を司る下位運動ニューロンが出発します。それぞれ脳の上位運動ニューロンから伝えられた信号が、脊髄で乗り換えて全身くまなく指令が伝わります。

いよいよ筋肉の近くにやってきた下位運動ニューロンの末端は筋肉に直接電気的興奮を伝えるのではなく、化学物質を放出して筋肉に興奮をするように伝達します。この化学物質が放出されるわずかな隙間のことを神経筋接合部と呼びます。病気によってはこの部分の機能が不具合になるものもあります。

そして、最後に命令は筋肉に到達します。筋肉は神経筋接合部で受けとった化学物質の伝言を受け、すばやく、しかも巧みに動くことができます。普通の運動以外に、言葉をしゃべる時にも呼吸をする筋肉、声帯をコントロールする筋肉、声帯から出た音を加工する口のあたりの筋肉とさまざまな筋肉の総合力が必要です。食べ物を食べる時にもそうです。口の中で食べ物を砕くための顎の筋肉、口の中で飲み込みやすい状態に加工する舌（＝筋肉）、飲み込むときに気管に食べ物が入らないように上手にのどの動きを調節する筋肉群をうまく操る総合力が問われる活動なのです。

I-44

## 脳性まひ（CP）

○ 定義「受胎から生後4週までの期間に生じた脳障害に基づく、永続的な、しかし変化しうる運動および姿勢の異常。」この脳障害が軽症だと脳から出る上位運動ニューロンの通り道だけを侵すので、知的能力は保たれます。しかし広範囲の脳障害が起こった場合には知的障害やてんかんなど脳症状を合併します。

○ 脳障害の発生時期は、出生前、出生時、新生児期の3つに分けられます。

○ 筋肉が硬い痙直型、不随意運動のあるアテトーゼ 型、両者の混合型に分けられます。重度の場合は定頸もみられませんが、軽度の場合は脳性まひでも歩行が可能です。発生率は出生人口千人当たり約2人です。

○ 脳性まひでは、筋緊張亢進という全身や体の一部の筋肉が持続的に硬くなることがよくみられます。ひどいと体が反り返る状態になることもあります。リハビリテーションやボトックス治療、バクロフェン持続髄注法等が行われます。

脳性まひ（CP：Cerebral palsy）には、古い定義と新しい定義があります。

古い定義は出産前後で、お母さんの体内あるいは生まれ落ちた段階で、すぐに泣けなかった場合（仮死）などに酸素が脳に行きわたらなかったときに起こるとされるものです。酸素不足が軽度であると脳の中で、一番弱い部分だけが障害を受けることになります。一番弱い部分は言い換えると一番血液の流れが乏しい部分ということになるのですが、それが上位運動ニューロンの通り道にあたります。この部分だけが障害を受けた場合には、運動まひが主症状となり、他の脳の機能は障害を受けません。このように知的障害を伴わない運動まひのことを古い定義で脳性まひと呼びました。

しかし近年は、より広く脳性まひをとらえるようになりました。脳の障害が上位運動ニューロンの通り道だけでなく広範囲に及んだ場合でも、上位運動ニューロンが巻き込まれていれば広い意味で脳性まひということになりました。そこで定義としては「生まれる前後の脳障害に起因するまひ」という概念になりました。この生まれる前後は定義では細かく規定されていて、受胎から生後4週までとされます。

上位運動ニューロンが直接ダメージを受けると筋肉が突っ張る強直型のまひとなります。また運動の微調整を行う部分にダメージを受けるとアテトーゼという不随意運動を伴うまひとなります。さらにこの両者を合併する場合もあります。

筋肉の緊張に関しては、かつては内服薬とリハビリテーションという治療しかありませんでしたが、最近は筋肉に直接作用する薬を注射する「ボトックス治療」や緊張をとる薬物を持続的に脊髄の周りに送り込む「バクロフェン持続髄注療法」といった治療法も加わりました。

## I-45 重症心身障害児者

○ 何らかの脳障害があり重度の肢体不自由と重度の知的障害とが重複した状態を重症心身障害といい、その状態の子どもを重症心身障害児といいます。さらに成人した重症心身障害児を含めて重症心身障害児者と定めています。重症心身障害児者の数は、日本ではおよそ4万人いると推定されています。

○ 重症心身障害の発生原因は様々であり、出生前の原因(先天性風疹症候群・脳奇形・染色体異常等)、出生時・新生児期の原因(分娩異常・低出生体重児等)、周生期以後の原因(脳炎などの外因性障害・てんかんなどの症候性障害)に分類することができます。

○ 知的障害とともに、姿勢の異常、移動障害、排泄障害、食事摂取の障害、手足の変形や拘縮、側わんや胸郭の変形、筋肉の緊張、コミュニケーション障害、呼吸器感染症を起こしやすさ、てんかんなど、さまざまな症状が合併します。

○ 4万人のうち、施設に入所されている方が約1万5千人、在宅などにいる方が約2万5千人います。

昭和30年代に、知的障害児施設や肢体不自由児施設に入ることができなかった知的障害と肢体不自由が重複した障害児や重度の知的障害があり、行動障害が強い障害児などが路頭に迷ったときに登場したのが重症心身障害児施設と呼ばれる施設でした。2017（平成29）年4月現在では全国に206か所あります。制度ができた当時は、20歳まで命が永らえることはないのではないかと思われていたためか、ずっとこの施設は児童福祉法に規定されていました。しかし今は、どの施設でも平均利用者年齢は40歳を超えるようになってきました。きちっとケアを行えば長生きできることが証明されたのです。

発生原因は脳性まひの原因に似ていますが、脳性まひが周生期（生後4週）までの発症が条件だったのに対して、重症心身障害児者は周生期以降の疾患も含む定義となっています。かつて児童福祉法の中では20歳未満で発症していることという条件が付きましたが、すでに法律用語ではなくなっているので、今後は同様の状態になった人も含めるように解釈が広くなっていく可能性もあります。

入所施設は現在の法律では、成人の場合「療養介護施設」、未成年の場合「医療型障害児入所施設」と呼ぶようになっています。

I-46

# 超重症児・医療的ケア児

### 超重症児スコア

①人工呼吸器管理(10点)
②気管内挿管・気管切開(8点)
③鼻咽頭エアウェイ(5点)
④酸素吸入等(5点)
⑤1時間に1回以上の吸引(8点)、1日に6回以上の吸引(3点)
⑥1日6回以上または持続の吸入(3点)
⑦中心静脈栄養(10点)
⑧全介助による経口摂取(3点)、経管栄養(経鼻、胃ろう含む)(5点)
⑨腸ろう・腸管栄養(8点)、腸ろう・腸管栄養で持続注入ポンプ使用の場合(+3点)
⑩過緊張による1日3回以上の姿勢修正(3点)
⑪透析(腹膜透析を含む)(10点)
⑫1日3回以上の導尿(5点)
⑬人工肛門(5点)
⑭1日6回以上の体位交換(3点)

## 超重症児

超重症児スコアは上記の項目から成っています。このスコアは対象となる児童が入院した際に、医療機関の負担が大きくなるために診療報酬を上乗せしてもらうために生まれました。

その後、このスコアが医療的ケアの程度を示す指標になるとの理解が広がり、さまざまな福祉施策の対象者を決める際に利用されるようになりました。

上記の合計点数が25点以上の状態が6か月以上継続した場合を超重症児、10点以上24点以下の場合を準超重症児と定義されています。

## 医療的ケア児

医療的ケアという言葉は、はじめ特別支援教育の分野で使われ始め、その後、福祉の世界でも使われ始めましたが、「医療的ケア児」は近年行政用語として広く使われ始めました。

以前は重症心身障害児者にほぼ限られていた医療的ケアの対象が、知的障害のみの子どもや障害のない子どもにも広がってきたため、広くそれら対象者に支援を広げるために使用されている言葉です。特に現在は知的障害があり、かつ医療的ケアがある障害児者が長期、短期で入所する施設が制度的にないというのが大きな問題になっています。

### コラム 「大島の分類」と「横地分類」

1968年に開設した重症心身障害児施設の東京都立府中療育センター入所受け入れ基準として作成された「大島の分類」は、現在も広く利用されています。この「大島の分類」を改良して、運動項目を5から6へ増やし、知的発達の評価をIQではなく具体的な本人の理解程度で示したものが「横地分類」です(SI)。

重症心身障害児者(大島の分類)

| IQ | | | | | |
|---|---|---|---|---|---|
| 70–80 | 21 | 22 | 23 | 24 | 25 |
| 50–70 | 20 | 13 | 14 | 15 | 16 |
| 35–50 | 19 | 12 | 7 | 8 | 9 |
| 20–35 | 18 | 11 | 6 | 3 | 4 |
| 0–20 | 17 | 10 | 5 | 2 | 1 |
| | 走れる | 歩ける | 歩行障害 | 座れる | 寝たきり |

重症心身障害児者(1〜4)

横地分類

| | 戸外歩行可 | 室内歩行可 | 室内移動可 | 座位保持可 | 寝返り可 | 寝返り不可 | 〈知的発達〉 |
|---|---|---|---|---|---|---|---|
| | E6 | E5 | E4 | E3 | E2 | E1 | 簡単な計算可 |
| | D6 | D5 | D4 | D3 | D2 | D1 | 簡単な文字・数字の理解可 |
| | C6 | C5 | C4 | C3 | C2 | C1 | 簡単な色・数の理解可 |
| | B6 | B5 | B4 | B3 | B2 | B1 | 簡単な言語理解可 |
| | A6 | A5 | A4 | A3 | A2 | A1 | 言語理解不可 |

〈移動機能〉

〈特記事項〉
C:有意な眼瞼運動なし
B:盲
D:難聴
U:両上肢機能全廃
TLS:完全閉じ込め状態

I-47

# 遷延性意識障害

○ 1972年の日本脳神経外科学会による定義で

1) 自力移動が不可能である。
2) 自力摂食が不可能である。
3) 糞・尿失禁がある。
4) 声を出しても意味のある発語が全く不可能である。
5) 簡単な命令には辛うじて応じることも出来るが、ほとんど意思疎通は不可能である。
6) 眼球は動いていても認識することは出来ない。

以上6項目が、治療にもかかわらず3か月以上続いた場合をいいます。

○ 原因として、交通事故、スポーツ事故など不慮による事故による脳外傷や脳血管、循環器、呼吸器疾患などさまざまな原因により、救急救命医療で一命をとりとめたにもかかわらず、高度の意識障害が持続して起こる場合があげられます。

○ 嚥下や喀痰排出に障害が生じるため、施設や在宅介護の場で、経管栄養やたんの吸引等が日常的に必要となります。

植物状態（vegetative state）と言われる状態の定義として、この6つの条件が記載されましたが、患者さんや家族の団体から植物という表現に抵抗があることが主張され、現在、日本では遷延性意識障害という言い方が主流になっています。

脳には呼吸や心拍を司る植物脳と呼ばれる部分があり（その多くは脳幹部にある）、また運動、感覚、思考などを司る大脳の部分を動物脳と呼ぶ場合があります。遷延性意識障害は植物脳は活動しているものの、動物脳が機能していないため6つの症状が継続する場合を指します。

脳死とは次の点で違いがあります。遷延性意識障害では、①睡眠・覚醒のサイクルがある、②自発呼吸がある、③脳波が平坦ではない、④回復の可能性がある。

また、遷延性意識障害よりやや軽度の症状を最小意識状態（minimal conscious state）と呼び、次のような条件の1つ以上に当てはまる場合を言います。①単純な命令に従う、②正誤にかかわらず、身振りや言語で「はい」「いいえ」が表示できる、③理解可能な発語、④合目的な行動。

遷延性意識障害、最小意識状態の方は、その症状が長期におよび、吸引の他に食事などで経管栄養などのケアを必要とする場合も多く、医療的ケアの対象となります。

## JCS（ジャパン・コーマ・スケール）

臨床の場面で日本で広く使われているJCSは、実用的でその場で判断でき、迅速に状態を伝えることができる方法です。

Ⅰ：刺激しないでも覚醒している状態（一桁で表現）
〈0〉　意識清明
〈Ⅰ-1〉だいたい清明であるが、今一つはっきりしない
〈Ⅰ-2〉見当識障害がある（場所や時間、日付がわからない）
〈Ⅰ-3〉自分の名前、生年月日が言えない

Ⅱ：刺激で覚醒するが、刺激をやめると眠り込む状態（二桁で表現）
〈Ⅱ-10〉普通の呼びかけで容易に開眼する
〈Ⅱ-20〉大きな声または体を揺さぶることにより開眼する
〈Ⅱ-30〉痛み刺激を加えつつ呼びかけを繰り返すことにより開眼する

Ⅲ：刺激しても覚醒しない状態（三桁で表現）
〈Ⅲ-100〉痛み刺激に対し、払いのける動作をする
〈Ⅲ-200〉痛み刺激に対し、少し手足を動かしたり、顔をしかめたりする
〈Ⅲ-300〉痛み刺激に反応しない

I-48

# 脊髄損傷
## （高位頸髄損傷）

○ 主として背骨（脊柱）に強い外力が加えられることにより骨である脊椎（せきつい）を損壊し、その中を通る上位神経ニューロンの通り道である脊髄（せきずい）に損傷をうける病態を脊髄損傷と呼びます。

○ 受傷原因としては、交通事故、高所からの転落、転倒、スポーツなど。スポーツでは水泳の飛び込み、スキー、ラグビー、グライダーなどで、若年者に目立ちます。

○ この病態では脳は侵されていないので知的障害はないことがほとんどです。

【高位頸髄損傷】

○ その損傷が脊髄の一番上部（高位頸髄）で起きた場合を高位頸髄損傷と呼び、特別なケアの対象となります。

○ 首の上の部位で、重度の高位頸髄損傷をきたすと、手足の麻痺、障害部位以下の身体の感覚障害、排尿・排便障害、座位保持困難に加え嚥下障害、呼吸筋麻痺等を示します。したがって、たんの吸引等の処置が必要になります。

交通事故や転落事故などでは、脊髄が通っている背骨（脊椎）が強打されて、中に通っている脊髄がダメージを受ける場合があり、これを脊髄損傷と呼びます。脊髄は下位運動ニューロンの出発点であると同時に上位運動ニューロンの通り道でもあります。例えば首のところに位置する脊髄（頸髄）は腕などを動かす下位運動ニューロンの出発点ですが、そこには同時に腹部、足などの運動を司る上位運動ニューロンが通っています。

ですから例えば、胸の部分の脊髄（胸髄）がダメージを受けた場合には、手は自由に動かせますが、胸部から腹部そして足に至る運動ニューロンの機能が途絶え、脳と筋肉のつながりがなくなります。排尿・排便を司る膀胱・直腸の筋肉を動かす運動ニューロンは、脊髄の一番下のところにあるので、どの部分の脊髄損傷でも排尿や排便の障害が出現します。これを膀胱直腸障害と呼びます。また脊髄には運動ニューロンの他に感覚ニューロンも通っているので、障害部位以下では、痛みや熱さを感じなくなります。

高位頸髄損傷は、脊髄が司るほとんどの運動神経に麻痺が生じる最も重篤な脊髄損傷です。首のところの脊椎（頸椎）は全部で7つあるのですが、そのうち4番目が損傷するとその部位の脊髄（頸髄）が損傷します。この4番目のところは、呼吸をするのに大切な横隔膜を動かす下位運動ニューロンの出発点でもあるので、自発呼吸ができなくなり、気管切開や人工呼吸器療法の対象となります。その結果、医療的ケアが必要になります。

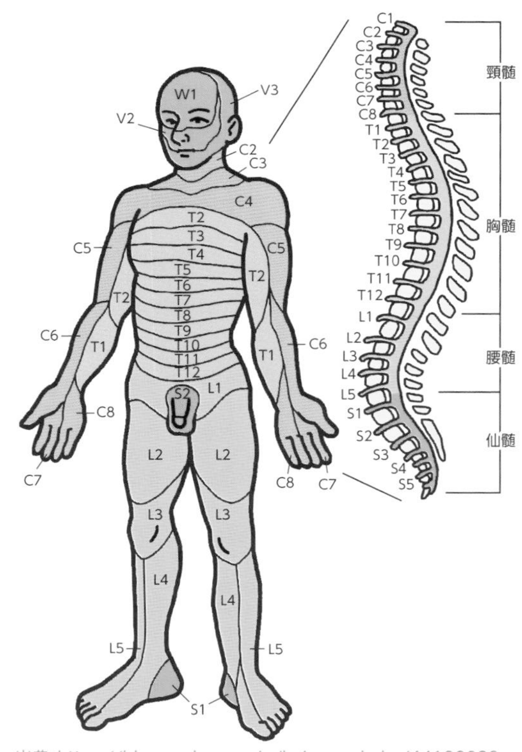


出典：https://blogs.yahoo.co.jp/kaigogoukaku/44108023.htmlにもとづき描画

I-49

# 二分脊椎症
## （脊髄髄膜瘤）

- 二分脊椎は、背骨（脊椎）の形成過程で種々の程度の骨の欠損が生じる先天奇形です。骨だけの異常の場合もありますが、医療的ケアの対象となるのは、骨の欠損だけにとどまらず脊髄が外に脱出する脊髄髄膜瘤です。
- 生まれてすぐに手術を行いますが、種々の程度の水頭症、脊髄まひ（両下肢主体）、知覚障害、膀胱直腸障害（排尿・排便障害）などの重篤な後遺症を残します。
- まひに伴う下肢の変形に対して、整形外科的な手術や、装具療法を主体とした治療やリハビリテーションが行われます。水頭症に対してはシャント手術が行われます。
- 知覚障害により床ずれ（褥瘡）が出来やすいので注意を要します。
- 排尿障害に対して、間欠性の導尿が必要となる場合が多いです。自分でできない場合は第三者による定期的な導尿が必要となります。導尿には清潔操作が必要です。また排便障害には、下剤や浣腸などで対処します。
- 脳症状はないことが多いですが、二分脊椎に水頭症などが合併する場合があって、その場合には脳症状が合併します。

脳と脊髄を中枢神経と呼びました。中枢神経は、発生の始めのころは神経板という楕円形の板の形をしています。その板がちょうど柏餅の葉っぱのように中央部分がつながり徐々に頭側と尾側につながる部分が増えて最後は一つの管（神経管）になります。

この時に、葉酸などの栄養が不足すると十分に管になることができないまま生まれてきます。尾の部分が不完全にしかついていない状態から二分脊椎症という病気が発生します。ですから起きやすい場所は腰椎やその下の仙椎と呼ばれる場所となります。症状は障害のある場所と脳との交通が滞るため、運動麻痺と同時に感覚麻痺が出現します。

脊髄損傷と同じように膀胱直腸障害が必ず伴いますので、導尿が必要となります。

また尾側の神経管の作りが完全でないために起こるので、頭部の作りも完全でない場合に水頭症などの脳の奇形も伴うことになります。この場合、脳症状（知的障害や手足のまひなど）が合併します。

通常二分脊椎症の場合には小学校に上がる頃より、自分で導尿（自己導尿）をすることができますが、脳症状がある場合に自己導尿が難しい場合があります。そのような場合には介護者による導尿という医療的ケアが必要になります。

吸引と経管栄養が医療的ケアとして介護職員などにより実施することが可能になりましたが、二分脊椎の患者・家族は、この導尿も医療的ケアとして多くのスタッフに対応してもらいたいと訴えています。

神経管の発生

出典：https://mchiro.exblog.jp/23189450/にもとづき描画

神経管と神経堤、体節の発生プロセス

外胚葉の一部から将来神経系にある「神経板」ができる。

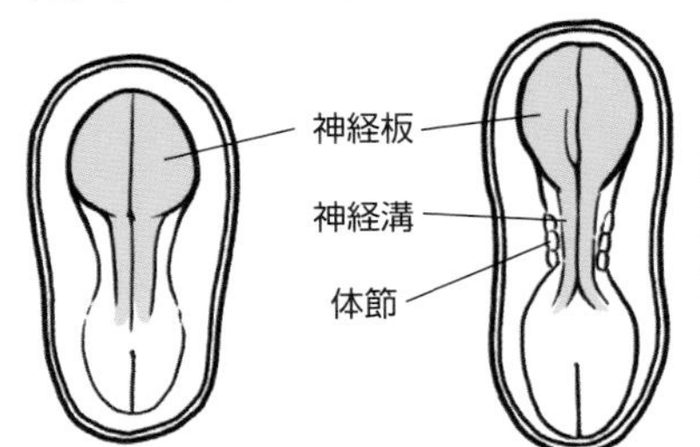


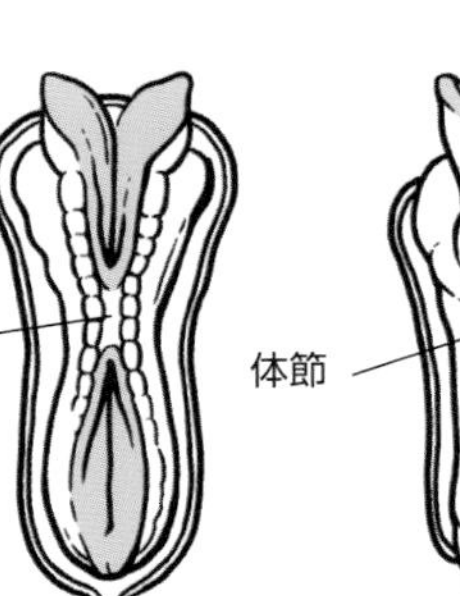

Ⅰ-50

# 脊髄性筋萎縮症（SMA）

○ 運動ニューロン疾患(NMD)のひとつで、脊髄にある下位運動ニューロンの出発点(脊髄前角細胞)の病変によって起こる全身の筋肉が萎縮する病気です。子どもの場合は、発症時期と症状により3型に分類されています。遺伝子異常が原因です。知能は正常で、膀胱直腸障害はみられません。筋力に合わせた運動や関節拘縮予防目的のリハビリテーションが必要です。

○ 1型(重症型、ウェルドニッヒ・ホフマン病)：発症は生後6か月まで。生涯座位保持は不可能です。生きていくためには 人工呼吸器の装着が必要です。一般的には気管切開で行いますが、非侵襲的人工呼吸法(NPPV)も導入されつつあります。授乳や嚥下が困難なため 経管栄養を要し、最近は早期に胃ろう造設が行われています。眼球運動は正常に保たれます。知能は正常なので、心理的ケアやコミュニケーションの工夫が重要です。

○ 2型(中間型、デュボビッツ病)：発症は1歳6か月まで。座位保持は可能ですが、生涯、起立や歩行は不可能です。徐々に呼吸機能が低下し、学齢期に人工呼吸器が必要となる場合があります。

○ 3型(軽症型)：省略

○ 基本的に知的障害などの脳症状はありません。

運動ニューロンの病気の一つで、脊髄にある前角細胞という下位運動ニューロンの出発点が侵されて、全身の下位運動ニューロンが働きにくくなる病気を脊髄性筋萎縮症（SMA）と呼びます。

小児発症の3つの型の原因は、5番目の染色体の異常に起因するとされ、その遺伝形式の多くは常染色体潜性遺伝（劣性遺伝）とされます。つまり母と父がともに染色体異常をもつ場合（保因者同士）にその子どもに発症するとされ、重症度はその発現の強さの差によるものと考えられています。

脳や脊髄の上位運動ニューロンの病気では、脳性まひのところで説明をした筋肉の緊張が特徴的ですが、下位運動ニューロンの病気であるSMAでは筋肉の力が入りにくい筋肉弛緩という症状となります。これが全身の筋肉に生じることになるので、嚥下力、呼吸力などに症状が現れ、医療的ケアの対象となります。

実は成人にも発症することが知られていて、これを4型と呼びます。5番目の染色体に同じように異常がある場合もありますが、ほとんどは遺伝ではなく特発的に発症します。

筋萎縮性側索硬化症（ALS）との違いは、ALSが下位運動ニューロンだけでなく上位運動ニューロンも侵されるのに対して、SMAでは、下位運動ニューロンだけが侵される点です。

脊髄性筋萎縮症の分類

| 型 | 病名 | 発症年齢 | 最高到達運動機能 | 遺伝形式 |
|---|---|---|---|---|
| Ⅰ | Werdnig-Hoffmann病<br>急性乳児型SMA | 0-6か月 | 座位未獲得 | 常染色体潜性 |
| Ⅱ | Dubowitz病<br>慢性小児型SMA | ＜1歳6か月 | 立位未獲得 | 常染色体潜性 |
| Ⅲ | Kugelberg-Welander病若年型SMA | 1歳6か月－20歳 | 立位、歩行 | 常染色体潜性<br>まれに常染色体顕性 |
| Ⅳ | 成人型SMA | 20歳＜ | 正常運動機能 | 多くは孤発<br>常染色体顕性か潜性 |

I-51

# 筋萎縮性側索硬化症（ALS）

○ 主に中年以降に発症し、随意運動（自分の意思によって行う各種の運動）を司る上位と下位運動ニューロンの両方が選択的、かつ進行性に変性・消失していく原因不明の神経難病。約10%は遺伝性。知的能力は正常です。

○ 症状は、筋萎縮と筋力低下が主体で、進行すると手の動作障害、歩行障害、ことばの障害、食事等の嚥下障害、呼吸障害、コミュニケーション障害などが生じます。

○ 一般に感覚障害や排尿障害、眼球運動障害はみられないといわれてきましたが、人工呼吸器による長期生存例などでは、認められることもあります。病気の進展は比較的速く、人工呼吸器を用いなければ通常は2～4年で死亡することが多いとされます。

○ 近年、胃ろうからの経管栄養による栄養管理の発達や、鼻マスクによる非侵襲的陽圧呼吸（NPPV）や気管切開による陽圧人工呼吸（TPPV）等の人工呼吸療法の発達により、施設のみでなく在宅でも、10年以上、中には20年以上の長期にわたって療養を行っている患者さんが、増加しています。

○ したがって、食事の嚥下障害や呼吸筋の麻痺でたんの排出障害が出現した時期に、経管栄養やたんの吸引等の処置が日常的に必要となります。

2012（平成24）年から医療的ケアの一部が制度化され、介護職員等にもできるようになりましたが、その法律改正の大きなきっかけをつくったのがALSの患者・家族の会の国会への働きかけでした。

ALSは成人に発症し、比較的進行が速いのですが、知的障害を伴わないので呼吸がうまくできなくなった段階での治療方針決定（インフォームドコンセント）は、ご本人がされることがほとんどです。ですからすべての方が人工呼吸療法を選択するわけではないのですが、選択した場合にかつての日本では、在宅生活で家族と多くのボランティアの力でケアを担ってきました。

障害者へのヘルパー派遣などが制度化した後も、たんの吸引、経管栄養といった医療的ケアは看護師等でなければできないとされていたため、多くの時間は家族が献身的なケアを続けていました。ヘルパーの中にもそのケアを黙って手伝ってくれる人もいたと聞きます。そこで患者・家族の会の方たちが結束して行政や議員に働きかけ、さまざまな紆余曲折を経て2012（平成24）年度の制度改革が行われました。

最後まで保たれるとされていた眼球の動きをたよりに透明な文字盤を利用してのコミュニケーションは、ALSの方にとっては重要なコミュニケーション方法ですが、人工呼吸療法を選択し、闘病が長期になる方の中に眼球運動もできなくなりコミュニケーションがとれなくなる場合があります。閉じ込め症候群（Totally Locked-in State：TLS）と呼び、それは本人にとってもケアをする人にとっても辛い状態です。最近そのTLS状態の人の脳の血流と脳波を感知してコミュニケーションをとる方法が発表され、一筋の光明をもたらしました。

また、この原稿を書いている2017（平成29年にはiPS細胞を利用したALSの治療薬の開発がニュースとなっています。日進月歩の人類の英知に敬服するばかりです。

I-52

# 筋ジストロフィー

○ 筋ジストロフィー症とは、筋肉自体に遺伝性の異常が存在し進行性に筋肉の破壊が生じるさまざまな疾患を総称しています。デュシェンヌ(Duchenne)型筋ジストロフィー、ベッカー(Becker)型筋ジストロフィー、福山型先天性筋ジストロフィー、顔面肩甲上腕（けんこうじょうわん）型筋ジストロフィー、筋強直性(緊張型)筋ジストロフィーなどに分類されます。発症年齢、遺伝形式、進行速度、筋力低下の生じる部位などは各疾患によって異なります。

○ 代表的なデュシェンヌ型は、筋ジストロフィーの大部分を占め、男性のみに発症する重症な型です。通常2～4歳頃で、転びやすいなどの異常で発症し、おおよそ10歳代で車いす生活となる人が多いです。昔は20歳前後で心不全・呼吸不全のため死亡するといわれていましたが、非侵襲的人工呼吸法(NPPV)など医療技術の進歩により、生命予後が延びています。10歳代後半から夜間のみの NPPVが開始されることが多いですが、中には、学齢期から日中もNPPVを必要とする児童生徒もいます。経過中に発生する食事の飲み込み障害やたんの排出障害に対して、経管栄養や痰の吸引などが日常的に必要になります。

筋肉を作るタンパク質が多く知られていますが、その量や質に変化があるときに筋ジストロフィーとなります。その原因はいくつかに分かれますが、代表的な疾患であるデュシェンヌ型筋ジストロフィーについて解説します。性別を決める染色体にはＸ染色体とＹ染色体があり、女性はXX、男性はXYとの組み合わせになっています。このＸ染色体にある遺伝子の異常によって、筋肉細胞の膜にあるジストロフィンというタンパク質が、十分に作られないために起こるのがデュシェンヌ型筋ジストロフィーです。女性にはＸ染色体が2本あるので発症することはあまりありません（健康保因者）が、男性の場合には発病します。この遺伝形式を性染色体潜性遺伝（劣性遺伝）と呼びます。

実はジストロフィンタンパク質は神経細胞にあることも知られているため、例えばデュシェンヌ型筋ジストロフィーでも1／3に軽度の知的障害が、他にも発達障害などを合併する場合があります。

人工呼吸器の導入は10歳代後半になると検討されることが多いです。呼吸は夜間寝ている時に生理的に浅くなるので、最初は夜間の非侵襲的人工呼吸療法（NPPV）を開始することが多く、症状が進行してくると日中も人工呼吸器を使用するようになります。また、それでも十分な換気が得られない時には、気管切開による陽圧人工呼吸（TPPV）に移行する場合もあります。

NPPVはかつては鼻と口を両方覆う比較的大型のマスクが利用されていましたが、最近はより簡便で小型のマスク（鼻だけのマスク）や、本人の意思で時々口にマウスピースをくわえ、間欠的に呼吸を補助する方法が開発されました。特に後者の方法で食事や会話をしながらの呼吸補助が実現しました。

心臓も筋肉からできているので、30歳ごろに心不全の症状が出てくることが知られていています。

ALSのところ（53頁）でも最近の治療に関して述べましたが、2017（平成29）年春に日本の研究者がiPS細胞を利用した動物実験で筋ジストロフィーの治療に成功し、5年後をめざして人にも利用できるようにしたいというニュースがありました。遺伝的な病気の治療に果たすiPS細胞の役割には目を見張るものがあります。

I-53

# 福山型筋ジストロフィー

○ 学齢期にたんの吸引等の医療的ケアが必要となる代表的な筋ジストロフィーである福山型先天性筋ジストロフィーは、先天性筋ジストロフィーのひとつです。筋ジストロフィーでもありますが、種々の程度の脳障害（脳形成障害）があり、知的障害も合併します。まれに歩行可能な場合もありますが、多くは座位までの運動発達です。運動発達のピークは5-6歳ごろと言われており、徐々に運動機能も落ちてきます。幼児期から関節拘縮が始まるので、リハビリテーションが重要となります。半数でてんかんを合併しています。

○ 運動機能の低下に伴い、たんの排出障害、食事の飲み込み障害がでてきて、経管栄養やたんの吸引等の処置が日常的に必要となってきます。呼吸機能の低下に伴い、非侵襲的人工呼吸法（NPPV）を早期に導入する例も増えています。気管切開による陽圧人工呼吸（TPPV）が必要な場合もあります。

○ 筋ジストロフィーですので、重症心身障害より機能低下が急速に起こる場合が多く、慎重な対応が必要です。

日本人に多い型の筋ジストロフィーです

お詫びと訂正

以下の誤りがありましたので、お詫びして訂正します。

| | 誤 | 正 |
|---|---|---|
| P56　右の段下から７行目 | （53頁） | （55頁） |
| P72　Ⅱ—5　本文、左段１行目 | Ⅱ—16（77 頁） | Ⅲ—6（117 頁） |
| P115　コラム　下から３行目 | 77 ページ | 117 ページ |

的障害やてんかんの合併率が高い病気です。

福山型という名称は東京女子医大の福山幸

されたため命名されまし
こ存在するフクチンとい
ないために、筋肉の症状
ています。このフクチン
いりとつなぎとめるボル
いて、このタンパク質が
が共同作業として大き
できません。またフク
も存在することが知ら
脳障害の合併はそれが原因である
と推定されています。

I-54

# 喉頭軟化症・声門下狭窄症

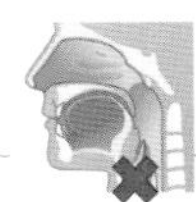

○ 筋肉の機能ではなく、呼吸をする構造自体に問題がある病気もあります。

○ 喉頭軟化症は、喉頭の背側にある披裂部と言われる部分や喉頭蓋が、吸気時に前へ落ち込み気道を狭窄させる病態です。症状は睡眠時より覚醒時に強くみられる喘鳴です。重症心身障害児・者に合併しやすいです。対応としては、頚部前屈、前傾、腹臥位等の姿勢管理、鎮静、入眠が有効です。喉頭気管分離・喉頭全摘等の気管切開が治療として必要な例もあります。経鼻咽頭エアウェイは、上・中咽頭狭窄が合併している時には有効です。

○ 声門下狭窄は先天性の狭窄と、気管内挿管に伴い新生児期に発生する 後天性な狭窄に分けられます。後天性の狭窄では、抜管困難のために気管切開が必要となり、医療的ケアが必要となります。気管切開以外に他の障害はない場合も多く、一般の保育園や小学校に在籍が望ましい子どもたちです。

○ これらは呼吸器系の病気なので、脳障害はなく知的障害はありません。

神経－筋の病気以外では、最終的な呼吸・嚥下が行われる舞台である咽頭・喉頭部の器質的な病気があります。

呼吸の通り道は喉頭にある声帯を境にして、その上部を上気道、下部を下気道と言いますが、上部の最終部位である喉頭上部の軟骨（喉頭蓋軟骨）が十分に育たずに生まれてきた場合に起こるのが喉頭軟化症です。この部分は呼吸をする際にはしっかりと開いて空気を通りやすくして、嚥下の時にはアコーディオンのようにヒダを閉じてしっかり栓をして食べ物が気管に入らないようにします。

喉頭軟化症では呼吸の最中にヒダが内側に落ち込み空気の通りを邪魔します。その結果、気管切開などが必要になるわけです。この病気は成長とともにおおよそ2歳までに自然に改善することが知られています。

次に、下気道の最上部である声門下腔と呼ばれる場所で起こるのが声門下狭窄症です。もともと気道の中で最も狭い場所であることから、ここが先天的に狭い場合には新生児期から呼吸困難が生じます。また何らかの病気で長期に挿管をしたために、その刺激で後天的にその場所が狭くなる場合があります。この2つの原因で声門下狭窄症が起きます。この場合、気管切開の対象となります。またなかなか改善が見られない場合には手術を行う場合もあります。

この部分の病気は他に、気管狭窄症や気管軟化症などが知られています。

I-55

## 〈まとめ〉病気と嚥下障害／呼吸障害

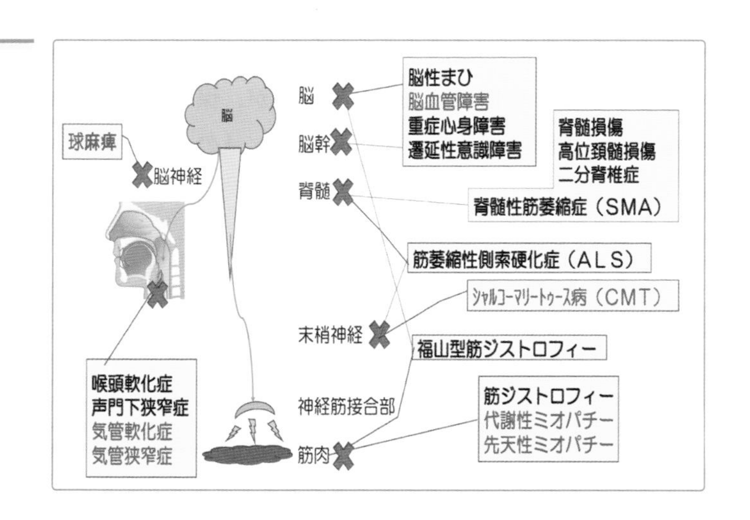


ここまで解説をしてきた呼吸障害、嚥下障害を引き起こす病気についてまとめてみました。

まず、馬車の御者に相当する脳の病気として、脳性まひ、重症心身障害、遷延性意識障害がありました。この部分の病気としては成人に多い脳血管障害などが他にあります。

次に、手前の手綱に相当する脊髄の病気として、脊髄損傷、高位頚髄損傷、二分脊椎症、脊髄性筋萎縮症がありました。このうち前3つは、上位運動ニューロン（と感覚ニューロン）の通り道に障害がある場合、最後の脊髄性筋萎縮症は下位運動ニューロンのスタート地点である脊髄前角細胞の異常が原因でした。

次に手綱全体に異常が及ぶ場合として、上位運動ニューロンと下位運動ニューロンの両方に障害が起きる筋萎縮性側索硬化症（ALS）を取り上げました。

下位運動ニューロンだけが特異的に障害を受けるシャルコーマリートゥース病というものもあります。

次に、馬車の馬にあたる筋肉の病気として、筋ジストロフィー症、福山型筋ジストロフィー症を解説しましたが、ここには他に代謝性ミオパチー、先天性ミオパチーというものがあります。

最後に、呼吸と嚥下を司る喉回りの解剖学的異常がある疾患として喉頭軟化症、声門下狭窄症を示しました。この部分には他に気管軟化症、気管狭窄症という病気もあります

同じ部分を司る下位運動ニューロンの異常で同部分の動きが悪くなる場合を球麻痺と呼び、成人の脳血管障害などの症状の一つとして知られています。

I-56

# 障害の概念 (ICF)

障害の2つの定義

**個人モデル(医学モデル)**

個人の能力や機能に課題がある場合それを障害と呼び、克服するのは個人の側にあるという古典的な考え方

**社会モデル**

ある人が生きていこうとするときに社会の側にまだ準備が整っていない状態を障害と呼び、この意味での障害はなくすことができるという考え方。

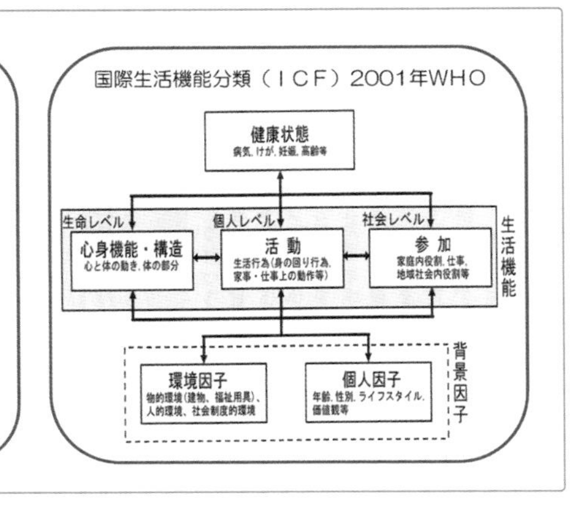


障害の定義には歴史的に大きな2つの流れがあります。

個人モデルはかつて医学モデルと言われ、病気の後遺症が固定した場合を障害と定義し、そこから生じる機能障害が原因で最終的に社会的不利になるという一方向性の解説で障害を語る方法で、例えばリハビリテーションの目標を立てるときに最終的な社会的不利をなくす方向で個人の能力を高める、あるいは修正するという方向で取り組もうとする考え方のもとになっています。

これに対して障害はむしろ社会的不利をつくっている社会の側の障壁を指す言葉で、その意味で改善しうる可能性を秘めた概念として障害を定義したのが社会モデルです。この立場に立てば、社会を変革していくという方向性を追求していくことが障害を克服していくことそのものであるということになります。

前者が障害の克服を個人に帰し、後者はそれを社会に帰しているとも言えます。

しかし、現実には個人と社会それぞれに障害克服の課題があり、それがお互いに影響・連動しています。2001年にWHOで採択された国際生活機能分類（ICF）は、現在でも福祉の世界での障害の概念整理に利用されている分類です。

この分類では、①健康状態、②心身機能・構造、③活動(日常生活行為など)、④参加(家族内役割、仕事、地域活動などへのアクセス)、⑤環境因子(建物、福祉用具、理解してくれる人の存在、社会制度など)、⑥個人因子（年齢、性別、宗教など）の6つの項目が、それぞれお互いに影響を及ぼしながら存在していることを図示しています。

2006年に国連総会で採択された障害者権利条約では、ICFの障害定義に比べ、より人権に重きを置いた障害の定義（条約モデル）を行い、その中ではより社会的障壁に焦点を当て、障害を社会の問題としてとらえています。

（江川文誠）

# 6 重度障害児者等の地域生活

重度障害児者等の地域生活について説明します。

I-57

## 障害者総合支援法と児童福祉法の改正①
## 重度訪問介護の訪問先の拡大

四肢麻痺等の最重度の障害者が医療機関に入院した時には、重度訪問介護の支援が受けられなくなることから、体位交換などについて、特殊な介護が必要な者に適切な方法が取られにくくなることにより苦痛が生じてしまうなどの事例が見られていました。このため、最重度の障害者であって重度訪問介護を利用している者に対し、入院中の医療機関においても、本人の状態などを熟知しているヘルパーを引き続き利用し、そのニーズを的確に医療従事者に伝達するなどの支援を行うことができることとなります。障害支援区分6の方が対象となります。（高木憲司）

○ 四肢の麻痺および寝たきりの状態にある者等の最重度の障害者が医療機関に入院した時には、重度訪問介護の支援が受けられなくなることから以下のような事例があるとの指摘がある。
- ・体位交換などについて特殊な介護が必要な者に適切な方法が取られにくくなることにより苦痛が生じてしまう
- ・行動上著しい困難を有する者について、本人の障害特性に応じた支援が行われないことにより、強い不安や恐怖等による混乱（パニック）を起こし、自傷行為等に至ってしまう

○ このため、最重度の障害者であって重度訪問介護を利用している者に対し、入院中の医療機関においても、利用者の状態などを熟知しているヘルパーを引き続き利用し、そのニーズを的確に医療従事者に伝達する等の支援を行うことができることとする。

**訪問先拡大の対象者**

○ 日常的に重度訪問介護を利用している最重度の障害者であって、医療機関に入院した者
※障害支援区分6の者を対象とする予定
※通院については現行制度の移動中の支援として、既に対応

**訪問先での支援内容**

○ 利用者ごとに異なる特殊な介護方法（例：体位交換）について、医療従事者などに的確に伝達し、適切な対応につなげる。

○ 強い不安や恐怖等による混乱（パニック）を防ぐための本人に合った環境や生活習慣を医療従事者に伝達し、病室等の環境調整や対応の改善につなげる。

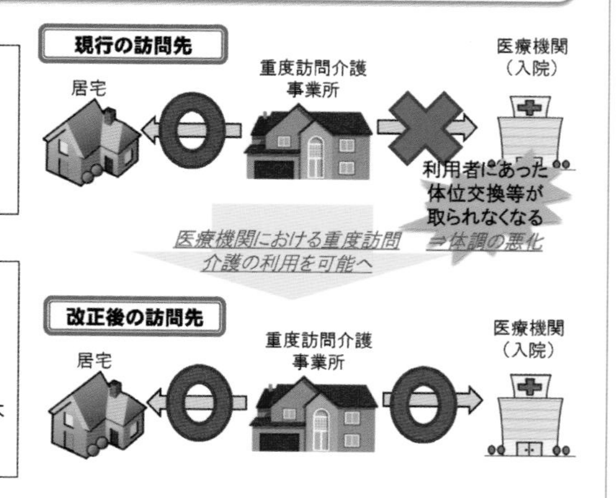

## I-58

## 障害者総合支援法と児童福祉法の改正②
# 医療的ケア児への支援

医療的ケア児の支援に関する保健、医療、福祉、教育等の連携の一層の推進について（通知）　平成２８年６月３日

「障害者の日常生活及び社会生活を総合的に支援するための法律及び児童福祉法の一部を改正する法律」（平成28 年法律第65 号。以下「改正法」という。）が本日公布され、改正法により新設された児童福祉法（昭和22 年法律第164 号）第56 条の６第２項の規定が本日施行された。（略）

ついては、各地方公共団体におかれては、下記の趣旨及び留意事項を十分ご理解の上、所管内の医療的ケア児の支援ニーズや地域資源の状況を踏まえ、保健、医療、障害福祉、保育、教育等の関係機関の連携体制の構築に向けて、計画的に取り組んでいただくようお願いする。

人工呼吸器等の医療的ケアを必要とする障害児への支援が盛り込まれた児童福祉法の第56条の6第2項が新設され、2016（平成28）年6月3日に施行されました。同日、厚生労働省や内閣府、文部科学省等の局長等の連名で「医療的ケア児の支援に関する保健、医療、福祉、教育等の連携の一層の推進について」の通知が発出されました。

18歳以上の障害者に対する施策は、すでに障害者総合支援法によって地域の障害福祉計画に位置づけられていました。今後、地方公共団体は、18歳以下の障害児に対する計画的なサービス提供体制に向けて、保健・医療・福祉その他の各関連分野の支援を行う機関との連絡調整の体制の整備に必要な措置を講ずるよう努めることになりました。

## I-59

## 医療・福祉との連携①
# 小・中学校等における対応

① 原則として看護師等が医療的ケアに当たり、教員等がバックアップする体制が望ましい。
② 特定行為が軽微かつ低頻度の場合、介護職員が特定行為を実施し看護師等が巡回する体制が考えられる。
③ 教育委員会の総括的な管理体制、学校の組織的な体制を整備。

〔文部科学省「特別支援学校等における医療的ケアへの今後の対応について」（通知）平成23年12月20日〕

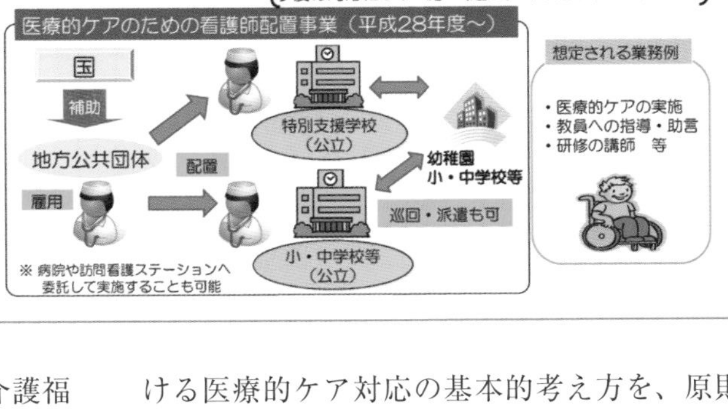

2012（平成24）年の社会福祉士及び介護福祉士法の改正を踏まえて、文部科学省は検討会議を設置し、「特別支援学校等における医療的ケアの今後の対応について」（平成23年12月20日）を通知しました。小・中学校等における医療的ケア対応の基本的考え方を、原則として看護師等が医療的ケアに当たり、教員等がバックアップする体制が望ましいとしました。

2015（平成27）年10月22日に文部科学省は、

「障害のある児童生徒の学校生活における家族等の付添いに関する実態調査の結果」を発表しました。医療的ケア対応のための家族等付添いが388件、その内、看護師が学校にいない、または常駐ではないことによる付添いが326件でした。この調査および2016（平成28）年4月から施行される障害者差別解消法等を踏まえ、医療的ケアを必要とする児童生徒の教育の充実を図るため、これまで特別支援学校を対象にしていた看護師配置補助を小・中学校等にも追加し、看護師配置の拡充が図られました。

Ⅰ-60

## 医療・福祉との連携②
## 特別支援学校における対応

特別支援学校における対応です。下の図は、教育委員会が登録研修機関となり、都道府県知事が委託契約することにより、教育委員会が認定書交付事務の一部を実施する場合を想定したスキームとして文部科学省が図示したものです。

2016（平成28）年度の文部科学省の調査によると、第3号研修を修了して認定特定行為業務従事者として登録されている教員数は全国で4,196人、教員以外が129人になっています。また、看護師と教員との連携により取り組んでいるのは34都道府県、看護師のみが学校で対応しているのは13県になっています。いずれにしても、特別支援学校への看護師の適切

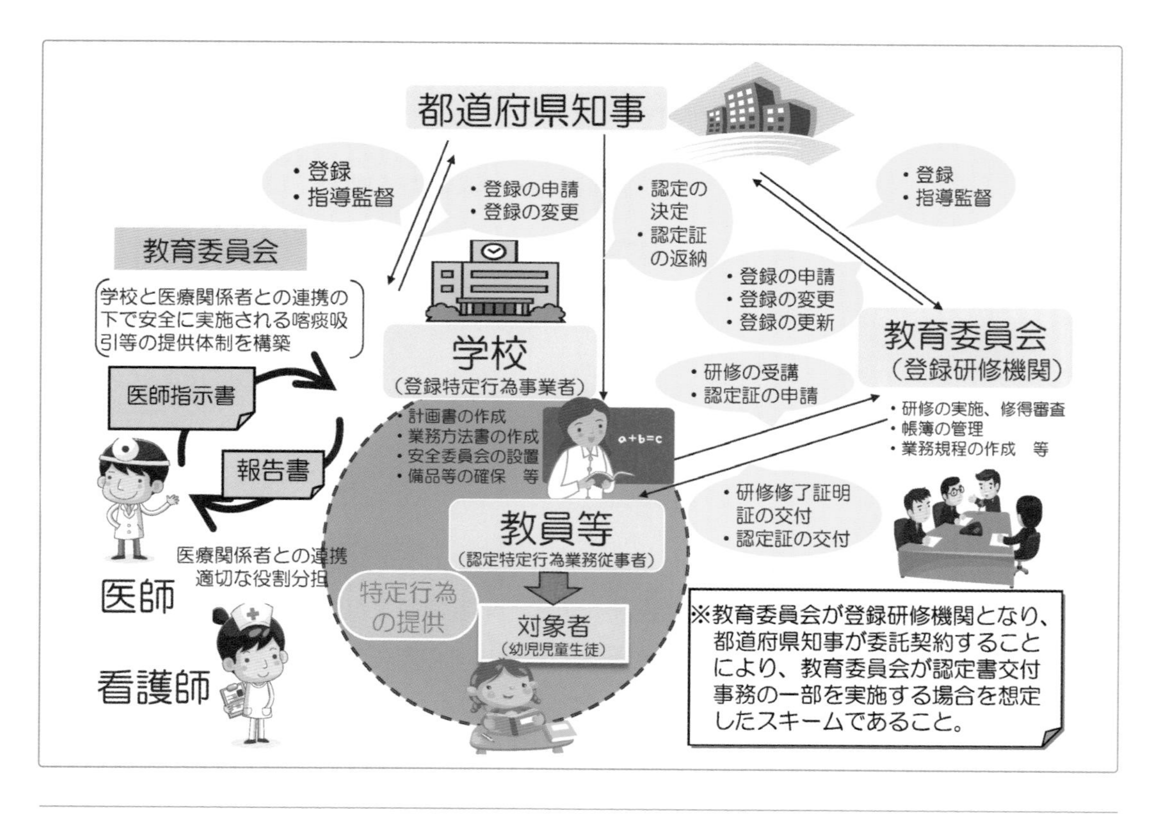

な配置が望まれますので、特別支援学校配置の看護師数は2006（平成18）年の707人から2016（平成28）年には1,665人と10年間で2倍以上に増えました。

2017（平成29）年4月19日に文部科学省は、「公立特別支援学校における医療的ケアを必要とする幼児児童生徒の学校生活及び登下校における家族等の付添いに関する実態調査」を発表しました。通学生5,357名のうち家族等が付き添っているのは3,523名で、学校生活における付添いの理由は「看護師は常駐しているが、学校等の希望により家族等が付添いをしている」でした。この調査結果を受けて文部科学省は、看護師配置により家族の負担軽減の配慮に可能な限り努めることや、人工呼吸器の対応やスクールバス乗車などへの対応を一律に規定するのではなく、個別具体的に対応の可能性を検討することなどを各自治体に対して通知しました。（下川和洋）

I-61

## 医療・福祉との連携③ 通所施設等における対応

通所施設における対応です。障害のある方（児童から成人）に医療的ケアの実施が想定される多くの事業があります。

まず成人が利用する生活介護、児童が利用する児童発達支援、放課後等デイサービス、日中一時支援などです。医療的ケアが必要な方

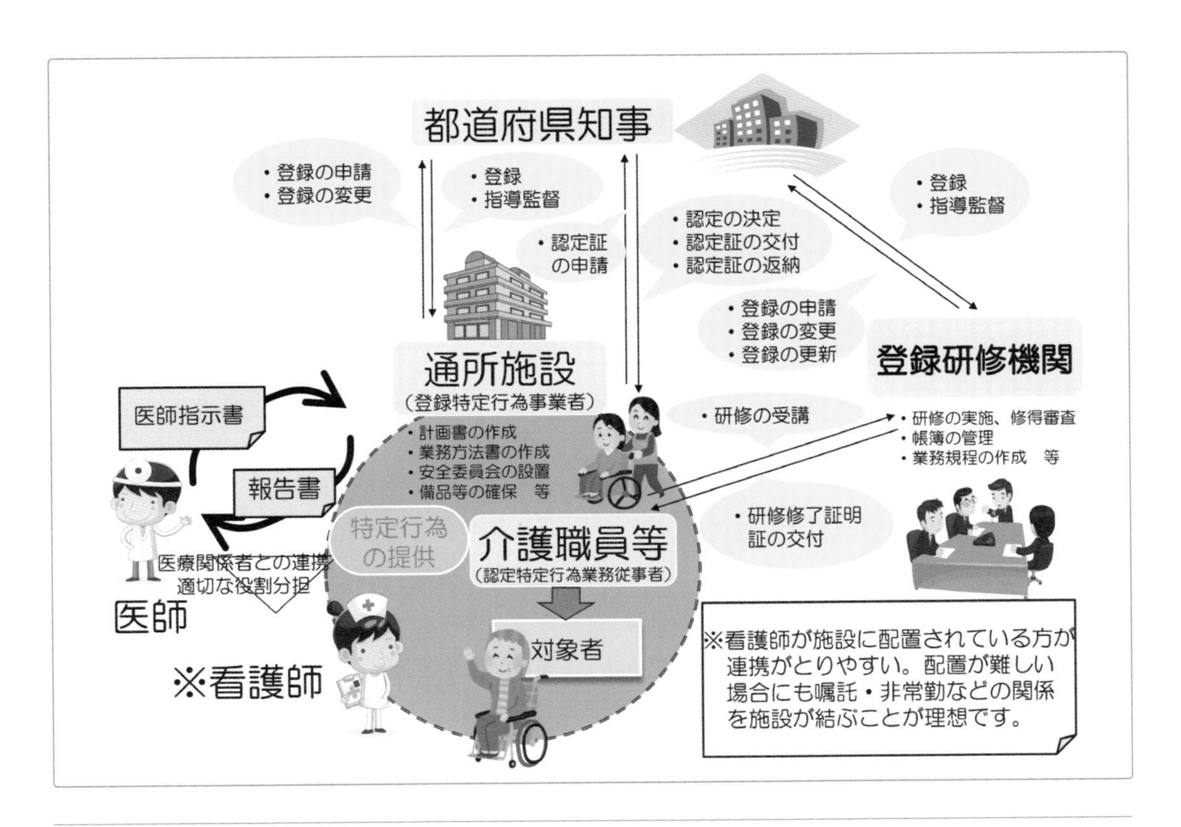

が、それらの事業を利用し、そこで介護職員等がケアを実施する場合に、まず、その施設を登録特定行為事業者に登録する必要があります。

最近はそのような施設でも看護師を配置するところが増えてきました。その場合には同じ施設職員として、その看護師と連携して、この事業を進めることができます。看護師が常駐する施設で医療的ケアが必要な利用者が多い場合などは、自分の施設が登録研修機関になるという方法をとることで、年中切れ目なく3号研修が自前でできることになります。

そうでない場合には、外部の登録研修機関に行くことになりますが、その場合、看護師配置がある場合には、研修機関に相談して実地研修は本人のことをわかっている施設看護師が指導を行うことが望ましいでしょう。なぜなら資格をとった後、連携するのはその看護師となることが多いからです。

問題なのは看護師自体は配置されていない場合です。その場合、まず対象者が訪問看護を利用していれば、そこの看護師に連携を依頼する方法がよいでしょう。

できれば非常勤でもよいので、地域に連携してくれる看護師を探すことから始めてください。

I-62

## 医療・福祉との連携④
# 居住系施設等における対応

入所施設やグループホームなどの居住系施設における対応です。通所施設の場合と基本的には同じですが、居住系施設の場合には、ケアを担当する時間が長時間で、夜間や休日なども含むという特徴があります。

ここでも看護師が配置されているか否かが大きな問題となります。まず配置されている場合ですが、その看護師と夜間や休日も連携がとれる条件をクリアできていれば、介護職員等のケアに関する安心感は大きいものになるでしょう。それがかなわない場合には、オンコールなど電話の対応も含めて夜間、休日の体制整備を進める必要があります。

次に、配置がされていない場合です。グループホームなどが想定されますが、その場合に望ましいのは、同一法人内の看護師が連携をすることです。医療的ケアに関する会議なども行いやすいという利点があります。それもかなわない場合には他法人に所属する看護師との連携となります。具体的には訪問看護ステーションとか在宅療養支援型診療所といったところです。

それらの医療機関の中には24時間対応のところもできてきていますので、できれば医療的ケアを必要とする方が利用するグループホームの場合には、それら24時間応需の地域医療機関との連携ができると真の意味で医療と福祉の連携がかなうことになります。

職員の研修については、医療福祉との連携①～③に示したように外部の登録研修機関の研修を受けることになりますが、居住系施設の場合、短期入所などで多くの人が利用されることから1、2号研修を受ける職員を一定の割合配置する例も見られます。

（江川文誠）

〈Ⅰ-62〉

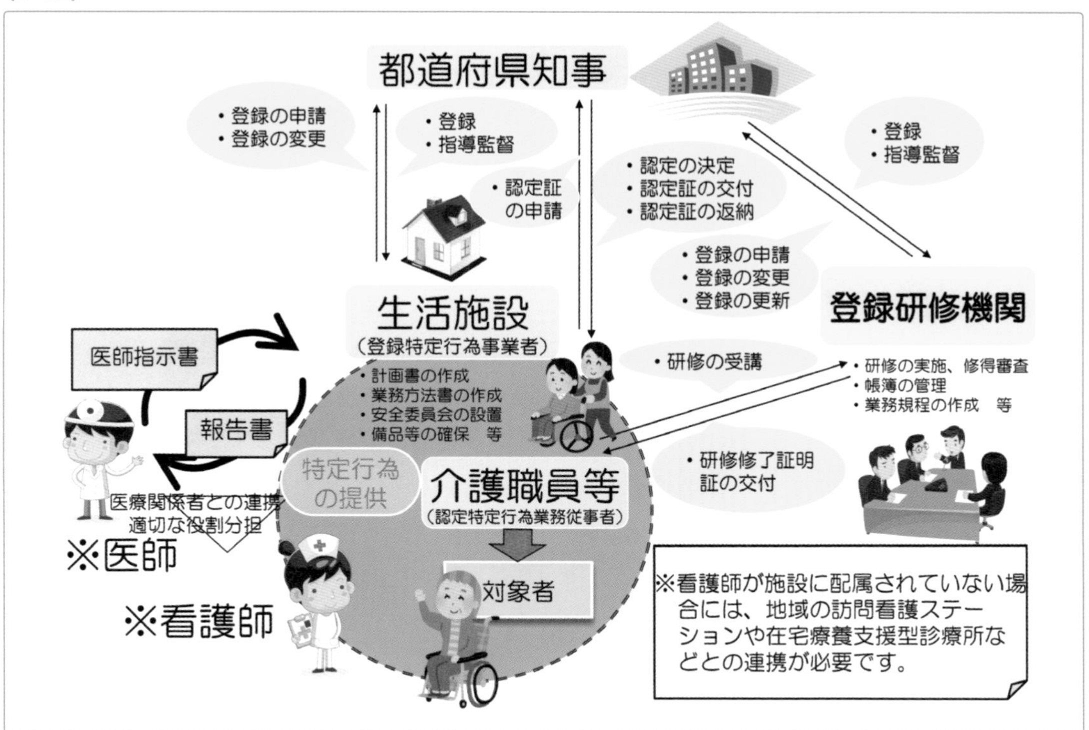


コラム

## 重度の障害者への支援を可能とするグループホームの新類型の創設（日中サービス支援型）

- 障害者の重度化・高齢化に対応できる共同生活援助の新たな類型として、「日中サービス支援型共同生活援助」（以下「日中サービス支援型」という）を創設。
- 日中サービス支援型の報酬については、重度の障害者等に対して常時の支援体制を確保することを基本とする。
  なお、利用者が他の日中活動サービスを利用することを妨げることがないような仕組みとする。
- 従来の共同生活援助よりも手厚い世話人の配置とするため、最低基準の５：１をベースに、４：１及び３：１の基本報酬を設定。

> ●日中サービス支援型共同生活援助（１日につき）
> ・日中サービス支援型共同生活援助サービス費（Ⅰ）
> ※世話人の配置が3:1の場合
> （1）区分6　　　　1,098単位
> ：　：　　　　：
> ※このほか、看護職員を常勤換算で１名以上配置した場合の加算を創設（看護職員配置加算　70単位／日）

▶住まいの場であるグループホームの特性（生活単位であるユニットの定員等）は従来どおり維持しつつ、スケールメリットを生かした重度障害者への支援を可能とするため、１つの建物への入居を20名まで認めた新たな類型のグループホーム。

▶地域における重度障害者の緊急一時的な宿泊の場を提供するため、短期入所の併設を必置とする。

Ⅰ-63

## 医療・福祉との連携⑤
# 訪問介護における対応

下の図は、介護職員等によるたんの吸引等の提供について、在宅の場合の具体的な連携のイメージを図にしたものです。

「たんの吸引等」の提供は、医療関係者との連携の下で、安全に実施される必要があります。

そのために、在宅の場合の連携の中核となるのが、本人を中心とした、医療関係者を含むケアカンファレンス等の体制整備ではないでしょうか。

在宅の場合には、医療職がいつも近くにいるわけではありません。在宅医療を行っている医師や訪問看護師等と、連絡ノート等で日々の情報交換をしながら、定期的なケアカンファレンスを開催し、ヒヤリ・ハット事例の蓄積および分析なども含めて安全確保の体制を整えましょう。

このような連携体制の下、対象者の心身の状況に関する情報を共有するなど、介護職員と医師、看護師等との連携を確保・適切な役割分担を構築しておきましょう。

特に、状態が急変した場合の医師等への連絡体制の整備等、緊急時に適切に対応できる体制を確保しておくことが重要です。

また、対象者の状況に応じ、医師の指示を踏まえたたんの吸引等の実施内容等を記載した計画書を作成しておくことも、最初の段階や指示変更があったときなどで必要です。

さらに、連携体制の下での業務の手順等を記載した業務方法書を訪問介護事業所等で作成し、チームで共有化しておくとよいでしょう。

たんの吸引等の実施に際し、医師の文書に

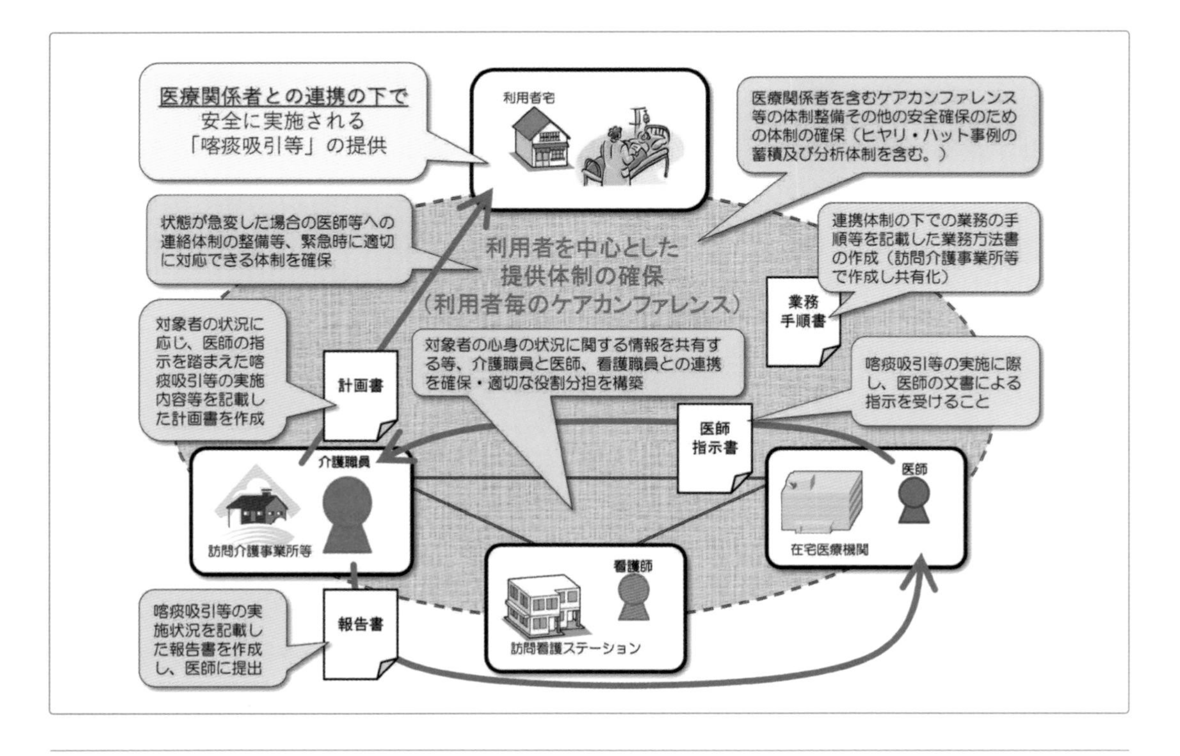

よる指示を受けることや、たんの吸引等の実施状況を記載した報告書を作成し、医師に提出することも基本的なこととして行う必要があります。　（高木憲司）

I-64

## 地域生活における医療的ケアの対応を進めるために

1.個別性　ケアの内容
① 同じケアであっても人によって異なる：個別性が高い
② 人工呼吸器は危険か？→地域生活における医療的ケアに国が取り組んだのはALS患者の吸引問題（人工呼吸器の痰吸引も可能）

2.適時性　ケアの時間
① 随時に対応するケア
② 定時に対応するケア

3.関係性　ケアをする人・受ける人
①すべての支援者が同じ内容と質の支援提供をするのは困難。（家族の力量も個々で異なる。）
② 主治医が支援者の力量を見極めることが安全性の担保になる。
③ 「関係性は専門性を超える場合がある」→逆に関係性がないところに支援は成立しない

地域生活における医療的ケアの対応を進めていくためには、次の３つの特性の理解が必要です。まず、「個別性（ケアの内容）」です。同じケアであっても人によって異なるという個別性が高いという点です。

次に、「適時性（ケアの時間）」です。たんの吸引は、気道にたんがたまった時に随時対応が必要なケアです。吸引されるのは当事者にとって苦しい行為でもあります（吸引でたんが取り除かれた後に楽になる）。一方、経管栄養などは定時対応が可能なケアです。ケアの種類によって対応は変わります。

そして最も大切なのが「関係性（ケアをする人・受ける人）」です。医療的ケアが必要な当事者自身の個別性もありますが、支援者の力量も人それぞれです。すべての支援者が同じ内容と質の支援を提供するのは困難です。それは、家族の力量が個々に異なるのと同じです。主治医や指導看護師が、支援者の力量を見極めることが安全性の担保になります。

このような技術的な部分も大切ですが、支援者にとって当事者・家族との関係性が最も大切です。心身障害児総合医療療育センター所長の北住映二医師は、本人の日常的なケアのコツをよく知っている家族が医療職より上手なケアを行っている現状を踏まえて、「関係性は専門性を超える場合がある」と表現しています。

介護職員等も長時間関わるという意味では、関係性を深く築ける立場にあります。もともと第三号研修は、「実質的違法性の阻却」という法律の解釈による運用を起源にしています。この「実質的違法性の阻却」の根本には、「私はあなたを信頼しているので、ケアをお願いします」という信頼関係があります。逆に信頼関係性がないところには支援は成立しないとも言えます。

法制化により業として位置づけられたことで、「たんの吸引等のサービスを提供できる・できない」にウェイトが置かれがちですが、この信頼関係づくりをベースにして、本人・家族の豊かな地域生活のために、医療的ケアの支援に取り組んでいただきたいと思います。

（下川和洋）

# おわりに

障害の概念のところで触れたように、障害を克服するのは、もちろん個人の側の成長や機能回復があるでしょうが、その多くは社会（環境）の側の努力によります。

医療的ケアを必要とする人が社会で生活する上で、家族にだけケアを押しつけるのではなく、社会を構成する多くの人々がまず関心をもち、自分の周りでやるべき環境整備があるかをまず考えてみることからすべては始まります。たんの吸引等にかかわる研修に参加されているみなさんは、自らも社会環境の一部になって、医療的ケアが必要な人の生活、人生を豊かにするという役割を担おうとしているのです。

環境の中で最も大きな要因は人であるとされます。理解する人、ケアに取り組もうとする人、まわりから制度をつくってゆこうとする人、行政として支える制度をつくる人、医療的ケアにはオールフォーワンの精神が大切なのだと思います。（江川文誠）

### コラム 『こんな夜更けにバナナかよ』（渡辺一史著・文春文庫）ご存知ですか。

文庫本され、大泉洋主演の映画公開（2018年）とあわせて話題になっています。2003年に北海道新聞の記者が描いた筋ジストロフィー症・鹿野靖明さんとボランティアたちのノンフィクションです。そして、第三号研修との関係では、札幌市のパーソナルアシスタンス制度（PA）を障害者自身が創り上げてきた歴史を描き、障害者総合支援法の関係も補足されて、価値ある「文献」です。

2018年春からコミュニケーション支援に代わり、重度障害者の入院付き添いに重度訪問介護事業（重訪）が使えるようになりました。しかし、重訪は事業者にとって使いにくい制度です。PAは、重訪をベースにできないかと考えています。全国で鹿野さんのように当事者目線でもっと使いやすい重訪に、そしてPAにしていくことが求められています。(S)

### コラム 「非医療職」である私たちが「医療的ケア」に取り組むことについて

「新版医療的ケア研修テキスト」（クリエイツかもがわ）では、「医療的ケア」とは「日常生活を営んでいくために必要な医療的な生活援助行為」であるとしています。この「生活援助（支援）行為」である、ということが「医療的ケア」の本質なのではないでしょうか。

生活の支援に関わる私たちの役割は、日々の生活を営んでいくために支援を必要とする方に対して、その方に必要な支援（例えば食事や入浴等の介助、外出の支援等）を適切かつ安全に提供することであり、そのために必要な知識を学び、支援の技術を高める努力が求められます。

同じように、その方が必要とされる支援の一つが「医療的ケア」であるからこそ、「生活援助（支援）」に関わる専門職としての本来的な役割として、「医療的ケア」に向き合い、主体的に取り組むことが重要です。そして、その適切かつ安全な実施のために、しっかりと学ぶ必要があります。この「その方に必要な『医療的ケア』」としてのたんの吸引等を学び、実施していくための仕組みが、この「第三号研修」であると言えるでしょう。

また「障害者差別解消法」が施行され、「合理的配慮の提供」が自治体や民間事業者に求められるようになりました。保育所を利用する、学校で学ぶ、地域で暮らす…「医療的ケア」を必要とする人が、多くの人の輪の中で当たり前に育ち、学び、暮していくことができるよう、たんの吸引等の実施はそのための「合理的配慮」の一つであると認識しておきたいと思います（o）。

講義 II

# ●たんの吸引等を必要とする重度障害児者等の障害および支援、緊急時の対応および危険防止に関する講義

# ●経管栄養に関する演習

（健康状態の把握・経管栄養）

# 1 健康状態の把握

Ⅱ-1

## 健康状態の把握

● 利用者は、一人ひとり障害や病態が違うことを理解する

**担当する利用者は、一人ひとり違う重度の障害や病気とともに、種々の社会資源（医療、看護、療育、教育、福祉、介護等）を利用しながら、一人ひとり違うペースで、成長発達し、日常生活を送っておられます。**

**たとえ知的・身体機能障害が重度であったり、さらに障害が進行しつつあったとしても、利用児・者さんとそのご家族にとって、家族と離れて、「自分らしい日常生活」が送れることは、成長発達や、健康や生活の質の上で非常に重要な点です。**

まずはじめに、私たちは、担当する利用者は、一人ひとり障害や病気が違うことを理解する必要があります。

担当する利用者は、一人ひとり違う重度の障害や病気とともに、種々の社会資源（医療、看護、療育、教育、福祉、介護等）を利用しながら、一人ひとり違うペースで、成長発達し、日常生活を送っておられます。

たとえ知的・身体機能障害が重度であったり、さらに障害が進行しつつあったとしても、利用者とそのご家族にとって、家族と離れて、「自分らしい日常生活」が送れることは、成長発達や、健康や生活の質の上で非常に重要な点です。

Ⅱ-2

## 重度障害児者の障害・疾病についての理解

● 利用者の日常の精神・身体的な「平常状態」を理解する

**私たちは、医療者やご家族から、利用児・者さんの障害・病気について、十分な説明を受け、利用児・者さんの日頃の精神・身体的な「平常状態」を知る必要があります。**

**そのことによって、利用者が「平常状態」にあるかどうかを判断でき、利用者が「平常状態」を保ちながら、成長発達し、生き生きと生活していくことを支援していくことが可能となります。**

私たちは、はじめに医療者やご家族から、利用者の障害・病気について、十分な説明を受け、利用児・者さんの日頃の精神・身体的な「平常状態」を知る必要があります。

そのことによって、利用者が「平常状態」にあるかどうかを判断でき、利用者が「平常状態」を保ちながら、成長発達し、生きいきと生活していくことを支援していくことが可能となります。

Ⅱ-3

# 全身状態の観察とバイタルサインの測定

● 観察する項目：
活気・元気・表情、顔色
意識状態：声かけや各種刺激に、いつもと同じように反応するか。
皮膚の張りや色、爪の色、チアノーゼの有無、発汗、
嘔吐・腹痛・腹部膨満・便秘・下痢等の腹部症状、
喘鳴・努力呼吸などの呼吸症状、
気管切開孔からのたんの漏れ、たんの量や性状
胃ろう周囲からの栄養剤の漏れ、
筋緊張の程度、てんかん発作の様子など

● バイタルサイン（生命徴候）の測定：
脈拍、呼吸、体温

★平常状態との比較が大切です！

それでは、利用者が「平常な状態」にあるかどうかを判断するには、何に注意すればよいでしょうか？

1つめの観察項目としては、顔色や様子がいつもと変わらないかどうか、いつもと同じような活気や元気さがあるかどうかを確認します。これには、声かけや各種刺激に、いつもと同じように反応されるかどうかの意識状態の確認も含みます。次に、皮膚の張りや色、爪の色、チアノーゼの有無、発汗、嘔吐・腹痛・腹部膨満・便秘・下痢等の腹部症状、喘鳴・努力呼吸などの呼吸症状、気管切開孔からのたんの漏れ、胃ろう周囲からの栄養剤の漏れ、筋緊張の程度（いつもより反り返っていたり、全身や体の一部に力が入りすぎていないかどうか）、てんかん発作の様子などが挙げられます。

また生命徴候としてのバイタルサイン、つまり脈拍、呼吸、体温等の測定は、客観的な指標になるでしょう。

ただし、これらの様子は常に利用者の平常状態との比較が大切です。これらの観察によって、たんの吸引や経管栄養等の医療行為を行ってよいかどうか、行為を中断した方がよいか、家族や医療者に緊急連絡を取った方が良いかなど、判断することができます。

◆チアノーゼ
酸素と結びついていない赤血球中のヘモグロビンが増加した時に、口唇、舌などが紫色になること。酸素飽和度が70～85％でチアノーゼを時に認め、70％以下では確実に認める。

◆努力呼吸
鼻翼呼吸・下顎呼吸、また呼吸をする時に胸骨上部や肋骨下が陥没する様子。

◆鼻翼呼吸・下顎呼吸
鼻翼呼吸は息を吸う時に鼻孔を拡大させ、下顎呼吸は息を吸う時に下顎を下げる。どちらも、息を多く吸い込もうとする努力呼吸のひとつ。

コラム **体重測定**

健康状態の把握、平常な状態の判断には、何よりも忘れてほしくないのは体重測定です。毎日とはいいませんが、週に１回は「同じ条件」で測定しましょう。体重はエネルギーの同化作用、異化作用のプラス、マイナスの結果です。ただ計測するだけでなく、それをグラフにして評価してください。体重減少があればその原因をしっかり把握しましょう(S)。

Ⅱ-4

# 脈拍の測定

- 動脈を触診できなくても、小児の場合は聴診しなくても、パルスオキシメーターの表示で知ることができます。
  正常値は年齢によって変化
  成人:60～80回／分
  思春期:70～80回／分
  学童時:80～90回／分
  乳児:120前後回／分
  新生児:130～140回／分
- 運動やリハビリテーション、食事、泣く、興奮、入浴による体温の上昇等によって増加。
- 普段の脈拍の変動幅と異なるかどうかが重要。

バイタルサインのうち、まず初めに、脈拍をみてみましょう。医療者は、動脈を触って、脈の速さ、不整の有無、筋緊張等を判断します。小児の場合は聴診で心音を聞いて脈の速さ、不整の有無等を判断します。

皆さんは、脈を触れなくても、聴診をしなくても、最近ではパルスオキシメーターの表示で脈拍を知ることができます。

正常値は、お示ししたように年齢によって非常に異なり、低年齢になるほど多くなっています。

また脈拍数は、運動やリハビリテーション、食事、泣く、興奮、入浴等による体温の上昇等によって増加します。

みなさんは、担当する利用者の普段の脈拍の変動幅を知っておくと、その時点でその幅を超えて異常かどうかを判断することができます。

Ⅱ-5

# 呼吸状態の把握(1)

- 呼吸とは:内呼吸と外呼吸がありますが、一般的には外呼吸、すなわち肺の伸縮によって、外気を体内に導き酸素を取り入れ、二酸化炭素を排出する運動を指します。
- 正常値は年齢によって変化
  成人:16～20回／分
  学童:20～25回／分
  幼児:20～35回／分(胸式呼吸)
  乳児:30～40回／分(腹式呼吸)
  新生児:40～50回／分
- 日頃の呼吸数の変動を知っておき、通常と異なる場合は、注意が必要。

呼吸状態については、Ⅱ-16(77頁)に説明しますので、詳細を省きます。

呼吸数の正常値は年齢によって変化しますし、個人によって異なります。日頃の呼吸数の変動を知っておき、通常と異なる場合は、注意が必要です。

Ⅱ-6

# 呼吸状態の把握(2)

**●呼吸をする時に苦しそう、音がする(喘鳴)、息が止まっているなども異常なことですが、日頃から通常でも認める利用者もいるので、やはり日頃の様子との比較が重要です。**

**●パルスオキシメーター(酸素飽和度を計測します)で90%以上であれば、ほぼ酸素の取り込みは正常ですが、この器械では二酸化炭素の排出状態は、わかりません。**

**●日頃の酸素飽和度も一人ひとり違います。日頃の酸素飽和度の変動範囲を知っておき、比較することが重要。**

呼吸をする時に苦しそうな音がする(喘鳴)、息が止まっているなども異常なことですが、日頃から認める利用者もいますので、やはり日頃の様子との比較が重要です。

最近在宅でも普及しているパルスオキシメーターは酸素の取り込みの把握の上で非常に有用です。90%以下の表示は、一般的には絶対的に異常ですが、日頃から酸素飽和度が低い利用者もいるので、絶対値より普段の値より低いかどうかが重要になります。日頃の酸素飽和度も一人ひとり違うので、日頃の酸素飽和度の変動範囲を知っておき、比較することが重要です。

また、これらの器械では酸素の状態しかわからず、呼吸がうまくできない筋ジストロフィーや脊髄性筋萎縮症のような神経筋疾患では、酸素飽和度が正常でも、二酸化炭素が排出できず、血液の中にたまっている状態は、わかりません。

◆パルスオキシメーター

酸化ヘモグロビンと還元ヘモグロビンの、2つの波長の光(赤色光と赤外光)に対する吸収の差から、動脈血中の酸素結合度を測定する装置。手の指や足の指にセンサーを装着して計測します。動脈血中のヘモグロビンと結合した酸素量の、その血液の酸素容量全体に対する百分率を、酸素飽和度といい、%で表します。

コラム **わずかなサインで実用的なコミュニケーション**

人工呼吸器を使用している知的障害のない子どもで、自分で脈拍を調節してパルスオキシメーターのアラームを鳴らし、家族を呼ぶというコミュニケーション手段を見いだして、日々家族とのやりとりをしています。夜、体位交換をして欲しい時に、心拍を上げてアラームを鳴らして家族を起こすそうです。また、誤嚥性肺炎を繰り返し、発声を失う喉頭気管分離術を受けた子どもで、どうやって出しているのかわかりませんが、舌を使って音を出し、人を呼んだり、気持ちを表したりしているそうです。

お二人とも、障害がある方の可能性を感じることができるエピソードですね。コミュニケーションをとりたいという気持ちが、わずかなサインを生み出し、それを介助者が気づき、強化していったことで、実用的なコミュニケーション手段になったと言えると思いますⓂ。

Ⅱ-7

# 血圧の測定

- **血圧：心臓の血液を押し出す拍出力が血管壁に及ぼす圧力をいう。**
- **体位や年齢、食事、運動、飲酒、入浴等により血圧の変化が生じる。**
- **利用者の普段の血圧を知っておくことが重要。利用者によっては、上体を起こすことで血圧が下がったり（起立性低血圧）、経管食を含め食事をとることで血圧が下がり（食事性低血圧）反応が鈍くなることがあります。**

血圧は、近年自動血圧計の発達、普及によって簡単に測定できるようになりました。

血圧とは、心臓の血液を押し出す拍出力が血管壁に及ぼす圧力のことを言います。

体位や年齢、食事、運動、飲酒、入浴等により、容易に血圧の変化が生じます。

利用者の普段の血圧を知っておくことが重要です。

また利用者によっては、上体を起こすことで血圧が下がったり（これを起立性低血圧と言います）、また経管食を含め食事をとることで血圧が下がり（これを食事性低血圧といいます）反応が鈍くなることがまれにあります。そのような場合には、前もって家族や医療者から情報を十分に得ておく必要があります。対応としては、適宜声をかけて、意識状態を確認したり、電動ベッドでの上体の上げ下げの程度、速さを調節したりする必要があります。

Ⅱ-8

# 体温の測定

- **正常値：**
  **成人で36～37℃（腋窩、脇の下のこと）。**
  **直腸は、腋窩より0.5℃高く、口腔は両者の中間**
  **小児では成人より高めで、37.5℃までは正常範囲と判断してよい場合もあります。**
- **体温も個人差がある。また、泣いていたり、食事後など、体を使った後は体温が高くなることがある。**
  **日頃の体温の変動との比較が重要。**
- **障害のある利用者は、環境温度に体温が左右されやすく、寒い時は36℃以下の低体温に、熱いときは体温上昇に注意をする必要があり、室温、掛け物調節等をする必要があります。**

体温の測定も、自動体温計の普及によって測定が簡単になりました。

正常値は、成人の脇の下で測ると、36～37℃程度です。直腸で測る体温は、腋窩より0.5℃高く、口腔は両者の中間と言われています。小児では成人より高めで、37.5℃までは正常範囲と判断してよい場合もあります。

体温も個人差があります。また、泣いていたり、食事後など、体を使った後は体温が高くなることがあります。日頃の体温の変動との比較が重要です。

また、障害のある利用者は、環境温度に体

温が左右されやすく、寒い時は36℃以下の低体温に、熱い時は体温上昇に注意をする必要があります。室温、掛け物調節等をする必要があります。

## Ⅱ-9 こんな時熱を測る

ガタガタ震えている
顔が赤い
顔色が悪い(蒼白、紫)
身体が熱い
息が速い
脈が速い
元気がない
食欲がない
機嫌が悪い
熱っぽいと訴える
頭が痛いと訴える
身体の節々が痛いと訴える

熱は、このような時に測ります。

つまり、利用者がガタガタ震えている時、顔が赤い時、顔色が悪い（蒼白、紫）時、身体が熱い時、息が速い時、脈が速い時、元気がない時、食欲がない時、機嫌が悪い時、熱っぽいと訴える時、頭が痛いと訴える時、身体の節々が痛いと訴える時などです。

なお、熱が高いからすぐにウイルスや細菌などによる感染症による発熱を起こしているとは限りません。例えば、熱中症のように感染症でなくても体温調整ができなくて体温が上昇する、高体温という状態もあるからです。

## Ⅱ-10 いつもと違う異変に注意

- これらの全身状態、意識、バイタルサイン等に、いつもと違う異変が認められた場合、医療行為の前後、最中にもかかわらず、家族や医療者に連絡し、指示を仰ぐことが重要。
- また、軽微な変化であっても記録にとどめ、次回の行為を工夫する参考にすることが重要。

これらの全身状態、意識、バイタルサイン等に、いつもと違う異変が認められた場合、医療行為の前後、最中にもかかわらず、家族や医療者に連絡し、指示を仰ぐことが重要です。

また、軽微な変化であっても記録にとどめ、次回の行為を工夫する参考にすることも重要です。

# 2 経管栄養

重度障害児者の小児期から成人期までの経管栄養について解説します。

Ⅱ-11

## 経管栄養とは？

経管栄養とは、口から食事を摂取することが、不可能になったり不十分になったりした場合、さまざまな方法で胃や腸にチューブを挿入して、栄養剤などを直接注入する方法のことです。

鼻から食道を通って胃にチューブを留置する経鼻胃管による経管栄養が、簡便な方法として一般的ですが、手術が可能であれば、腹壁から胃にろう孔を作り、チューブを胃や空腸に留置する胃ろうからの経管栄養も広く普及しています。さらに首の付け根の皮膚から食道にろう孔をあけ、食道から胃までチューブを留置する食道ろうからの経管栄養や、腹壁から小腸にろう孔をあけてチューブを留置する腸ろうからの経管栄養も行われることがあります。このテキストでは、経鼻胃管による経管栄養と、胃ろうチューブによる経管栄養について説明します。

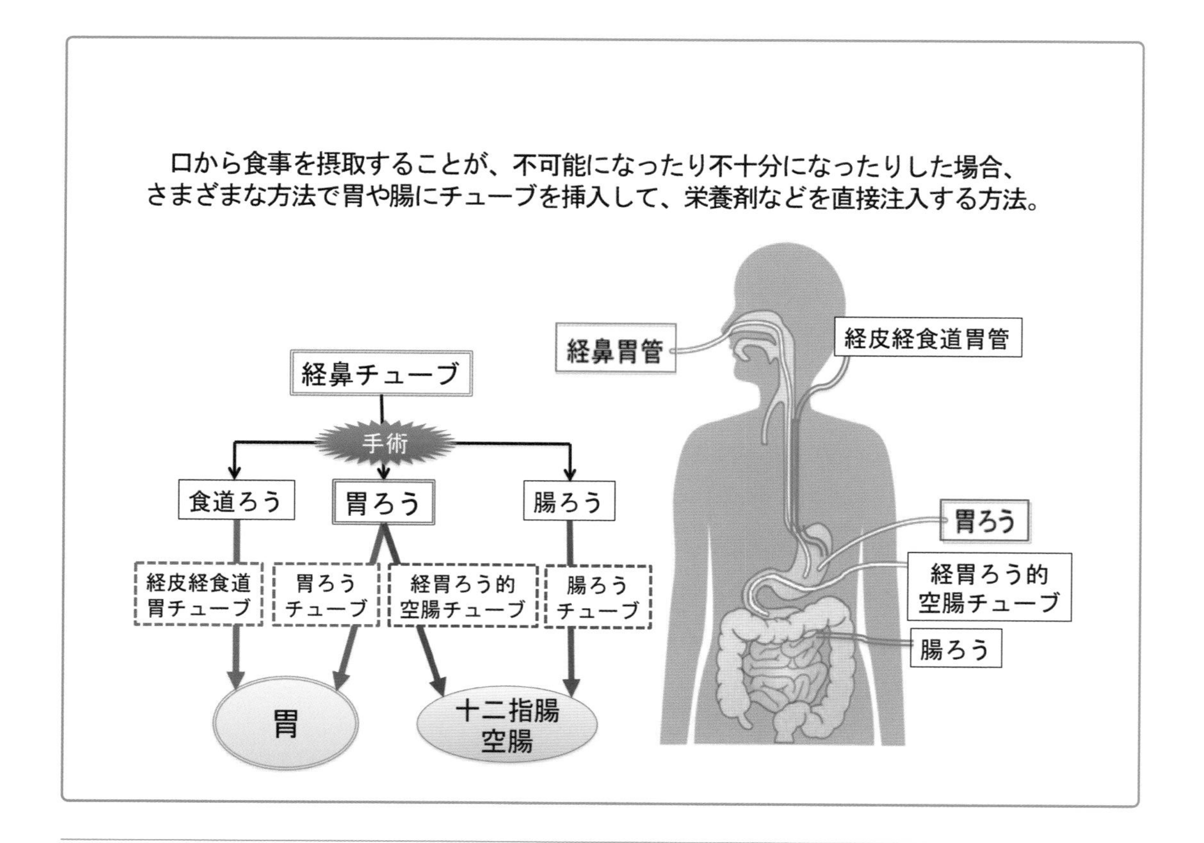

## Ⅱ-12
# 経管栄養が必要となる病態

◆ 摂食・嚥下機能障害 が背景にある

➢ 脳性まひや神経筋疾患などのために摂食・嚥下機能に障害があり、経口摂取が不可能であったり、必要十分な量の経口摂取ができない場合。

➢ 嚥下機能の低下により誤嚥が許容範囲を超えた場合。

1) 嚥下機能障害が重度で、幼少期から経管栄養を行っている。
2) 摂食・嚥下機能に大きな障害はないが、認知の偏りなどから充分量の経口摂取ができない。
3) 加齢に伴う嚥下機能の低下で誤嚥が顕著になり、思春期頃から経管栄養が必要になっている。

◆ 経口摂取と経管栄養を併用することが多い。

重度障害児者の場合、経管栄養が必要になる病態には、摂食・嚥下機能障害が背景にあることがほとんどです。

脳性まひや神経筋疾患などのために摂食・嚥下機能に障害があり、経口摂取が不可能であったり、必要十分な量の経口摂取ができない場合や、嚥下機能の低下により誤嚥が許容範囲を超えた場合に経管栄養を必要とします。

また、経管栄養が必要になった経過には、①嚥下機能障害が重度で、幼少期から経管栄養を行っている、②摂食・嚥下機能に大きな障害はないが、認知の偏りなどから充分な量の経口摂取ができない、③加齢に伴う嚥下機能の低下で、思春期頃から経管栄養が必要になっている、などのパターンがあります。いずれの場合も、経口摂取と経管栄養を併用することが多いです。

## Ⅱ-13
# 誤嚥とは？

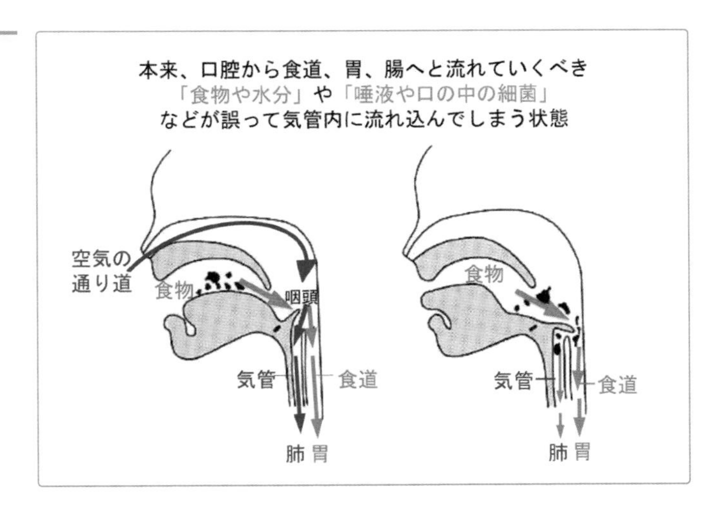


誤嚥とは、嚥下の機能に問題があり、本来、口腔から食道、胃、腸へと流れていくべき「食物や水分」や「唾液や口の中の細菌」などが、誤って気管内に流れ込んでしまう状態を言います。左の図では、空気の通り道を青線で示し、食物の通り道を赤線で示しています。咽頭で交叉して空気は気管から肺へ、食物は食道から胃に送られます。右の図のように、食物が食道だけでなく気管にも流れ込んでしまう状態を誤嚥と言います。

Ⅱ-14

# 誤嚥による重篤な症状と誤嚥の防御機構

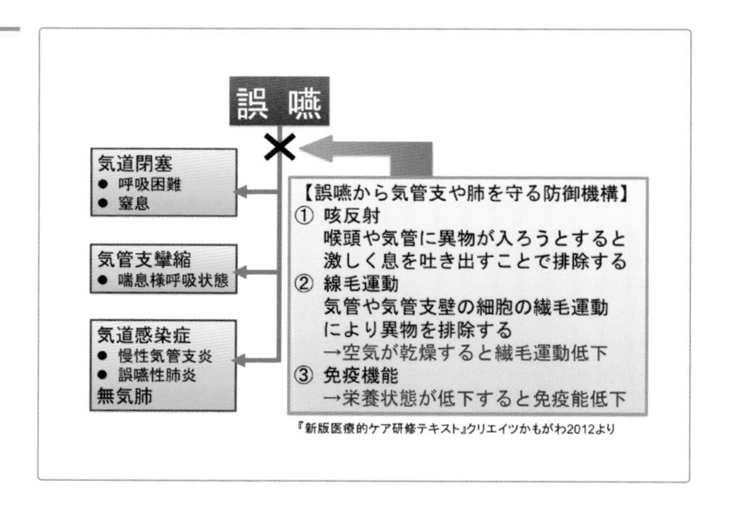


誤嚥する量が多かったり誤嚥が繰り返されたりすると、呼吸困難や窒息などの気道閉塞、喘息のような呼吸状態になる気管支攣縮、慢性気管支炎や誤嚥性肺炎などの気道感染症や無気肺など、重篤な症状が生じることがあります。

しかし、誤嚥から気管支や肺を守る防御機構があるため、食事中に誤嚥を起こしても、必ずしもこのような重篤な状態にはなりません。主な防御機構には、喉頭や気管に異物が入ろうとすると激しく息を吐き出すことで排除する咳反射、気管や気管支壁の細胞の繊毛運動、免疫機能があります。

空気が乾燥すると繊毛運動は低下し肺炎を起こしやすくなります。栄養状態が低下すると免疫機能が低下し肺炎を起こしやすくなります。

Ⅱ-15

# 経管栄養の併用

| 嚥下障害の程度 | 経口摂取と経管栄養の併用法の例 |
|---|---|
| 最重度 | 経管栄養のみ。経口摂取は原則禁止。 |
| 重度 | 経管栄養主体。<br>経口摂取は好きなものを少量ずつ楽しむ程度に。 |
| 中等度 | 経管栄養と経口摂取の併用。<br>例1）経口摂取の後、不足分を注入。<br>例2）朝は経管栄養。昼・夜は経口摂取。 |
| 軽度 | 経口摂取主体。水分などは経管栄養。<br>体調不良時は経管栄養にする。 |

❖ 経口摂取と経管栄養を併用する意義
口から食べることは「栄養を摂取する」目的の他に
「味わい食べる人生の楽しみ」「介助する人との相互作用の場」
という意味があるため無理のない範囲で経口摂取は併用したい。

許容できない誤嚥が明らかとなった場合、経管栄養が検討されますが、嚥下障害の程度によって、その対応は異なります。誤嚥が最重度の場合は、経管栄養のみとなり、経口摂取は原則禁止とします。

重度の場合は、経管栄養主体で、経口摂取は楽しむ程度に好きなものを少量ずつ摂取します。

中等度の場合は、経管栄養と経口摂取をその子どもの生活に合わせて併用していきます。例えば経口摂取の後に不足分を注入する、あるいは朝は経管栄養で昼・夜は経口摂取をするなどの方法です。

軽度の場合は、経口摂取主体で、水分などは経管栄養ないしは、体調不良時のみ経管栄養にします。

口から食べることは「栄養を摂取する」目的の他に、「味わい食べる人生の楽しみ」「介助する人との相互作用の場」という意味があるため、無理のない範囲で経口摂取を続けていけるような併用法を考えていきます。

Ⅱ-16

## 誤嚥性肺疾患の予防・軽減

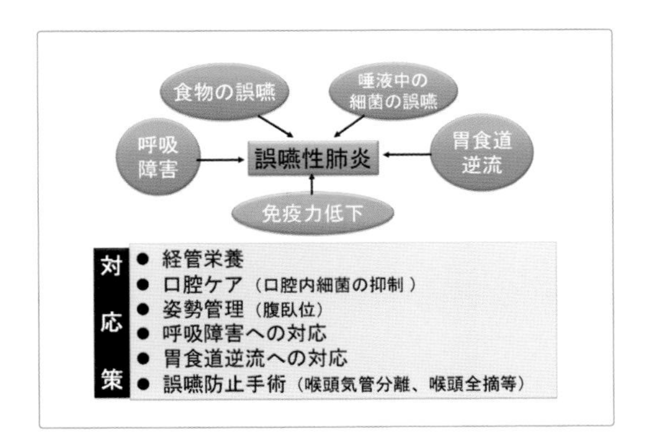


許容できない誤嚥が明らかとなった場合、経管栄養が検討されますが、それだけでは誤嚥性肺炎は防げません。誤嚥性肺炎は食物の誤嚥だけでなく、唾液中の細菌の誤嚥や、胃食道逆流のために胃内容物の誤嚥によっても引き起こされるからです。

誤嚥性肺炎の対応・対策として、経管栄養の他、口腔内の細菌を抑制するための口腔ケア、誤嚥を防ぎ排たんを促すための腹臥位などの姿勢管理、呼吸障害や胃食道逆流への対応も必要です。誤嚥を完全に防止するために、喉頭気管分離術や喉頭全摘術が行われることもあります。

さらに、栄養状態を改善し免疫力を高めて誤嚥性肺炎を予防するという点においても経管栄養は重要です。

Ⅱ-17

## 栄養障害の悪循環

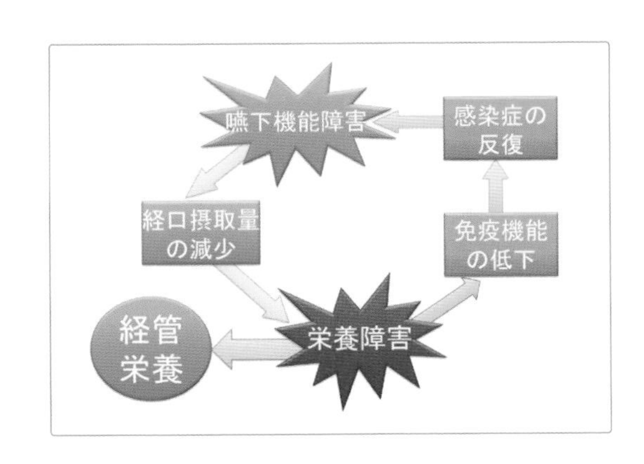


経管栄養は誤嚥性肺炎の予防の目的だけではなく、栄養障害の悪循環を断ち切るためにも必要です。嚥下機能が低下してくると、経口摂取量が減少し、栄養障害をきたします。栄養状態が悪化すると免疫機能が低下し、肺炎を起こしやすくなります。

肺炎などの感染症を繰り返すと、嚥下機能はますます悪化し、さらに経口摂取量が低下し、栄養状態も悪化します。

このような悪循環を断ち切り、栄養状態を改善するためには、一時的にでも経管栄養を導入する必要があります。

Ⅱ-18

## 重度障害児者における誤嚥の特徴

身体の成長が著しい思春期前後に嚥下機能が低下し
誤嚥の症状が顕著になることが多い

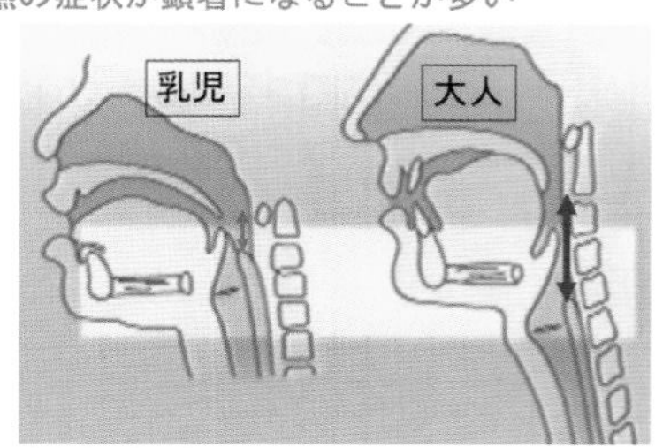
乳児
大人

成長につれて喉頭部が下降し、咽頭は縦に長くなり、咽頭が広くなるため、咽頭に食物が滞留しやすくなり、誤嚥しやすくなる。

舌での送り込みや咀嚼など、目に見える口の機能は比較的保たれていても、目に見えない嚥下の機能は低下し、口腔機能と嚥下機能に解離が生じてくる。

重度障害児においては、身体の成長が著しい思春期前後に嚥下機能が低下し、誤嚥の症状が顕著になることが多いという特徴があります。

その原因は、図の矢印が示すように、成長につれて喉頭部が下降し、咽頭は縦に長くなり、咽頭が広くなるため、咽頭に食物が滞留しやすくなるからです。舌での送り込みや咀嚼など、目に見える口の機能は比較的保たれていても、目に見えない嚥下の機能は低下して、口腔機能と嚥下機能に解離が生じてくるので注意が必要です。

Ⅱ-19

## 胃食道逆流症

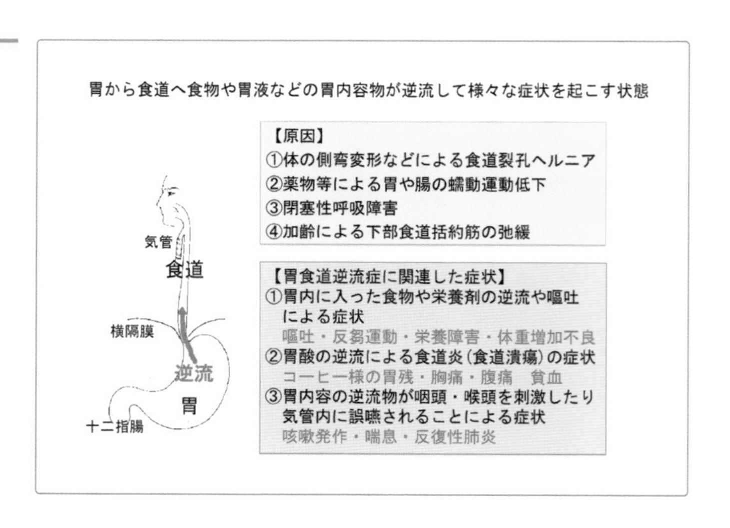
胃から食道へ食物や胃液などの胃内容物が逆流して様々な症状を起こす状態
【原因】
①体の側弯変形などによる食道裂孔ヘルニア
②薬物等による胃や腸の蠕動運動低下
③閉塞性呼吸障害
④加齢による下部食道括約筋の弛緩
気管
食道
横隔膜
逆流
胃
十二指腸
【胃食道逆流症に関連した症状】
①胃内に入った食物や栄養剤の逆流や嘔吐による症状
嘔吐・反芻運動・栄養障害・体重増加不良
②胃酸の逆流による食道炎（食道潰瘍）の症状
コーヒー様の胃残・胸痛・腹痛　貧血
③胃内容の逆流物が咽頭・喉頭を刺激したり気管内に誤嚥されることによる症状
咳嗽発作・喘息・反復性肺炎

胃から食道へ食物や胃液などの胃内容物が逆流して、さまざまな症状を起こす状態を胃食道逆流症と言います。

①体の側弯変形などによる食道裂孔ヘルニア、②薬物等による胃や腸の蠕動運動低下、③閉塞性呼吸障害、④加齢による下部食道括約筋の弛緩など、さまざまな原因があります。

胃食道逆流症に関連した症状には、①嘔吐・

反芻運動・栄養障害・体重増加不良など胃内に入った食物や栄養剤の逆流や嘔吐による症状、②コーヒー様の胃残・胸痛・腹痛・貧血など、胃酸の逆流による食道炎（食道潰瘍）の症状。③咳嗽発作喘息反復性肺炎など、胃内容の逆流物が咽頭・喉頭を刺激したり、気管内に誤嚥されることによる症状があります。

## Ⅱ-20 注入中の姿勢配慮

◆胃から食道への逆流を防ぐために

- **上体を高く**した姿勢
  - ＊三角マットなどで15〜30度に角度をつける
  - ＊クッションチェアーに座った姿勢
- **右下側臥位**
  - ＊胃の入り口から出口への流れが促進されるので一般的に良い
  - ＊脊柱の左凸の側弯（背骨が左側に出ている）のある人ではこの姿勢は胃から食道への逆流を悪化させることがある
- **左下側臥位**
  - ＊脊柱の左凸側弯のある人
  - ＊上腸管膜動脈症候群様の十二指腸通過障害のある人

◆緊張の亢進を抑制し、唾液の貯留・流入を軽減し喘鳴や努力呼吸を軽減するために

- **抱っこ**・**腹臥位**・**腹臥位に近い側臥位**での注入

重度障害児者の栄養剤の注入中の姿勢配慮の視点は2つあります。

1つ目は胃から食道への逆流を防ぐための姿勢です。胃食道逆流を予防するためには、一般的には上体を高くします。三角マットなどで15～30度に角度をつけたり、クッションチェアーに座った姿勢などです。右下側臥位は、胃の入り口から出口への流れが促進されるので一般的に良いとされています。しかし、脊柱の左凸の側弯（背骨が左側に出ている）のある人では、この姿勢は胃から食道への逆流を悪化させることがあります。左下側臥位は、脊柱の左凸側弯のある人や、上腸管膜動脈症候群様の十二指腸通過障害のある場合に有効です。

2つ目は緊張の亢進を抑制し、唾液の貯留・流入を軽減し喘鳴や努力呼吸を軽減するための姿勢配慮です。抱っこ・腹臥位・腹臥位に近い側臥位での注入姿勢が有効です。

### コラム 姿勢と胃内容物の位置関係

食道と胃の接合部（噴門）は体幹の背側に位置し、胃の出口（幽門）は腹側に位置するため、仰臥位にすると胃の内容物は食道に逆流しやすくなり、腹臥位にすると胃の内容物は十二指腸に流れやすくなります。

## II-21
# 注入中の喘鳴増強の原因と対応

①注入の刺激により分泌増加した唾液の咽頭貯留による喘鳴
→上体をあまり挙上せずに仰臥位にする。
→深い側臥位にする。

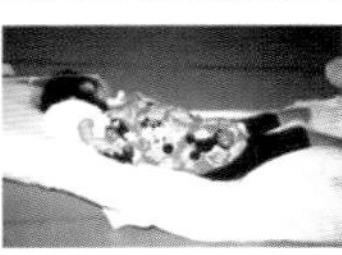

②胃内容が逆流してくることによる喘鳴
（注入中に栄養剤の臭いがすることがある）
→適切に上体を挙上するか腹臥位にする。

③経鼻胃管先端が食道内や胃の噴門近くにある。
④経鼻胃チューブが短すぎる
→医師の指示に従って看護師等がチューブを挿入し直す。

注入中に喘鳴が増強する原因にはいくつかあります。

注入の刺激により分泌増加した唾液の咽頭貯留や誤嚥が原因と思われる場合には、上体をあまり挙上せずに仰臥位にするとよいでしょう。唾液の貯留誤嚥が多い場合には深い側臥位にします。

胃食道逆流により、胃内容が逆流してくることが原因と思われる場合、これは注入中に栄養剤の臭いがすることがあるので推察できますが、このような場合は、適切に上体を挙上するか、腹臥位にするとよいでしょう。

食道の狭窄や胃の変形のために経鼻胃管先端が食道内や胃の噴門近くにあったり、経鼻胃チューブが短すぎることが原因の場合は、医師の指示に従って看護師等がチューブを深く挿入し直します。

## II-22
# ダンピング症候群

経腸栄養（とくに空腸チューブでの注入）を行っている場合に
栄養剤が急速に胃腸に送り込まれることが原因で生じる病態

**早期ダンピング症候群**
【病態】栄養剤が急速に小腸に流れ込むと、
浸透圧で体の水分が腸の中に集まり、
一時的に血管内の循環血液量が減少する。
【症状】頻脈（動悸）、低血圧（立ちくらみ、めまい、顔面蒼白）
【対応】頻脈にならない程度に注入速度を遅くする。

**後期ダンピング症候群**
【病態】栄養剤が吸収され血糖値が急激に上昇すると、
その後インシュリンが過剰に分泌され、低血糖を引き起こす。
【症状】低血糖による発汗、疲労感、顔面蒼白。
【対応】低血糖症状があれば糖水などを注入。
１回の注入量を減らし注入回数を増やす（少量頻回注入）

ダンピング症候群とは、経腸栄養（とくに空腸チューブでの注入）を行っている場合に、栄養剤が急速に胃腸に送り込まれることが原因で生じる病態です。

早期ダンピング症候群は、栄養剤が急速に小腸に流れ込むことで、浸透圧で体の水分が腸の中に集まり、一時的に血管内の循環血液量が減少する病態です。頻脈（動悸）低血圧

(立ちくらみ、めまい、顔面蒼白）などの症状が現れます。対応は、頻脈にならない程度に注入速度を遅くします。

後期ダンピング症候群は、栄養剤が吸収され血糖値が急激に上昇することで、その後インシュリンが過剰に分泌され、低血糖を引き起こすという病態です。低血糖による発汗、疲労感、顔面蒼白などの症状が現れます。対応は、低血糖症状があれば糖水などを注入します。１回の注入量を減らし、注入回数を増やすなどの注入方法の変更を検討します。

Ⅱ-23

## 経管栄養用ポンプ

消化管の蠕動や吸収機能に問題ある場合や、空腸チューブや腸ろうチューブから栄養注入を行う場合は、ゆっくり注入することで下痢やダンピング症候群を予防できることがある。このような場合、注入用ポンプを使用することで、一定の遅い速度で注入することが可能になる。

それほど遅い速度で注入する必要がない場合でも、腹圧の変化や注入物の粘性変化に関係なく、一定の速度で注入することが可能になるため、ポンプの使用が普及している。

【注入ポンプ使用のポイント】

◆ ポンプ専用の回路（栄養チューブ）をポンプに正しくセッティングする。

◆ 投与速度と注入量が指示通りに設定されていることを確認する。

消化管の蠕動や吸収機能に問題がある場合や、空腸チューブや腸ろうチューブから栄養注入を行う場合は、ゆっくり注入することで下痢やダンピング症候群を予防できることがあります。このような場合、注入用ポンプを使用することで、一定の遅い速度で注入することが可能になります。

また、それほど遅い速度で注入する必要がない場合でも、腹圧の変化や注入物の粘性変化に関係なく、一定の速度で注入することが可能になるため、とくに小児ではポンプの使用が普及しています。

注入ポンプ使用のポイントは、ポンプ専用の回路（栄養チューブ）をポンプに正しくセッティングすること、投与速度と注入量が指示通りに設定されていることを確認することです。

### コラム　経管栄養法指導管理料

外来診療で、在宅小児経管栄養法指導管理料[1)]ないしは在宅成分栄養経管栄養法指導管理料[2)]を算定されている場合は、経管栄養用のポンプは在宅医療として認められ、レンタル料がそれぞれの在宅指導管理料のポンプ加算として医療費算定されます。

1) 在宅小児経管栄養法指導管理料は、さまざまな原因によって経口摂取が著しく困難な15歳未満の患者、または15歳以上の患者であって、経口摂取が著しく困難である状態が、15歳未満から継続している者（体重が20キログラム未満である場合に限る）で、在宅療養を行っている患者に算定されます。

2) 在宅成分栄養経管栄養法指導管理料は、栄養維持のために主として栄養素の成分の明らかなもの（アミノ酸、ジペプチドまたはトリペプチドを主なタンパク源とし、未消化態タンパクを含まないもの）を用いた場合にのみ算定されます。

Ⅱ-24

## 半固形化栄養剤

経管栄養剤は一般的には液体の栄養剤が使われるが、普通の食事が消化された状態に近い「半固形化栄養剤」が注入栄養に使用されることが増えてきた。

| | |
|---|---|
| 種類 | ● 市販や医薬品の半固形化栄養剤<br>● 液体栄養剤を市販のゲル化剤や増粘剤で半固形化した物<br>● 粘性を調節したミキサー食（広義の半固形化栄養剤） |
| メリット | ● 胃から食道への逆流が生じにくい<br>● 空腸への流出が遅いため、食後の頻脈や高血糖や低血圧などを起こしにくい。下痢を起こしにくい<br>● 比較的短時間で注入できる |
| 適応 | ● 胃の貯留機能(容量)と排出機能(形態・蠕動運動)が正常であること<br>● 胃ろうカテーテルからの注入であること |
| 禁忌 | 消化管機能障害・食道裂孔ヘルニア・胃の変形（胃軸捻転など）がある重度の障害児者では、半固形栄養剤を注入すると胃内排出が遅くなり、嘔気・嘔吐や腹部膨満を起こしやすい |

経管栄養剤は一般的には液体の栄養剤が使われますが、普通の食事が消化された状態に近い半固形化栄養剤が注入栄養に使用されることが増えてきました。

半固形化栄養剤の種類には、市販や医薬品の半固形化栄養剤と、液体栄養剤を市販のゲル化剤や増粘剤で半固形化した物がありますが、粘性を調節したミキサー食も広義の半固形化栄養剤と言えます。

胃から食道への逆流が生じにくい、空腸への流出が遅いため、食後の頻脈や高血糖や低血圧などを起こしにくい、下痢を起こしにくい、比較的短時間で注入できるなどのメリットがあります。

胃の貯留機能（容量）と排出機能（形態・蠕動運動）が正常であること、胃ろうからの注入であることが適応条件です。消化管機能障害・食道裂孔ヘルニア・胃軸捻転などの胃の変形がある重度の障害児者では、半固形栄養剤を注入すると胃内排出が遅くなり、嘔気・嘔吐や腹部膨満を起こしやすいので注意が必要です。

Ⅱ-25

## ミキサー食注入のメリット

半固形化栄養剤の利点に加え、本来の食事に近い注入内容であるため、優れた栄養注入の方法として近年注目されている。

◆ 天然の多様な食材が摂取できる
- ミネラル・ビタミン、微量元素などが初めから含まれているので、微量元素欠乏症のリスクが軽減する。
- 食物繊維が初めから含まれているので、便性が正常化する。

◆ 半固形化栄養剤として
- 胃からの排出がゆっくりなので、食後の頻脈や高血糖や低血圧が起こりにくく、下痢になりにくい。
- 胃から食道に逆流しにくい。

◆ 通常の食事として
- シリンジ注入であるため、職員と１対１でゆっくり関われる。
- 食事の香りを楽しむことができる。

ミキサー食注入は、半固形化栄養剤の利点に加え、本来の食事に近い注入内容であるため、優れた栄養注入の方法として、近年注目されています。

そのメリットは、天然の多様な食材が摂取できるため、ミネラル・ビタミン、微量元素などが初めから含まれており、微量元素欠乏症のリスクが軽減します。食物繊維が初めから含まれているので、便性が正常化します。

また、半固形化栄養剤と同様に、胃からの排出がゆっくりなので、食後の頻脈や高血糖や低血圧が起こりにくく、下痢になりにくい、胃から食道に逆流しにくいなどのメリットがあります。

さらに、通常の食事をシリンジ注入するため、職員と1対1でゆっくり関われる、食事の香りを楽しむことができるなどのメリットもあります。

Ⅱ-26

## 障害児者に実施される代表的な経管栄養法

- 間欠的経管栄養法
  - 口腔ネラトン（経口胃管）
    口腔→胃
- 留置チューブによる経管栄養法
  - 経鼻胃管
    鼻腔→胃
  - 経鼻空腸チューブ
    鼻腔→胃→空腸
  - 胃ろうチューブ
    瘻孔→胃
    瘻孔→胃→空腸
  - 腸ろうチューブ
    瘻孔→空腸

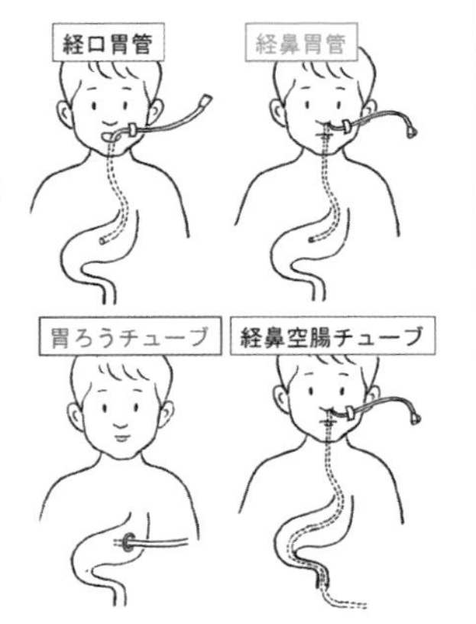


経管栄養法にはさまざまな種類がありますが、障害児者に実施されることの多い代表的な経管栄養法について説明します。経管栄養法は大きく、間欠的経管栄養法と、留置チューブによる経管栄養法に分かれます。

間欠的経管栄養法は口腔ネラトンによる方法で、注入の度に口腔から胃にチューブを挿入して注入し、注入終了後にチューブを抜いておく方法です。

留置チューブによる経管栄養法には、経鼻胃管、経鼻空腸チューブ、胃ろうチューブ、腸ろうチューブの大きく4つの方法があります。鼻からチューブを入れて栄養を摂る方法を経鼻経管栄養と言いますが、その多くは胃までチューブを入れる経鼻胃管です。

このテキストでは、経鼻胃管と胃ろうからの経管栄養法について説明していきます。

### コラム　その他の経管栄養法

①経鼻空腸チューブ：鼻からチューブを入れて、レントゲン透視下に胃から十二指腸、さらに空腸へとチューブを送り、空腸に直接栄養剤を注入する方法です。チューブは経鼻胃チューブ同様に顔にテープで固定されます。

②経胃空腸チューブ：胃ろうのろう孔から内視鏡を使って空腸へチューブを送り、空腸に直接栄養剤を注入する方法です。胃ろうカテーテルと同様に、チューブが抜けないよう胃内のバルーンを膨らませて固定しています。注入口とは別の胃減圧口から胃内液や胃内の空気を吸引することもできます。

③腸ろうチューブ：腹壁と腸壁にろう孔を作り、チューブを小腸内に留置し、小腸に直接栄養剤を注入する方法です。

①～③いずれの方法も空腸へ直接栄養剤を注入するので、下痢やダンピング症候群（Ⅱ-166）への注意が必要です。また、チューブの入れ替えには、レントゲン透視や内視鏡が必要になります。

## Ⅱ-27 経鼻胃管と胃ろうの利点と欠点

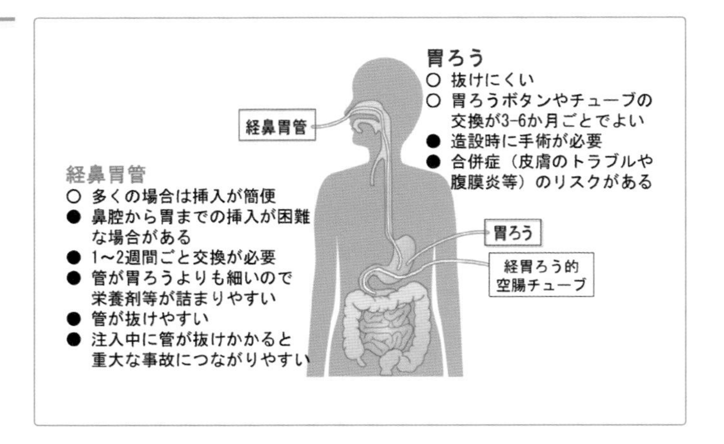

胃ろう
○ 抜けにくい
○ 胃ろうボタンやチューブの交換が3-6か月ごとでよい
● 造設時に手術が必要
● 合併症（皮膚のトラブルや腹膜炎等）のリスクがある
経鼻胃管
経鼻胃管
○ 多くの場合は挿入が簡便
● 鼻腔から胃までの挿入が困難な場合がある
● 1～2週間ごと交換が必要
● 管が胃ろうよりも細いので栄養剤等が詰まりやすい
● 管が抜けやすい
● 注入中に管が抜けかかると重大な事故につながりやすい
胃ろう
経胃ろう的空腸チューブ


図は、経管栄養法の代表的な方法である経鼻胃管と胃ろうが、どのように体の中に挿入されているかを示しています。

経鼻胃管は、手術の必要がなく、一般的に簡便であるという利点があります。しかし、鼻腔から胃までの挿入が困難な場合があること、1～2週間ごとの交換が必要であること、管が胃ろうのものよりも細いので、栄養剤等が詰まりやすいこと、抜けやすく注入中に抜けると誤嚥等の重大な事故につながりやすいなどの欠点が挙げられます。

一方、胃ろうは抜けにくいこと、胃ろうボタンやチューブの交換が1～6か月ごとでよいこと等が利点です。しかし、造設時に手術が必要なこと、合併症として皮膚のトラブルや腹膜炎等のリスクがあるなどの欠点があります。

# 経鼻胃管について―経鼻胃管の管理と手技の重要ポイント

経鼻胃管の管理と手技の重要ポイントについて説明します。

## Ⅱ-28 経鼻胃管の抜去防止

経鼻胃管が抜けないように気をつける

◆注入中に抜けると、注入物の誤嚥の危険性が生じる。
◆経鼻胃管は挿入が困難なケースがあるので、注入していない時でもチューブが抜けないように十分に注意する。

- チューブ先端をブラブラさせておくと引っ掛けて抜け易いので、チューブを束ねて頭（髪の毛）や本人の衣類に留めておくとよい。
- 自分で抜く可能性のある子どもでは、手にミトン手袋を着けるなどして指先が利かないようにしたり、小鼻の脇にチューブの隙間ができないようにテープ固定をするなどの工夫が必要。

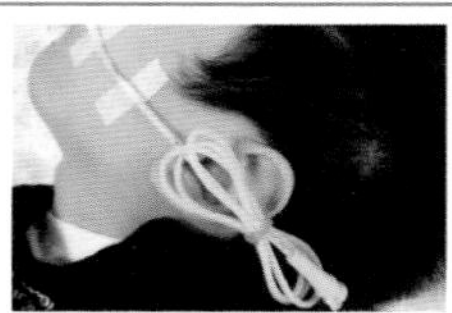
チューブ先端をまとめておく

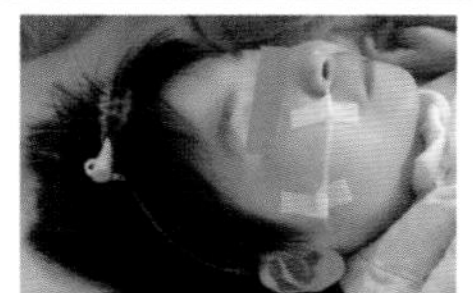
チューブ先端を頭に留めておく

経鼻胃管を留置している場合に最も注意してほしいことは、経鼻胃管が抜けないように気をつけることです。注入中に抜けると、注入物の誤嚥の危険性が生じます。また、経鼻胃管は挿入が困難なケースがあるので、注入していない時でもチューブが抜けないように十分に注意してください。

そのためには、チューブ先端をブラブラさせておくと引っ掛けて抜けやすいので、チューブを束ねて頭（髪の毛）や本人の衣類に留めておくとよいでしょう。また、自分で抜く可能性のある場合では、手にミトン手袋を着けるなどして指先が利かないようにしたり、小鼻の脇にチューブの隙間ができないようにテープ固定をするなどの工夫が必要です。

Ⅱ-29

## 経鼻胃管の先端の位置確認

**チューブの先端が胃の中にあることの確認**
**空気注入音の確認**

- あらかじめ空気を入れておいた10～20mlの注射器を経鼻胃管に接続する
- 5～10mlの空気をシューッと速く入れる
- 空気が胃に入る音を、腹部に当てた聴診器で確認する

【聴診器をあてる場所】左の上腹部で、臍と左の肋骨弓の間
変形が強い人などは聴きとりやすい位置を確認しておく

【２人用聴診器】
同じ部位に当てて
２人で同時に確認
することができる

この手技は看護師が行うか、看護師と教員等が協働で行

経鼻胃管から注入する手技で最も重要なポイントは、チューブの先端が胃の中にあることの確認です。あらかじめ空気を入れておいた10～20mlの注射器を経鼻胃管に接続し、5～10mlの空気をシューッと速く入れ、空気が胃に入る音を、腹部に当てた聴診器で確認します。

聴診器を当てる場所は、左の上腹部で、臍と左の肋骨弓の間が一般的ですが、変形が強い人などは聴きとりやすい位置をあらかじめ確認しておくとよいでしょう。

空気注入音の確認は複数で確認するとより確実です。同じ部位に当てて２人で同時に確認することができる２人用聴診器があると便利です。

経鼻胃チューブの先端位置の確認方法として「胃液が吸引されればチューブ先端は胃内にあると判断してよい」とする考え方や「吸引された液をpH試験紙で検査してpH ４以下の場合は胃からの吸引液と判断してよい」という考え方などが提唱されています。

しかし、チューブが胃内にあっても胃内物が吸引されない可能性があります。また、液体が吸引されたとしても、制酸剤の内服や腸液の逆流によって胃液がアルカリ化している可能性があります。胃食道逆流症があるとチューブ先端が食道内にあってもpH4以下の酸性の液が吸引される可能性があります。最も合理的で確実な確認方法は「空気注入音の確認」と考えられています。

## Ⅱ-30

# 経鼻胃管の先端の位置確認

### 空気注入音の確認

チューブの先が気管に入っていたり、食道に戻っている場合でも、
空気を注入した音が左上腹部で聞こえることがあることがある。
このような時は音の聴こえ方が普段と違って弱く、しっかり聞こえない。

空気の注入音が、Aの部分でしっかり聴こえにくい時は、Bの部分と聴き比べて、Bでの音の方が大きければ、食道か気管にチューブ先端が入っている可能性あり

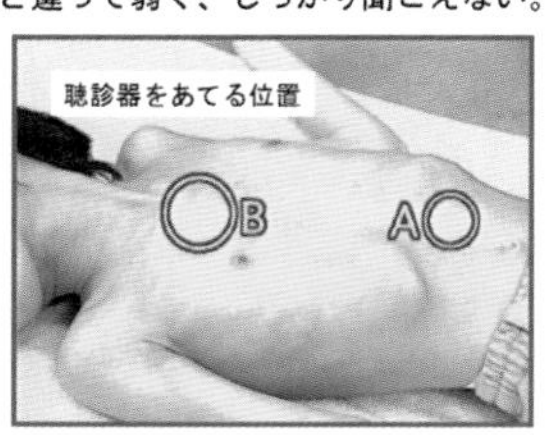


頸部・上胸部・下胸部・心窩部で注入音を聞き比べ、
胃に相当しない部位に最強点があれば先端が胃ではないと判断する。
（先端が確実に胃内にある時に予め個々の最強点を把握しておくとよい）

この手技は看護師が行うか、看護師と教員等が協働で行う。

空気注入音を確認する時に、チューブの先が気管に入っていたり、食道に戻っている場合でも、空気を注入した音が左上腹部で聞こえることがあります。このような時は音の聞こえ方が普段と違って弱く、しっかり聞こえません。図のように、空気の注入音が、Aの部分でしっかり聴こえにくい時はBの部分と聴き比べて、Bでの音の方が大きければ、食道か、気管にチューブ先端が入っている可能性があります。

頸部・上胸部・下胸部・心窩部で注入音を聞き比べ、胃に相当しない部位に最強点があれば先端が胃ではないと判断します。先端が確実に胃内にある時にあらかじめ個々の最強点を把握しておくとよいでしょう。

## Ⅱ-31

# 空気注入音の確認困難の原因

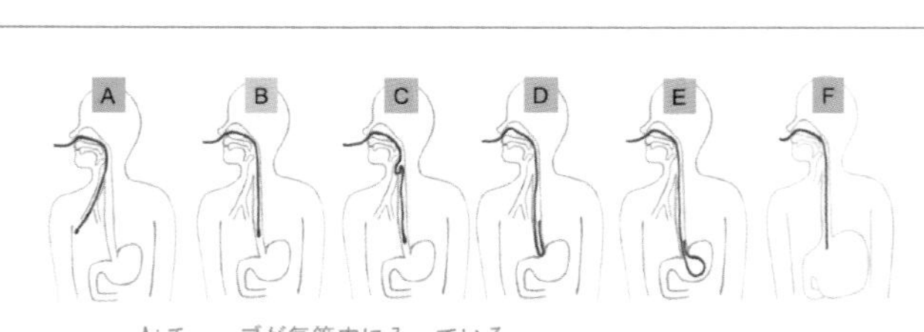


A:チューブが気管内に入っている
気管内に挿入されていてもむせないことがある
B:チューブ挿入が浅い
子どもの体が大きくなっているのに長さの変更をしていない
C:チューブが咽頭部でとぐろを巻いている
D:胃の手前でUターンして先端が食道内にある
E:挿入が深過ぎてUターンして食道に戻っている
あわててチューブの入れ替えをした後は要注意！
F:胃内に空気が充満して空気音が聞こえない
上腹部が膨満している時には先に胃内容を吸引してみる

経鼻胃管先端が確認困難な場合、いくつかの原因が考えられます。

Aはチューブが気管内に入っている場合です。気管内に挿入されていてもむせないことがあるので注意が必要です。

Bはチューブの挿入が浅い場合です。成長して体が大きくなっているのに長さの変更をしていないため、胃に達していないことがあります。

Cはチューブが咽頭部でとぐろを巻いている場合です。Dは胃の手前でUターンして先

端が食道内にある場合です。Eは挿入が深過ぎてUターンして食道に戻っている場合です。あわててチューブの入れ替えをした後は要注意です。

Fは胃内に空気が充満して空気音が聞こえない場合です。上腹部が膨満している時には先に胃内容を吸引してみます。

Ⅱ-32

## 空気注入音が明瞭に聞こえない場合の対応

◆ 複数のスタッフで一緒に確認する。

◆ 空気注入音が明瞭に聞こえなかったり、胃に相当しない部位に最強点があれば先端が胃ではないと判断し、
注入は中止し、チューブの入れ替えをする
一度で確認できない時は繰り返し確認。
確認のため多めに空気が入ってもほとんど問題はない。
確認が不完全のままに注入することは絶対に避ける。

◆ おそらく大丈夫だが、少々不安が残るという場合は、栄養剤や薬剤を注入する前に、生理食塩水や湯冷ましを10ml注入し、状態観察や胸部聴診をしてから、栄養剤や薬剤の注入を行う。

この手技は看護師が行うか、看護師と教員等が協働で行

空気注入音が明瞭に聞こえない場合には、複数のスタッフで一緒に確認します。それでも、空気注入音が明瞭に聞こえなかったり、胃に相当しない部位に最強点があれば、先端が胃ではないと判断し、注入は中止し、チューブの入れ替えをします。一度で確認できない時は繰り返し確認します。確認のため多めに空気が入ってもほとんど問題はありません。確認が不完全のままに注入することは絶対に避けます。

おそらく大丈夫だが、少々不安が残るという場合は、栄養剤や薬剤を注入する前に、生理食塩水や湯冷ましを10ml注入し、状態観察や胸部聴診をしてから、栄養剤や薬剤の注入を行うとよいでしょう。これらの判断や対応は看護師が行います。

コラム

### 音だけで確認できる？

経鼻胃チューブの先端確認として「空気注入音の確認」を提唱しましたが、チューブ先端の位置が不適切な場合に、音だけで気づくことができるのだろうか？と不安に思うかもしれません。しかし、同じスタッフが同じ対象者の空気注入音を毎回聴いていると、「あれ？ いつもと音が違う！」と感じることができます。そのような時は、複数のスタッフで音を聴いて「いつもと聞こえ方が違う！」と確認できたら、そのまま注入することは中止して、次の対応を考えましょう。

チューブの位置（挿入する長さ）を少し移動しただけで、音が聞こえるようになることもありますが、多くの場合はチューブを完全に抜いて入れ直さないと音が聞こえるようになりません。空気注入音が確認困難の原因は、Ⅱ-175の図C、D、Eのようにチューブがとぐろを巻いていたり、Uターンしていたりする場合が多いため、そのままチューブを動かしても先端の位置は胃内に入っていきません。空気注入音が明瞭でない時には、チューブの入れ替えを検討しましょう。

# 胃ろうについて――胃ろう管理上の注意点

ここからは、胃ろうの管理上の注意点について説明します。

## Ⅱ-33 胃ろう造設の適応

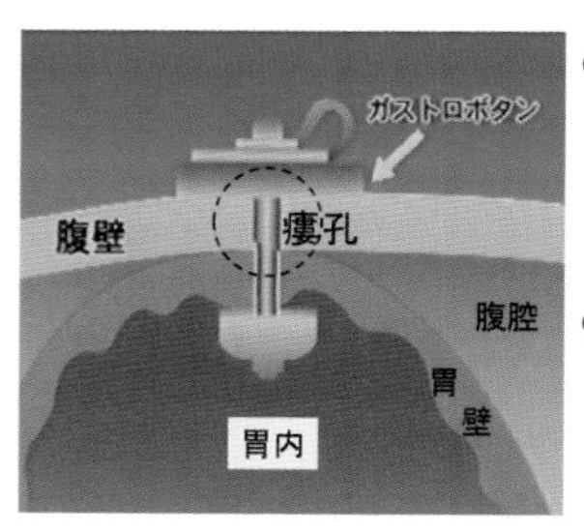


- 経口摂取が不可能であったり、必要十分な量の経口摂取ができなかったり、誤嚥がかなりあるため、永続的に経管栄養が必要な場合。
- 経鼻胃管の挿入が容易ではない場合や、誤って気管内に管が挿入されてしまう可能性が高い場合。

腹壁から胃の中まで連なる孔を瘻孔という。
腹壁の外と胃の内部を直接つなぐために、
瘻孔には必ず胃ろうカテーテルを挿入しておく。

胃ろうからの経管栄養は、腹壁と胃壁に穴をあけ、そこに通したカテーテルから、流動食や栄養剤、水分などを注入する方法です。

経口摂取が、不可能か不十分であったり、可能であっても誤嚥がかなりあり、経管栄養が永続的に必要となる場合に適応となります。経鼻胃管の挿入が容易ではない場合や、誤って気管内に管が挿入されてしまう可能性が高い場合も、胃ろう造設が選択されます。

胃ろうとは、腹部の外側から胃の内部に、栄養を入れるための管を通す、小さな穴のことです。この穴を「瘻孔」といいます。この瘻孔は、そのままにしておくと孔がふさがってしまうため、必ず胃ろうカテーテルを挿入しておきます。

## Ⅱ-34 胃ろうカテーテルの種類

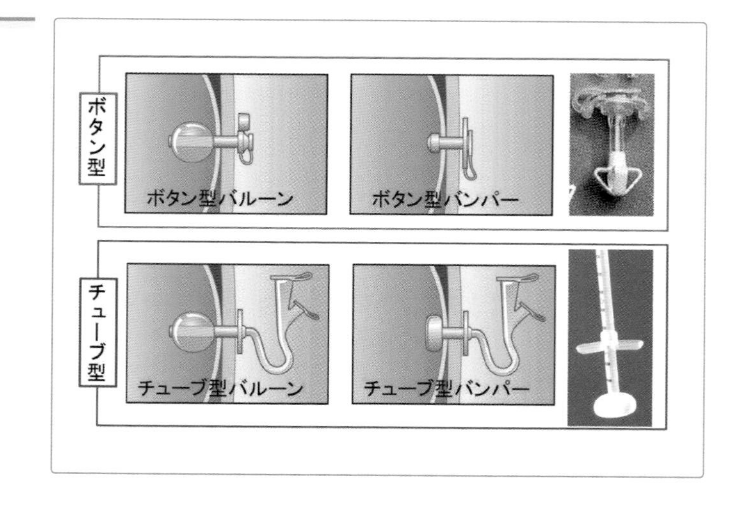


胃ろうカテーテルにはいくつかの種類があります。体の外に見えている形状として、

チューブがないタイプを「ボタン型」、チューブが長くついているタイプを「チューブ型」と言います。ボタン型の場合は、専用の接続チューブを介して栄養チューブをつなぎます。

胃の中にある、チューブが抜け落ちないようについているストッパーの形状で、バルーンがついているタイプを「バルーンタイプ」、ストッパーの形状がバルーンではないものを「バンパータイプ」と言います。

またこれ以外に、通常の胃チューブを直接胃に入れていることもあります。この場合はチューブが抜けやすいので、運動をする際には注意が必要です。

Ⅱ-35

## 胃ろう管理上の注意点①

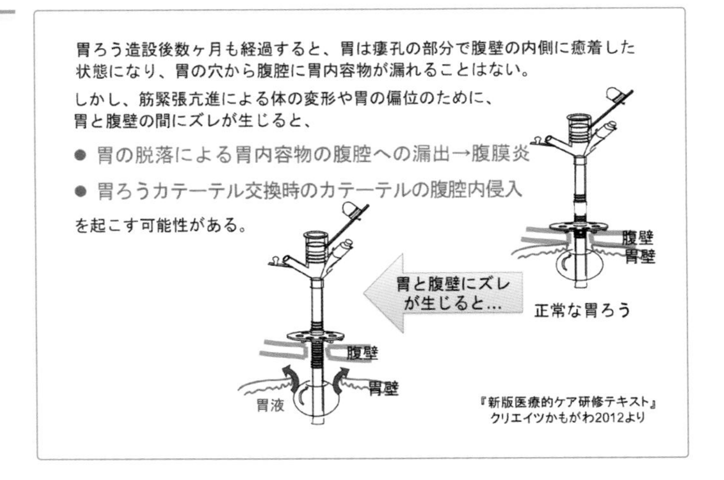


重度障害児者における胃ろうの管理上の注意点について説明します。胃ろう造設後数か月も経過すると、右図のように胃は瘻孔の部分で腹壁の内側に癒着した状態になり、胃の穴から腹腔に胃内容物が漏れることはありません。

しかし、筋緊張亢進による体の変形や胃の偏位のために、胃と腹壁の間にズレが生じると、左図のように、胃が脱落し、胃内容物が腹腔に漏れ出て腹膜炎を起こす可能性があります。

また、完全な脱落に至っていなくても、ズレが生じていると、胃ろうカテーテルの交換の時に、カテーテルがスムーズに入らず、無理に入れるとカテーテルが胃ではなく腹壁と胃の間に入り込み、腹腔内に侵入してしまうことがあります。

### コラム 成人と重症児者の胃ろうの違い

成人の胃ろう造設においては、PEG（percutaneous endoscopic gastrostomy）と呼ばれる経皮内視鏡下胃ろう造設術が選択されることが多く、胃壁と腹壁の固定が不十分なため、胃ろうカテーテルの交換時に胃の脱落が生じる可能性があります。

一方、小児や重症心身障害児者では内視鏡補助下での開腹胃ろう造設術が選択されるため、瘻孔が強固にきれいに完成されていることが多く、胃の脱落が生じる可能性は比較的少ないと言えます。しかし体の変形が進行し、瘻孔が胃壁に対して斜めになっているような場合は、胃と腹壁にズレが生じている可能性があるので注意が必要です。

## Ⅱ-36
# 胃ろう管理上の注意点②

バルーンによる閉塞→胃ろう周囲の液漏れ・胃の膨満・嘔吐

＊バルーンが大きすぎたり幽門近くにあると栄養剤や胃液の流れが妨げられる

＊チューブ型胃ろうカテーテルの場合ストッパーによる固定がゆるんでいると胃の蠕動運動によってバルーンが幽門まで移動し幽門を閉塞したり十二指腸まで入り閉塞することがある

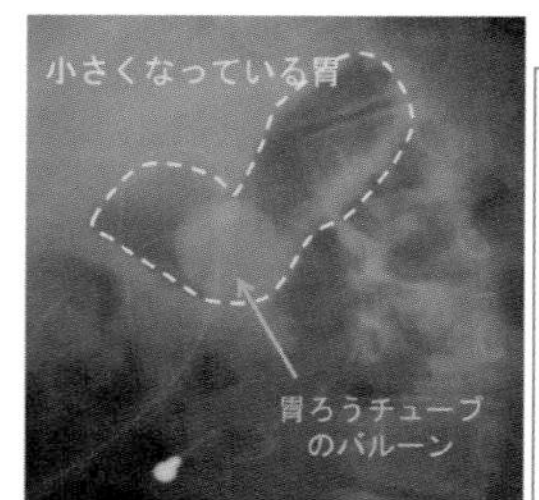


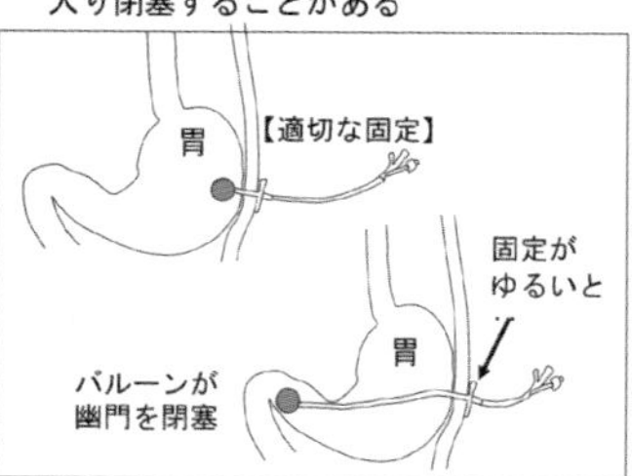


『新版医療的ケア研修テキスト』クリエイツかもがわ2012より

バルーン型胃ろうでは、バルーンによる胃の出口の閉塞によって胃ろう周囲の液漏れ・胃の膨満・嘔吐の可能性があります。

チューブ型カテーテルでは、胃に入っている部分を長くしておいたり、ストッパーによる固定がゆるんでいたりすると、バルーンが胃の出口である幽門部を閉塞したり、十二指腸に入り込んでしまうことがあります。

重度障害児者では、写真のように胃ろうが幽門の近くにあることが多いために、このような現症が生じやすいので注意が必要です。また、ボタン型カテーテルでも、左の図のように幽門に近い胃ろうカテーテルのバルーンにより栄養剤や胃液の流れを妨げることがあります。

## Ⅱ-37
# 胃ろう管理上の注意点③

- ◆ カテーテルは基本的には腹壁と垂直に入っている状態を保つ。
- ◆ ボタンカテーテルはスムーズに回転する状態が良い状態です。
- ◆ 胃ろう周囲に液漏れや炎症がある場合には切り込みガーゼを挟み込み、ガーゼが汚染していたら適宜交換をする。
- ◆ ガーゼの代わりに、こより状にしたティッシュをカテーテルの根本に巻き付けカテーテルを垂直に保持する方法もある。
- ◆ チューブ型カテーテルの胃ろう部の固定がきつ過ぎたり、胃ろうボタンが短すぎると、胃壁の損傷を生じたり、肉芽の原因になる可能性がある。ボタンやチューブのストッパーと皮膚の間には、0.5～1.0㎝程度のゆとりが必要。
- ◆ カテーテルバルーンの水は時間が経つと減少するので、定期的にバルーンの水の量の確認と補充をする必要がある。
- ◆ 入浴やプール遊びの時は、固定をしっかりしておけばそのまま入ってかまわない。出てきてから胃ろう部の観察を行い、必要があればガーゼやこよりティッシュの交換を行う。

胃ろう管理上の注意点についてさらに説明します。

カテーテルは基本的には腹壁と垂直に入っている状態を保ち、ボタンカテーテルはスムーズに回転する状態が良い状態です。

胃ろう周囲に液漏れや炎症がある場合には切り込みガーゼを挟み込み、ガーゼが汚染していたら適宜交換をします。ガーゼの代わりに、こより状にしたティッシュをカテーテルの根本に巻き付けカテーテルを垂直に保持する方法もあります。

チューブ型カテーテルの胃ろう部の固定が

きつ過ぎたり、胃ろうボタンが短すぎると、胃壁の損傷を生じたり、肉芽の原因になる可能性があります。ボタンやチューブのストッパーと皮膚の間には0.5～1.0㎝程度のゆとりが必要です。

カテーテルバルーンの水は時間が経つと減少するので、定期的にバルーンの水の量の確認と補充をします。先ほども述べましたが、胃ろうが幽門に近い位置にある時には、バルーンに入れる水は少なめの方が良い場合があります。

入浴やプール遊びの時は固定をしっかりしておけばそのまま入ってかまいません。出てきてから胃ろう部の観察と、一必要があればガーゼやこよりティッシュの交換を行います。

Ⅱ-38

## 胃ろう周囲からの液漏れの原因

◆ 胃ろうカテーテル部の圧迫
- 腹臥位姿勢や、体幹装具や車椅子のベルトなどによる胃ろう部の圧迫。腹臥位姿勢をとる時には液漏れだけでなく、胃ろうボタンが抜けやすいことにも留意する。

◆ 腹圧の上昇
- 腹圧が上昇するような座位姿勢や前屈姿勢を長時間とる。
- 注入の滴下速度が速すぎる。
- シリンジ注入のスピードが速すぎる。
- 半固形化栄養剤の加圧バッグの圧が高すぎる。

◆ 胃ろうカテーテルのサイズの不適合
- シャフトが長すぎる。
- シャフトの太さが瘻孔に比して細すぎる。

◆ 胃内容の排出障害
- さまざまな要因によって消化管蠕動運動が低下している。
- バルーンタイプのカテーテルが深く入り過ぎたり、バルーンの固定水が多すぎてバルーンが胃内容の排出を阻害している。

胃ろうからの液漏れは、時々認められますが、その原因はさまざまです。液漏れが認められた場合には、看護師等に連絡をとり、必要な対応をとるようにします。

腹臥位姿勢や、体幹装具や車椅子のベルトなどによる胃ろうカテーテル部圧迫は液漏れの原因になります。腹臥位姿勢をとる時には液漏れだけでなく、胃ろうボタンが抜けやすいことにも留意します。

座位姿勢や前屈姿勢、注入の滴下速度が速す

### コラム 胃ろうからの漏れ

胃ろう器具の破損か、ろう孔からの漏れかの判別がまず大切です。後者の場合、いくつかの大切なポイントがあります。ガーゼを厚くして胃内のバンパーを胃壁に密着させて漏れを防ぐという発想は適切でなく、胃壁内部を部分的に圧迫して虚血状態にしてしまい、なおろう孔を大きくしてしまう可能性があります。周辺の皮膚ケアとともに、胃ろうボタンの上にガーゼを当てて軽くテープ留めする方が胃壁に刺激を与えずに、自然にろう孔部分の皮膚を再生させることにつながります。

注入中も胃ろうを斜めにし続けたりすると胃壁に器具による圧迫がかかるため、垂直に使用できるよう心がけて、ろう孔への刺激や拡大を予防します。他の対策として、液体栄養剤を半固形栄養剤に換えたり、とろみをつけて粘稠度を上げて漏れにくくする工夫もあります。胃ろうボタンのサイズを大きくするなどの必要性があるかを含め、医師に相談するのが基本です。

ぎる、シリンジ注入のスピードが速すぎる、半固形化栄養剤の加圧バッグの圧が高すぎる、などの原因で腹圧が上昇すると液漏れが生じます。

シャフトが長すぎる、シャフトの太さが瘻孔に比して細すぎるなど、胃ろうカテーテルのサイズの不適合も液漏れを生じる原因です。

バルーンに入れる水は少なめの方が良い場合があります。

さまざまな要因によって消化管蠕動運動が低下している状態の時や、バルーンタイプのカテーテルが深く入り過ぎたり、バルーンの固定水が多すぎてバルーンが胃内容の排出を阻害している時にも液漏れが認められます。

Ⅱ-39

## 胃ろうカテーテルの事故抜去への対応

◆胃ろうカテーテルの事故抜去の原因と対策
①カテーテルのバルーンの水の減少
→ 定期的にバルーンの水を確認し補充する（看護師が実施）
②無理な力が加わる → 腹臥位の取り方などに注意

◆胃ろうカテーテルが抜けた時の対応（看護師が対応）
抜けたままにしておいて時間が経ってしまうと、胃ろうの穴が狭くなり、同じサイズの胃ろうカテーテルが入らなくなることがある。

例１：胃ろうカテーテルではなく、入っているカテーテルより少し細めのチューブ（ネラトンカテーテル、吸引チューブ、導尿用カテーテルなど）を５㎝程度挿入しテープで固定しておいて受診。

例２：バルーンタイプの胃ろうカテーテルであれば、バルンの水を全部抜いて、そのチューブを再挿入しておいて受診。
＊胃ろうに押し込む時に、シャフトの部分が折れ曲がって挿入できないことがあり、シャフトの部分が曲がらないよう保持して挿入する。

この対応は看護師が行う。

胃ろうカテーテルが事故抜去されることがまれにありますが、その原因は、カテーテルのバルーンの水の減少によることが最も多く、その対策として、定期的にバルーンの水を確認し補充する必要があります。無理な力が加わった場合にもカテーテルは抜けてしまいます。腹臥位の取り方などに注意する必要があります。

胃ろうカテーテルが抜けた時に、抜けたままにしておいて時間が経ってしまうと、胃ろうの穴が狭くなり、同じサイズの胃ろうカテーテ

### コラム 胃ろうカテーテルボタンのバルーンが膨らんだまま抜けた時の対応

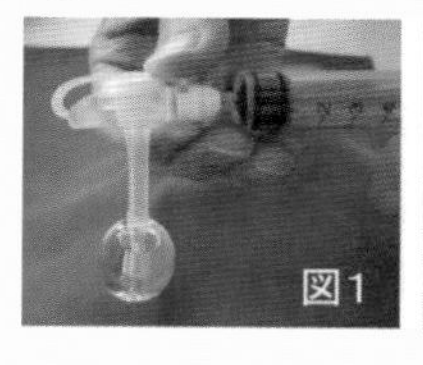

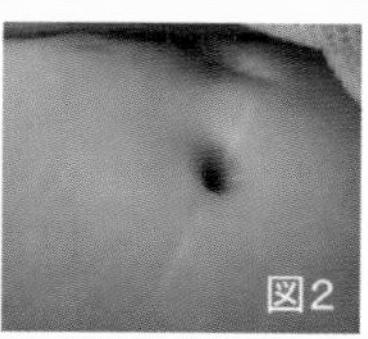

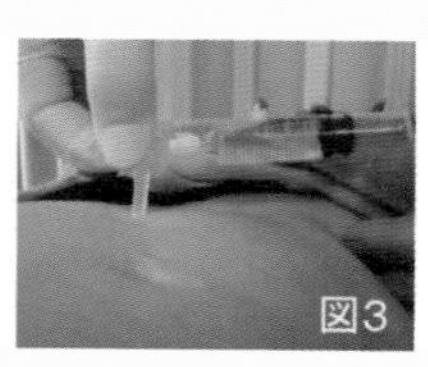

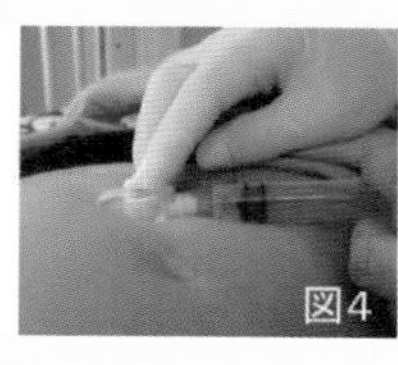

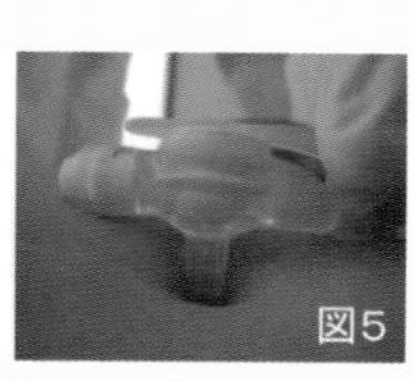


図１：ボタンの側面にあるバルーン水注入孔にシリンジを接続し、バルーンの水を完全に抜きます。
図２：抜けた直後のろう孔はしっかりと開いていますが時間と共に狭くなってきます。
図３：バルーンの水を抜いた胃ろうカテーテルをろう孔に垂直に根本まで挿入します。
図４：バルーン水を注入し、シリンジを外します。
図５：胃ろうボタンがろう孔内でスムーズに回れば正しく挿入されている可能性が高いのですが、その後、必ず医療機関を受診してください。

ルが入らなくなることがあります。抜けた場合の対応を主治医と確認しておきます。例えば、胃ろうカテーテルでなく、入っているカテーテルより少し細めのチューブ（ネラトンカテーテル、吸引チューブ、導尿用カテーテルなど）を、5㎝程度挿入しテープで固定しておいて受診する方法があります。

バルーンタイプの胃ろうカテーテルであれば、バルーンの水を全部抜いて、そのチューブを再挿入しておいて受診するという方法もあります。胃ろうに押し込む時に、シャフトの部分が折れ曲がって挿入できないことがあり、シャフトの部分が曲がらないよう保持して挿入することがコツです。

胃ろう造設してから間もない時期には、例1の方法の方が安全です。

## Ⅱ-40 胃ろう部とカテーテルの確認

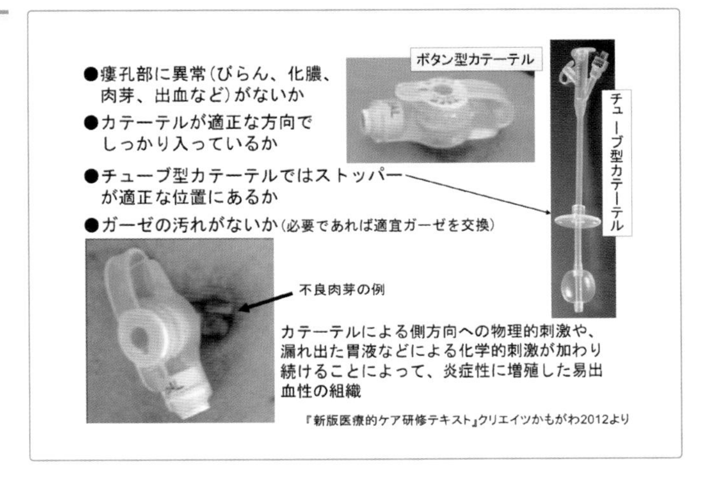
●瘻孔部に異常（びらん、化膿、肉芽、出血など）がないか
●カテーテルが適正な方向でしっかり入っているか
●チューブ型カテーテルではストッパーが適正な位置にあるか
●ガーゼの汚れがないか（必要であれば適宜ガーゼを交換）
ボタン型カテーテル
チューブ型カテーテル
不良肉芽の例
カテーテルによる側方向への物理的刺激や、漏れ出た胃液などによる化学的刺激が加わり続けることによって、炎症性に増殖した易出血性の組織
『新版医療的ケア研修テキスト』クリエイツかもがわ2012より

胃ろう部周囲とカテーテルの確認のポイントは、瘻孔部に、発赤や糜爛（びらん）、化膿、肉芽、出血など異常がないか、カテーテルが適正な方向でしっかり入っているかを確認します。

### コラム 胃ろうカテーテルの種類と特徴

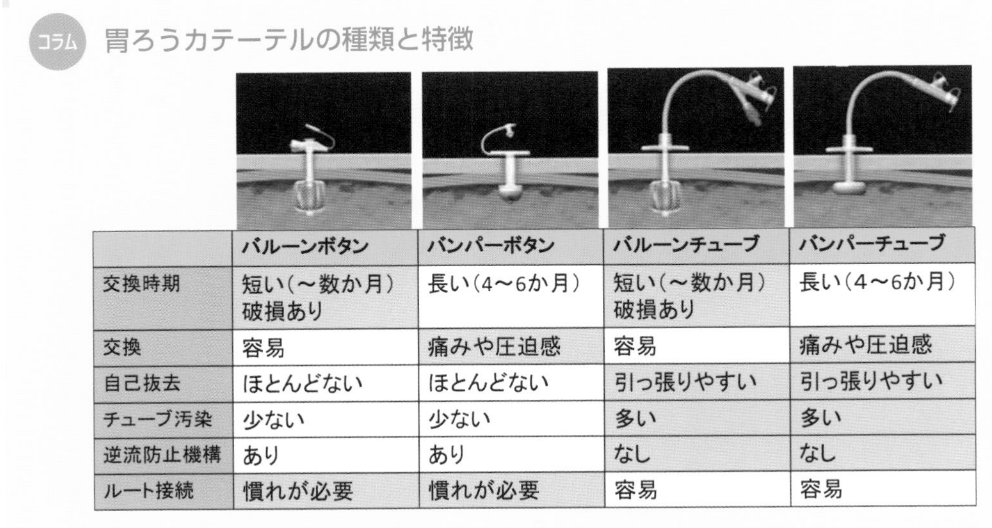

| | バルーンボタン | バンパーボタン | バルーンチューブ | バンパーチューブ |
|---|---|---|---|---|
| 交換時期 | 短い（～数か月）破損あり | 長い（4～6か月） | 短い（～数か月）破損あり | 長い（4～6か月） |
| 交換 | 容易 | 痛みや圧迫感 | 容易 | 痛みや圧迫感 |
| 自己抜去 | ほとんどない | ほとんどない | 引っ張りやすい | 引っ張りやすい |
| チューブ汚染 | 少ない | 少ない | 多い | 多い |
| 逆流防止機構 | あり | あり | なし | なし |
| ルート接続 | 慣れが必要 | 慣れが必要 | 容易 | 容易 |

NPO法人 Patient Dctors Network ホームページより

チューブ型カテーテルではストッパーが適正な位置にあるかを、カテーテルに付いている目盛りとストッパーの場所で確認します。胃ろう部に当ててあるガーゼなどに汚れがないか確認し、必要であればガーゼなどを適宜交換します。

この写真は、カテーテルによる側方向への物理的刺激や、漏れ出た胃液などによる化学的刺激が加わり続けることによって、炎症性に増殖した易出血性の不良肉芽です。

Ⅱ-41

## ボタン型胃ろうの取り扱い

◆ボタン型カテーテルへの
接続チューブ（ジョイントチューブ）の接続と取り外し
接続の時も取り外しの時も、ボタンの部分を強く押したり引っ張ったりしないよう、ボタン部分を、指ではさんでしっかり保持して行う。

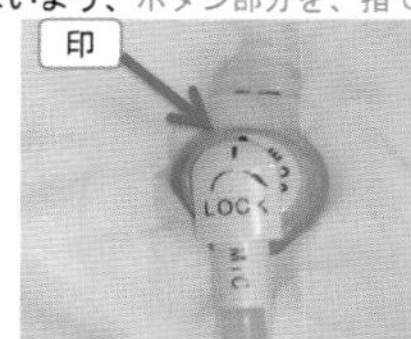


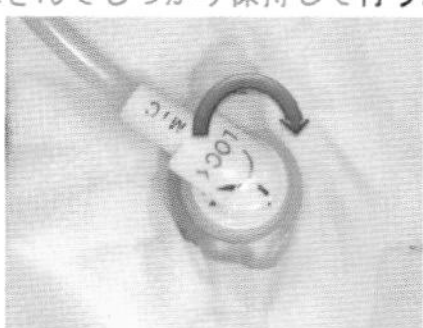

ボタン型カテーテルと接続チューブの印を正確に合わせて、パチンと手応えがあるまで押し入れる。この操作の時に、胃ろうボタンを横から、親指と人差し指でしっかりはさんで保持し、ボタンが腹部を圧迫しないようにする。
接続チューブを3/4回転し、接続が外れないようにロックする。

『新版医療的ケア研修テキスト』クリエイツかもがわ2012より

ボタン型胃ろうの取り扱いの注意点について説明します。ボタン型カテーテルに接続チューブを接続する時や取り外す時は、ボタンの部分を強く押したり引っ張ったりしないように、ボタン部分を、指ではさんでしっかり保持して行います。接続する時には、ボタン型カテーテルと接続チューブの印を正確に合わせて、パチンと手応えがあるまで押し入れます。この操作の時に、胃ろうボタンを親指と人差し指などでしっかりはさんで保持し、ボタンが腹部を圧迫しないようにします。その後、接続チューブを3/4回転し、接続が外れないようにロックします。

### コラム 胃ろうボタンを回す？

胃ろうボタンには、必ずしも、ガーゼやティッシュを挟む必要はありませんが、1cm程度ゆとりがあるのが通常です。それらを挟む理由の一つに、胃ろう周辺の注入物等の漏れを吸収することがありますが、漏れた注入物等により胃ろうボタンが皮膚とくっついて固まってしまうことがあります。注入の際に、胃ろうボタンをくるっと1回転させくっついてしまっていないか確認し、動く状態にしておきます。

# 3 経管栄養に関する演習

## 経管栄養の手順—経鼻胃管からの液体栄養剤滴下注入

ここからは、経鼻胃管から液体栄養剤を滴下注入する手順を初めから通して説明していきます。

### Ⅱ-42 経管栄養に使用される用具の名称

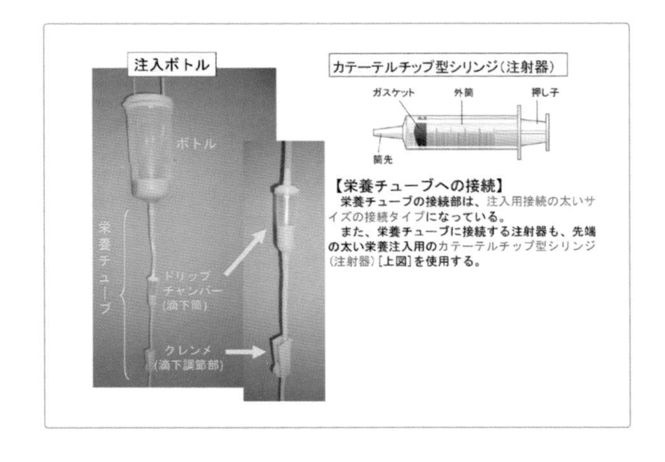


経管栄養に使用される用具の名称について説明します。

滴下型経管栄養を行う場合には、注入ボトル使用します。栄養剤を入れておく部分を「ボトル」、その下のチューブを「栄養チューブ」と言います。栄養チューブには「ドリップチャンバー」といわれる栄養剤の滴下速度を目で見て確認する部分があり、その下の「クレンメ」で滴下速度を調節します。

栄養チューブの接続部は、注入用接続の太いサイズの接続タイプになっています。栄養チューブに接続する注射器も、先端の太い栄養注入用のカテーテルチップ型シリンジを使用します。

### Ⅱ-43

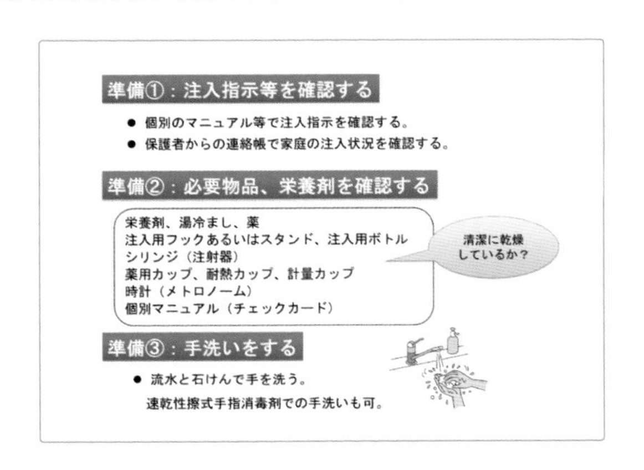


注入の準備を行います。

**準備①：注入指示等を確認します**

注入の指示を確認します。個別のマニュアル等で医師の注入指示を確認するとともに、保護者からの連絡帳で家庭の注入状況も確認します。

**準備②：必要物品、栄養剤を確認します**

必要物品や栄養剤を確認します。栄養剤、湯冷まし、薬、注入用フックあるいはスタンド、注入用ボトル、シリンジ（注射器）、薬用カップ、耐熱カップ、計量カップ、スプーン、時計（メトロノーム）、個別マニュアル（チェックカード）などを用意します。それぞれの物品が、清潔であるか、乾燥しているかも確認します。

### 準備③：手洗いをします

流水と石けんによって手洗いを行います。速乾性擦式手指消毒剤での手洗いでもよいでしょう。

## II-44

**手順①：注入についての本人の意思を確認する**

◆注入することを本人に伝え、本人の意思の表出を確認する。
◆注入の準備をすることを伝える。

**手順②：呼吸や腹部の状態を確認し姿勢を整える**

◆呼吸状態が落ち着いているか
- ゼロゼロ、ゼコゼコという喘鳴が強いままで注入を開始すると、注入の途中で咳込んだりしてトラブルになるので、姿勢の調節や吸引によって、たんのたまりが改善してから注入を始める。
- 上気道の狭窄による喘鳴や陥没呼吸が強いままで注入すると、注入したものが胃から食道に逆流しやすくなるので、姿勢を調節してリラックスさせておく。

◆腹部が張っていないか
- お腹が張っているときは気泡音を確認する前に前吸引を行う。
- 温かくした手（手掌を擦り合わせて）で軽く触ってみて硬い感じで張っているときには特に慎重に考える。

◆姿勢を整える
- 胃から食道への逆流を防ぐ（上体を高く、側臥位など）
- 緊張の亢進を抑制し、呼吸を楽に（抱っこ、腹臥位など）

◆注入前の状態の記録
- 体温、心拍数、酸素飽和度、呼吸や腹部の状態などを記録する。

### 手順①：注入することを伝え本人の意思を確認します。

お腹が減っていないか、調子はどうかなど聞きながら、注入を始めてよいかどうか、本人の意思の表出を確認するようにしましょう。

### 手順②：呼吸や腹部の状態を確認し、姿勢を整えます。

呼吸状態が落ち着いているか確認します。ゼロゼロ、ゼコゼコという喘鳴が強いままで注入を開始すると、注入の途中で咳込んだりしてトラブルになるので、姿勢の調節や吸引によって、たんのたまり具合が改善してから注入を始めるようにします。

上気道の狭窄による喘鳴や陥没呼吸が強いままで注入すると、注入したものが胃から食道に逆流しやすくなるので、姿勢を調節してリラックスさせておきます。

腹部が張っていないか確認します。お腹が張っているときは、気泡音を確認する前に前吸引を行うようにします。チューブに20～30mlの注射器をつけての胃内容を吸引することを前吸引といいます。この時、胃壁を傷つけないよう無理のない力でゆっくり引きます。温かくした手（手掌を擦り合わせて）で軽く触ってみて硬い感じで張っている時にはとくに慎重に考えます。

姿勢を整えます。胃から食道への逆流を防ぐために、上体を高くしたり、側臥位にしたりします。緊張の亢進を抑制し、呼吸を楽にするために、抱っこをしたり、腹臥位にしたりします。

観察した呼吸や腹部の状態に加え、体温、心拍数、酸素飽和度、などを記録しておきます。

**コラム　滴下筒に液を満たす時に空気を入れない工夫**

滴下筒の満たし方は慣れないと難しく感じることもあります。静脈に空気が入るのとは異なり命に別状はありませんが、多いと腹部膨満や嘔吐につながる可能性もありできるだけ避けます。①滴下筒を押す前に、滴下筒すぐ下のチューブをレの字に折って空気の出入りを遮断し、②その状態で滴下筒を静かに押して栄養剤を滴下筒に流入させ、③1/3～1/2満ちた段階でレの字に折った手を静かに離します。④その後、クレンメをゆっくりゆるめて栄養チューブの先端まで液を満たします。

## Ⅱ-45・46

### 手順③：経鼻胃管による経管栄養の場合は、チューブ先端が胃内にあることを確認します。

チューブが絆創膏でしっかり固定されていて、チューブの鼻孔出口に付けられた印がずれていないかチューブの固定位置を確認します。

次に、チューブの先端が胃内にあることを、空気注入音で確認します。この手技は看護師と介護職員等が、２人用聴診器等を用いて一緒に行うことも可能です。

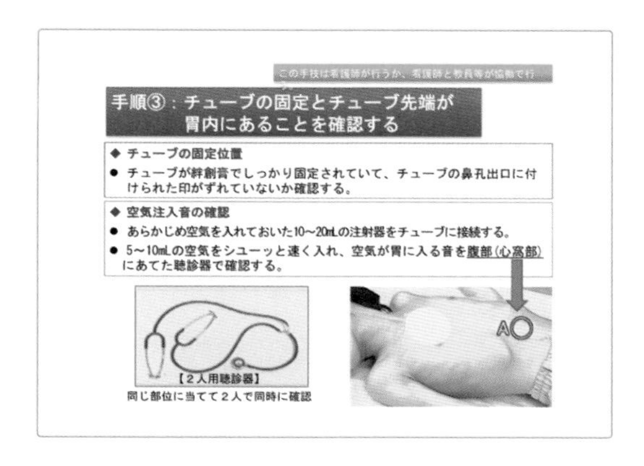


具体的には、あらかじめ空気を入れておいた10～20mlの注射器を接続し、5～10mlの空気をシューッと速く入れ、それが胃に入る音を腹部（心窩部）に当てた聴診器で確認します。

### 手順④：注入前の胃内容の確認をします。この手技は看護師が行うか看護師と介護職員等が協働で行います。

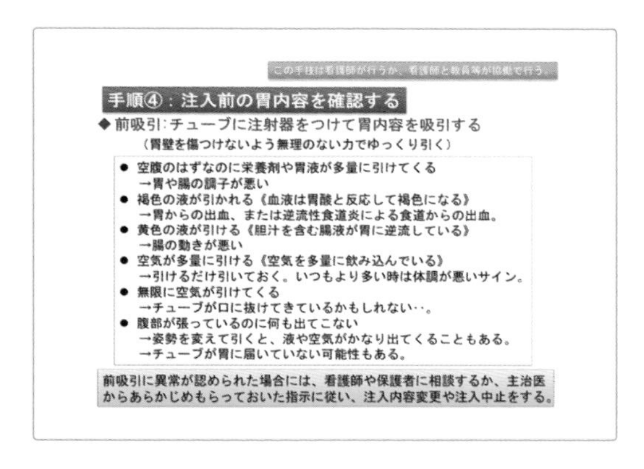


前吸引で、空腹のはずなのに栄養剤や胃液が多量に引けてくる場合は、胃や腸の調子が悪いサインです。褐色の液が引かれる場合は、胃からの出血、または逆流性食道炎による食道からの出血が考えられます。なぜなら、血液は胃酸と反応して褐色になるからです。

黄色の液が引ける場合は、胆汁を含む腸液が胃に逆流しているサインです。腸の動きが悪いことを示しています。

空気が多量に引ける、これは空気を多量に飲み込んでいるサインです。この場合、空気は引けるだけ引いておきます。いつもより多い時は体調が悪いサインと思われます。無限に空気が引けてくる場合は、チューブが口に抜けてきているかもしれません。

腹部が張っているのに何も出てこない場合は、姿勢を変えて引くと、液や空気がかなり出てくることがあります。あるいは、チューブが胃に届いていない可能性もあります。いずれにせよ、前吸引の空気は引けるだけ引いておくことが重要です。

前吸引に異常が認められた場合には、看護師や家族に相談するか、主治医からあらかじめもらっておいた指示に従い、注入内容の変更や注入中止とします。

## Ⅱ-47・48・49

### 手順⑤：栄養剤を用意し注入ボトルに入れ、滴下筒に適量を満たします。

前吸引の内容や量に応じて、指示書の通りに栄養剤や湯を定量し調合します。必要であれば栄養剤を体温程度に温めます。

注入用ボトルをスタンドにかけ、クレンメを閉じます。この時、栄養チューブの先端が汚れないようにスタンドにかけます。クレンメを操作しやすい位置に動かしクレンメを閉じます。

**手順⑤：栄養剤を用意し注入ボトルに入れ滴下筒に適量を満たす**

◆ 前吸引の内容や量に応じて、指示書の通りに栄養剤や湯を定量し調合する。（必要であれば体温程度に温める）

◆ 注入用ボトルをスタンドにかけ、クレンメを閉じる。
- 栄養チューブの先端が汚れないようにスタンドにかける。
- クレンメを操作しやすい位置に動かしクレンメを閉じる。

◆ 調合した栄養剤を注入ボトルに入れる。

◆ 滴下筒（ドリップチェンバー）を押してその中に栄養剤を適量（1/3～1/2）満たす。

1/3～1/2

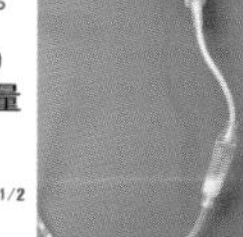

### コラム 経管栄養の物品の消毒について

栄養物を扱う時は、腸管出血性大腸菌O-157や、ノロウイルス、サルモネラ、アデノウイルス、MRSAなど油断すると感染の危険は常にあります。集団生活をしている方々は免疫力が弱いことが多いため感染の危険性が高く、集団感染も起こりやすい環境と言えます。栄養物の中でもミキサー食など、適切な衛生管理下にない施設での２次調理は避けるようにします。気温が高くなる時期は食中毒には気を付ける必要があります。

栄養物の保管や手洗いなど扱い方も重要ですが、物品の不十分な洗浄・消毒は、胃腸への感染だけではなく、肺炎などの原因にもなります。消毒液は、0.0125%の次亜塩素酸ナトリウム（ミルトンの場合80倍希釈）が一般的です。これにより、適切に消毒すれば、病原微生物等は死滅させることができます。

物品の消毒については、いくつかの大切なポイントがあります。

〔ポイント〕

1）しっかり洗浄する：毎回すべてのものを使用直後に洗浄します。汚れが取れていないと確実な消毒効果が得られません。チューブの中も注射器で押し流すなどした上で、最後に流水で２～３度は流します。注射器も内筒と外筒をはずして洗浄します。チューブや注入用バッグで複数回使用して傷が入っていたり、汚れがついて取れなかったり、カビが生えてしまったものなどは感染源につながるため使用しないようにします。

2）消毒薬の濃度は守る：適当に消毒液を目分量で入れるのではなく、計量して希釈します。希釈が薄すぎると効力が減り、濃すぎると製品の劣化や、薬液が残留したり、塩素をまわりの人が吸うことにもつながります。使用する時は、自身の目などに液が飛び散らないように注意します。

3）決まった時間浸ける：消毒するものは、一部分が飛び出してしまわないような大きさの容器を用意します。チューブ類には、中に空気が入ったままであるとその部分が消毒できないため、注射器等でチューブ内にも消毒液を満たすようにします。１時間以上浸けておく必要がありますが、次に使う時まで、浸け続けていてもかまいません。次亜塩素酸ナトリウムによる金属製品の消毒は適しません。

4）蓋のある容器にする：水場に置かれることが多い容器ですが、水場の汚染水が飛んできたり、太陽が当たって薬液が変化しないように、ふたつきの容器を準備します。

参考：キョーリン製薬ミルトンHP: https://milton.jp/nursing/index_top.html 医療関係者向け情報（経管栄養セット：器具・機材の消毒法、ミルトンを効果的に使用いただくために）

調合した栄養剤を注入ボトルに入れます。

滴下筒（ドリップチェンバー）を押してその中に栄養剤を適量（1/3～1/2）満たします。

### 手順⑥：栄養剤を栄養チューブの先端まで満たします。

栄養チューブの先端をきれいなコップや計量カップに入れ、栄養チューブのクレンメを開け、栄養チューブに調合した栄養剤を満たします。

栄養チューブの先端まで栄養剤が満たされたら、栄養チューブのクレンメを閉めます。

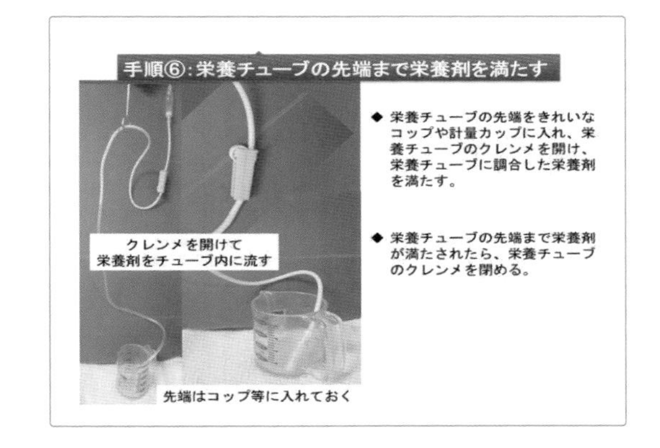


### 手順⑦：栄養チューブと経鼻胃チューブをつなぎます。

栄養剤・水分の内容と量が、本人用のものであるか、その時間の指示内容であるかを再度確認します。

経鼻空腸チューブ（十二指腸チューブ）と経鼻胃チューブの2本が挿入されている場合には、それぞれのチューブへの接続と注入を混同しないようチューブに明示しておくとよいでしょう。

注入中に接続部からの液漏れをおこさないように、接続はしっかり行います。チューブの接続操作の際に、チューブを引っ張らないように注意します。

**手順⑦：栄養チューブと経鼻胃チューブをつなぐ**

- 栄養剤・水分の内容と量が、本人用のものであるか、その時間の指示内容であるかを再度確認する。
- 経鼻空腸チューブ（十二指腸チューブ）と経鼻胃チューブの2本が挿入されている場合には、それぞれのチューブへの接続と注入を混同しないようチューブに明示しておく。
- 注入中に接続部からの液漏れをおこさないように、接続はしっかり行う。
- チューブの接続操作の際に、チューブを引っ張らないように注意する。

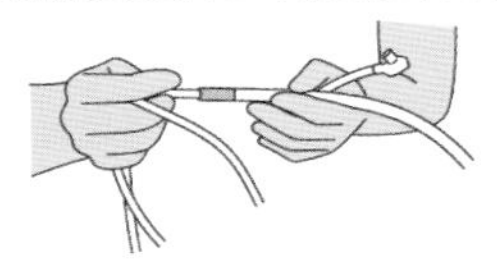

## Ⅱ-50•51

### 手順⑧：クレンメをゆっくりとゆるめて滴下を開始します。

注入を開始することを本人に伝えます。「いただきます」です。

栄養チューブのクレンメをゆっくりゆるめて滴下を開始します。

ドリップチェンバーの滴下で注入速度を調節します。

「1分間に60滴→10秒で10滴→1時間で200ml」「1分間に90滴→10秒で15滴→1時間で300ml」が目安です。

注入開始時刻を記録します。

**手順⑧：クレンメをゆっくりゆるめて滴下する。**

◆ 注入を開始することを本人に伝える。「いただきます」

◆ 栄養チューブのクレンメをゆっくりとゆるめる。

◆ ドリップチェンバーの滴下で注入速度を調節して医師から指示された速度にする。
「1分間に60滴→10秒で10滴→1時間で200ml」
「1分間に90滴→10秒で15滴→1時間で300ml」

◆ 注入開始時刻を記録する。

- 注入の速度が速いと、胃食道逆流による嘔吐や喘鳴・呼吸障害を起こしたり、ダンピング症状（下痢や頻脈）を起こすことがあるので適切な速さで注入する。
- 体位によって注入速度が変わるので体位を整えた後には必ず滴下速度を確認する。

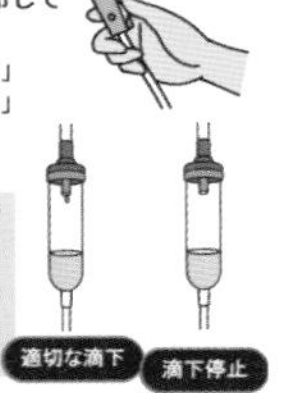

注入の速度が速いと、胃食道逆流による嘔吐や喘鳴・呼吸障害を起こしたり、ダンピング症状（下痢や頻脈）を起こすことがあるので、医師から指示された適切な速さで注入します。体位によって注入速度が変わるので体位を整えた後には、必ず滴下速度を確認しましょう。

## 手順⑨：注入中の状態観察です。

経管栄養法は、栄養剤を接続してしまえば、リスクが少ないと誤解されがちですが、実際は注入の姿勢の管理や、呼吸状態やバイタルサインの変化など、注入開始後の観察が重要です。看護師等に任せきりにすることなく、注入が終了して落ち着くまで、必ず複数の職員で見守ることが必要です。

注入液の滴下速度に注意します。とくに、滴下速度が速すぎて、短時間に多量に入ってしまうと、嘔吐や下痢を引き起こす可能性があり危険です。滴下速度が遅くなったり、止まったりしないようにも気をつけます。

手の使える本人が途中でチューブを抜いてしまうようなことがあれば、チューブの先が食道やのどに上ってきている可能性があるので、注入を直ちに中止し、チューブの位置の再確認が必要です。

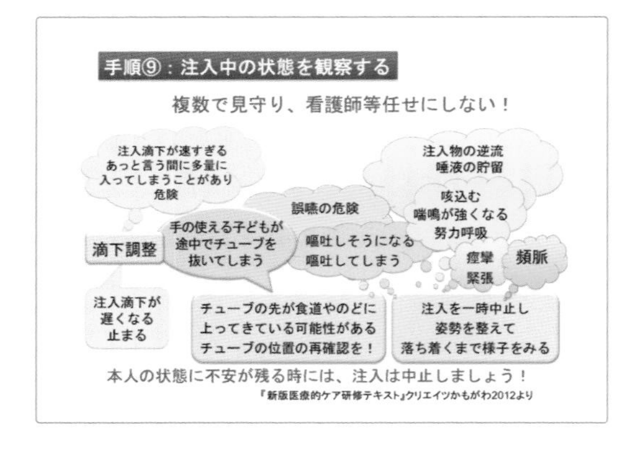


嘔気や嘔吐がみられる時は、逆流物による誤嚥の危険性があります。

注入物の逆流や唾液の貯留によって、咳込んだり、喘鳴が強くなったり、努力呼吸がみられたり、注入中に痙攣や緊張や頻脈が生じる可能性もあります。そのような時には、注入を一時中止し、姿勢を整えて落ち着くまで様子を見ます。

本人の状態に不安が残る時には、注入は中止しましょう。

**Ⅱ-52•53**

## 手順⑩：経鼻胃チューブに白湯を流します。

ボトル内に栄養剤がなくなったら、接続部まで栄養剤が流れるのを待ちます。栄養剤が接続部まで流れてきたら、栄養チューブのクレンメを閉じます。

経鼻胃チューブから栄養チューブを外し、白湯の入ったシリンジを接続し白湯をゆっくり流します。そして経鼻胃チューブの蓋を閉じます。

注入が終了したことを本人に伝えます。「ごちそうさまでした」

手順⑩：終了したら経鼻胃チューブに白湯を流す

◆ボトル内に栄養剤がなくなったら、
接続部まで栄養剤が流れるのを待つ。

◆栄養剤が接続部まで流れてきたら、
栄養チューブのクレンメを閉じる

◆経鼻胃チューブから栄養チューブを外し、
白湯の入ったシリンジを接続し
白湯をゆっくり流す。
経鼻胃チューブの蓋を閉じる。

◆注入が終了したことを本人に伝える。
「ごちそうさまでした」

### 手順⑪：注入後の観察と記録です。

注入終了時刻を記録します。体温、心拍数、酸素飽和度、呼吸や腹部の状態などを観察し記録します。

注入直後は胃が栄養剤で充満しているので胃に入ったものが逆流しないよう、急に体を動かしたり緊張させたりしないよう注意します。

注入終了後からバスに乗るまでの時間は、少なくとも30分、できれば1時間は空けておきたいです。

### 手順⑫：後片付けをします。

細菌汚染防止のために栄養剤は開封後8時間以内に使用し、小分けしたり作り置きして残ったものは再利用しません。使用した注射器や、栄養チューブが接続されたボトルは、お湯を通して栄養剤を洗い流します。汚れが取れない場合はブラシを用いて中性洗剤で洗浄します。

消毒する場合は0.01%次亜塩素酸ナトリウムのミルトン液に漬けて消毒し、流水で十分にすすぎ、乾燥させます。シリンジや栄養チューブは1週間に1回交換します。

**手順⑪：注入後の観察と記録をする**

- 注入終了時刻を記録する
- 体温、心拍数、酸素飽和度、呼吸や腹部の状態などを観察し記録する。
- 注入直後は胃が栄養剤で充満しているので胃に入ったものが逆流しないように、急に体を動かしたり緊張させたりしないよう注意する。
- 注入終了後からバスに乗るまでの時間は、少なくとも30分できれば1時間は空けておきたい。

**手順⑫：後片付けをする**

- 細菌汚染防止のために栄養剤は開封後8時間以内に使用し、小分けしたり作り置きして残ったものは再利用しない。
- 使用した注射器や栄養チューブが接続されたボトルはお湯を通して栄養剤を洗い流す。汚れが取れない場合はブラシを用いて中性洗剤で洗浄する。
- 消毒する場合は0.01%時亜塩素酸ナトリウムのミルトン液に漬けて消毒し、流水で十分にすすぎ、乾燥させる。
- シリンジや栄養チューブは１週間に１回交換する。

コラム

### 「酢水」でカテーテルをきれいに保とう！

経鼻胃チューブ、チューブ型胃ろう、胃ろうボタンの接続チューブなどのカテーテル類の内腔をきれいに保つために、食用酢（約4%）を10倍に希釈した「酢水」をカテーテル内に充填しておく方法があります。酢による静菌効果により、カテーテルの細菌繁殖による汚れを防止し、カテーテル閉塞を防止する効果が期待されます。注入終了後、カテーテルに残っている栄養剤や薬剤を適量の白湯で押し流した後、カテーテル内に10倍に希釈した食用酢を充填しておきます。次に注入を行う時には、適量の白湯で酢水を押し流してから栄養剤や薬剤を注入します。

### チューブ型カテーテルのメリット

胃ろうカテーテルにはチューブ型とボタン型がありますが、在宅医療においてはボタン型が使用されることが圧倒的に多いです。しかし、持続注入をする場合には、接続チューブをボタンに接続し続けることにより、ボタンの逆流防止弁が損傷しやすくなるため、チューブ型胃ろうを使用することがあります。胃ろうからの持続的に脱気をする場合にも、口径が大きく脱気しやすいためチューブ型胃ろうを使用することがあります。また、チューブ型胃ろうのストッパーは円板状になっているため、カテーテルのシャフトを皮膚に対して垂直に保ちやすく、肉芽が生じにくいというメリットがあります。

# 経管栄養の手順―胃ろうからの液体栄養剤滴下注入

ここからは、胃ろうから液体栄養剤を注入する手順を初めから通して説明します。経鼻胃管からの注入と同じ手順内容は説明を省略します。

## Ⅱ-54•55

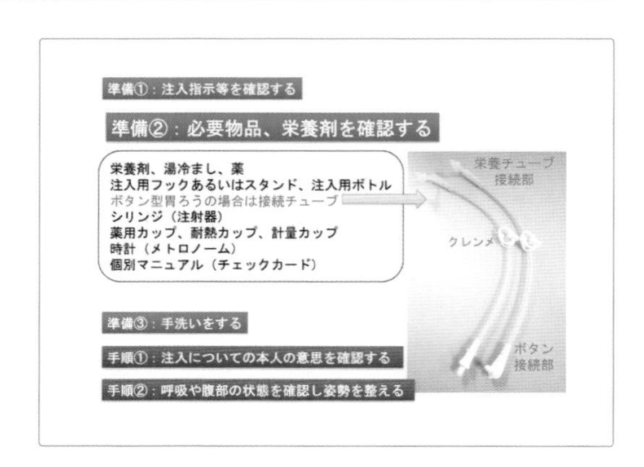

準備①：注入指示等を確認する
準備②：必要物品、栄養剤を確認する
栄養剤、湯冷まし、薬
注入用フックあるいはスタンド、注入用ボトル
ボタン型胃ろうの場合は接続チューブ
シリンジ（注射器）
薬用カップ、耐熱カップ、計量カップ
時計（メトロノーム）
個別マニュアル（チェックカード）
栄養チューブ接続部
クレンメ
ボタン接続部
準備③：手洗いをする
手順①：注入についての本人の意思を確認する
手順②：呼吸や腹部の状態を確認し姿勢を整える


注入の準備を行います。

**準備①：注入の指示を確認します。**

**準備②：必要物品や栄養剤を確認します。**

滴下型栄養注入する場合の物品は経鼻胃管の時と同じ用具を使用しますが、、ボタン型胃ろうの場合には専用の接続チューブが必要です。

**準備③：手洗いをします。**

**手順①：注入についての本人の意思を確認します。**

**手順②：呼吸や腹部の状態を確認し姿勢を整えます。**

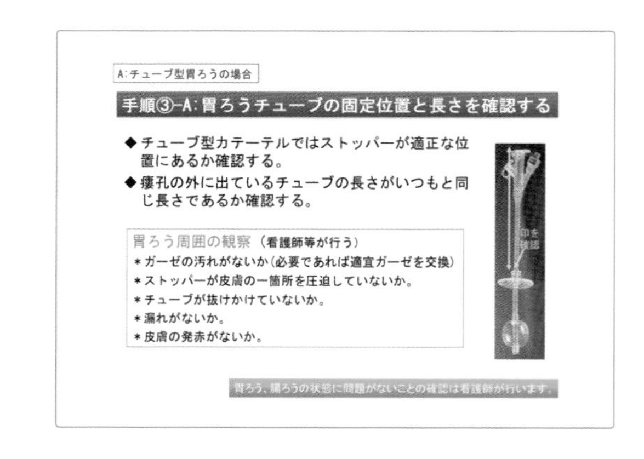

A:チューブ型胃ろうの場合
手順③-A:胃ろうチューブの固定位置と長さを確認する
◆チューブ型カテーテルではストッパーが適正な位置にあるか確認する。
◆瘻孔の外に出ているチューブの長さがいつもと同じ長さであるか確認する。
胃ろう周囲の観察（看護師等が行う）
＊ガーゼの汚れがないか（必要であれば適宜ガーゼを交換）
＊ストッパーが皮膚の一箇所を圧迫していないか。
＊チューブが抜けかけていないか。
＊漏れがないか。
＊皮膚の発赤がないか。
印を確認
胃ろう、腸ろうの状態に問題がないことの確認は看護師が行います。


**手順③−A：チューブ型胃ろうの場合は、胃ろうチューブの固定位置と長さの確認をします。**

ストッパーが適正な位置にあるか確認します。あるいは、瘻孔の外に出ているチューブの長さがいつもと同じ長さであるか確認します。

この時、ガーゼの汚れがないか、ストッパーが皮膚の一か所を圧迫していないか、チューブが抜けかけていたり、漏れがあったり、発赤がないか、など胃ろう周囲の観察を看護師等とともに行います。

## Ⅱ-56•57•58

### 手順③—B：ボタン型胃ろうの場合は、胃ろうボタンと接続チューブを接続します。

接続チューブのクレンメとふたが閉まっていることを確認します。

次に胃ろうボタンと接続チューブの印を正確に合わせて、パチンと手応えがあるまで押し入れます。この操作の時に、胃ろうボタンを横から、親指と人差し指でしっかりはさんで保持し、ボタンが腹部を圧迫しないようにします。

そして接続チューブを3/4回転回し、接続が外れないようにロックします。

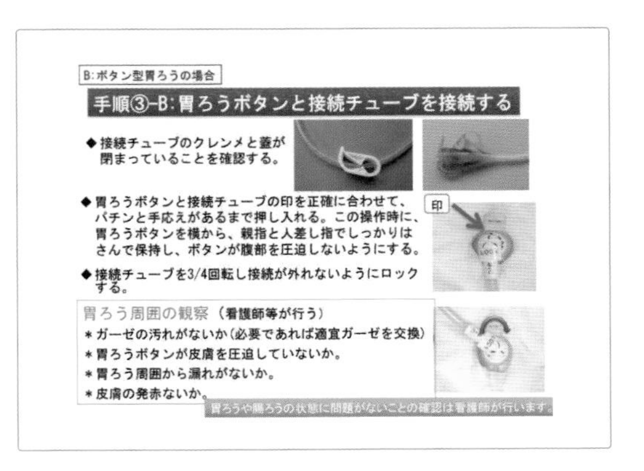


この時、ガーゼの汚れがないか、胃ろうボタンが皮膚を圧迫していないか、漏れがあったり、発赤がないか、など胃ろう周囲の観察を看護師等とともに行います。

### 手順④：注入前の胃内容を確認します。

胃ろうの場合も胃内容の確認は必要です。胃ろうボタンの場合、接続チューブのクレンメを開くことを忘れないでください。

### 手順⑤：栄養剤を用意し注入ボトルに入れ、滴下筒に適量を満たします。

### 手順⑥：栄養チューブの先端まで栄養剤を満たしします。

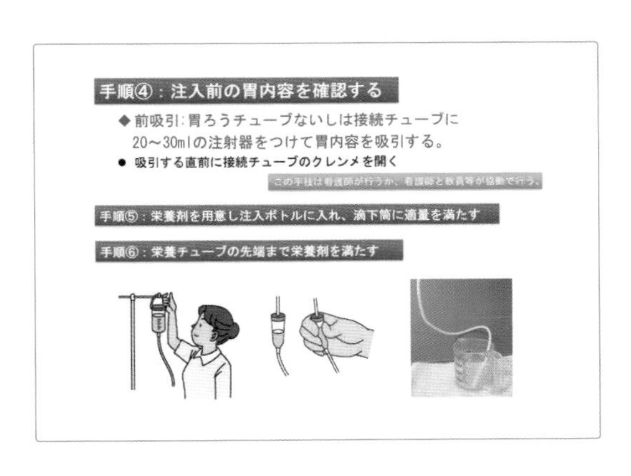

手順④：注入前の胃内容を確認する
◆前吸引：胃ろうチューブないしは接続チューブに20～30mlの注射器をつけて胃内容を吸引する。
●吸引する直前に接続チューブのクレンメを開く
この手技は看護師が行うか、看護師と教員等が協働で行う。
手順⑤：栄養剤を用意し注入ボトルに入れ、滴下筒に適量を満たす
手順⑥：栄養チューブの先端まで栄養剤を満たす


### 手順⑦：胃ろうボタンの接続チューブないしは胃ろうチューブと栄養チューブをつなぎます。

栄養剤・水分の内容と量が本人用のものであるか、その時間の指示内容であるかを再度確認します。

接続チューブをつなぐときにはクレンメを閉じた状態で行います。注入中に接続部からの液漏れを起こさないように、接続はしっかり行います。チューブの接続操作の際に、チューブを引っ張らないように注意します。接続チューブにサイドチューブがある場合、ふたが外れやすいので注意します。

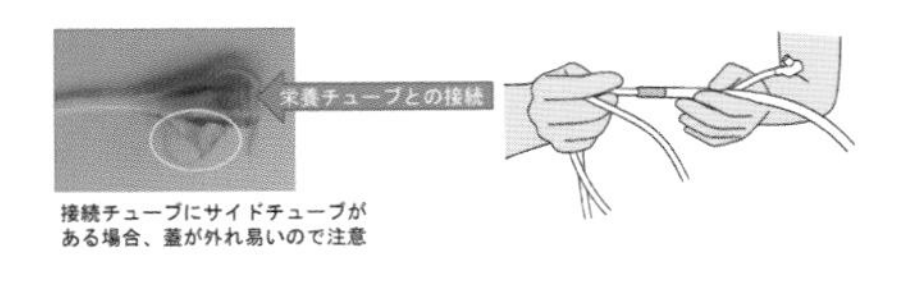

## Ⅱ-59・60・61

### 手順⑧：クレンメをゆっくりゆるめて滴下を開始します。

### 手順⑨：注入中の状態を観察します。

注意すべきポイントは経鼻胃チューブと同様ですが、胃ろう周囲からの液漏れがあることがあります。そのような場合を含め、異常を発見したら、注入を一時中止し、腹部に圧がかからないように姿勢を整えて落ち着くまで様子を見ます。

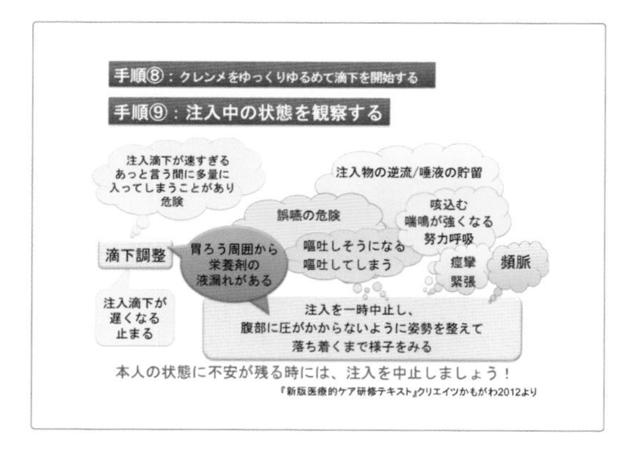


### 手順⑩：注入が終了したらチューブに白湯を流します。

ボトル内に栄養剤がなくなったら、接続部まで栄養剤が流れるのを待ち、栄養剤が接続部まで流れてきたら、栄養チューブのクレンメを閉じます。

注入が終了したことを本人に伝えます。「ごちそうさまでした」

チューブ型胃ろうの場合、胃ろうチューブから栄養チューブを外し、白湯の入ったシリンジを接続し白湯をゆっくり流します。そして胃ろうチューブの蓋を閉じます。

ボタン型の場合は、接続チューブのクレンメを閉じてから、栄養チューブを外し、接続チューブの蓋をします。そして胃ろうボタンから接続チューブを外し、胃ろうボタンの蓋をします。この時も、胃ろうボタンを片手の親指と人差し指でしっかり保持しながら、接続チューブを矢印方向に黒色線まで戻してはずします。

**手順⑩：注入が終了したらチューブに白湯を流す**

- ボトル内に栄養剤がなくなったら、接続部まで栄養剤が流れるのを待つ。
栄養剤が接続部まで流れてきたら、栄養チューブのクレンメを閉じる。
- 注入が終了したことを本人に伝える「ごちそうさまでした」
- チューブ型胃ろうの場合、
胃ろうチューブから栄養チューブを外し、
白湯の入ったシリンジを接続し白湯をゆっくり流す。
胃ろうチューブの蓋を閉じる。
- ボタン型の場合、接続チューブのクレンメを閉じてから、
栄養チューブを外し、接続チューブの蓋をする。
胃ろうボタンから接続チューブを外し、胃ろうボタンの蓋をする。

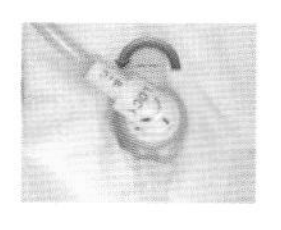

胃ろうボタンを
片手の親指と人差し指で
しっかり保持しながら、
接続チューブを矢印方向
に黒色線まで戻してはずす。

### 手順⑪：注入後の観察と記録をします。

### 手順⑫：後片付けをします。

胃ろうボタンの交換は通常1～6か月ごとですが、蓋が自然に開いてしまう、蓋を開けるとカテーテル内部から液漏れする、接続チューブがロックされない、接続チューブが自然に外れてしまう、バルーン水が抜けてしまうといった場合は、劣化や不良品の可能性があるため、早めに交換してもらうとよいでしょう。

**手順⑪：注入後の観察と記録をする**

経鼻胃管からの経管栄養と同様

**手順⑫：後片付けをする**

経鼻胃管からの経管栄養と同様

胃ろうボタンの交換は通常3～6か月ごとだが、下記のような場合は劣化や不良品の可能性があるため、早めに交換してもらうとよい。

- 蓋が自然に開いてしまう（蓋の劣化）
- 蓋を開けるとカテーテル内部から液漏れする（逆流防止弁の劣化）
- 接続チューブがロックされない（ボタンの劣化・不良）
- 接続チューブが自然に外れてしまう（ボタンの劣化・不良）
- バルーン水が抜けてしまう（バルーンやシャフトの劣化）

## コラム 経腸栄養の誤接続防止コネクタの導入について

経腸栄養誤接続防止コネクタ

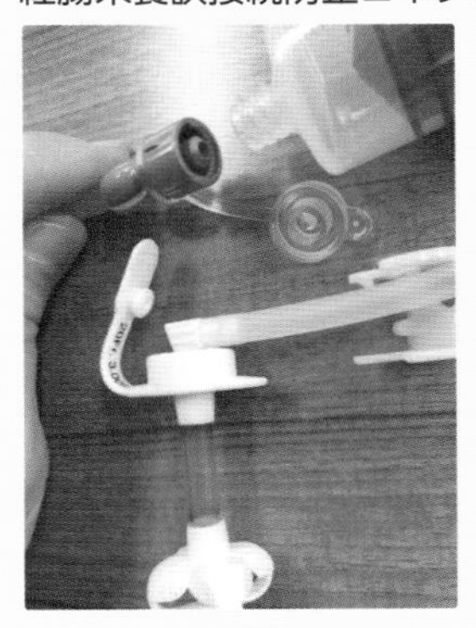

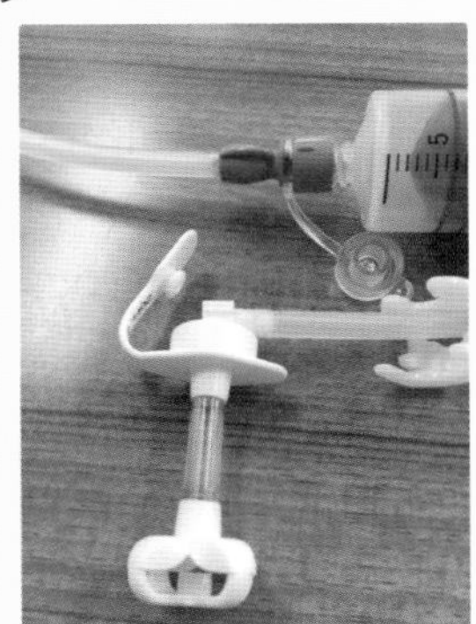

### チューブが外れる事故は防げるが……

医療機器の接続に使用されるコネクタの誤接続による事故防止に向けたコネクタの国際規格制定が進められ、経腸栄養分野では2019年12月から新たな国際規格の導入を開始、既存規格接続コネクタは廃止され、旧規格製品の供給出荷を2021年11月末に終了するとされました。

新規格のコネクタは接続部分にスクリュー式（ネジ）のロック機能がついており、接続チューブやカテーテルチップも接続部の形状が変更されています。これらを繋ぐ場合、ネジの部分を回して締める必要がありますが、これにより注入中にチューブが外れてしまう事故を防ぐことができます。

### 詰まるリスク、汚染の危険性が増える

一方で新規格のコネクタは、従来のものと比べ接続部分の口径が非常に小さくなっており、経腸栄養剤の注入であれば大きな問題はありませんが、自宅でミキサー食等を注入されている方の場合、接続部で注入食が詰まってしまうリスクがあります。従来の広口タイプのカテーテルチップもアダプターを使用すれば新規格コネクタに繋ぐことは可能ですが、接続部の口径が小さいことには変わりなく詰まってしまうリスクは残ります。また、接続する部品が増えることで、接続部に食品等が残り汚染の危険性が増すことも考えられます。

### 存続の署名や要望で1年は延長

さらにそもそも今まで必要ではなかった「繋いでネジを回して止める」作業の繰り返しにより、注入にかかる手間と時間が余計にかかり、家族や介護者の負担が増してしまうことから、ミキサー食を続けていくことが困難になってしまうケースも出てくるのではとの懸念が広がりました。

こうした新規格コネクタへの不安から、従来規格のコネクタも継続して利用ができるようにして欲しいとの声が家族や関係者から上がり、存続のための署名活動や関係団体からの要望活動が行われました。これらを受け厚生労働省は、旧規格品の出荷の終了を当初予定より1年延長し、2022年11月末迄とする通知を出しています。一方で新規格コネクタへの切り替えは始まっており、私が身体介護で関わっている方の注入でも実際に使用しています。

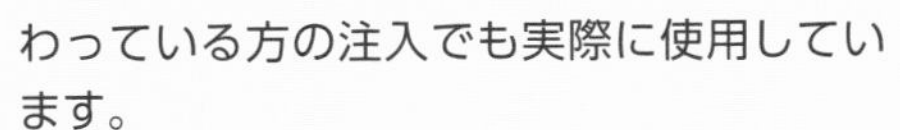

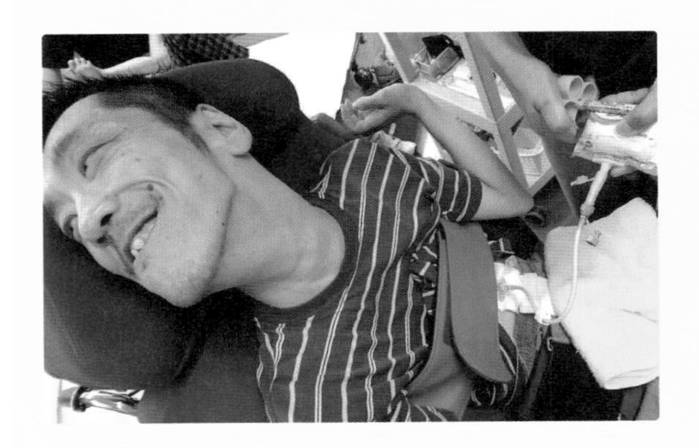

### ご本人、家族にとって、最も良い解決策を

経管での注入は、自宅で日々生活をされている方々にとって「毎日の食事」です。医療的な視点のみからではなく、自宅で健康に楽しく暮らしていくための生活支援として捉え、ご本人はもちろん、ご家族にとっても、最も良い解決策を今後も探っていただきたいと思っています。（o）

# 半固形化栄養剤の短時間注入

ここからは半固形化栄養剤を短時間で注入する手順について説明します。
ミキサー食注入を含む半固形化栄養剤は原則、胃ろうカテーテルから注入します。

## Ⅱ-62•63

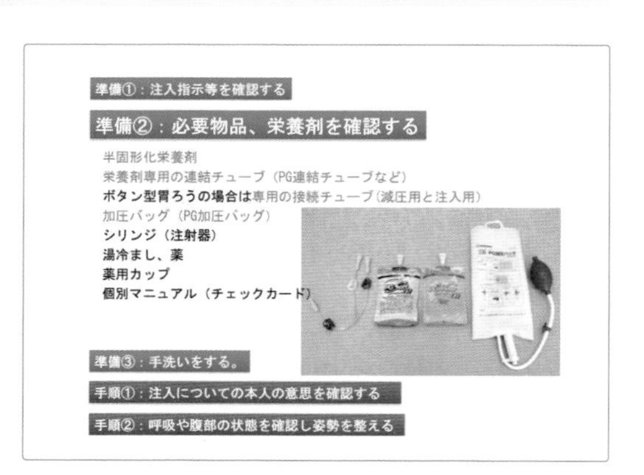


### 準備①：注入の指示を確認します。

### 準備②：必要物品や栄養剤を確認します。

半固形化栄養剤のバッグを直接胃ろうカテーテルに接続するためには専用連結チューブが必要です。シリンジではなく加圧バッグを使用する場合もあります。

### 手順①：注入についての本人の意思を確認します。

### 手順②：呼吸や腹部の状態を確認し姿勢を整えます。

### 手順③－A・B：

チューブ型の胃ろうの場合は、胃ろうチューブの固定位置と長さを確認し、ボタン型の胃ろうの場合は、胃ろうボタンと接続チューブを接続します。

手順③-A：胃ろうチューブの固定位置と長さを確認する
手順③-B：胃ろうボタンと接続チューブを接続する
手順④：注入前の胃内容を確認する
手順⑤：半固形化栄養剤の準備
● 半固形化栄養剤先端の硬化した部分を少し破棄する。
手順⑥：半固形化栄養剤の連結チューブの準備
● 半固形化栄養剤専用の連結チューブを栄養剤バッグに接続する。
● チューブ内に空気が入らないように半固形化栄養剤を満たす。

### 手順④：注入前の胃内容を確認します。

### 手順⑤：半固形化栄養剤を準備します。

半固形化栄養剤先端の硬化した部分を少し破棄して、半固形化栄養剤の準備をします。

### 手順⑥：半固形化栄養剤専用の連結チューブを準備します。

半固形化栄養剤専用の連結チューブを栄養剤バッグに接続します。チューブ内に空気が入らないように半固形化栄養剤を満たします。

**Ⅱ-64•65**

手順⑦：接続チューブ ないしは 胃ろうチューブと半固形化栄養剤の連結部を接続する

◆ ボタン型胃ろうでは、ボーラスタイプの接続チューブ（垂直で太いタイプ）に変更し、3/4回転させてロックする。
◆ 注入中に接続部からの液漏れを起こさないように、接続はしっかり行う。
◆ 接続操作の際に、胃ろうチューブや接続チューブを引っ張らないように注意する。

手順⑧：半固形化栄養剤を加圧バッグで注入する

◆ 加圧バッグに半固形化栄養剤バッグをセットし、送気球で加圧バッグの圧を150mmHg以上300mmHg以下に調整し加圧する。300mmHgで注入できないときは注入を中止する。
◆ 加圧バッグを使用せずに、栄養剤のバッグを両手で絞り込むようにして300〜600mlを５〜15分程度の時間で注入する方法もある。
◆ 小児では半固形化栄養剤をカテーテルチップシリンジに吸い上げてから、シリンジを手で押して注入することもある。

## 手順⑦：接続チューブないしは胃ろうチューブと半固形化栄養剤の連結部を接続します。

ボタン型胃ろうでは、ボーラスタイプの接続チューブ（垂直で太いタイプ）に変更し、3/4回転させてロックします。注入中に接続部からの液漏れを起こさないように、接続はしっかり行います。接続操作の際に、胃ろうチューブや接続チューブを引っ張らないように注意します。

## 手順⑧：半固形化栄養剤を加圧バッグで注入します。

加圧バッグに半固形化栄養剤バッグをセットし、送気球で加圧バッグの圧を150mmHg以上300mmHg以下に調整し加圧します。300mmHgで注入できない時は注入を中止します。加圧バックを使用せずに、栄養剤のバッグを両手で絞り込むようにして５～15分程度の時間で注入する方法もあります。小児では半固形化栄養剤をカテーテルチップシリンジに吸い上げてから、シリンジを手で押して注入することもあります。

この時、栄養剤・水分の内容と量が、本人用のものであるか、その時間の指示内容であるかを再度確認します。

空腸チューブ（十二指腸チューブ）と胃チューブの２本が挿入されている場合には、それぞれのチューブへの接続と注入を混同しないようチューブに明示しておくとよいでしょう。

注入中に接続部からの液漏れを起こさないように、接続はしっかり行います

チューブの接続操作の際に、チューブを引っ張らないように注意します。

手順⑨：注入終了時の手順

◆ 栄養剤バッグが平らになったら、加圧バックから取り出し、残りを用手的にねじって注入する。
◆ 半固形化水ゼリーの指示がある場合は、同じ要領でひきつづき加圧バックで注入する。

【チューブ型胃ろうの場合】
●胃ろうチューブから半固形化栄養剤バッグの連結部を外す。
●白湯や水ゼリーの入ったシリンジを接続して、カテーテル内に充填し、細菌の増殖を予防する。

【ボタン型胃ろうの場合】
● 接続チューブのクレンメを閉じてから、半固形化栄養剤バッグの連結部を外し、接続チューブの蓋をする。
● 胃ろうボタンから接続チューブを外し胃ろうボタンの蓋をする。

手順⑩：瘻孔部の観察と処置

◆ 瘻孔周囲への栄養剤の漏れがないか観察し、必要があれば新しいガーゼやこよりティッシュに交換する。

## 手順⑨：注入終了時の手順です。

栄養剤バッグが平らになったら、加圧バッグから取り出し、残りを用手的にねじって注入します。半固形化水ゼリーの指示がある場合は、同じ要領で引き続き加圧バッグで注入します。

チューブ型胃ろうの場合は、胃ろうチューブから半固形化栄養剤バッグの連結部を外し、白湯や水ゼリーの入ったシリンジを接続して、カテーテル内に充填し、細菌の増殖を予防します。

ボタン型胃ろうの場合は、接続チューブのクレンメを閉じてから、半固形化栄養剤バッグの連結部を外し、接続チューブの蓋をします。胃ろうボタンから接続チューブを外し胃ろうボタンの蓋をします。

## 手順⑩：瘻孔部の観察と処置

瘻孔周囲への栄養剤の漏れがないか観察

し、必要があれば新しいガーゼやこよりティッシュに交換します。

## II-66

# 胃ろうからのミキサー食注入の手順

◆接続チューブ

[食事用胃ろうチューブ]

- 胃ろうの接続チューブはボーラスタイプ（垂直で太いタイプ）を使用。
- 接続の方法は滴下注入用チューブと同様に3/4回転させてロックする。

◆注入方法

- ミキサー食の温度は常温～人肌程度。シリンジで吸い上げることができる程度に水分（スープや牛乳）で薄めたり、増粘剤でとろみをつけて、ミキサー食の粘度を調節する。
- おかずごとにメニューを確認しながら、30～50ccのカテーテルチップシリンジで量を測りながらミキサー食を吸い上げる。
- 利用者の様子を見ながらゆっくり（50ccを30秒程度の速度で）注入する。２～３分の間隔を空けて、必要なだけ繰り返す。

胃ろうからのミキサー食注入の手順について補足します。胃ろうの接続チューブはボーラスタイプ（垂直で太いタイプ）を使用します。接続の方法は滴下注入用チューブと同様に3/4回転させてロックします。

ミキサー食の温度は常温～人肌程度にします。シリンジで吸い上げることができる程度に水分（スープや牛乳）で薄めたり、増粘剤でとろみをつけて、ミキサー食の粘度を調節します。おかずごとにメニューを確認しながら、30～50ccのカテーテルチップシリンジで量を測りながらミキサー食を吸い上げます。様子を見ながらゆっくり（50ccを30秒程度の速度で）注入します。２～３分の間隔を空けて、必要なだけ繰り返します。

## II-67

# 胃ろうからのミキサー食注入のポイント

◆注入時の注意

- 接続チューブとカテーテルチップシリンジの接続部分に圧がかかることで、接続が外れてミキサー食がはじけ飛んでしまうことがあるので、しっかりと両手で持って注入する。

ここをしっかり押さえないとはじけます。

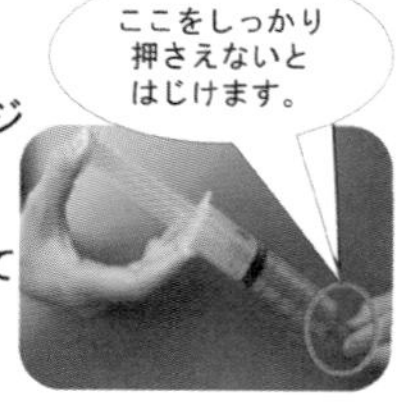

- 終了後は水かお茶を10cc以上注入し、その後は空気を10cc程流す（空気を流すことで接続チューブを胃ろうから外した時の水の滴りが防げる）。

胃ろうからのミキサー食注入のポイントについて補足します。接続チューブとカテーテルチップシリンジの接続部分に圧がかかることで、接続が外れてミキサー食がはじけ飛んでしまうことがあるので、しっかりと両手で持って注入します。

終了後は水かお茶を10cc以上注入し、その後は空気を10ccほど流します。空気を流すことで接続チューブを胃ろうから外した時の水の滴りが防げます。

## 薬液注入時の手順

薬液を注入する時の手順について説明します。

### Ⅱ-68 薬の注入時の手順

①「薬の内容（種類と数）」が指示書と同じであることを確認。
②薬溶解用のコップに薬を入れ、白湯で十分に溶解する。
③溶解した薬をシリンジ内に吸い上げ、コップ内に後押し用の白湯を入れておく。
④シリンジをしっかりチューブに接続し、シリンジの先に薬が詰まらないように、薬がシリンジ内に残らないように、シリンジを振りながら注入する。

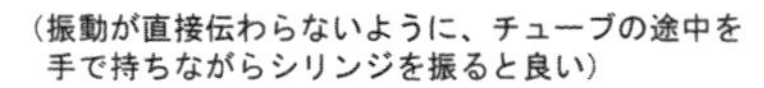
（振動が直接伝わらないように、チューブの途中を手で持ちながらシリンジを振ると良い）

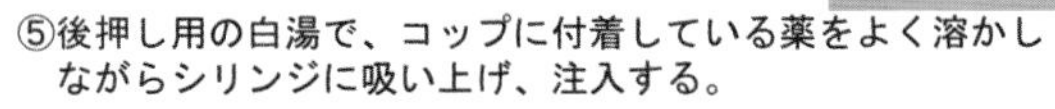
⑤後押し用の白湯で、コップに付着している薬をよく溶かしながらシリンジに吸い上げ、注入する。

この手技は看護師が行うか、看護師と教員等が協働で行う。

薬の注入時の手順は、①「薬の内容（種類と数）」が指示書と同じであることを確認します。②薬溶解用のコップに薬を入れ、白湯で十分に溶解します。③溶解した薬をシリンジ内に吸い上げ、コップ内にフラッシュ用の白湯を入れておきます。④シリンジをしっかりチューブに接続し、シリンジの先に薬が詰まらないように、薬がシリンジ内に残らないように、シリンジを振りながら注入します。この時、振動が直接伝わらないように、チューブの途中を手で持ちながらシリンジを振るとよいです。⑤後押し用の白湯で、コップに付着している薬をよく溶かしながらシリンジに吸い上げ、注入します。これらの手技は看護師が行うか、看護師と介護職員等が協働で行います。

#### コラム ミキサー食注入と食物アレルギー

乳児期から経管栄養を行い、ミルクや経管栄養剤を注入していたお子さんが、胃ろう造設を機にミキサー食注入を開始することがあります。この時、生まれて始めて注入する食材で、いきなり食物アレルギー反応を起こすことがまれにあります。

また、念のためにミキサー食注入を開始する前に、血中の抗原特異的IgE抗体を検査すると、摂取したこともない食材に陽性反応が出ることがあります。しかし、抗原特異的IgE抗体陽性の食材であっても必ずしもアレルギー反応が出るとは限りません。逆に抗原特異的IgE抗体陰性の食材であってもアレルギー反応が出ることがあります。そのため抗原特異的IgE抗体検査を行うことに関しては意見が分かれています。

いずれにせよ、ミキサー食注入を開始する場合には、健常な赤ちゃんが離乳食を進める場合と同様に、限られた食材を少量ずつ摂取して、アレルギー反応の有無に注意しながら、食材の種類や摂取量を徐々に増やしていく必要があります。

II-69

# 詰まりやすい薬を注入する時の配慮

◆ 薬の溶解方法
- 溶解する白湯の温度を高め（55℃前後）にする。
- 十分な白湯の量（20ml程度）で溶解する。
- 白湯に溶解してから時間（10分程度）を置く。
- 錠剤は先に粉砕してから白湯に浸し溶解する。

◆ 薬液の注入方法
- 薬剤がシリンジ内に沈殿しないように速やかに注入する。
- 薬液注入の後は十分量の押し水を入れて、チューブ内で栄養剤と薬液が接しないようにする。

◆ 薬剤の剤型やカテーテルの変更
- 溶けやすい剤型（水薬・散剤など）に変更してもらう。
- 胃ろうカテーテルや経鼻チューブのサイズを太くしてもらう。

詰まりやすい薬を注入する時の配慮について説明します。

薬の溶解方法は、溶解する白湯の温度を高め（55℃前後）にする、十分な白湯の量（20ml程度）で溶解する、白湯に溶解してから時間（10分程度）を置く、錠剤は先に粉砕してから白湯に浸し溶解する、などの配慮が必要です。

薬液の注入方法は、薬剤がシリンジ内に沈殿しないように速やかに注入する。薬液注入の後は十分量の押し水を入れて、チューブ内で栄養剤と薬液が接しないようにする、などの配慮をします。

また、溶けやすい剤型（水薬・散剤など）に変更してもらう、胃ろうカテーテルや経鼻チューブのサイズを太くしてもらう、などを主治医に検討してもらいましょう。

### 意外にむずかしい薬の注入

栄養剤の注入手技そのものは、それほどむずかしいことではありませんが、薬をチューブに詰まらせないように注入することは、意外に技術を要します。医療機関においても、注入カテーテルを内服薬で閉塞させてしまうというトラブルは意外に多いものです。

内服薬によるカテーテルの閉塞が生じた場合、閉塞したカテーテルを交換しなければならないという大きな負担が生じます。経鼻胃チューブにしても胃ろうカテーテルにしても、交換用カテーテルと交換できる人がいないと入れ替えることはできません。それまでの間、水分も栄養剤も注入することができなくなります。さらに、経鼻空腸チューブや腸ろうの場合は、医療機関で透視下に交換する必要があり、家族にとっても本人にとっても大きな負担になります。さらに、必要な内服薬をその時間に注入できないことにもなり、それはまた重要な問題です。

薬を詰まらせることなく注入するコツについては、スライドII-213に記載しています。

薬の溶解方法に関しては、単に手間と時間をかけるのでなく、それぞれの薬に合わせた溶解方法をそれぞれ工夫してみてください。

薬液の注入方法に関しては、慎重にゆっくり注入するとかえって薬剤がカテーテル内に沈殿してしまいますので、経験を重ねて速さの加減と注入方法のコツを体得してください。また、栄養剤と薬液がカテーテルの中で混ざり合って固まることがないように、薬液注入の前後に少量の白湯を注入することも忘れないでください。

剤型やカテーテルの変更に関しては、家族や主治医の理解と協力が必要になります。医療機関以外の場所で薬がカテーテルに詰まってしまうと、前述したように利用者に大きな負担が生じます。実施者の努力だけでなく、関係者の理解と協力を求めていきましょう。

# 講義 Ⅲ

- たんの吸引等を必要とする重度障害児者等の障害および支援、緊急時の対応および危険防止に関する講義
- たんの吸引に関する演習

# 1 呼吸について

呼吸について学びましょう。

## Ⅲ-1 呼吸とは

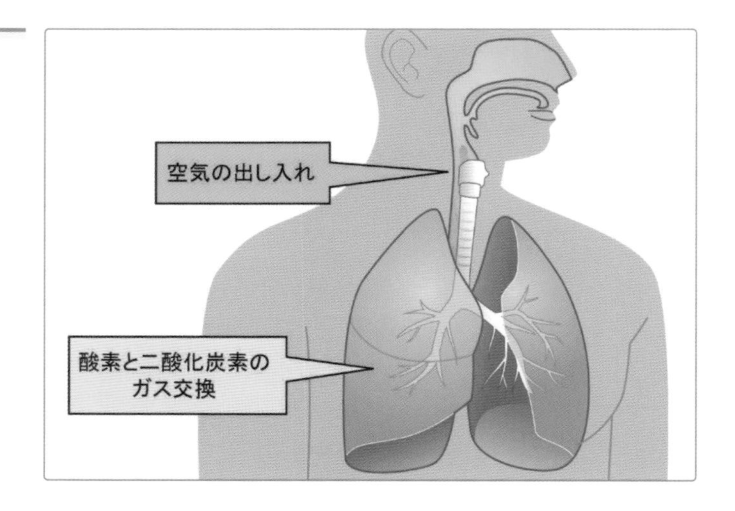


呼吸とは、口や鼻から空気を肺に吸い込み、肺で酸素と二酸化炭素のガス交換を行い、その後また口や鼻から空気を吐き出す、毎日私たちが日々休むことなく行っている生命維持のための大事な営みです。

## Ⅲ-2 呼吸運動

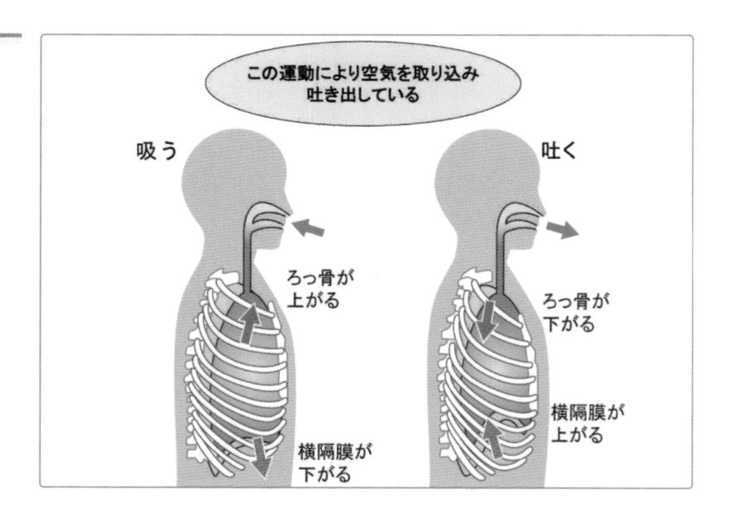


このように空気を吸ったり、吐いたりする換気を行うには、肺を取り囲んでいる胸郭(きょうかく)、つまり肺のまわりの筋肉や骨の呼吸運動が必要になります。

みなさんの呼吸を振り返ってみてください。吸ったり、吐いたりしている時には、横隔膜が上下に動き、胸も上がったり下がったりしているのがわかります。このような呼吸運動は、生まれてからずっと無意識のうちに行ってきました。

では、意識して、胸や横隔膜を動かないようにしてみてください。息ができませんね。

呼吸運動は意識して動かすほかに、脳からの指令により自動的に調整されています。ですから眠っていても呼吸は保たれています。

しかし、この呼吸運動をするための、筋肉や骨、脳から指令を出す神経などが障害されると呼吸ができなくなってしまいます。

Ⅲ-3

## 呼吸器官の名前

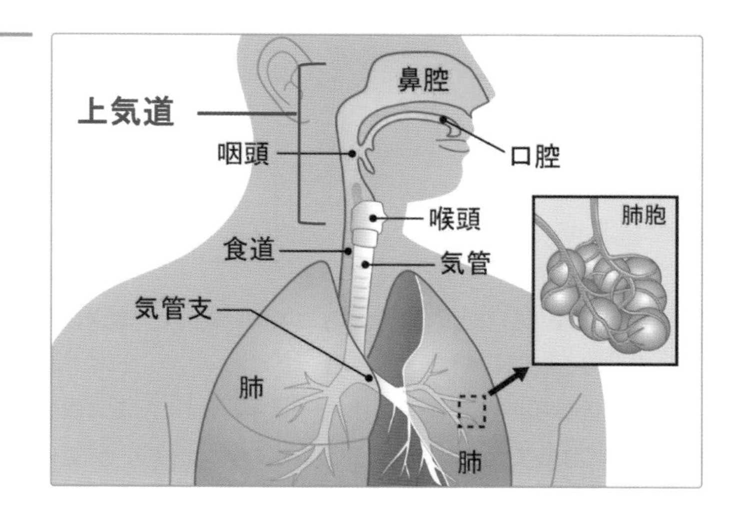


呼吸のはたらきに関係する体の部位を「呼吸器官」といいます。

のどは「咽頭（いんとう）」と、その下の「喉頭（こうとう）」に分かれます。図のように、鼻腔（びくう）や口腔（こうくう）から入った空気は「咽頭」を通り、そこから食道と気管の分かれ道部分である「喉頭」に流れます。

喉頭の入り口には喉頭蓋（がい）という蓋（ふた）のようなものがあり、食べ物が通るときには、それが完全な蓋（ふた）というより傘の役割をして気管に食べ物が入ることをある程度防いでいます。喉頭から気管に流れた空気は、胸の真ん中あたりで左右の「気管支」に分かれます。分かれた気管支により左右の「肺」に空気が入り、最終的には気管支が枝分かれを繰り返して最後につながる「肺胞（はいほう）」でガス交換が行われます。

図からわかるように、鼻腔と口腔から咽頭までの部分は狭くて曲がっています。また、鼻腔の奥には細い血管がたくさんありますので、吸引などで管を入れる時には気をつけながら行う必要があります。

コラム **しっかり観察**

口腔から見える範囲はどこまででしょう。「アーン」と口を開けて、光をあてて見える範囲は「咽頭壁」までです。子どもの場合は両側に扁桃が見えます（喘鳴の原因になることが多い喉頭以下の深さは「喉頭鏡」でないと実見できません）。どの部分に喘鳴の原因があるかは、聴診器による聴診で体表から推測できます。咽頭で見える範囲では、感染症によって壁が発赤したり、扁桃に膿栓（うみ）がついたりしていると、体調不良の原因にもなります。

「呼吸状態」の把握は77ページに書かれていますが、機器類でデータを集めることが大切ではなく、日常的な支援者が表情や呼吸状態を目で見て、耳で音を聴いて、まずはしっかり観察するところから支援は始まります(S)。

## Ⅲ-4

# 重い障害のある人の呼吸障害の要因1

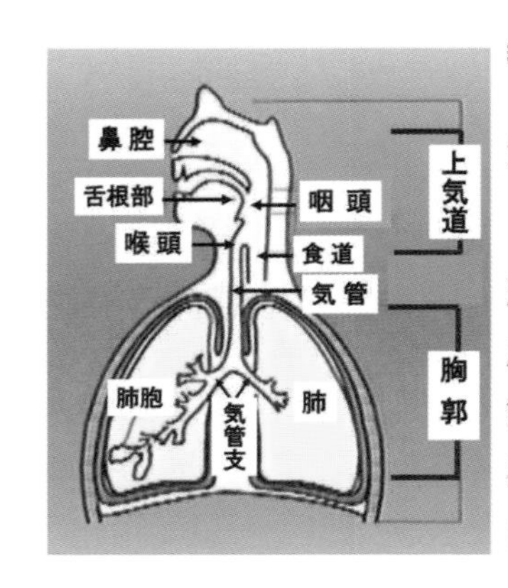


呼吸中枢機能障害
（一次性、二次性）
気道狭窄
機能的狭窄・構造的狭窄
上気道・気管・気管支
肺疾患
胸郭呼吸運動障害
誤嚥、分泌物貯留
感染、アレルギー
胃食道逆流症

重症の脳性まひなどの障害のある人の呼吸障害の要因を説明します。

呼吸運動は脳幹部の延髄にある呼吸中枢からの指令によって行われます。呼吸中枢の異常により呼吸が低下し、換気が少なくなる状態を中枢性低換気と言います。重度の仮死などによる脳幹部の神経細胞のダメージによって、初期から呼吸中枢機能の障害がある一次性の呼吸中枢障害と、気道狭窄などの呼吸障害により低酸素症や高炭酸ガス血症となり、その状態に慣れてしまい呼吸中枢の感度や指令が低下してくる二次性の呼吸中枢機能障害とがあります。

気道の狭窄、肺そのものの問題、胸郭呼吸運動の障害など、呼吸器官の障害に加えて、誤嚥や分泌物の貯留が呼吸を悪化させます。また、重い脳性まひで合併することの多い胃食道逆流症によって、胃から逆流してきた胃液がのどや肺に入って呼吸の障害を起こすこともあります。

## Ⅲ-5

# 重い障害のある人の呼吸障害の要因2

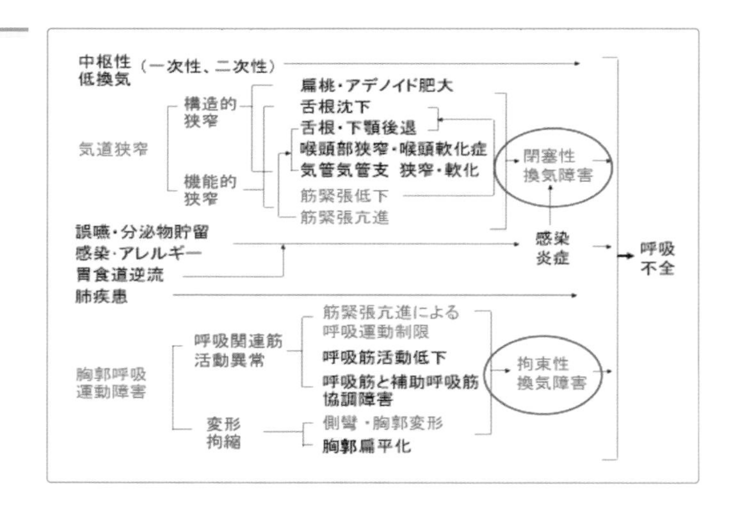


これらの要因について詳しく整理したのがこのスライドです。

重い脳性まひやその周辺の疾患による障害では、気道の狭窄による「閉塞性換気障害」と、胸郭の変形や動きの制限による「拘束性の換気障害」が合わさっていることが多く、これに他の要因が重なって呼吸状態が悪くなります。

Ⅲ-6

# 呼吸状態の把握

・喘鳴　狭窄性（ガーガー、カーッカーッ、グーグー、
　　　　ゼーゼー、ヒューヒュー）
　　　貯留性（ゼロゼロ、ゼコゼコ、ゴロゴロ、ズーズー）
　　　吸気時優位か呼気時優位か
　　　覚醒時優位か睡眠時優位か
・呼吸が速く浅くなる（呼吸数の増加）
・陥没呼吸・努力呼吸、閉塞性無呼吸
　胸骨上部や肋骨下が陥没
　下顎呼吸、鼻翼呼吸
・口唇・爪チアノーゼ
・心拍（脈拍）数が速くなる
・意識混濁、顔色不良、酸素飽和度（$SpO_2$）低下

呼吸に異常がある時の状態、症状を整理して述べます。

呼吸に伴って出る音である喘鳴（ぜんめい、ぜいめい）には、分泌物（唾液、鼻汁、たん）や、食物・水分が気道にたまって生じる貯留性の喘鳴（ゼロゼロ、ゼコゼコ、ゴロゴロ、ズーズー）と、気道の狭窄による狭窄性の喘鳴（ガーガー、カーッカーッ、ゴーゴー、グーグー、ゼーゼー、ヒューヒュー）があります。喘鳴が、狭窄性か貯留性かどうか、狭窄性喘鳴の場合には音の種類や出方（吸気時に強いか呼気時に強いか、覚醒時に強いか睡眠時に強いか）によって、呼吸障害の種類や部位が、ある程度は判断できます。

呼吸が速く浅くなりがちな場合は、一回での換気量が減少しており、必要な酸素量を摂取するために呼吸回数を増すことで代償しています。

陥没呼吸や一生懸命に呼吸をしようとして肩も動かす肩呼吸、努力呼吸となりがちで、呼吸がさらに余裕がないと、鼻翼呼吸・下顎呼吸を呈します。

陥没呼吸とは、息を吸おうとして横隔膜などが動いてもそれに見合う量の空気が肺に入っていかないと、息を吸う時に、胸骨上部（のど仏の下の部分）や、肋骨の間などの、体の表面が凹む状態で、胸骨の上の部分の陥没は、服を着た状態でも、のどの下の部分の陥没として観察することができます。

鼻翼呼吸は息を吸う時に鼻孔を拡大させる状態、下顎呼吸は息を吸う時に下顎を下げる状態です。

どちらも、息を多く吸い込もうとする努力呼吸の一つです。

酸素不足の程度が強くなると口唇・爪のチアノーゼを呈し、最終的には、重度の低酸素症や炭酸ガス（二酸化炭素）の貯留による意識障害につながり、命にかかわる状態となってきます。

チアノーゼは、酸素と結びついていない赤血球中のヘモグロビンが増加した時に口唇、舌などが紫色になることです。酸素飽和度が70～85%でチアノーゼを時に認め、70%以下では確実に認めます。ただし、血液の循環が悪い時（プールに入った後や発熱で手足が冷たい時など）に出る末梢性チアノーゼは酸素不足によるものではなく、温められることなどにより血液循環が良くなると改善します。

Ⅲ-7

# 呼吸数

● 正常値は年齢によって変化
成人：16～20回／分
学童：20～25回／分
幼児：20～35回／分（胸式呼吸）
乳児：30～40回／分（腹式呼吸）

●日頃の呼吸数の変動を知っておき、通常と異なる場合は、注意が必要。

呼吸数の正常値は年齢によって変化しますし、個人によって異なります。日頃の呼吸数の変動を知っておき、通常と異なる場合は、注意が必要です。

Ⅲ-8

# 慢性的な呼吸障害の時の症状

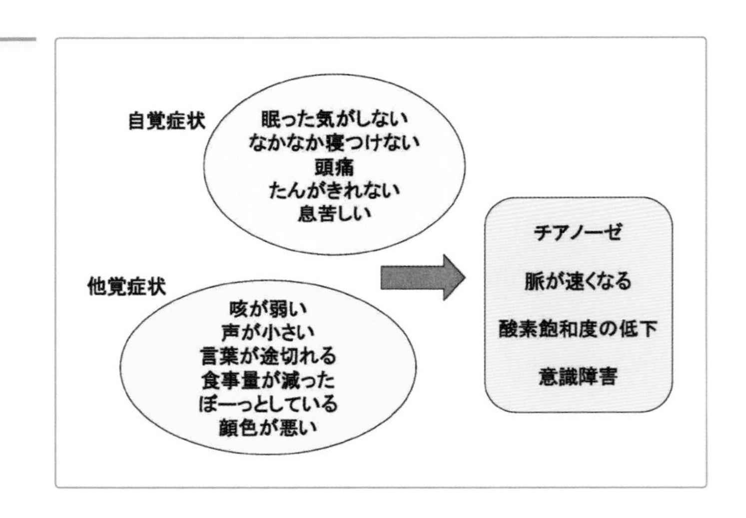


呼吸障害が徐々に進んでいく場合の症状はどうでしょうか。だんだん呼吸する筋力が落ちて呼吸が弱くなっていっている場合、本人はその状態に慣れてしまい、呼吸障害がかなり進行するまで気がつかないことがあります。

このように慢性的な呼吸障害の自覚症状としては、眠った気がしない、なかなか寝つけない、酸素不足のために頭痛がする、咳払いができにくくなりたんがきれない、息苦しいといった自覚症状があります。

他者から見て、以前に比べ咳が弱くなった、声が小さくなった、言葉が途切れるようになった、食事量が減った、ぼーっとしていることが多くなった、顔色がすぐれないなどの様子が見られます。

症状がさらに進行すると、顔や唇、指の爪が紫色っぽくなるチアノーゼが出たり、脈が速くなったり、（血中）酸素飽和度が低下したり、そして意識障害まできたすようになります。

Ⅲ-9

## 呼吸障害と医療対応（一般）

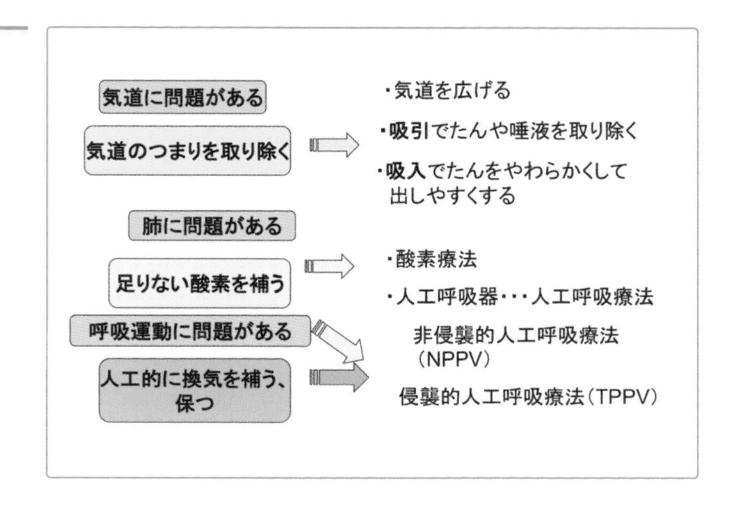


呼吸障害が起きた時の一般的な医療的な対応がこのスライドに示されています。

肺の問題の悪化や呼吸運動ができないなどで換気が弱くなっている時には、酸素療法をまず行いますが、高炭酸ガス血症が進んで来た時には器械で換気を助けるために「人工呼吸器による療法」が必要になってきます。

Ⅲ-10

## 呼吸障害への日常的対応方法

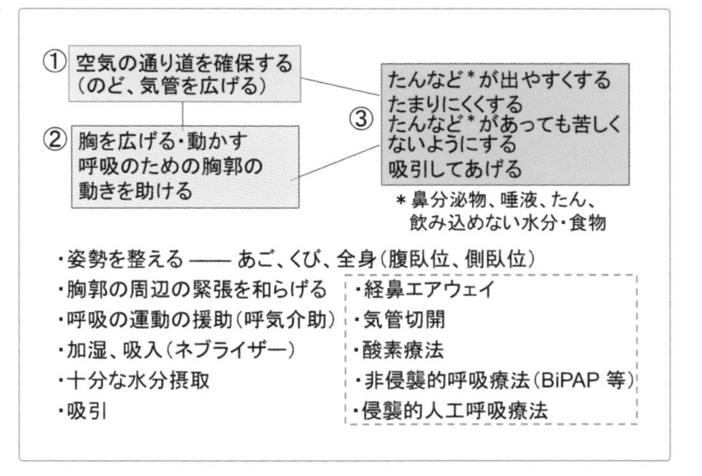


脳性まひなどによる呼吸障害に対しては、もっと多面的な対応が必要かつ有効です。

重症児者が呼吸を楽にできるためには、

①呼吸に伴う空気の通り道、すなわち気道がしっかり開いていること、

②換気（空気の出入り）のための胸郭や横隔膜の動き（胸郭呼吸運動）がしっかりできること、

③たんなどの分泌物が呼吸を阻害しないこと、

がポイントとなります。

この3つのポイントについて、それぞれの人について、何が問題なのかを把握しながら、適切なかかわりをしていくことが必要です。

このスライドの左側にあるような、適切に姿勢を整えることを中心にしながらの日常的な基本的かかわりが重要です。それでも改善が得られない場合には、右の赤の破線で囲んであるような医療的な対応をしていきます。

Ⅲ-11

# 舌根沈下・舌根後退

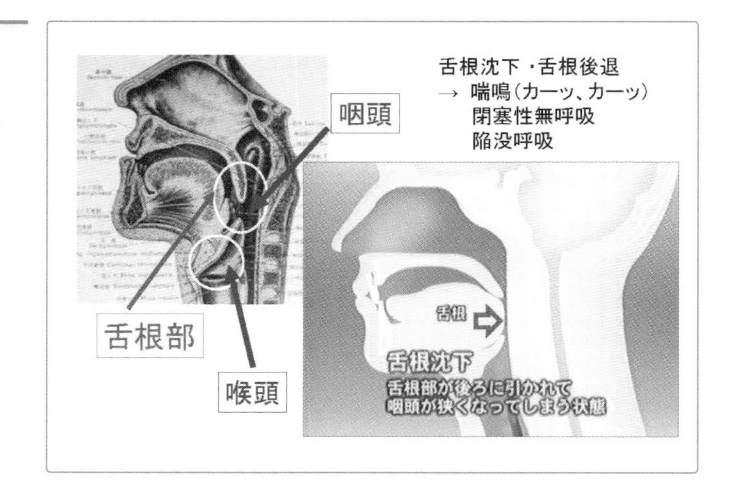


舌根の沈下ないし後退が気道狭窄の最も多い原因です。

下顎の発育が不十分で下顎が小さく後に引けている状態に、筋緊張の異常が重なって生じやすいのです。

低緊張による下顎・舌根の沈下は、睡眠時に強く出現し、喘鳴、陥没呼吸を起こします。また、舌根沈下の程度が強いと、息を吸う動きはあっても、咽頭を息が通っていかず呼吸ができない閉塞性無呼吸となります。これらの状態が強いと、酸素飽和度の低下をきたします。重度のケースでは覚醒時にも見られ、これによる呼吸障害のために椅子座位が維持できない場合もあります。

ゴーゴー、あるいはカーッカーッという喘鳴が、基本的に吸気時（息を吸う時）に生じます。

Ⅲ-12

# 咽頭狭窄・喉頭狭窄

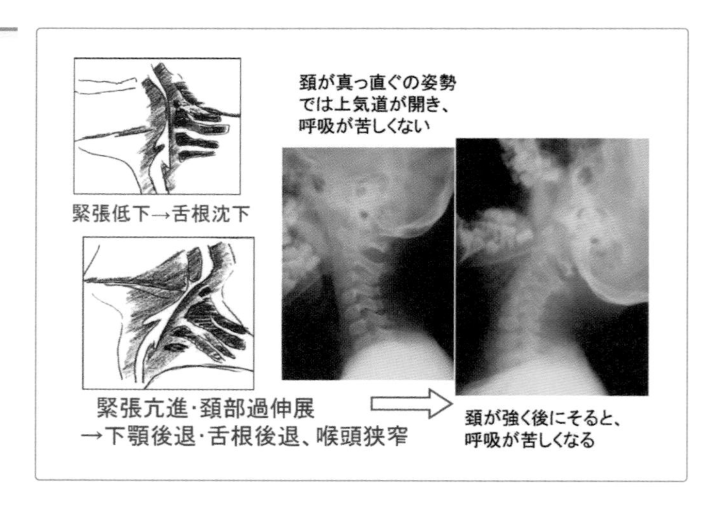


緊張亢進（筋緊張が強くなること）も、下顎・舌根の後退から咽頭の狭窄をもたらします。このような場合、緊張による頚部の過伸展・後屈は、さらに咽頭狭窄を悪化させ、さらに喉頭狭窄も招いている例もあります。

Ⅲ-13

## 喉頭軟化症

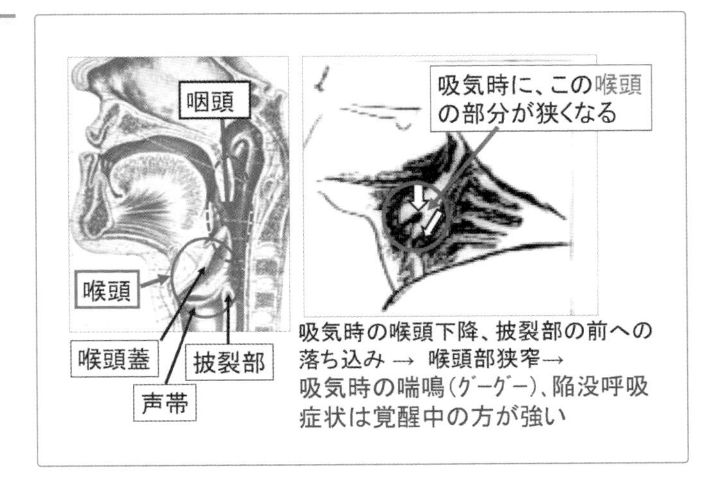
咽頭
喉頭
喉頭蓋
声帯
披裂部
吸気時に、この喉頭の部分が狭くなる
吸気時の喉頭下降、披裂部の前への落ち込み → 喉頭部狭窄→
吸気時の喘鳴(グーグー)、陥没呼吸
症状は覚醒中の方が強い

気管の入り口にあり喉頭蓋から声帯を含む部分が喉頭ですが、脳性まひでの上気道狭窄の約3割では、この喉頭部の狭窄が呼吸障害の要因となっています。

舌根沈下と、この喉頭軟化症を混同しないことが重要です。

喉頭部の狭窄では、喘鳴は吸気時のグーグーという音です。喘鳴や陥没呼吸などの症状は、舌根沈下の時とは反対に、喉頭部の狭窄では覚醒時に強く出て、眠ると軽減・消失するという傾向があります。眠りの浅い時には症状があり、眠りが深くなると改善する例もあります。

頸部の強い反り返りは、この喉頭軟化症をとくに悪化させやすく、緊張により喉頭軟化症の症状が強く出る場合は、薬を使ってでも緊張を和らげることがまず重要です。

Ⅲ-14

## 舌根沈下、上気道狭窄への対策

舌根沈下→上気道閉塞

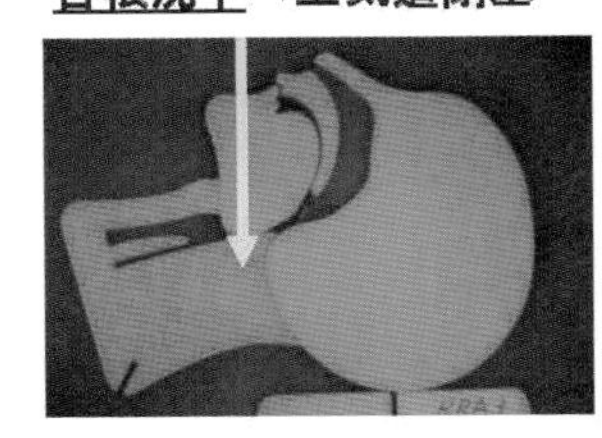

下顎を前に出して気道を広げる

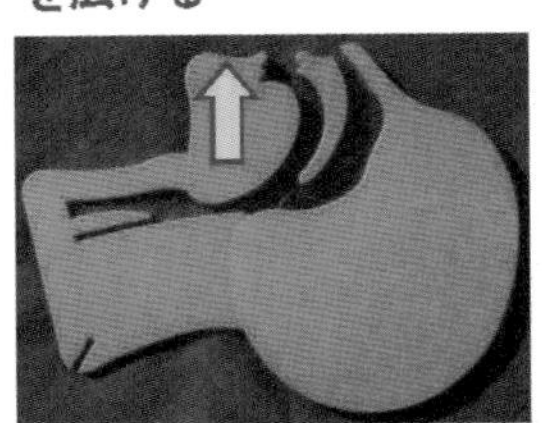

肩枕は頸部を過伸展させ、かえって上気道を閉塞させる ことがある。
喉頭部狭窄がある場合にとくに注意。

上気道の狭窄に対しては、下顎を前に出して上気道を広げるようにすることが援助の基本です。

直接の介助としては、手でコントロールすることが有効であり、舌根沈下を防ぎ上気道スペースを確保することができます。

脳性まひでは、通常の気道確保の方法である肩枕を入れて頸部を強く伸展させることは逆効果のことも多く、むしろ後頸部の緊張と過伸展を抑えることが必要なことが多く、これに下顎の前への引き出しや、軽い前屈を加えることが有効です。

Ⅲ-15

## 介助者の手による下顎コントロール

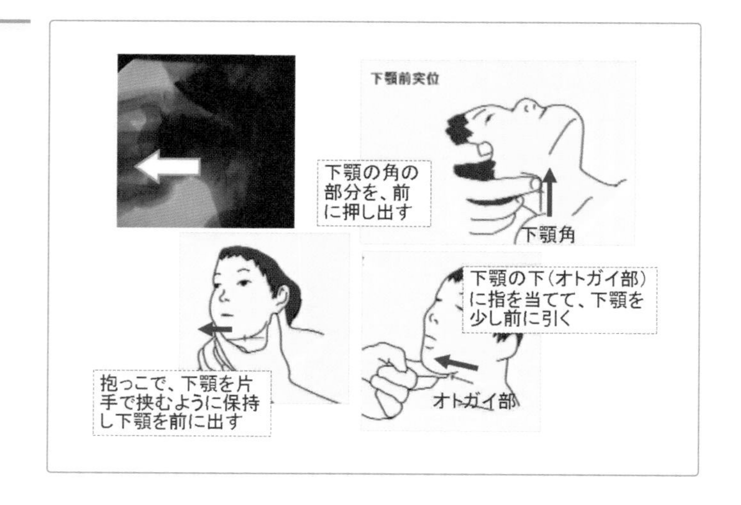


一定時間であれば、介助者の手による下顎コントロールが最も有効です。このスライドのX線画像は、日中も日常的に舌根沈下があり呼吸が苦しい状態が続いていた子どもですが、下顎を前に出してあげることによって、舌根沈下せず、呼吸が楽になっています。

オトガイ部（顎の前の下の部分）や下顎角を持ち上げて、下顎をしっかり前に出すことが大事です。抱っこや座位の姿勢でもこれが可能です。

Ⅲ-16

## 喉頭軟化症の場合の、頸部・下顎、全身の姿勢管理

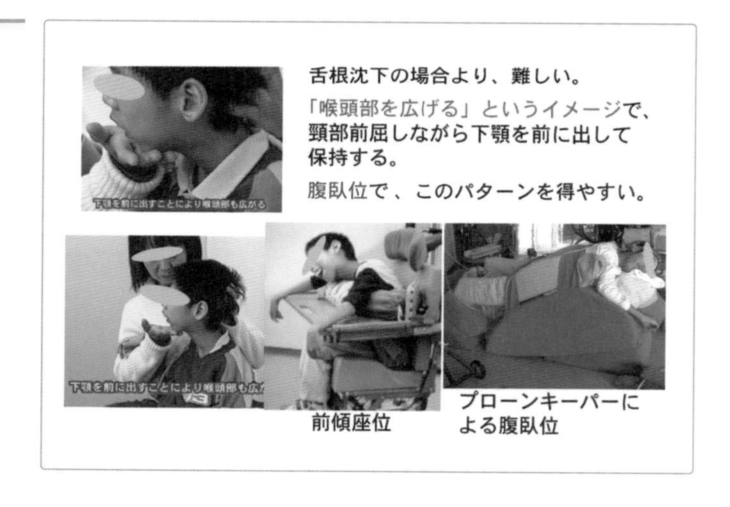


喉頭軟化症の場合には、下顎を前に出すだけでなく、首を軽く前に曲げて、かつ顎を前に出すようにしてあげることで喉頭部が開いた状態となります。この姿勢を座位でも保つようにすることが必要で、腹臥位もこのパターンとなり喉頭部狭窄が改善します。

Ⅲ-17

## ネックカラーでの下顎保持による上気道狭窄への対応例

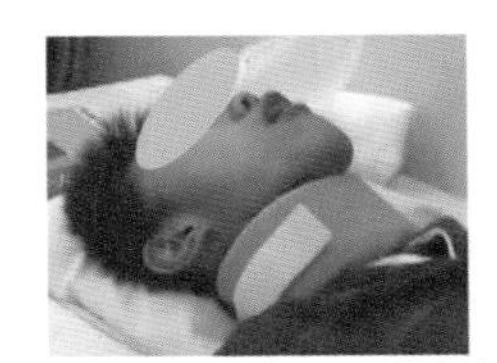
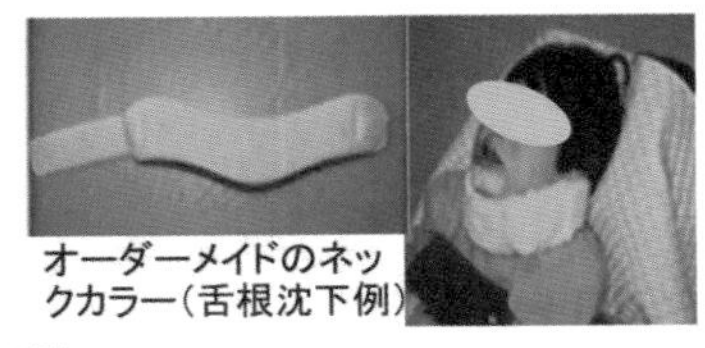

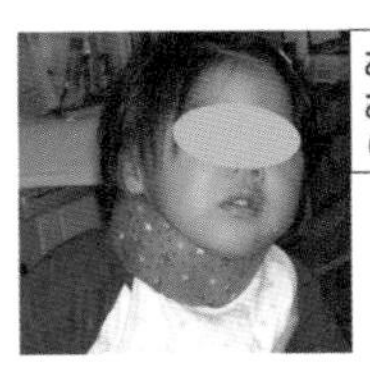
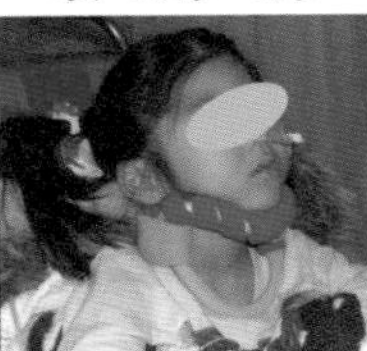


器具によって下顎を保持することも舌根沈下や喉頭部狭窄による上気道狭窄への対策として有用なことがかなりあります。

下顎を持ち上げるような形で首の周りにセットして下顎を保持します。ソフトなネックカラーも有効で、頸椎症用の既製のものをそのまま使用したり、装具業者に削ってもらって高さを低くして使用しますが、完全なオーダーメードでの作製が必要なこともあります。手製のネックカラーや、タオルやパッドによる単純な保持なども対策として有効なことがあります。

下顎舌根が沈下し閉塞性呼吸障害となり椅子座位が保持できないケースで、このような工夫により車椅子座位を保つことが可能となる例もあります。

Ⅲ-18

## 経鼻咽頭エアウェイ（経鼻エアウェイ）

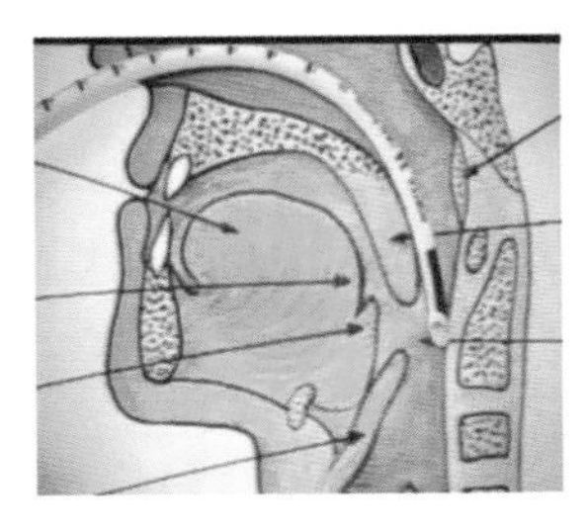

鼻から、
狭くなっている咽頭（のど）まで、軟らかいチューブを入れてトンネルをつくり、空気の通り道を確保し、呼吸を楽にする。
舌根沈下、アデノイド肥大などに有効。喉頭部狭窄だけの場合は無効。


舌根沈下など、上咽頭、中咽頭の狭窄による呼吸障害に対する医学的な対応として、経鼻エアウェイがあります。これは、鼻から咽頭まで比較的軟らかい管を挿入して、空気の通り道のトンネルを作る方法です。この方法により、呼吸が非常に楽になる場合がかなりあります。この経鼻エアウェイによって、呼吸障害の改善、睡眠の安定化、表情の改善、精神活動の改善などの他に、胃食道逆流症の改善、体重増加などが得られます。これが上首

尾にできることによって気管切開をしなくて済んだり、家庭療育を維持することが可能となっている例も多いなど、著しいQOLの改善につながることもあり得るものです。

このエアウェイは夜間睡眠時だけの使用で済む例が多いのですが、日中もずっと必要な場合もあります。そのようなケースで、食事・水分摂取可能なケースでは、摂取の時にはエアウェイは抜くか、少し引き抜いて浅くして固定します。

Ⅲ-19

## 経鼻咽頭エアウェイ(経鼻エアウェイ)の挿入・抜去

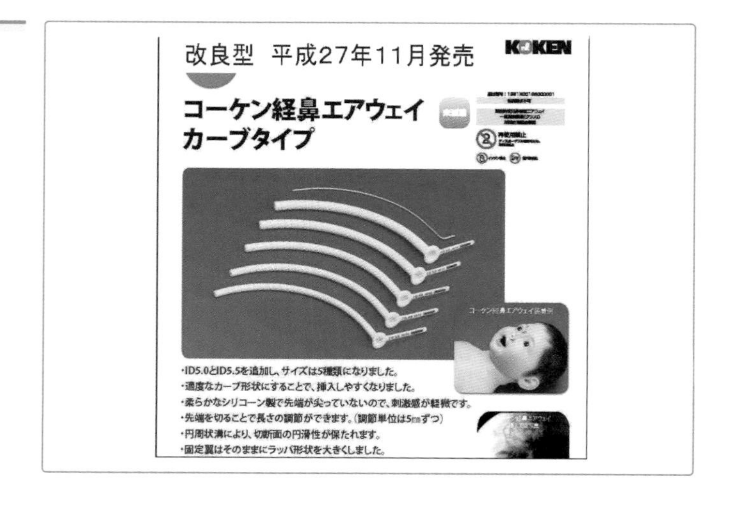


経鼻咽頭エアウェイの挿入や抜去は、医師や看護師等が行います。

経鼻咽頭エアウェイ使用時に生じる可能性のある最も重大な事故は、エアウェイの固定が不十分でエアウェイチューブが咽頭の奥の方に行き、喉頭や食道に入りこむことです。この予防のために、固定をしっかり行っておく必要があります。

また、エアウェイ使用時に吸引する際には、吸引チューブを挿入する時にエアウェイを押し込むことがないように注意する必要があります。このような事故や問題が起きないように作られたエアウェイの製品を使用します。

### コラム　呼吸障害と基礎疾患

呼吸障害の原因とその対策は、一人ひとりの基礎疾患や障害の成り立ちによって異なります。また、年齢によっても発生頻度が変わってきます。低出生体重児のように発育とともに呼吸が楽になる場合でも感染を機会に悪化することもあります。新生児期の脳障害で当初呼吸障害がない場合でも、学童期以降に脳性まひの二次障害として、胸郭変形や側彎などで呼吸障害が増強します。

一人ひとりの病態について、主治医などの医療職に指導を受けて、それぞれの呼吸障害が、加齢によって改善するのか、悪化するのかなどの今後の見通しも視野に入れて支援をしていかねばなりません。

もう一点注意したいことは、あくまで医療的ケアの必要な人へのより快適な「生活支援」であり、「治療行為」ではありません。装具の不具合による不快さや「呼吸状態改善のため」という理由で、いつも天井を見ているような体位では、「教育」も「生活介護」もありません(S)。

Ⅲ-20

# 気管・気管支の狭窄

原因　異常姿勢（そり返り、ねじれ）、変形
周囲からの圧迫（血管、腫瘍、脊椎椎体、胸骨）
気管・気管支軟化症、気管の肉芽・浮腫

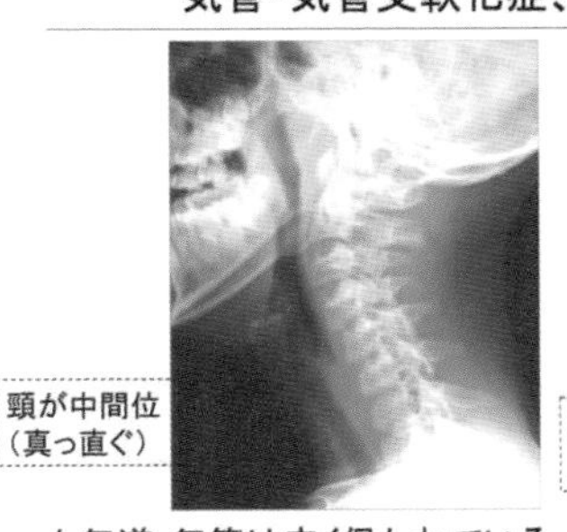

頸が中間位（真っ直ぐ）

上気道・気管は広く保たれている

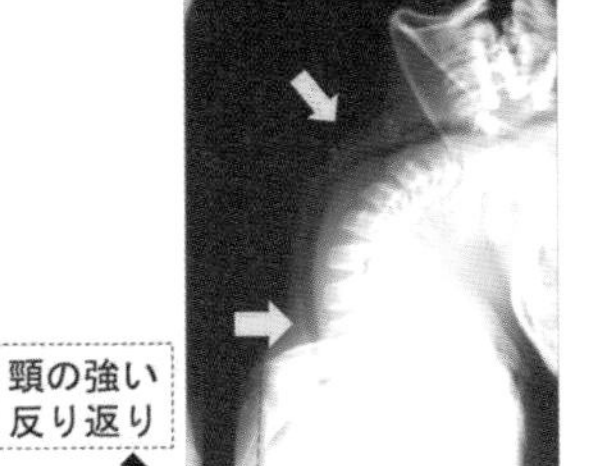

頸の強い反り返り

喉頭、気管の狭窄

気管の狭窄や気管・気管支軟化症が、重症児者の呼吸障害の原因として非常に重要であることが、内視鏡などでの観察が広まるにつれて認識されてきています。緊張により頸部が強くそり返ると咽頭や喉頭だけでなく気管も前後に狭くなります。気管が脊椎の椎体によって後から圧迫されることもその一因です。

このスライドのお子さんは、緊張が強くなると呼吸が苦しくなる例で、緊張が入っても頸を後にそらないようにすれば呼吸困難を避けられます。気管の狭窄にねじれが伴うと、呼吸はさらに悪化します。気管のねじれを防ぐような姿勢を工夫することにより呼吸困難を避けられる場合もあります。

胸郭扁平が強くなると、椎体と胸骨の間に気管が挟まれて気管が前後に扁平になります。脊柱の側彎が強くなると脊椎の椎体により気管支も圧迫されて狭くなることがあります。とくに右凸の側彎により右の主気管支に狭窄が生じやすくなります。

Ⅲ-21

# 気管軟化症

呼気時の内視鏡所見

前壁

後壁

気管が前後に扁平化

●呼気時に、気管が狭窄状態となる

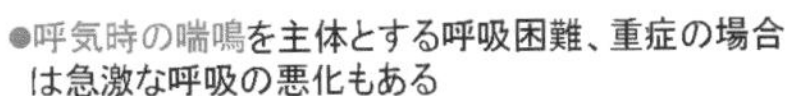

●呼気時の喘鳴を主体とする呼吸困難、重症の場合は急激な呼吸の悪化もある

●気管支喘息と症状が類似するが気管支拡張剤が有効でない

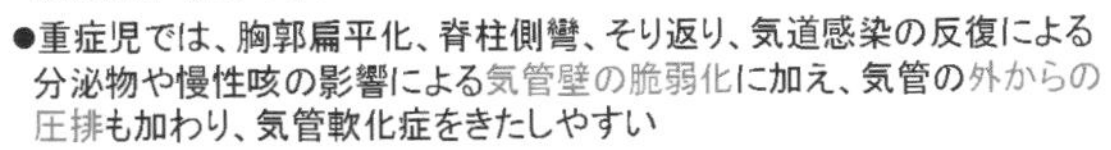

●重症児では、胸郭扁平化、脊柱側彎、そり返り、気道感染の反復による分泌物や慢性咳の影響による気管壁の脆弱化に加え、気管の外からの圧排も加わり、気管軟化症をきたしやすい

●呼吸努力、緊張、興奮などで、症状が出現・悪化

●気管軟化症があると気管カニューレと気管壁が接触しやすいために気管内肉芽が生じやすく、気管腕頭動脈瘻のリスクも高い

治療　鎮静（薬剤・心理的サポート）、酸素投与、体位の工夫（前傾姿勢など）、加圧補助呼吸（ジャクソンリース、PEEP弁付のアンビューバッグ、人工呼吸器）、気管切開（長いカニューレの使用、スピーチバルブ使用）

重症の脳性まひでは気管軟化症という状態が初期から、または、成長につれて合併することがあります。頸部～胸郭の変形(とくに扁平化)、感染の反復、長期の努力性呼吸等の結果として、徐々に生じてくる場合が多くあります。

呼気時（息を吐く時）に気管が狭くなるこ

とが、この気管軟化症の基本の状態です。呼吸困難の症状に、おもに呼気時（息を吐く時）のゼーゼー、ヒューヒューという喘鳴が伴うことが症状の特徴ですが、この症状は気管支喘息と混同されやすいので注意が必要です。

泣くこと、不安や緊張、たんのからみ、努力して呼吸をしなければならない状態などで、この気管軟化症の症状は悪化します。泣くと、急に呼吸が悪化し、強い低酸素状態となり意識を失う場合もあります。

気管切開している例では、これが気管切開の前からあったり、気管切開の後に症状が悪化することがあり、この状態に気管内肉芽による狭窄が加わると、さらに状態が悪化します。

泣くこと、興奮、不安、緊張、たんのからみ、吸引による刺激などをきっかけとして、陥没呼吸や苦しそうな呼吸となる場合には、吸気（息を吸うこと）がむずかしい場合と呼気（息を吐くこと）がむずかしい場合とがあります。吸気時の喘鳴が強い時には、舌根後退や喉頭の狭窄の可能性がありますが、呼気時の方が困難度が強く、ゼーゼー、ヒューヒューなどの呼気時の喘鳴の方が強い時には、気管軟化症である可能性を考えて対処することが必要です。

本人が頑張って呼吸しようとするほど、呼吸状態が悪くなるので、頑張らなくて済むように対応するのが基本です。リラックスさせる、体を丸く抱く、前傾姿勢や注意しながらの腹臥位を取る、たんが邪魔している時には吸入でたんを出やすくする、酸素を早めに投与する、鎮静のための薬（即効性のある座薬やシロップ剤、重症では注射）を早く使用するなどの対処を行う。

これでも改善がない場合には、蘇生バッグ（アンビューバッグ）で、マスクや気管切開部から気管をふくらませるように陽圧呼吸をかけることが必要となります。呼気時に陽圧がしっかり保てるためにはPEEP弁付きのアンビューバッグが望ましいです。重度な場合はジャクソンリースや人工呼吸器で陽圧をしっかり保つことが必要となります。

## Ⅲ-22 重症児者における気道狭窄症状（喘鳴・陥没呼吸）と対応

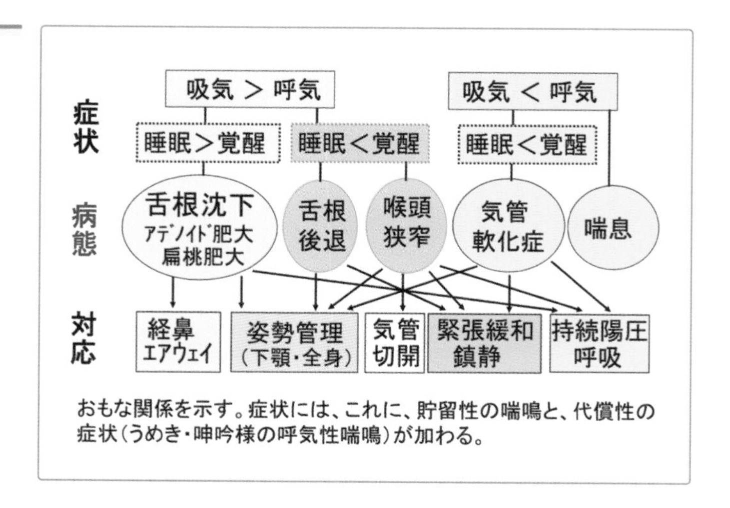


このスライドにも、状態と対応方法を整理してあります。

このスライドにあるように、姿勢管理、すなわち、適切な姿勢を取るようにすることが、いろいろな気道狭窄すべてに共通した基本的なことです。

全身的な姿勢の管理が、気道の狭窄への対応としても、また他の呼吸の問題への対応としても重要です。呼吸が楽になるように全身的な姿勢を適切に整え、リラックスできてかつ安全に、その姿勢を保持できるようにしていくことが、呼吸障害への日常的対応として最も基本的なものとなります。このような姿勢の調節や管理を、ポジショニングや姿勢づくりと言います。

重症児者にとって、全身的な姿勢の取り方は、呼吸障害だけでなく、胃食道逆流や嚥下障害に大きく影響してきます。また、この他の問題にも姿勢は大きく影響します。したがって、このポジショニングは、呼吸障害への援助だけでなく、重症児者への日常的な援助の基本の一つと言えます。

Ⅲ-23

## 姿勢(体位)と呼吸1

| 仰臥位(仰向け姿勢) | 腹臥位(うつぶせ) |
| --- | --- |
| ●下顎・舌根が後退・沈下しやすい<br>●顎や肩を後退させるような緊張が出やすい<br>●たん・唾液がのどにたまりやすい<br>●呼気(息を吐くこと)が、十分しにくい<br>●背中側の方の胸郭の動きが制限される<br>●誤嚥物が肺下葉にたまりやすい<br>●胸郭の扁平化をきたす<br>●胃食道逆流が起きやすい<br>●排気(ゲップ)が出にくい | ●下顎後退・舌根沈下を避けられる。喉頭部も広がりやすい。<br>●条件をよく設定すれば緊張がゆるんだ状態になりやすい<br>●たん・唾液がのどにたまらない<br>●呼気がしやすくなる<br>●背中の胸郭・肺が広がりやすい<br>●胃食道逆流が起きにくい<br>●誤嚥物が肺下葉にたまるのを防ぐことができる<br>●窒息の危険がある |

それぞれの姿勢が、どのような影響を与えるかをみていきましょう。

仰臥位（背臥位、あおむけ姿勢）の特徴は、下顎・舌根が後退・沈下しやすい、顎や肩を後退させるような緊張が出やすい、たん・唾液がのどにたまりやすい、呼気が十分しにくい、背中側の方の胸郭の動きが制限される、胃食道逆流が起きやすい、誤嚥物が肺下葉にたまりやすいなど、重症児者にとってはあまり望ましいものではありません。また、仰臥位姿勢ばかりをとっていることが、年長の重症心身障害児者によくみられる胸郭の扁平化のひとつの要因になったり、呼吸が苦しいことが頸部の過伸展を増加させたりする可能性があります。

一方、腹臥位は下顎後退・舌根沈下を避けられる、条件をよく設定すれば緊張がゆるんだ状態になりやすい、たん・唾液がのどにたまらない、呼気がしやすくなる、背中の胸郭・肺が広がりやすい、胃食道逆流が起きにくい、誤嚥物が肺下葉にたまるのを防ぐことができるなどの特徴があり、仰臥位の欠点を補う、望ましい姿勢と言えます。ただし、腹臥位は窒息の危険があるので、鼻や口がうずまらないように枕を工夫し、決して目を離さないなどの注意が必要です。

腹臥位は、呼吸にとって仰臥位での不利な点を解決できる姿勢です。舌根の沈下や、唾液やたんがのどにたまるのを防ぐことができます。喉頭部の狭窄も軽減しやすいです。胸郭呼吸運動の効率も腹臥位の方が良くなります。パルスオキシメーターで酸素飽和度を測定すると、仰臥位より腹臥位の方が酸素飽和度が改善する例が多いです。

Ⅲ-24

## ポジショニングが重要

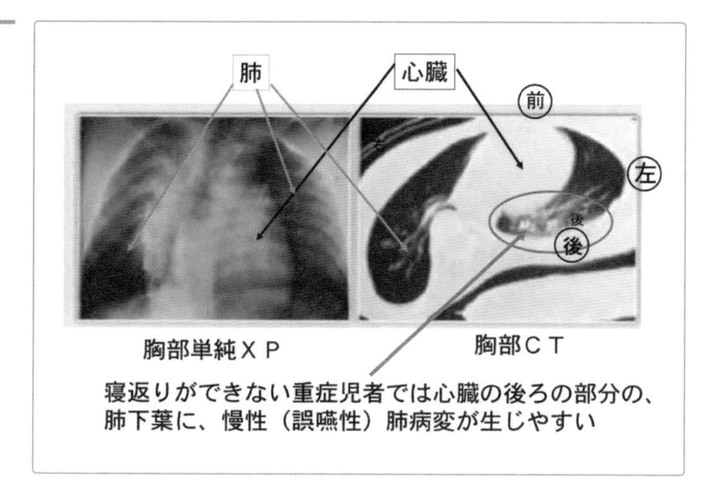


重症児者では、慢性的な肺の病変が、肺下葉に生じやすくなります。病変は心臓の後ろになった肺下葉に生じやすく、左凸の側彎がある場合は心臓は右に偏位し、その後ろの右下葉に慢性的変化が生じ、右凸の側彎ではその逆に左肺下葉に病変が生じやすい傾向があります。

肺の下葉は体の後ろに位置するので、仰臥位では下になり、そこに分泌物や誤嚥した物が少量ずつ停滞し、感染（肺炎）や慢性的な病変が生じてくると考えられるので、「荷重性肺病変」と称されます。このような病変が悪化し感染を起こさないようにするためにも、腹臥位をしっかり取ることが重要です。

誤嚥があるケースでは、誤嚥の軽減を図るとともに、誤嚥による肺病変の悪化を防止する、「誤嚥があっても肺が悪くならないようにする」ことが必要です。

日常的に誤嚥性肺炎の予防、慢性的な誤嚥性の肺の変化の悪化防止という意味でも、ポジショニングは重要です。胃食道逆流症も、食道と胃の位置関係から、リラックスした腹臥位で軽減できます。

Ⅲ-25

## 腹臥位姿勢（うつぶせ姿勢）保持

<リラックスできるよう>
股関節、膝関節の屈曲位を保つ
上肢が自由に動けるようにする
<安全が保てるように>
顔の接する面は狭くする
横へのずり落ち防止のガード
ベルト固定
下へのずり落ち防止のための固定

見守りをしっかり行う
リスクのある例はパルスオキシメーターでモニター

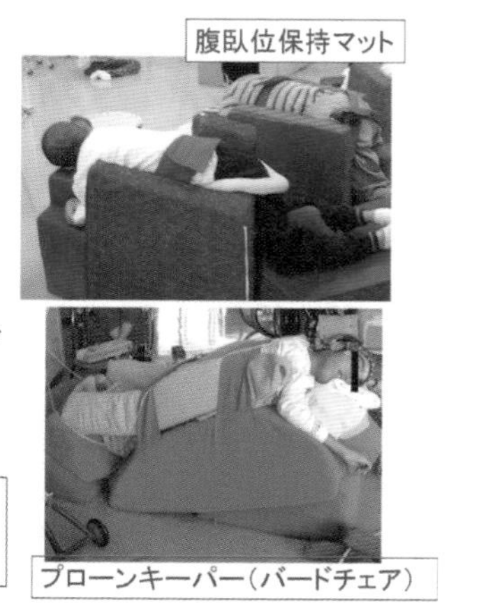


腹臥位に慣れてくると緊張がとてもゆるむことは、しばしば経験されることで、手を前に出してキーボードを操作できたりするようになることもあります。

腹臥位でリラックスした状態でいられるためには、股関節や膝を軽く曲がった状態に保つこと、肩から上腕の圧迫感がないようにすることがポイントです。

Ⅲ-26

## 腹臥位の注意

- 口、鼻の閉塞による窒息を防ぐための注意を十分に行う
- 気管切開のケースでは気管切開部が閉塞されないよう十分に注意
- 胸部の圧迫による負担を避ける
  気管軟化症ではリラックスした腹臥位で症状が軽快することが多いが、腹臥位で重篤な呼吸悪化をきたした気管軟化症の例の報告がある（胸郭扁平の強い福山型先天性筋ジストロフィー等）
- 三角マット、プローンキーパーなどでの、傾斜のある状態での腹臥位では、下へのズリ落ちの防止のための対応（固定など）を十分に行う。三角マットでの腹臥位は（極力避ける）十分に注意して行う
- マットからの、横へのずり落ちの事故を防ぐ
  固定を確実にする、ガードつきのマットを作製、脇に大きなロールを置く
- 基本的には、見守りが可能な状況で腹臥位とする
- リスクのある場合は、パルスオキシメーターでモニターを原則とする
- 骨折に注意（腹臥位への移動時や、腹臥位での膝への荷重）

学校や通所施設でも、腹臥位のポジショニングが普及しつつありますが、リラックスした腹臥位が取れるようにするとともに、腹臥位での事故防止のための注意が十分に必要です。

口や鼻が塞がれて窒息することのないように、また、横や下へずり落ちる事故を防ぐために、個々の状態に応じて作製された腹臥位用マットなどを使用します。骨折にも注意が必要です。

腹臥位になることにより本当に良い状態になっているのか、かえって本人に負担になっていないかどうかは、本人の表情や呼吸状態をよく観察することや、パルスオキシメーターでの酸素飽和度や心拍数の把握が手がかりとなります。

初めの慣れない時に心拍数が短時間増加しても、楽になっていけば心拍数は下がってきます。心拍数が増えたままだったり、どんどん増えていく場合は負担になっていると考え、中止して、腹臥位の仕方をあらためて工夫することが必要です。

コラム **腹臥位**

腹臥位とは、本来、動物の基本姿勢だと思います。背臥位で生活している動物はいません。ヒトの発達経過も寝返り、腹臥位から始まります。匍匐（ほふく）移動（はらばい）は移動運動の始まりです。それだけ腹臥位が抗重力機能にかなったものですが、自分の体重による呼吸のしにくさも容易に理解できます。

十分な頸定（くびのすわり）がない場合の注意は上記でも指摘されています。支援側の日々の努力とリスク管理は、マットやプローンキーパーで、より快適に過ごし、仲間との交流を楽しむための両輪となります(S)。

## Ⅲ-27 姿勢（体位）と呼吸2

| 側臥位（横向き） | 座位（座った姿勢） |
| --- | --- |
| ●舌根沈下を防ぐことができる | ●前傾座位は、腹臥位と同じ利点がある |
| ●緊張がゆるんだ状態になりやすい | ●横隔膜が腹部臓器により押し上げられなくて済む |
| ●たんや唾液がのどにたまるのを防げる | ●後へのリクライニングは下顎後退・舌根沈下・喉頭部狭窄を悪くすることがある |
| ●胸郭の前後の動きがしやすい。胸郭の扁平化防止につながる | ●重度の嚥下障害がある場合、唾液が気管に誤嚥され、呼吸が悪くなることがある |
| ●胸郭の横の動きは制限される | ●胃食道逆流が起きにくい |
| ●右側臥位は胃食道逆流を誘発することがある | |

★年少の頃からいろいろな姿勢がとれるようになっておくことが重要。

腹臥位以外にも側臥位、前傾座位も有効な姿勢です。

舌根沈下や喉頭部の狭さがある人では、リクライニング座位は、仰臥位と同様に呼吸にとっては不利で、むしろ、軽い前傾位での座位姿勢により呼吸状態が改善する場合も少なくありません。とくに、喉頭部狭窄の強い人では、腹臥位で呼吸が楽になることが多いのですが、頸部の前屈と上体の軽い前傾で、呼吸が改善し緊張も緩和することがよくあります。唾液が口と咽頭にたまってきて貯留性の喘鳴（ゼコゼコ）が出てきて呼吸が苦しくなりやすい場合も、軽い前傾姿勢の方が良いことがよくあります。

座位では、重度の嚥下障害がある場合、唾液が気管に誤嚥され呼吸が悪くなることがあるので、注意が必要です。

どの姿勢にも利点と欠点があります。年少の頃からいろいろな姿勢がとれるようになっておくことが重要です。

## Ⅲ-28 側臥位

適切な高さの枕

股関節、膝を屈曲し
腹部をゆるめる

上肢の重みによる
胸の圧迫を避ける

側臥位　頭部のポジショニング
可動域の中間に保持する
44
骨盤を後傾させ股膝を屈曲させた姿勢が
腹部をゆるめ腹式呼吸優位となる


側臥位は、舌根沈下や唾液、たんが気道にたまることを防ぎ、呼吸が楽にしやすい姿勢です。手を使うことも側臥位でしやすくなります。仰臥位が多いことが胸郭の扁平化を招き、胸郭の扁平化は気管の狭窄や肺容量の低下をきたしますが、その予防のために、幼少時か

ら側臥位を励行することも重要です。

腰や膝が少し屈曲した姿勢とし、枕を上手に使い頭が不自然な位置にならないようにすること、上になった腕の重みが胸の呼吸運動を抑えないように、前に置いたマットを抱くようにして、腕を乗せることなどが、リラックスした側臥位がとれる要点です。

Ⅲ-29

## 気管切開を受けている人への対応の注意点

気管カニューレの事故抜去を防ぐ
①固定の確認
②必要時には手の抑制、手袋
③抜けた時の緊急対応の確認
（個々の緊急性に応じて主治医と相談して決めておく）
カニューレが塞がらないように →姿勢や衣服に注意
カニューレに無理な力を加えない
①首を過度に後ろにそらせない
②前に曲げない
③左右に強く回さない
カニューレから異物が侵入を防ぐ→人工鼻、ガーゼで入り口をカバーする
気管内の乾燥を防ぐ→人工鼻、室内の加湿
気管切開孔を清潔にする
①分泌物は微温湯できれいに拭き取る
②ガーゼ使用時は汚れたら交換する

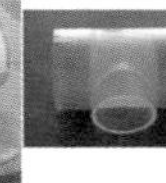
人工鼻

気管切開を受けている人が増えてきました。

気管切開を受けている人については次のような注意が必要です。

第1は、気管カニューレが急に抜けてしまう事故、すなわち事故抜去を防ぐということです。固定不良等により抜ける場合と、本人が故意または意図せずに（手が引っかかるなど）抜いてしまう場合とがあります。これらをそれぞれ事故抜去と自己抜去と使い分けることもありますが、ここでは事故抜去に統一します。

カニューレの再挿入は基本的には医師が行います。しかし、カニューレが抜けた場合に問題なく長時間過ごせる人と、すぐに再挿入しないと呼吸困難に陥る人がいます。どの程度の緊急性があるかを主治医とよく相談し、抜けた時の対応を決めておくことが必要です。

また、事故後の対応だけでなく、事故抜去が起きないように事前に防ぐことが重要です。カニューレ固定のヒモやホルダーがゆるくなっていないか常に確認してください。また、本人の手でカニューレや固定ヒモを引っ張ってしまう可能性のある人については、手を抑制したり、手袋をしたり、触らないように注意したりするなどの対応をとります。

次に、姿勢や衣服に注意して、カニューレが塞がらないように気をつけます。

また、気管に無理な力が加わると、気管の壁を傷つけ気管内肉芽や出血が生じますので、カニューレの先端が強く気管にあたるようなことを避ける必要があります。例えば、首を過度に後にそらせたり、前に曲げたり、左右に強く回すことは避けてください。

さらに、異物の侵入や気管内の乾燥を防ぐ必要がありますので、人工鼻やガーゼで入り口をカバーします。室内の加湿も重要です。また、気管切開孔を清潔に保つことも、気管切開孔の感染を予防したり、肉芽の発生を予防するために重要です。気管切開孔周囲の分泌物は微温湯できれいに拭き取り、ガーゼを使用している場合は、汚れたらその都度交換します。

Ⅲ-30

# 気管切開の種類(単純～喉頭気管分離)

単純気管切開　喉頭気管分離術

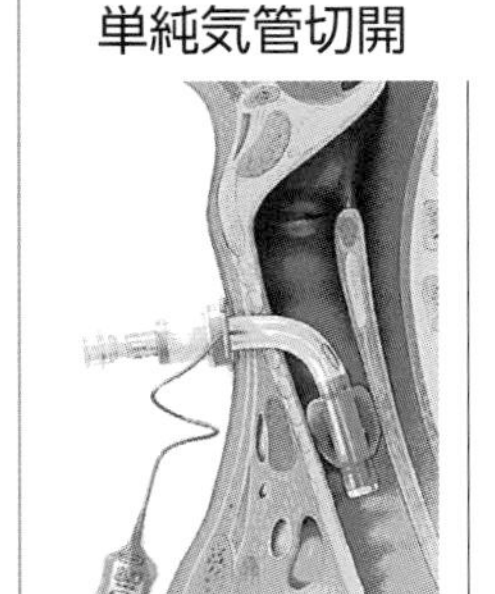

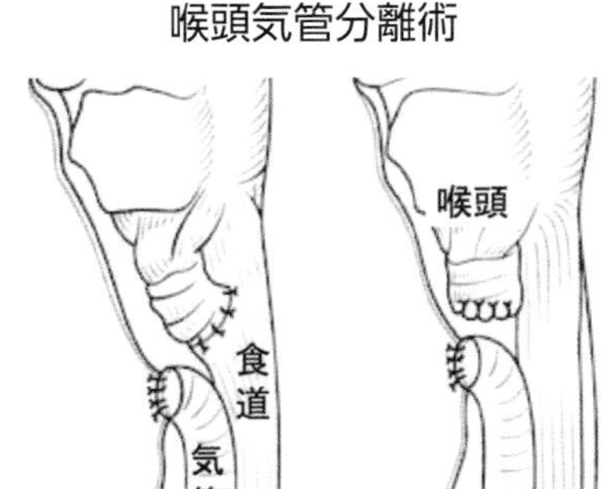


気管と食道を縫い合わせる　気管を縫い込める

クリエイツかもがわ『医療的ケアはじめの一歩』増補改訂版2013より

いろいろ工夫しても楽に息ができない場合、息が楽にできる口をもう一つ用意するという意味で、気管切開を行います。

誤嚥が重度の場合は、単純気管切開だけでは対処できません。かえって誤嚥が悪化する場合もあります。

誤嚥が重度の場合には、誤嚥による気道感染の防止を目的とした誤嚥防止術を行います。誤嚥防止術としては、声門閉鎖術や喉頭摘出術も実施されることがありますが、喉頭気管分離術が一般的です。声帯の下で気管を分離し、空気の通り道を唾液や食べ物の通り道と完全に分離するので、誤嚥による肺炎のリスクが完全に回避されます。分離した気管側は気管切開孔となり、声帯側は食道と縫い合わせる場合とそのまま縫い合わせて盲端とする場合があります。

喉頭気管分離術により、頻回の気管内吸引から解放され、本人や家族の負担が軽減されます。また、カニューレが不要となる場合もあり、合併症のリスクを減らすことができます。

欠点としては、声を出すことができなくなることが一番大きい問題です。発声がコミュニケーションの手段となっている子どもでは別の手段を見つけていく必要があります。

また、気管支が乾燥しやすくなりますので、加湿がいっそう重要となります。嗅覚を失うことも忘れてはいけません。

気管切開も喉頭気管分離術も、息が楽にできるようになるのですが、合併症もあります。大出血して生命の危険が生じる気管腕頭動脈ろうは一番怖い合併症です。もちろん、合併症を予防・治療するのは医師の責任であり、定期的な医師の診察が必要です。

コラム

### 気管切開の意義

気管切開術をいつするか、医師判断よりも親にとっては難しい問題です。できるだけやりたくない。そのために実施「遅延」が生じます。背水の陣、緊急時の手術になります。余裕ある日程で計画的な気管切開術、そして、喉頭気管分離術が「絶対に」必要になります。

喉頭気管分離術はヒトの発達からみて明らかな「後退」です。だれも望んでやりません。しかし、術後の改善（誤嚥性肺炎など）をみる時、快適で安全な人生を送るための「陣営」なのです(S)。

Ⅲ-31

## 呼吸状態が悪化した時の対応のポイント

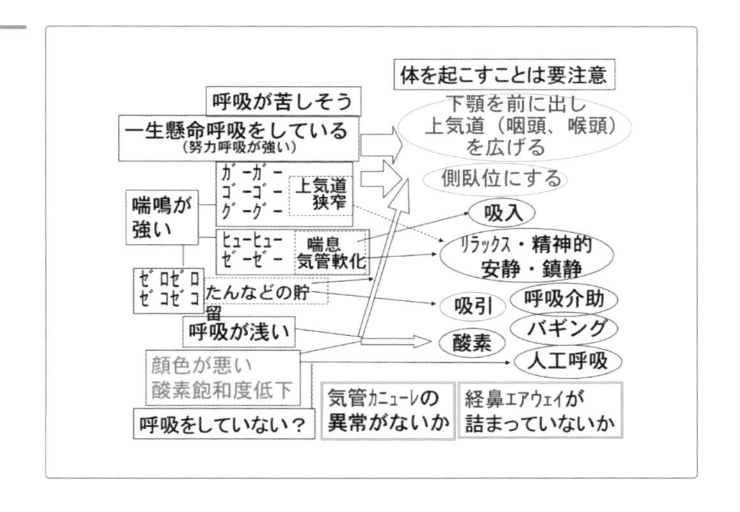


呼吸状態が悪化した時の対応のポイントをスライドにまとめました。

呼吸の状態が悪くなった時には、仰臥位のままにせず側臥位とし、必要に応じて、上気道を広げるために下顎を前に出すようにします。その上で、たんなどが貯留している時には適切に吸引を行います。

喉頭部の狭窄が強くなって呼吸が苦しくなる場合は、体を起こして、スライドに示すように頸と顎をやや前に出し、喉頭部を広げるというイメージで保持して、狭窄を緩和すると呼吸が改善しやすくなります。気管支喘息の場合にも体を起こした方が呼吸が楽になります。しかし、嚥下障害が強い場合には、体を起こすと唾液が喉頭にたまり、気管にも流れ込んで、かえって呼吸が苦しくなるので、注意が必要です。

その上で、必要に応じて、スライドの右に示すような方法を組み合わせます。

Ⅲ-32

## 低酸素症、高炭酸ガス血症の症状

| 症状所見 ＼ 血液ガス | 低酸素血症 | 高炭酸ガス血症 |
|---|---|---|
| 比較的共通した症状・所見 | ・呼吸困難<br>・不眠<br>・頭痛<br>・意識障害<br>（記憶力・見当識低下）<br>・頻脈 | ・呼吸困難<br>・不眠<br>・頭痛<br>・意識障害<br>（傾眠・昏睡）<br>・頻脈 |
| 異なる症状・所見 | ・チアノーゼ<br>・胃腸障害<br>・低血圧 | ・皮膚とくに頬の潮紅<br>・手の振戦<br>羽ばたき振戦<br>・視神経乳頭浮腫<br>・発汗・血圧上昇 |

谷本普一著「呼吸不全のリハビリテーション」南江堂 より

呼吸障害が重くなると、血液中の酸素が不足し（低酸素症）、また、炭酸ガス（二酸化炭素）が増加してきます（高炭酸ガス血症）。脳性まひでは初めは低酸素症となり、徐々に高炭酸ガス血症が加わるという経過が多く、筋ジストロフィーなどの筋疾患では、低酸素症と高炭酸ガス血症が同時に出現してくるという経過をとることがほとんどです。

低酸素症の程度が強ければチアノーゼが出てきますが、軽度～中度の低酸素症で対策が必要な状態になっていても外見ではわからないことが多くあります。最近では、パルスオキシメーターで血中酸素飽和度（$SpO_2$）を測定して判断材料とすることが増えてきましたが、その値の評価や値に基づく判断には注意すべき点が多くあります。一人ひとりの日常生活との比較が重要で、日頃の個別の$SpO_2$の値を知っておくとともに、重症児者での合理的な判断を行う必要があります。

Ⅲ-33

# 酸素療法の注意点

**酸素投与により、低酸素症は改善しても、高炭酸ガス血症は改善せず、むしろ悪化する可能性がある。**

酸素投与 → 低酸素症改善
→ 呼吸努力（hypoxic drive）の低下
→ 換気の低下 → 高炭酸ガス血症の誘発、悪化

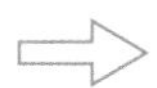

酸素使用量は最小限にとどめる
高炭酸ガス血症の可能性のチェックが必要

**呼吸困難が強い状態で本人が呼吸努力をしている時の一時的な酸素使用では、高炭酸ガス血症をおそれ過ぎずに初めは充分な酸素を使用する**

**高炭酸ガス血症を伴う低酸素症では、酸素療法だけでなく、換気を改善するための対応法（姿勢管理、呼吸介助、陽圧呼吸−マスクとバッグ、BiPAP）を行う。**

**心臓疾患での酸素療法は、個別性が大きく、SpO2での判断もむずかしい。主治医への確認を充分に行う。**

酸素療法で注意しなければならないのは、酸素投与により低酸素症は改善しても、そのために呼吸努力が低下し、高炭酸ガス血症となることです。これを避けるために、酸素の使用量は最小限にとどめることが原則です。

高炭酸ガス血症（動脈血中の二酸化炭素分圧が高くなり、さまざまな体内組織に影響を与えます）は、外見ではわかりにくいのですが、酸素投与により$SpO_2$が改善してもトロトロとした傾眠状態で、かつ心拍数は高いという時には高炭酸ガス血症となっている可能性を考えます。

なお、「呼吸努力」とは、酸素が足りない時などに脳幹から呼吸の命令を出す「呼吸への努力」のことを言います。先に述べた「努力呼吸」とは異なります。

心臓疾患に対して酸素療法を行っている場合もあります。この場合は、個別性が大きく、$SpO_2$での判断もむずかしいものがあります。主治医への確認を十分に行って対応することが必要です。

また、酸素ボンベ等の機器やそれを使用中の人は火気に近づけないように注意する必要があります。教員や介護職員等の中には、「酸素は燃えないから大丈夫」という人もいますが、酸素は燃焼の火力を急激に大きくしますし、酸素ボンベ内には高圧の酸素が入っていますので、火気には注意を払う必要があります。

Ⅲ-34

# 非侵襲的陽圧呼吸器療法（NPPV）

経路　鼻マスク、鼻口マスク、マウスピース

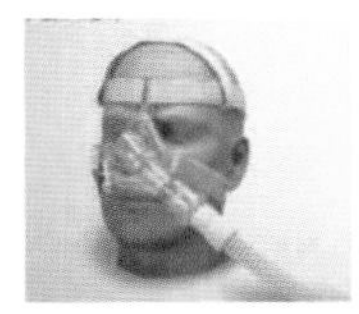

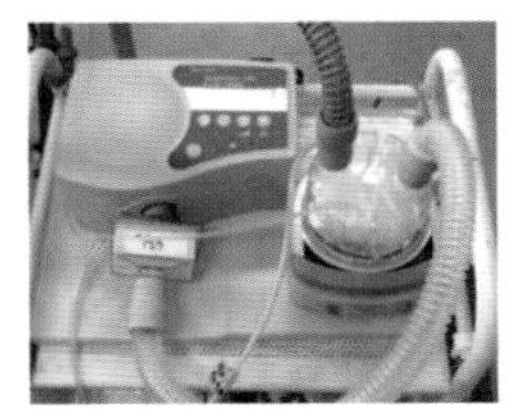

方式

BiPAP＝ bilevel Positeve Air Pressure
IPAP : inspiratory PAP 吸気時呼吸陽圧
EPAP : expiratory PAP 呼気時呼吸陽圧
Sモード：
自発呼吸に、換気量・圧のみを
器械で補助
Tモード：
器械が自動的に吸気・呼気を行う
呼吸回数設定、吸気／呼気時間設定
S／T モード：両者の混合

低酸素症だけではなく、高炭酸ガス血症も伴ってきている場合には、換気そのものを補助することが必要となってきます。

そのための方法の一つとして最近普及しつつあるのが、鼻だけのマスク、あるいは鼻と口をおおうマスクを通して、コンパクトな器械によって換気を補助する、非侵襲的な陽圧呼吸療法です。これらは、NPPVとかNIPPVと呼ばれることもあります。また、代表的な器械の名前から、バイパップ（BiPAP）療法と呼ばれることもあります。

どのような方式が用いられているか、圧の設定はどのようになっているか、などを確認しておくことが重要です。

Ⅲ-35

# 気管切開による人工呼吸療法（TPPV）

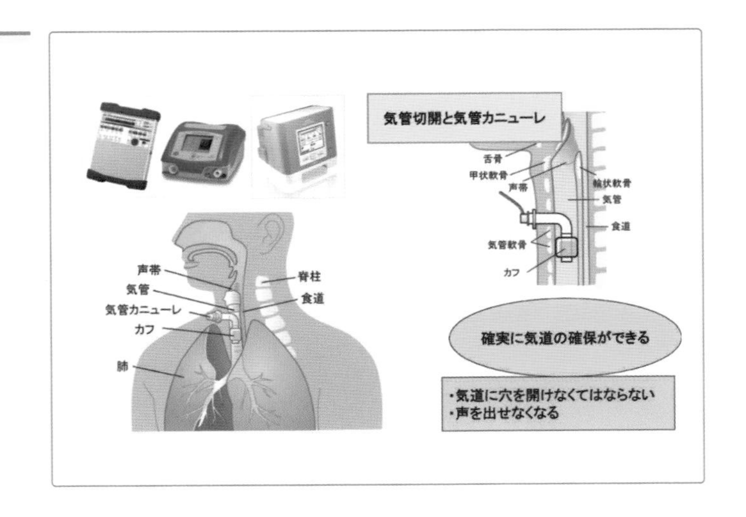


非侵襲的な陽圧換気療法での対応が困難な場合は、気管切開して、そこに人工呼吸器をつなげての人工呼吸療法（TPPV）が必要となります。この気管切開をする方法は、先の非侵襲的な方法と異なり、侵襲的な方法ですので、侵襲的人工呼吸療法と呼ばれることもあります。

このような人工呼吸療法を受けながら学校や通所施設へ来る本人も増えてきています。

教員や介護職員等が、直接これらの器械を操作せず、見守るだけであるとしても、基本的な知識をもっておくことは必要です。

Ⅲ-36

## 人工呼吸器のしくみ

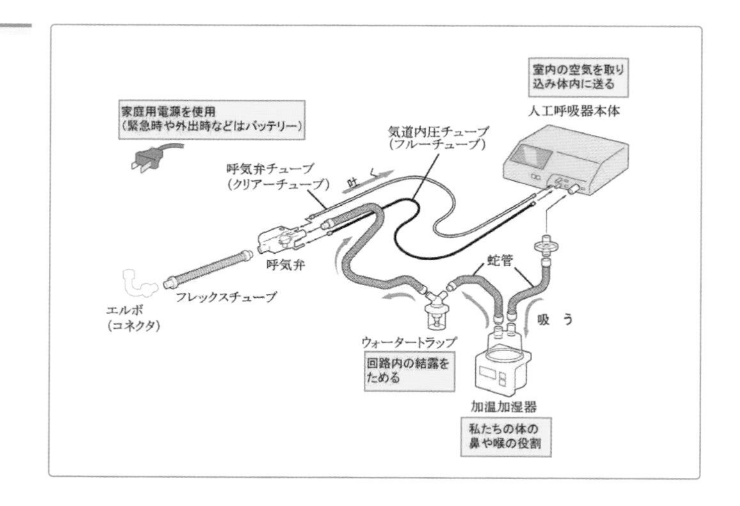


人工呼吸器のしくみについて説明します。

人工呼吸器は、一定の圧力をかけて酸素を肺に送り込む器械です。

人工呼吸器は、器械本体とチューブや蛇管（じゃかん）などの回路をつなげて使用します。

すなわち、室内の空気を取り込んでフィルターできれいにしたものを、加湿器で加湿してから肺に送り込みます。つまりこの部分は、私たちの鼻やのどの役割をしています。必要な場合、高濃度酸素を回路の途中で取り入れ、吸入酸素の濃度を高める場合もあります。吸う空気、吐く空気が一定の方向に流れるように弁がついており、回路内にたまった結露を集めて廃棄するウォータートラップという部分もついています。

回路はチューブや蛇管、部品を接続して作られているので、この接続がゆるんだりはずれたりすると、空気が漏れてしまいます。また、チューブがねじれたり折れたりすると、回路内に圧力がかかります。このように設定した通りの空気が流れていない場合などには、人工呼吸器はアラームを鳴らして異常を知らせてくれます。

Ⅲ-37

## 人工呼吸器回路の実際

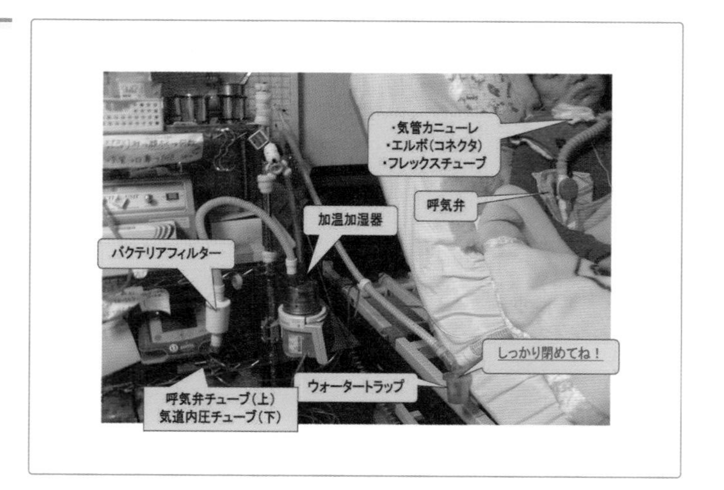


この写真は、実際に人工呼吸器を装着している場面です。

Ⅲ-38

## とくに知っておくべき知識

- 電源スイッチの部位

- 交流電源が使用されていることを示す表示

- 各種アラーム表示の位置
アラーム消音ボタンの位置

- 気道内圧メーターの表示部位

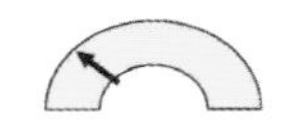

あるいはデジタル表示

人工呼吸器でとくに知っておくべき知識としては、電源スイッチの位置、交流電源が使用されていることを示す表示、各種アラーム表示の位置、アラーム消音ボタンの位置、気道内圧メーターの表示部位等が挙げられます。

とくに、担当する人の日頃の気道内圧がどのくらいかを知っておくことが必要です。

Ⅲ-39

## アラームの意味

**アラームが鳴り続ける**

低圧アラーム・・・どこかに漏れがあり、肺に入る空気が少なくなっている
→回路接続のはずれ、ゆるみ、カニューレのはずれ

高圧アラーム・・・回路のどこかにつまりが生じたために圧が上がっている
→たんのつまり、チューブねじれ、閉塞

AC電源不良アラーム・・・電源プラグのはずれ、破損

呼吸器は設定通りに換気が保たれないと、アラームを鳴らして異常を知らせてくれます。

低圧アラームは、回路の接続がはずれたり、ゆるんでいたりして空気が漏れたり、気管カニューレが抜けかけていて、設定した量の空気が入っていない時などに鳴ります。

高圧アラームは、一定の圧力以上の力が回路のどこかに加わったことを教えてくれます。気管カニューレにたんがつまったり、チューブがねじれていて空気の流れをさえぎると、そこに圧力がかかるので高圧アラームが鳴ります。気管カニューレの先端が気管の壁に無理な当たり方をしている時にも鳴ります。

また、AC電源不良アラームは、電源プラグのはずれや破損、停電などによって家庭用交流電源が使用できない状態で鳴ります。この場合、内部バッテリーや外部バッテリーが付属していれば、それにより器械が動くことに

なります。

なお、器械の取扱いについては、説明書等を確認しておいてください。

## Ⅲ-40 加温加湿器・ウォータートラップ

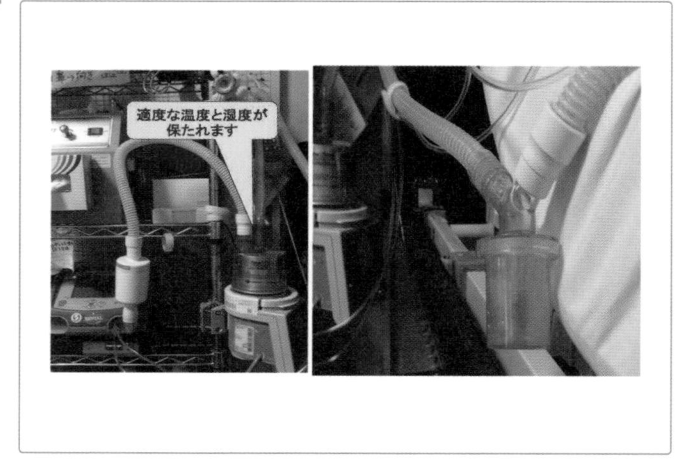


左の写真は、空気を温め加湿してから体に送るための加湿器です。私たちの鼻や口にあたります。

温めたり加湿した空気は回路内で結露を生じます。この水滴が気管内に入ってしまわないようウォータトラップに余分な水分が落ちてたまるようになっています。

ウォータートラップの水がたまったら捨てますが、その際、蓋がきっちりと閉まっているかどうか確認してください。締め方がゆるいとそこから空気が漏れて、呼吸が苦しくなり危険です。

## Ⅲ-41 排痰補助装置（カフマシン）

**排痰補助装置（通称カフマシン）**

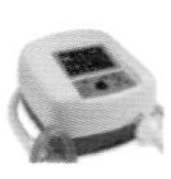

✓神経筋疾患では排痰のための標準的治療
✓重度児への応用が開始されている

✓普通の吸引より効果的
✓気管切開から　または、マスクから
✓呼気介助を併用することで排痰効率があがり、深呼吸の代わりになるので胸郭拡張促進効果もある
✓気道に陽圧を1-4秒加えた後、急速に陰圧へシフトし呼気を促す
✓肺からの高い呼気流速が得られ、上気道・気管支・肺の貯留痰を除去可能
✓保険適応あり（H22.4月から）、排痰補助装置加算1,800点
<合併症>　気胸、不整脈、嘔吐　など

最近は在宅でも排痰補助装置が使用されるようになってきました。インエクスサフレータ（MI-E　In-Exsufflator）は通称カフマシンと呼ばれています。種々の機種が使用できるようになっています。

以前から筋ジストロフィーなどの神経筋疾患では排痰のための標準的治療法となっていましたが、近年は、重症心身障害児者や小児の神経筋疾患への利用が広がってきました。気管切開をしている場合も使用でき、マスクにより気管切開をしていない場合にも使用できます。呼気介助を併用することで排痰効率が上がり、深呼吸の代わりになるので胸郭拡張促進効果もあります。具体的には、吸気に合わせて気道に陽圧を1～4秒加えた後、急速に陰圧へシフトし呼気を促します。肺からの高い呼気流速が得られ、上気道・気管支・肺へ貯留したたんを除去することができます。2010（平成22）年から保険適用となり、在宅人工呼吸療法を実施している場合は排痰補助装置加算が算定できます。

合併症には、気胸や不整脈、嘔吐などがあります。利用開始時には慎重な評価が必要です。

Ⅲ-42

## 人工呼吸器使用者の支援上の留意点

- 室内の清潔←**呼吸器本体は室内の空気を吸い込んでいる**
- 回路の接続のはずれ、チューブ類のねじれに注意
  **↑空気が漏れたり、酸素が届かず換気ができない**
- **吸引時にコネクターをはずしたり、つけるときに**回路内の水滴が利用者の気管カニューレ内に落ち込まないよう気をつける（肺炎予防の上で重要）。
  **また、コネクターをつけた後、いつもどおりの作動音がする、利用者の胸が上がっているかを確認**
- 呼吸器本体の電源プラグをはずさない、作動スイッチを触らない
  **←設定が変わってしまう、危険！**

人工呼吸器使用者への支援で留意することを述べます。

人工呼吸器のしくみで説明したように、呼吸器の本体は室内から吸い込んだ空気を利用しています。もちろんフィルターを通して、汚れを除去したものを送るようになっていますが、埃や汚れなどが呼吸器に入らないよう、室内を清掃し、清潔を保つことが必要です。

また、呼吸器の回路の接続がねじれたり、はずれてしまっては、空気が届かなかったり漏れを生じて十分な換気ができません。

チューブの上に物が乗っかってつぶれたり、体の向きを変えたときに体の下に挟まったり、着替えの時に回路がはずれてしまったりしないよう、回路はゆるみをもたせて慎重に扱うようにしましょう。

呼吸器は吸引の時に、気管カニューレとコネクターをはずしたり、つけたりします。この時に回路内の水滴が気管カニューレ内に落ち込まないよう、ゆっくりはずしたり、つける前にフレキシブルチューブを空中ではらって、水滴を取り除くなどしてください。肺炎予防の上で大変重要な点です。再びつけた後には、空気がきちんと体に送られているか、胸の上がりを見て確認するようにしましょう。

呼吸器の電源は家庭用プラグから供給しています。誤ってプラグを抜いてしまうことのないように十分気をつけましょう。呼吸器には設定ボタンやダイヤルがついていますが、設定は利用者の状態に合うように決められています。誤って触って設定が変わってしまうことのないように注意しましょう。

Ⅲ-43

## 緊急時の対応

・人工呼吸器が作動していても胸の上がり下がりがない
・呼吸が苦しいという訴え、苦しそうな表情
・顔色が悪い
・吸引した時に赤いたんが引ける
・気管カニューレが抜けた
・人工呼吸器のアラームが鳴りやまない
・停電などで、人工呼吸器が動かなくなった
・いつもの作動音と違う

緊急時の連絡先

対応方法
を確認しておく

人工呼吸器を装着している方に対して、緊急に対応しなくてはならない状況としては、

- 人工呼吸器が作動していても胸の上がり下がりがない
- 呼吸が苦しいと訴える、苦しそうな様子がある
- 顔色が悪い
- 吸引した時に、赤いたんが引けてくる（付着する程度以上）
- 気管カニューレが抜けてしまった
- 人工呼吸器のアラームが鳴りやまない
- 停電などで、人工呼吸器が動かなくなった
- いつもの作動音と違う

などがあります。このような時には、すぐに適切な対応が必要です。

普段から緊急時を想定し、対応方法を取り決めておくようにしましょう。

Ⅲ-44

## 蘇生バッグ（アンビューバッグ、自己膨張式バッグ）

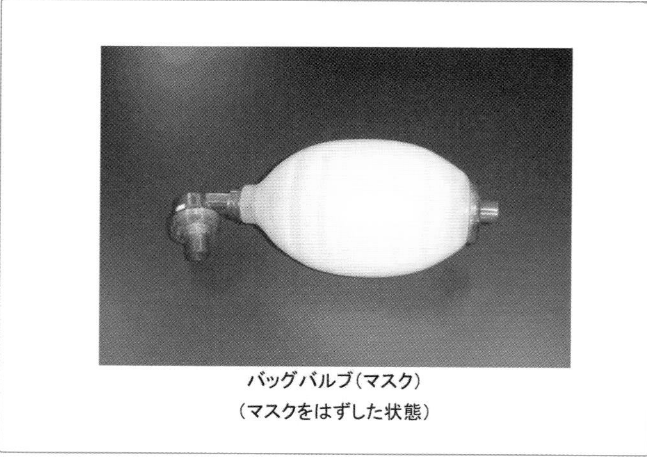

バッグバルブ（マスク）
（マスクをはずした状態）

手動で、空気を送り込むためのバッグです。

人工呼吸器を使用している利用者では、バッグによる手動の換気が使われるケースがあります。使用される主なケースは、日常生活の場では人工呼吸器の回路の交換時、車いすやベッド等への移動時、入浴や外出時です。このほか、災害等に原因するものも含め、停電時、

人工呼吸器のトラブル時など、緊急を要する場合です。

使用する蘇生バッグは、アンビューバッグあるいは自己膨張式バッグとも呼ばれます。

気管切開を行っている利用者の場合、このバッグを、気管カニューレやフレキシブルチューブに直接つないで人工呼吸を行うことができます。

介護職員等に認められた行為ではないのですが、緊急を要するケースもあり、医師、看護師、家族と協働・連携して介護をしていく上で、手動で人工呼吸に対応するバッグに関する知識をもっていることは、きわめて有用なことです。

バッグを使用する上で留意してほしい点は、バッグの押す力・速さによって、利用者に送られる空気の量や圧力が変化する点です。無理な加圧は避けましょう。そのため、利用者のふだんの換気量と呼吸回数を覚えておく必要があります。

Ⅲ-45

## 蘇生バッグ使用の予備知識

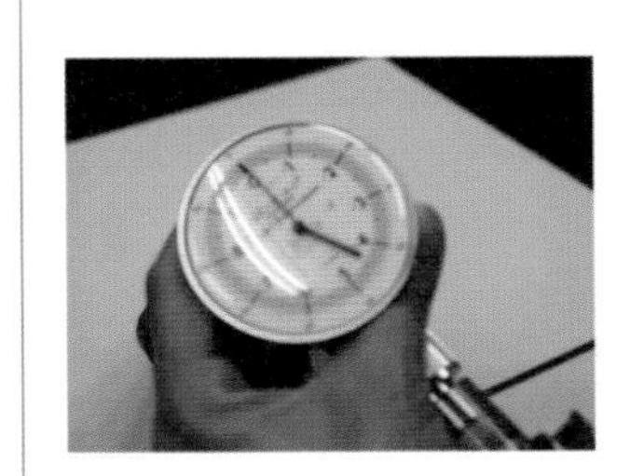

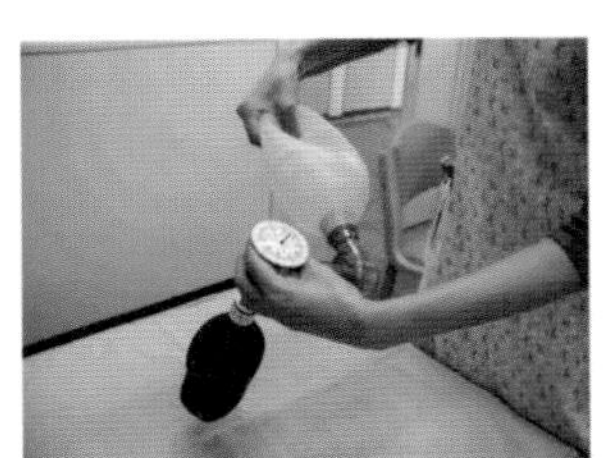

換気量計やテストラング(ゴム製の袋)があれば、片手でどのくらいの力でバッグを押せば、指示された換気量に近いか、確認できるでしょう。

換気量計やゴム製の袋があれば、片手でどのくらいの力でバッグを押せば、指示された換気量に近いか、事前に予備知識として確認しておくことができます。

バッグを使用する時は、あわてないで以下のことに注意しましょう。

①1分間に12回の呼吸器ならば、5秒ごとに片手でバッグを1～2秒かけて押し、その時利用者の胸が膨らむのを観察しましょう。

②次に、バッグから速やかに手を離すと、胸がしぼんで呼気に移行します。

③この操作を繰り返します。

利用者の表情の観察、パルスオキシメーターの値も参考にします。

コラム **アンビューバッグを押す**

アンビューバッグは、気管内に挿管することのつぎに重要な医師の「蘇生法」の一つです。人工呼吸器が広く普及するまで、医師は一晩中でもバッグを押し続けることがありました。押している限り呼吸路は確保されます。非医療職にも緊急時にやらざるをえないことも想定されます。できれば人形を使って一度体験することを勧めます(S)。

Ⅲ-46

# 特定行為（たんの吸引、経管栄養）以外のケア

特定行為以外の医行為については、看護師等が行うものであるが、看護師等の管理下においては、教員等が例えば酸素吸入等を行っている児童生徒等の状態を見守ることや機械器具の準備や装着を手伝うことなどが考えられる。このような対応を行う場合には、見守り等の際に考えられる状態の変化に対してどのような対応をとるか、あらかじめ学校内で決定しておくことが必要である。

文部科学省『特別支援学校等における医療的ケアへの今後の対応について』（平成23年12月9日特別支援学校等における医療的ケアの実施に関する検討会議）より抜粋

特定行為以外の医行為については、教育委員会の指導の下に、基本的に個々の学校において、個々の児童生徒等の状態に照らしてその安全性を考慮しながら、対応可能性を検討すること。その際には主治医又は指導医、学校医や学校配置の看護師等を含む学校関係者において慎重に判断すること。

『特別支援学校等における医療的ケアの今後の対応について』（平成23年12月20日23文科初第1344号文部科学省初等中等教育局長通知）より抜粋

酸素療法と人工呼吸療法と緊急時の対応について説明しました。

慢性的な呼吸不全や心臓疾患などのために酸素療法を継続しながら安定した状態で学校や通所施設に通う人が増え、人工呼吸療法を受けながら在宅で生活し、学校や通所施設に通う人も増えてきました。

介護職員等に認められている特定行為は吸引と経管栄養の二つのみです。酸素療法や人工呼吸療法については、介護職員等による実施項目には入っていません。

酸素療法を学校や通所施設でも継続している児童生徒や成人について、学校や通所施設で酸素ボンベを交換したり、設置してある酸素濃縮器につなぎ替えたり、その後に酸素の流量を指示通りに設定するなどのことは、基本的に看護師の役割です。人工呼吸療法の管理も同様です。

しかし、一般的に介護職員等が看護師の手伝いをすることや、その後の本人の状態把握、または酸素濃縮器や人工呼吸器の作動状況やチューブが外れないかを、介護職員等のみで見守ることは差し支えないとされています。ですので、状態が比較的安定している人について、安易に「酸素吸入等への対応は介護職員等ができない」と判断するのではなく、その人や学校や施設の実態等に応じた対応を検討することも大切です。

主治医による指示、学校医や指導医、嘱託医など医師による確認、学校・施設内での確認検討、安全に行えるための条件整備などを行い、介護職員等がこのようなかかわりを行う場合の手伝いや見守りのためのマニュアルやチェックリストをしっかりと作成し、安全かつ確実に行われるための研修も必要です。そのような手順を踏みながら、「本人にとって最善の利益は何か」を判断の基本としながら、対応を進めることが必要です。

## コラム 酸素療法のいま

この10年で医療的ケアに関係した治療で格段に増えたのが酸素療法です。在宅医療の大きな武器として、酸素濃縮器や液化酸素装置の登場があります。そして、効果判定には、すでにどこでも普及し、安価になったパルスオキシメーターが用いられています(S)。

# 2 たんの吸引(基本)

次に、たんの吸引について説明します。

## Ⅲ-47 呼吸が楽にできるための日常生活での対策

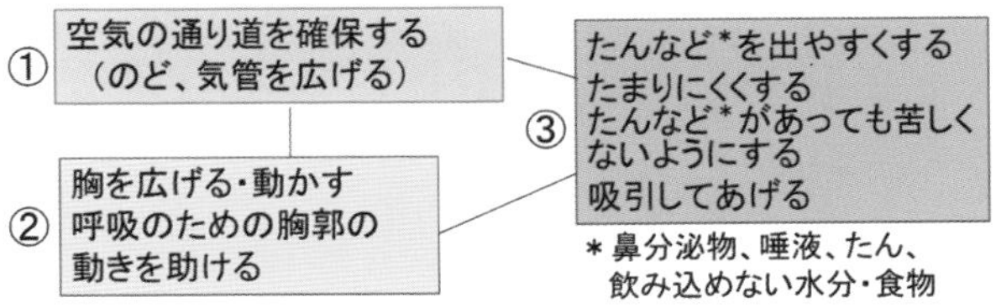

① 空気の通り道を確保する（のど、気管を広げる）

② 胸を広げる・動かす 呼吸のための胸郭の動きを助ける

③ たんなど*を出やすくする たまりにくくする たんなど*があっても苦しくないようにする 吸引してあげる

＊鼻分泌物、唾液、たん、飲み込めない水分・食物

・姿勢を整える、姿勢をつくる一あご、首、全身
・胸郭の周辺の緊張を和らげる、呼吸の運動の援助
・加湿、吸入(ネブライザー)
・充分な水分摂取
・吸引

呼吸が楽にできるために日常生活で可能な支援のポイントは、次の3つです。

①気道がしっかり開いているようにすること（とくに、のどを広げる）

②換気（空気の出入り）のための胸郭や横隔膜の動き（胸郭呼吸運動）がしっかりできるようにすること（胸を広げる、動かす）

③たんなどの分泌物が呼吸を阻害しないようにすること

このようなかかわりの一つが、たんなどの吸引です。

## Ⅲ-48 たんの内容

一言で、“たん”と言っても、それには、大きく
● 唾液(つば)
● 鼻汁(はなみず)
● 痰(狭い意味でのたん)＝咽頭・喉頭・肺・気管から、分泌・排出される、分泌物、老廃物、小さな外気中のゴミ、誤嚥したもの等を含んだ粘液

が含まれます

●嚥下障害が重ければ、嚥下しきれない(飲み込みきれない)食物や水分も混じります
●胃食道逆流があれば、胃から逆流してきた胃液や栄養剤も含まれます

一言で“たん”といっても、それには唾液（つば）、鼻汁（はなみず）、狭い意味でのたん（つまり、のど・肺・気管から排出される老廃物や小さな外気のゴミを含んだ粘液）の3つが含まれます。

狭い意味でのたんは、咽頭・喉頭・気管気管支・肺で分泌されたものですが、経口摂取して

いれば、嚥下しきれない食物と水分も混じります。

胃食道逆流を伴っていれば、逆流してきた胃液や栄養剤も含まれます。

たんの吸引は、これらすべての分泌物を総称した広い意味でのたんを吸引する行為を表しています。

Ⅲ-49

## 狭義のたんを生じて排出するしくみ

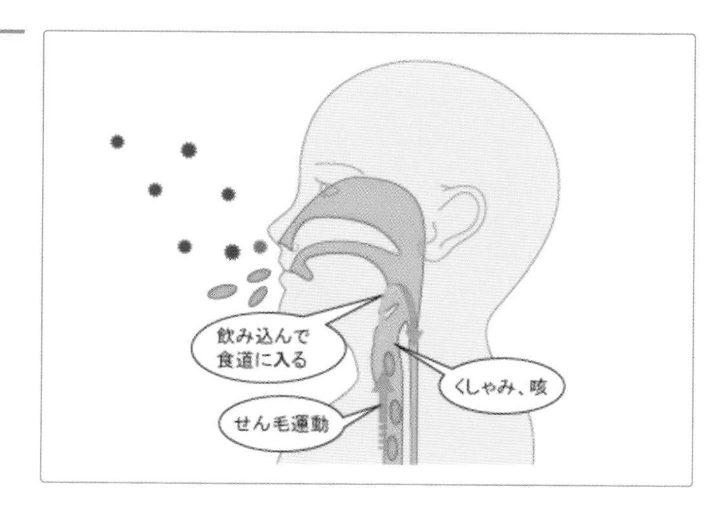


まず、肺や気管から出てくる狭い意味のたんについて考えてみましょう。

私たちは、鼻や口から吸う空気と一緒に、ホコリや多少のばい菌も吸い込んでいます

吸い込んだホコリは、鼻毛などのフィルターを通して、ある程度取り除かれて咽頭から喉頭、気管に向かいます。

この気管の表面はせん毛をもった上皮とその上の粘液でおおわれ、気管の奥から喉の方へ動くせん毛運動によって、異物をとらえた粘液を外に押し出そうとします。

Ⅲ-50

## ほとんどは飲み込んでいる

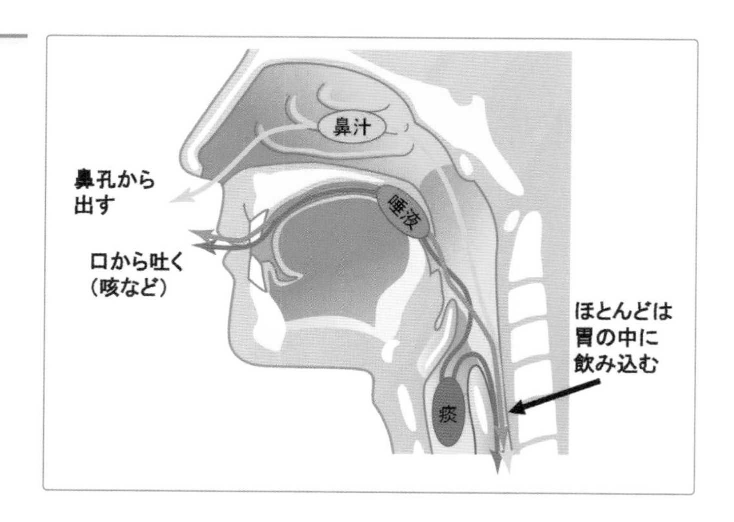


私たちは、鼻をかんで鼻水を鼻の穴から排泄したり、口からの唾液を吐いたり、たんをクシャミや咳などで口から排泄することがありますが、通常これらの量は少量で、ほとんどは無意識のうちにこれらの分泌物を胃の中に飲み込んでいると言われています。

Ⅲ-51

## たんがたまる場合

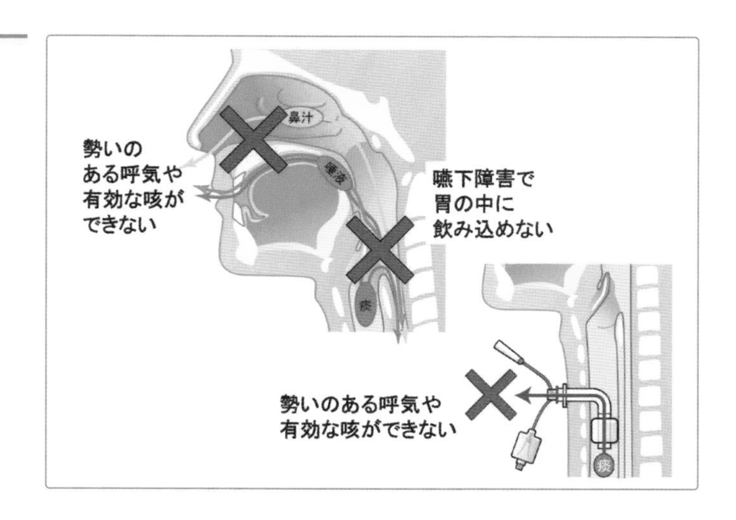


しかし、何らかの原因で、勢いのある呼気や、有効な咳ができない場合、また嚥下障害で胃の中に飲み込めない場合、これらのたんが、局所にたまってきます。

また、気管切開をされて、喉から気管内に気管カニューレという器具が挿入されている人では、勢いのある呼気や有効な咳ができない場合、たんは気管カニューレや気管支、肺内にとどまってしまいます。

Ⅲ-52

## なぜ吸引が必要なのか

- 各種分泌物やたんが気道にたまって、気道を狭窄し、窒息や呼吸困難をきたす。
- 気管カニューレ内はせん毛がなく、たんが上がってきにくい。
- 上気道内のたんや分泌物の誤嚥をきたして肺炎を引き起こし、さらにたんの量が多くなる（悪循環）

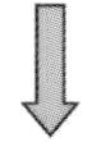

**吸引によって排出を助ける必要がある**

このような場合、各種分泌物やたんが気道にたまって気道を狭窄し、窒息や呼吸困難をきたします。また気管カニューレ内は、気管内のようにせん毛がないため、たんが上がってきにくい状態にあります。さらに上気道内のたんや分泌物の誤嚥をきたすと肺炎を引き起こし、さらにたんの量が多くなるといった悪循環を引き起こします。したがって、私たちは吸引器を使って、たんの排出を助けてあげる必要が出てくるのです。

吸引には、鼻の穴から吸引カテーテルを入れる「鼻腔内吸引」、口に吸引カテーテルを入れる「口腔内吸引」、気管切開をしている人の場合には気管カニューレ内に吸引カテーテルを入れる「気管カニューレ内吸引」があります。

Ⅲ-53

## たんなどの分泌物への対応

・たんなどが出やすいような姿勢を保持－側臥位、腹臥位
・たんなどが貯留しても苦しくならないように上気道を広げる
・たんを軟らかく切れやすく（出やすく）する
　・全身的な水分補給
　（体が潤ってたんが出やすくなるようにする）
　・空気の加湿
　・吸入（ネブライザー）
　・薬（去痰剤等）
・体を動かしたんを出やすくする
・呼吸運動を介助し換気を促進する
・適切な吸引

基本的な考え方
吸引しなくてもすむ状況をどのようにつくっていくかをしっかりと実践する。その中で必要最小限の医療的な対応として吸引を行う。

たんなどへの対応は、まず、側臥位や腹臥位などのたんが出やすいような姿勢を保持して、体位ドレナージでたんを出しやすくします。

次に、たんが貯留しても苦しくならないように上気道を広げます。

たんを軟らかく切れやすく、出やすくするためには、体が潤ってたんが出やすくなるように全身的な水分補給、空気の加湿、吸入ネブライザー、去たん剤などの薬を使用します。

体を動かしたんを出やすくします。また、呼吸運動を介助し換気を促進することも排たんへつながります。

その上で必要であれば、吸引を行うこととなります。

基本的な考え方として、吸引しなくてもすむ状況をどのようにつくっていくかをしっかりと実践し、その中で必要最小限の医療的な対応として吸引を行うようにしていくということが大事です。とくに学校や通所施設では、教員や介護職員のかかわりとして、この点が重要です。

Ⅲ-54

## どんな時に吸引する？

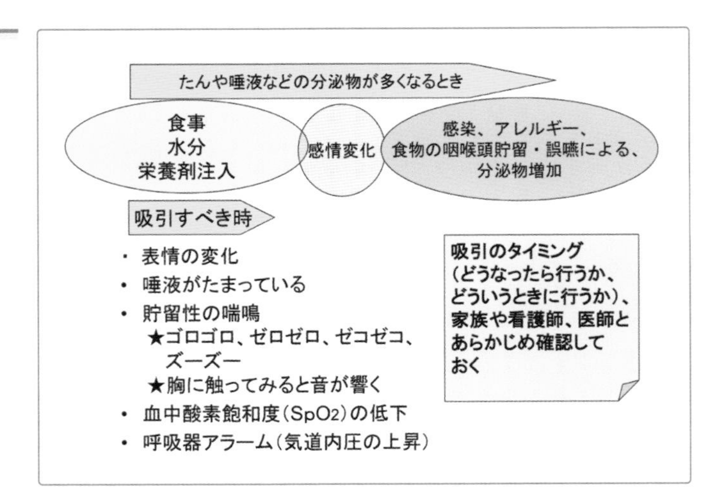


吸引は、どのような時に行うのでしょう？

まず、たんや唾液などの分泌物がたまった時に行います。

具体的には、たんや唾液などの分泌物は、

食事や飲水などからの刺激や、感情が変化した時に多くなります。また、感染、アレルギーなどでも多くなります。

食事や水分摂取中に、飲み込みきれないと、食事、水分がのどの奥にたまったり、気管に少し入り、その刺激によっても分泌物が増えたりします。

次に吸引すべき時とは、どのような時でしょう。

第一は、表情などで本人が吸引を希望している時です。この要望を素早くキャッチする必要があります。

唾液が口の中にたまっている時は、口腔内吸引の必要があります。上気道でゴロゴロとした音がしたり、酸素飽和度の値がいつもより低い時、呼吸器のアラームが鳴っている時には、たんがたまって呼吸がしにくくなっていることが考えられます。このような時は、状態をさらに確認しながら、吸引を行うことが必要になります。

学校や施設に到着した時、食事や経管栄養の前、その後など、時間を決めて吸引する場合もあります。

吸引のタイミングについては、日頃から家族や医師、看護師と相談しておく必要があります。

Ⅲ-55

## 呼吸に異常がある時の症状

**喘鳴（ぜんめい、ぜいめい）**
　　**狭窄性（ガーガー、カーッカーッ、グーグー、ゼーゼー、ヒューヒュー）**
　　貯留性（ゼロゼロ、ゼコゼコ、ゴロゴロ、ズーズー）
　　貯留性の喘鳴がある時には、吸引の必要性を考える
**呼吸が速く浅くなる**
**陥没呼吸・努力呼吸、閉塞性無呼吸**
　　**胸骨上部や肋骨下が陥没**
　　**下顎呼吸、鼻翼呼吸**
**口唇・爪チアノーゼ**
**心拍（脈拍）数が速くなる**
**意識混濁　顔色不良　酸素飽和度（$SpO_2$）低下**

喘鳴（ぜんめい、ぜいめい）というのは、呼吸に伴って出てくる音のことですが、この喘鳴がどのようなものかによって、吸引の必要性を判断することが大事です。

ガーガー、カーッカーッ、グーグー、ヒューヒュー、ゼーゼーという喘鳴は、分泌物がたまっているためでなく、気道が狭くなっているために出てくる音なので、吸引するのではなく、気道を広げてあげる対応を行います。

ゼロゼロ、ゼコゼコ、ゴロゴロ、ズーズーといった音がする時には、たんなどがたまっているための喘鳴ですので、吸引が必要な可能性があります。この喘鳴は耳ではっきり聞こえなくても、胸に触ってみて感じ取ることもできます。

Ⅲ-56
# たんの性状

| 通常のたん | 異常があるときのたん |
| --- | --- |
| ・無色透明～やや白っぽい<br>・やや粘り気<br>・においなし | ・濁りが強い<br>・黄色っぽい、緑色っぽい<br>・うっすら赤い、明らかに赤い<br>・粘り気がある、逆にサラサラしている<br>・いつもより量が多い<br>・粘り気が強い、硬い |

たんの性状は、吸い込んだホコリやばい菌の種類や量によって変化します。

通常のたんは、無色透明からやや白っぽくて、やや粘り気があります。においはありません。

ばい菌に感染している場合には、濁りが強く、黄色や緑色っぽく粘り気のあるたんが多く出ます。この場合にはにおいがします。

アレルギーなどで分泌物が亢進している時にはさらさらして量が多くなります。

口や鼻、気管などに傷がついている場合には、赤いたんになります。通常少量の血液が混じっている程度ならば問題ありませんが、真っ赤なさらさらなたんでは、緊急を要する出血をしている場合があります。

たんが硬い時は、感染でたんの粘り気が強い場合や、体内の水分が不足している場合があります。

Ⅲ-57
# 吸引により起こりうること

- 吸引される子どもの苦痛
- 口腔内、鼻腔内、気道の損傷・出血
- 刺激による嘔吐
- 低酸素状態……顔色不良
  血中酸素飽和度の低下

不快
痛い

→ 排たん法などを併用し、1回に十分な量の吸引ができるようにして吸引回数を減らすべき

- 不潔な操作による感染

吸引は、たまった分泌物を取り除き空気の通り道をよくして呼吸を楽にしますが、吸引カテーテルを挿入して圧をかけて吸引するのですから、吸引される方には苦痛が伴います。

例えば、口や鼻にチューブが入ってくるのですから、不快だったり、痛みがあることは容易に想像できます。

口腔内や気管内の粘膜は柔らかく、鼻の奥

にはたくさんの細かい血管があります。したがって、硬いカテーテルが入ることで傷つくことがありますので、挿入する場所やカテーテルの深さは決められたとおりにする必要があります。

また、人工呼吸器治療の場合では気管内吸引の際には呼吸器をはずしていますので、その間、酸素や空気が入ってきません。そのために、吸引時間が長引くと低酸素の状態になります。ですから、私たちは吸引される人の表情や顔色、パルスオキシメーターがあれば酸素飽和度の低下がないか、十分に注意しながら行う必要があります。

以上のように、吸引は多少なりとも利用者の苦痛を伴う行為であることを銘記し、排たん法などを用い、1回に十分な量の吸引ができるようにして、吸引回数を減らす努力が必要です。

また吸引は、口や鼻、気管の中に直接カテーテルという異物を入れる行為です。汚染した手や器具などを使用して吸引すれば、ばい菌を口や鼻、気管に入れる機会にもなってしまいます。ですから、清潔な手や器具、環境の中で行うことが何よりも重要です。

Ⅲ-58

## たんの吸引をする部位の解剖

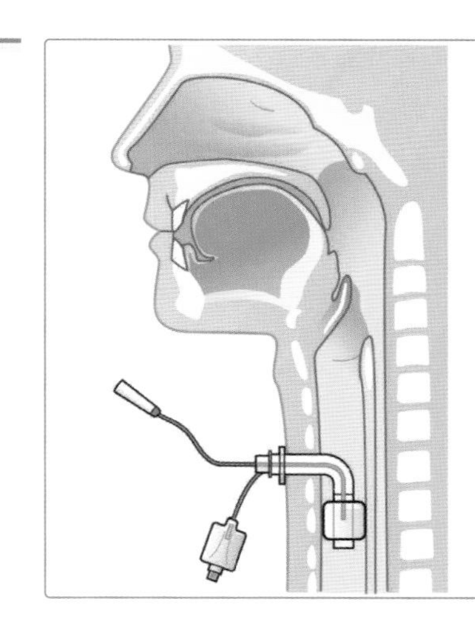

顔と首の部位を、鼻を通る正中線で2つに割り、右側の部位の内側を示した図

首の部分には、気管カニューレが気管内に挿入されている

ここで、みなさんが吸引をする部位の解剖をまとめてみましょう。

この図は、顔と首の部位を鼻を通る正中線で２つに割って、右側の内側を示したものです。首の部分には気管切開がなされ、気管カニューレが気管内に挿入されています。

### コラム　たんの吸引

一番強調したいのは、吸引そのものは快適に過ごすためのものですが、吸引される側は不快な行為だということです。できるだけ最小限の回数にすること。間違っても「定時吸引」として、時間を決めて不要な場合でも吸引するようなことがないよう必要最小限の回数を心がけましょう。

気管内吸引の場合、非医療職はカニューレ内吸引と決められています。自宅では母親が実施しています。母親は、夜間などにサチュレーションが低下したり、吸引しても回復しない時にどうするかは、前もって主治医の指示を求めておく必要があります。気管切開術の初期のころ、夜間にカニューレそのものがたんで詰まって救急搬送されたことが一度ではありませんでした(S)。

Ⅲ-59

# 鼻中隔

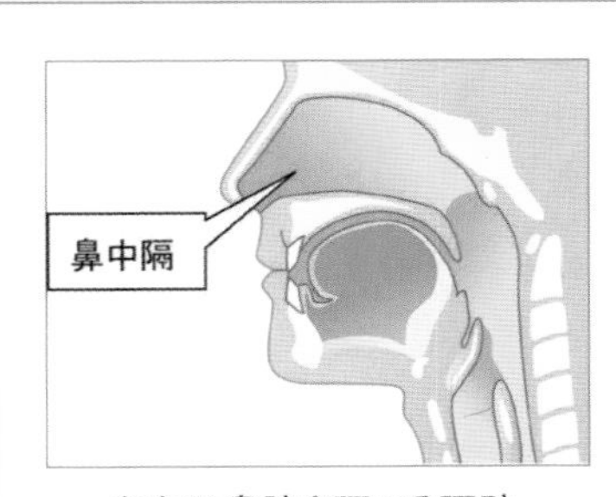


左右の鼻腔を隔てる隔壁
左右に弯曲すると、
鼻中隔弯曲と言い、
鼻腔を狭くし、その側の
吸引がしづらくなる

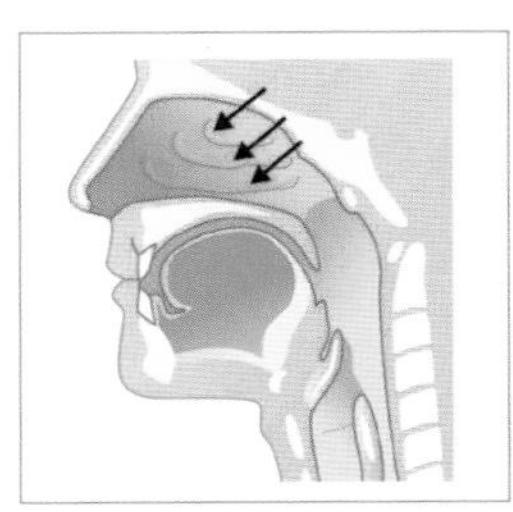

鼻中隔を取り払った図

鼻腔内には、
上、中、下鼻甲介という
垂れ下がった大きなヒダ
が存在する

鼻腔を正中で隔てる軟骨の隔壁を鼻中隔と呼んでいます。この鼻中隔が左右に弯曲すると、鼻中隔弯曲と言い、一方の鼻腔を狭くし、その側の吸引がしづらくなります。

鼻中隔を取り除くと、左右の鼻腔内には、上、中、下鼻甲介という垂れ下がった大きなヒダが存在します。甲介は、鼻粘膜で覆われていて、外から入る空気中のゴミを取り除き、空気をあたため湿り気を与える重要な働きをもっています。

Ⅲ-60

# 鼻腔と口腔

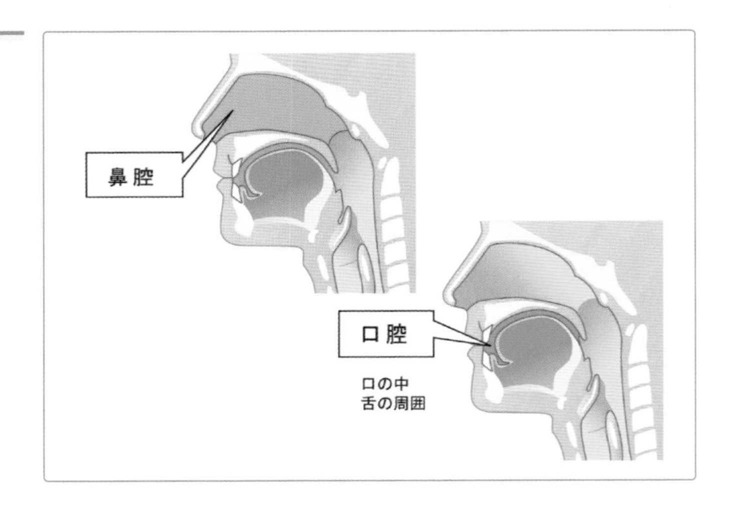


鼻汁は鼻腔の奥の方にたまりやすくなっています。鼻腔は、介護職員や教員に吸引が許可されている部位です。

次に介護職員や教員が吸引する場所は口の中、口腔です。唾液が、舌の上下面、頬の粘膜との間にたまるので、この部位を十分吸引します。

Ⅲ-61

## 咽頭

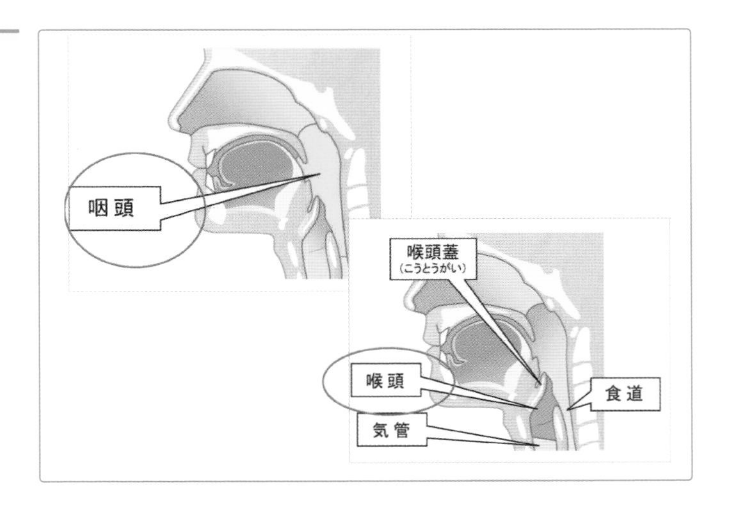


のどは、咽頭(いんとう)と、その奥の喉頭とがあります。

咽頭は、口蓋垂の奥、鼻腔から、喉頭(こうとう)へ続く間のスペースで、細長い筒状の構造となっており、上咽頭、中咽頭、下咽頭に分かれます。鼻腔からの空気と口腔からの食べ物の通り道で、よくたんがたまりやすい所です。鼻腔と上咽頭、口腔と中咽頭との境界は明瞭なものではありません。

喉頭は、気管の入り口となっており、気管を守るとともに、声帯があって声を出している場所です。食べ物を飲み込む時、食べ物が気管に入らないように、喉頭蓋が傘の役割をし、また声門を閉じ、食事は気管に入らないようになっています。この動きに支障をきたすと、食べ物が喉頭から気管の方に入り、いわゆる誤嚥(ごえん)を起こしてしまいます。

Ⅲ-62

## 梨状窩の刺激に注意

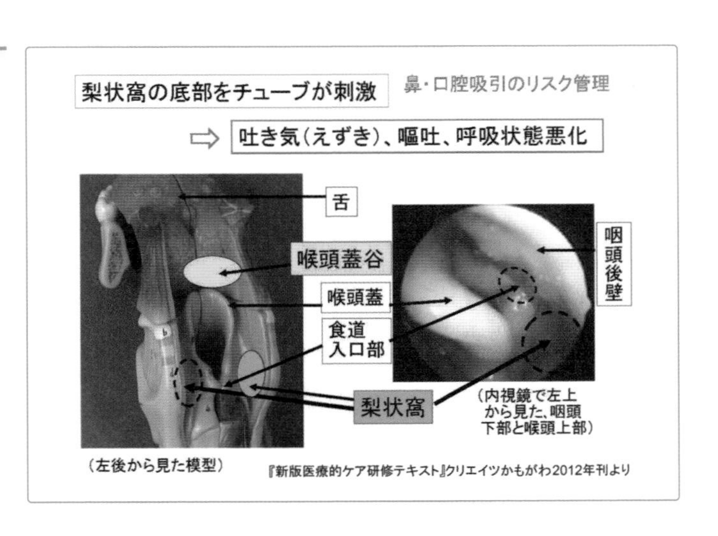


咽頭の下部には食道の入り口の両側に梨状窩があります。

チューブ先端が梨状窩にぶつかると、その刺激で吐き気や嘔吐を生じることが多くあります。

Ⅲ-63

## 挿入した吸引カテーテルの行き先とリスク1

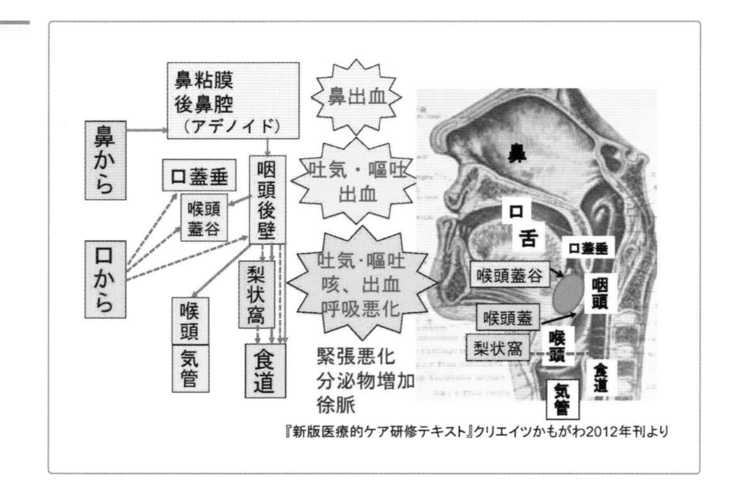

『新版医療的ケア研修テキスト』クリエイツかもがわ2012年刊より

吸引にあたっては、カテーテルの経路と行き先を想定しながら行うことが大事です。

鼻孔から入れたチューブは、鼻を通り後鼻腔から咽頭に入ります。この過程で鼻粘膜、アデノイドなどの損傷、出血を生じることがあります。咽頭ではチューブの刺激により、吐き気、嘔吐、出血などが生じる可能性があります。

鼻から入れたチューブを咽頭の奥に進めると、①喉頭蓋谷にぶつかる、②梨状窩にぶつかる（これが最も多いです）、③食道に入る、④喉頭に入る（さらに声帯を越えて気管に入ることもある）、のいずれかとなります（スライドの赤い実線の矢印）。咽頭の下部には食道の入り口の両側に梨状窩があります。梨状窩にぶつかるとその刺激で吐き気や嘔吐を生じることが多くあります。チューブが喉頭に入ると咳が誘発されることが多く、その咳込みが強いと嘔吐を誘発することがあります。チューブが声帯を刺激すると、喉頭・声帯の攣縮を起こし呼吸困難となることがあります。

チューブが気管に入ると、その刺激による迷走神経反射のために急に徐脈を生じたり、強い咳や、喉頭・気管支の攣縮を生じて呼吸困難になることもあります。

Ⅲ-64

## 吸引のリスク

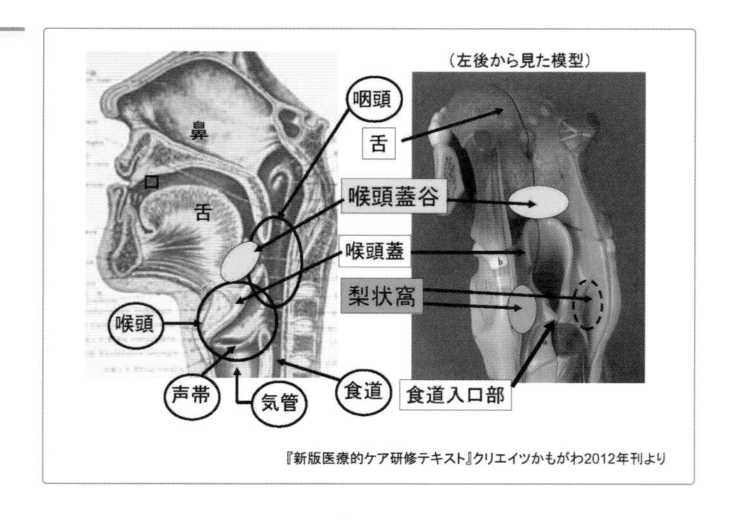

『新版医療的ケア研修テキスト』クリエイツかもがわ2012年刊より

チューブが喉頭に入ると咳が誘発されることが多く、その咳き込みが強いと嘔吐を誘発することがあります。チューブが声帯を刺激すると、喉頭・声帯の攣縮を起こし呼吸困難となることがあります。

## Ⅲ-65 鼻から挿入した吸引カテーテルの、喉頭・気管内への侵入

頸部後屈姿勢、頸が後に反った姿勢で、鼻からカテーテルを入れると、カテーテルが喉頭、気管に入ることがある

重症児者では、頸部後屈が強くなくても、鼻から入れたカテーテルが、気管に入ることがある

喉頭や気管にあるたんが有効に吸引できる

不用意にこれを行うと、事故を生じることがある

・迷走神経反射による徐脈
・呼吸の悪化（喉頭攣縮など）

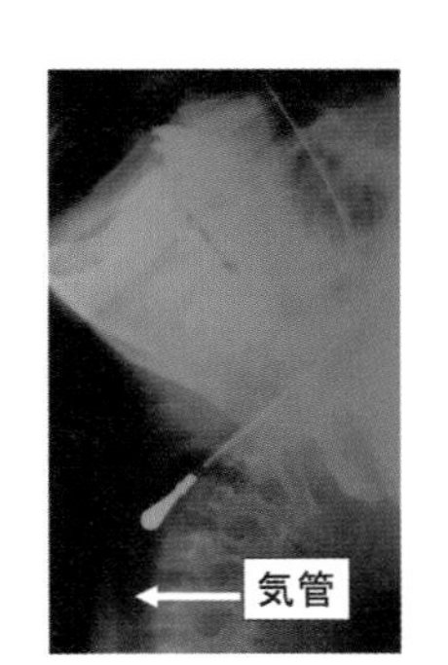


鼻からのチューブの挿入では、頸部後屈姿勢、頸が後に反った姿勢で、頸の角度を調節しながら鼻からチューブを入れると、チューブが喉頭、気管に入ることがあります。とくに重症児者では頸部後屈が強くなくとも鼻から入れたチューブが声門や気管に入ることがしばしばあります。

不用意に行えば、刺激により喉頭声帯の攣縮、気管支の攣縮を起こし呼吸困難を生じる可能性があり、迷走神経反射により急に徐脈を生じることもあります。

このような事故を防ぐためには、鼻から挿入する吸引チューブの長さ（深さ）をきちんと確認、意識し、看護師が行う場合でも、深く入り過ぎないように長さを決めて行う必要があります。こうすることによりこの事故を防ぐことができます。

## Ⅲ-66 挿入した吸引カテーテルの行き先とリスク2

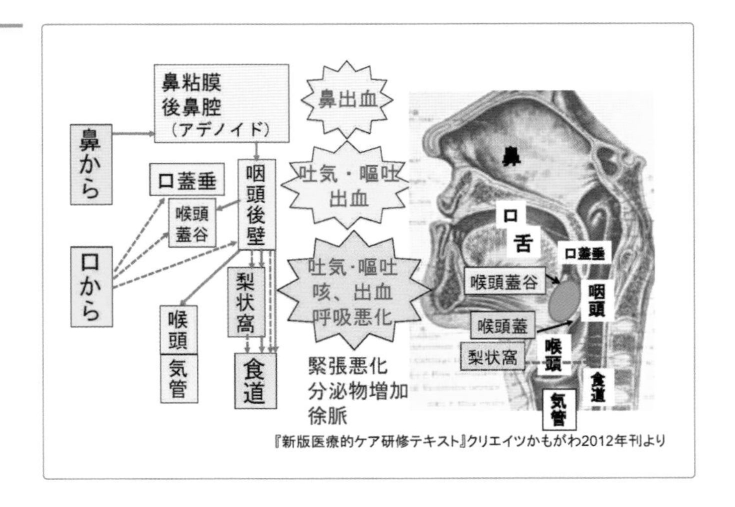

『新版医療的ケア研修テキスト』クリエイツかもがわ2012年刊より

口から入れたチューブは、敏感な人では口蓋垂や咽頭後壁の刺激による吐き気、嘔吐を、鼻からの吸引よりも生じやすいことがあります。

咽頭から奥に進めると梨状窩にぶつかるこ

とが多いのですが、口から入れたチューブが声帯の部分や気管に行くことは、ほとんどありません（スライドの青の点線の矢印が口から入れたチューブの経路）。

鼻からでも、口からでも、吸引の刺激での嘔吐により、胃酸を含む胃液が嘔吐され、それが気管から肺に入ると重症の肺炎を生じることがあります（メンデルソン症候群と称されます）。

吸引は以上のようなリスクについての共通認識をもちながら実施することが必要です。

このようなリスクは個人差があります。

口にチューブが入るだけで緊張が強くなったりと吐き気をきたす人もいます。一方で、チューブが鼻から咽頭の中間まで入っても嘔吐もなく、安全に必要な吸引ができる人もいます。

それぞれの個人差を踏まえながら適切な判断することが必要です。

Ⅲ-67

## 安全で、苦痛が少なく、有効な吸引

リスクをしっかりと想定しながら実施することにより、事故を避けることができる。
有効な吸引であるためには、工夫が必要な場合がある。

- ・タイミング、必要性の判断
- ・本人の受け入れ、納得、意向
- ・吸引カテーテルの選択（カテーテル先端の形状など）
- ・カテーテルを入れる方向
- ・カテーテルを入れる長さ（深さ）
- ・吸引圧の程度、圧のかけ方
- ・吸引の時間（食事・注入中や直後の吸引は避ける等）
- ・実施者の役割分担（看護師、介護職員、教員）

リスクは個人差が大きい。範囲、実施者の役割分担を、適切に判断する。基本は、その人にとっての最善の利益。

吸引は、安全に、苦痛が少なく、かつ有効に、行われる必要があります。

今まで述べてきたような吸引に伴うリスクをしっかり想定しながら実施することが事故の予防につながります。

吸引が有効に行われるための工夫も必要です。

吸引の必要性とタイミングを適切に判断すること、本人の受け入れと納得と意向を尊重すること、適切な吸引チューブの選択（とくに鼻腔吸引、気管切開からの吸引）、吸引チューブを入れる方向やチューブを入れる長さ（深さ）、吸引圧と圧のかけ方を適切にすること、食事・経管栄養注入との時間関係を適切にすること、などが基本的ポイントです。

対象となるそれぞれの人について、特徴（過敏の程度など）やリスク（鼻腔吸引での出血のしやすさなど）を把握し、リスクに応じて役割分担を行う必要があります。

吸引に伴うリスクは個人差が大きいものです。範囲、実施者の役割分担を、一律に機械的に決めてしまうのではなく、それぞれの人にとって必要な吸引が安全にかつ有効に行われるような適切な判断が必要です。判断の基本は、その人にとって最善の利益は何かということです。

Ⅲ-68

# 吸引カテーテルの長さと吸引圧

吸引カテーテルを入れる長さ

鼻腔、口腔とも、対象児者の一人ひとりについて、何cmまで吸引チューブを挿入して良いか、主治医、指導医等による指示の確認、保護者への確認など、確認と取り決めをしておく。

例　対象児　特別支援学校　A君

| | | |
|---|---|---|
| 鼻からの吸引 | 看護師が行う場合 | 14cm |
| | 教員が行う場合 | 10cm |
| 口からの吸引 | 看護師が行う場合 | 10cm |
| | 教員が行う場合 | 7cm |

吸引圧

吸引圧の基本は15〜20kPa(キロパスカル)程度
吸引圧が25kPaを超えないようにする。
<根拠>
低圧では短時間に有効な吸引をすることが困難であり、また高圧では粘膜を損傷する恐れがあるため。

吸引カテーテルを入れる長さ（深さ）については、鼻腔、口腔とも、吸引を受ける一人ひとりの本人により異なります。そのため、何cmまで挿入して良いかなど、主治医等の医師による指示を確認しておく必要があります。また保護者にも指示書に書かれたことを確認しておくことが必要です。

介護職員等が行える吸引は法令上、鼻腔内、口腔内、および気管カニューレ内部となっており、鼻腔内、口腔内についての範囲は、法令の改正通知で、咽頭の手前までとなっています。しかし、先に述べたように、鼻腔と上咽頭との境界、および口腔と中咽頭の境界は、明瞭に線が引けるものではありません。そのため、介護職員等はできるだけ浅い範囲にとどめることを基本とし、深くまで挿入しすぎることがないようにする必要があります。挿入できる長さ（深さ）については、身体の大きさや障害の状態などが一人ひとり異なるため、一律に示すことはできません。それぞれの人ごとに、主治医等の指示に従い、主治医等が安全と確認した範囲で、確実に吸引する必要があります。

吸引圧は、基本は20kPa（キロパスカル）で、25kPaを超えないようにします。

コラム　カニューレが入っていない気管切開（カニューレフリー）の吸引

近年、孔が閉じない永久気管孔でカニューレが挿入されていない気管切開（カニューレフリー）の方が増えてきました。カニューレという異物がなくなることで刺激が減って、たんの量や腕頭動脈ろうのリスクが減り、さまざまな姿勢がとれるようになるなどメリットが多くあります。

一方、たんの吸引等の研修で認められている行為はカニューレ内の吸引です。カニューレフリーの場合は直接、気管支粘膜に触れるため、介護職員等は吸引できません。ただし、永久気管孔から出たたんをティッシュや清浄綿でぬぐい取るのは、鼻水をぬぐうのと同じなので、衛生に配慮した上で行うことは可能です。吸引チューブの先端にオリーブ管を取り付けて永久気管孔から飛び出たたんを吸い出して取ることも問題ありません(SI)。

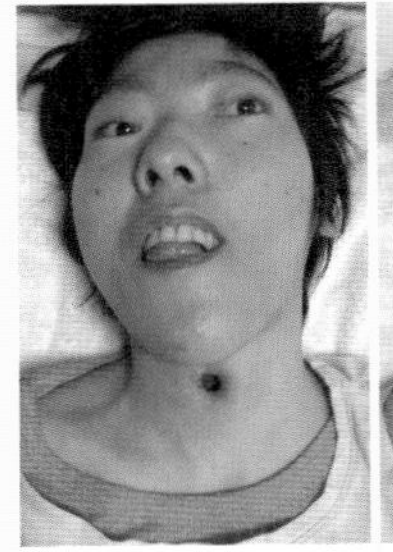

永久気管孔でカニューレがない状態

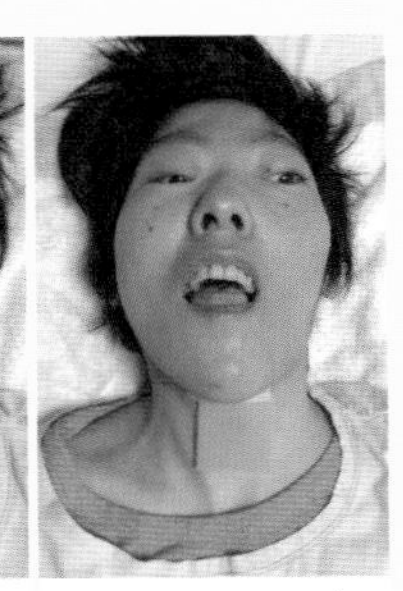

異物侵入を防ぎ、空気を加湿するフィルターを貼った状態

Ⅲ-69

# 口鼻腔吸引の注意点

・適正な方向に挿入
・吸引カテーテルを入れる長さを適正にする
・適正な吸引圧　目安は15～20kPa（12～15cmHg）
　25kPa（20cmHg）を超えないように
・清潔操作
　実施前の手洗い
　非滅菌のビニール手袋を利き手に装着する（毎回、廃棄）
　手袋をして吸引チューブを持つ手と、手袋をせず吸引器のスイッチ操作をする手の、使い分けをしっかり行う
　実施後に手洗い

施設内感染、学校内感染は、介助者の手を介して広がることが多い。対象児者がMRSA等の特別な菌の保菌者でなくても、全ての対象児者で、吸引チューブによる介助者の手の汚染を防ぐため、非滅菌のビニール手袋を装着する。

・食べたり、注入したりした後に、すぐ吸引するのは極力避ける

口鼻腔吸引の注意点を補足します。

まず第一の注意点は、適正な方向に挿入する、ということです。

また吸引カテーテルを入れる規定された長さが守られるようにします。カテーテルに印をつける、目盛りがついたカテーテルを使う、規定の長さに切ったカラーテープを吸引器に貼っておくなどの方法を取ります。

今まで述べてきた事項に加えて、感染防止のための清潔操作が必要です。

家庭と違い、学校や施設は集団生活の場ですので、実施する看護師や介護職員等の手を介しての感染を防ぐ必要があります。そのため、吸引チューブを持つ方の手に手袋をつけます。気管切開の場合には滅菌手袋使用が原則ですが、口鼻腔吸引では、実施者の手の汚染の予防が目的なので非滅菌の清潔なビニール手袋でよく、使用したら毎回廃棄します。手袋をして吸引チューブを持つ手と、手袋をせず吸引器のスイッチ操作などを行う手との、使い分けをしっかり行うことが重要です。

Ⅲ-70

# 鼻腔吸引のリスク管理

まれだが多量出血があり得る
吸引カテーテルを上に向けて入れない
　鼻狭窄部
　キーセルバッハ部位
　アデノイド
出血傾向があるケースはとくに注意

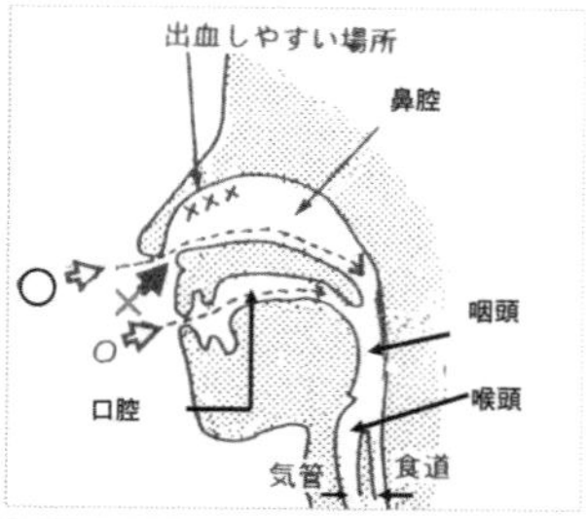

・狭い方の鼻からは無理に吸引しない
・損傷、出血が心配なケース
　先の丸いネラトンカテーテルを使用
　オリーブ管を使用
　鼻の分泌物を出やすくする、少なくするための、治療を

---- は吸引カテーテルの進入経路
○の方向へカテーテルを入れて吸引する

鼻からの吸引では、吸引による鼻粘膜の刺激や損傷と出血を避けることが重要です。出血が多量になることも、まれながらあります。

また、浅い範囲でも本人は苦痛をかなり感

じていることがあります。

吸引チューブを上向きで挿入しないこと、狭い方の鼻からは無理に吸引しないこと、吸引カテーテルの太さや種類に配慮すること、吸引圧を高くし過ぎないこと、吸引圧をかけるのを徐々に行う（接続部の折り曲げを解除して吸引圧がかかる時にゆっくりめに解除する）ことなどが、望ましいことです。

Ⅲ-71

## 鼻腔吸引による、粘膜損傷、出血の防止

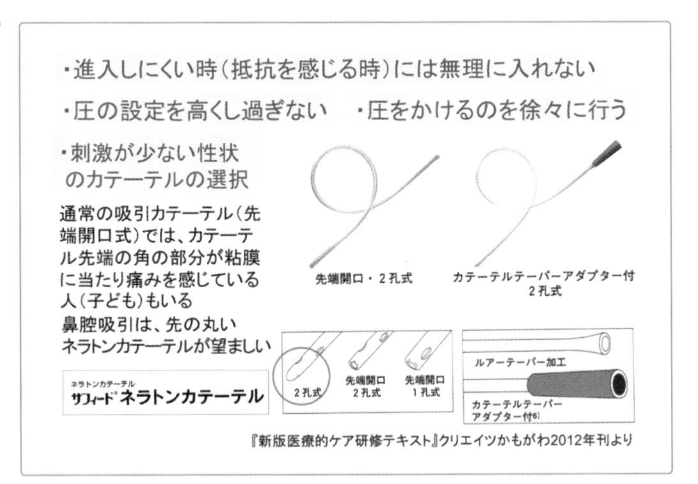

・進入しにくい時（抵抗を感じる時）には無理に入れない
・圧の設定を高くし過ぎない
・圧をかけるのを徐々に行う
・刺激が少ない性状のカテーテルの選択
通常の吸引カテーテル（先端開口式）では、カテーテル先端の角の部分が粘膜に当たり痛みを感じている人（子ども）もいる
鼻腔吸引は、先の丸いネラトンカテーテルが望ましい
先端開口・2孔式
カテーテルテーパーアダプター付 2孔式
ネラトンカテーテル
サフィード ネラトンカテーテル
2孔式
先端開口 2孔式
先端開口 1孔式
ルアーテーパー加工
カテーテルテーパーアダプター付
『新版医療的ケア研修テキスト』クリエイツかもがわ2012年刊より


通常の吸引カテーテル（先端開口式）では、カテーテル先端の角の部分が粘膜に当たり痛みを感じている人もいます。鼻腔からの吸引では、粘膜損傷、出血、苦痛などを最小限にするために、先端開口の吸引カテーテルではなく先の丸いネラトンカテーテルを吸引チューブとして使用することも検討されてよいでしょう。

Ⅲ-72

## 鼻出血しやすい例 鼻からの吸引がむずかしい（拒否や過敏）例

オリーブ管でこまめに吸引することが有効な場合もある。鼻に吸引カテーテルを入れなくて済む。しかし、限界もある（とくに分泌物が粘稠な場合）。

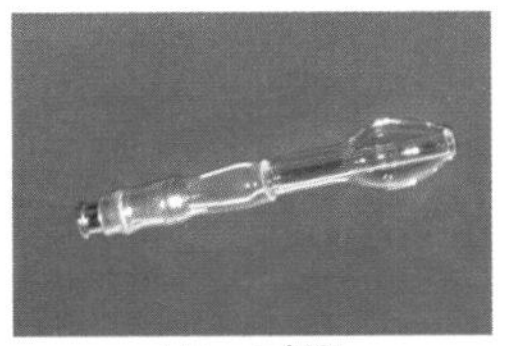
オリーブ管

鼻の分泌物を、少なくする、出やすくする（粘稠度を落とす）ための、治療、対策を検討してもらう。
- 副鼻腔炎の抗生剤治療、抗アレルギー剤服用
- 副腎皮質ホルモン剤噴霧（アルデシンAQネーザル他）
- ムコダイン処方
- 鼻の洗浄（適量の微温湯や生理食塩水で）など

粘膜損傷出血しやすい例や、吸引への過敏や緊張拒否がある場合には、オリーブ管でこまめに吸引することにより鼻に吸引カテーテルを入れなくて済むこともあります。

これは限界もありますが、鼻の分泌物を少なくする、分泌物を出やすくするための対応も組み合わせて行うなど、吸引カテーテルによる吸引を減らすような対応を検討してもらうことも大事です。

## Ⅲ-73・74・75

### 手順1

次に鼻腔内吸引の場合のコツです。鼻腔粘膜はデリケートで出血しやすいため、吸引カテーテルの先端を鼻腔の奥まで挿入し終わるまでは、吸引カテーテルを操作する手と反対の手で、吸引カテーテルの根本を押さえて、陰圧をかけないようにするのが基本です。

ビニール手袋をした手で吸引カテーテルを操作する場合は、ペンを持つように持って、まず最初にカテーテル先端を鼻孔から約0.5cmは、やや上向きに入れます。

手前に分泌物がある場合は、初めから、吸引圧がかかるようにカテーテル接続部を折り曲げず、挿入していく方法でもよいでしょう。この人が、鼻腔内分泌物が吸引しやすい場合もあります。

**鼻腔内吸引では、カテーテル先端を鼻孔に、最初だけ、やや上向きに入れます**

最初だけ、やや上向きに挿入

陰圧をかけないで

吸引カテーテルを操作する手と反対の手で、吸引カテーテルの根本（接続部）を押さえて、陰圧（吸引圧）をかけないようにして、挿入するのが基本。

手前に分泌物がある場合は、初めから、吸引圧がかかるようにカテーテル接続部を折り曲げず、挿入していく方法でもよい。この方が、鼻腔内分泌物が吸引しやすい場合もある。

### 手順2

次にカテーテルを下向きに変え、鼻腔の底を這わせるように深部まで挿入します。

上向きのままで挿入すると、挿入できなくなったり、鼻腔の天井に当たったりして、本人が痛がる原因となります。片方の鼻腔からの挿入が困難な場合、反対の鼻孔から挿入してください、鼻腔は奥で左右がつながっています。

カテーテルは規定された長さまで挿入します。

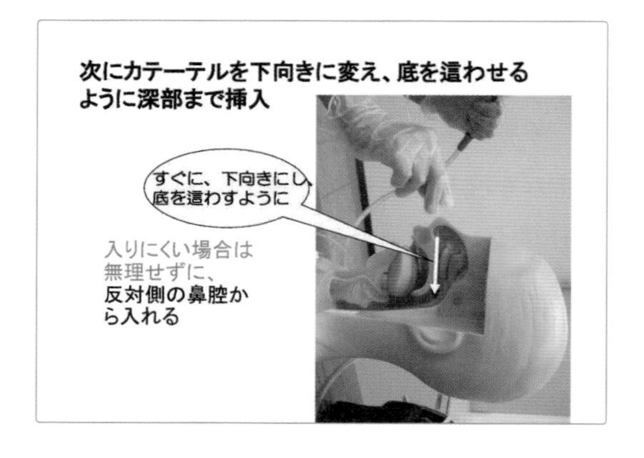

次にカテーテルを下向きに変え、底を這わせるように深部まで挿入
すぐに、下向きにし底を這わすように
入りにくい場合は無理せずに、反対側の鼻腔から入れる


### 手順3

規定の長さまで挿入できたら、初めて反対の手での折り曲げをゆるめ、陰圧をかけられるようにします。折り曲げを急に解除すると、瞬間的に高い吸引圧がかかり粘膜を損傷する可能性が高くなるため、折り曲げていた部分をゆるめるのは瞬間的でなく、少し（2～3秒）時間をかけて行います。

そして、ゆっくりとカテーテルを引き出します。この時手で操作する場合は、こよりをよるように、カテーテルを左右に回転させながら吸引すると吸引効率がよいでしょう。

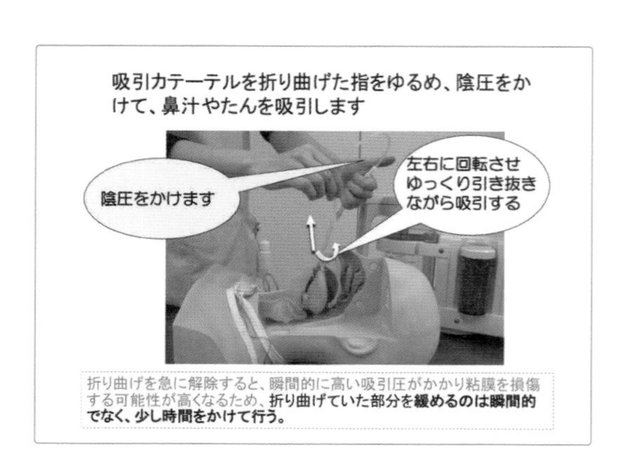

吸引カテーテルを折り曲げた指をゆるめ、陰圧をかけて、鼻汁やたんを吸引します
陰圧をかけます
左右に回転させゆっくり引き抜きながら吸引する
折り曲げを急に解除すると、瞬間的に高い吸引圧がかかり粘膜を損傷する可能性が高くなるため、折り曲げていた部分を緩めるのは瞬間的でなく、少し時間をかけて行う。

Ⅲ-76

## 口腔内吸引の注意点

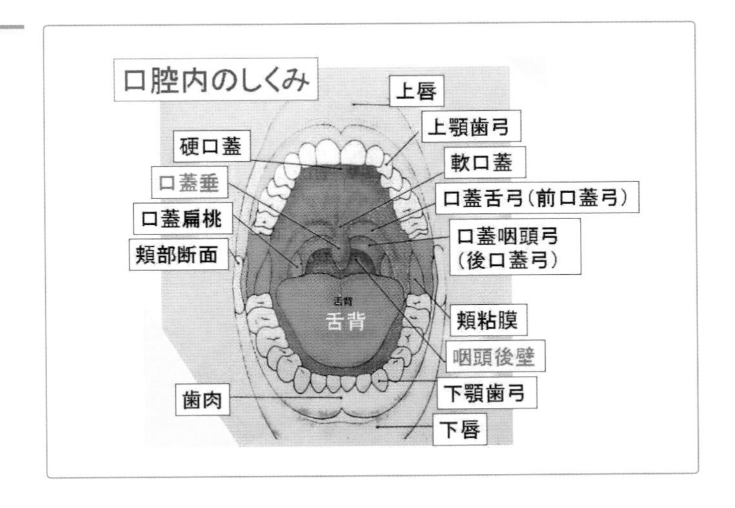


次に口腔内吸引について説明します。

まず、口の中の構造を知っていないといけません。口を開けた時に口蓋垂が見えます。その奥に見える壁が咽頭後壁ということになります。口蓋垂や口蓋垂の左右に広がる弓状の部分である口蓋弓と咽頭後壁は、触れると一般的には嘔吐反射や咳嗽反射が生じます。この反射は、重症心身障害児者では生じない場合もありますが、吸引時には吸引カテーテルをできるだけ接触させないことが肝要です。咽頭手前までの吸引の意味するところは、この見える範囲内、壁に接触しない部分と認識してください。

Ⅲ-77

## 吸引のコツ(Tips)

嘔吐反射の誘発

「ゲエッ」

咽頭の壁を強く
刺激すると、嘔吐
反射が誘発されま
す。
食後間もない時は
やさしく。

口腔の奥にある壁である咽頭の壁を強く吸引カテーテルで刺激すると、「ゲエッ」という嘔吐反射が誘発されます。したがって、食後間もない時は、とくにやさしく、この部位を刺激しないように吸引してください。

Ⅲ-78

## 気管カニューレからの吸引

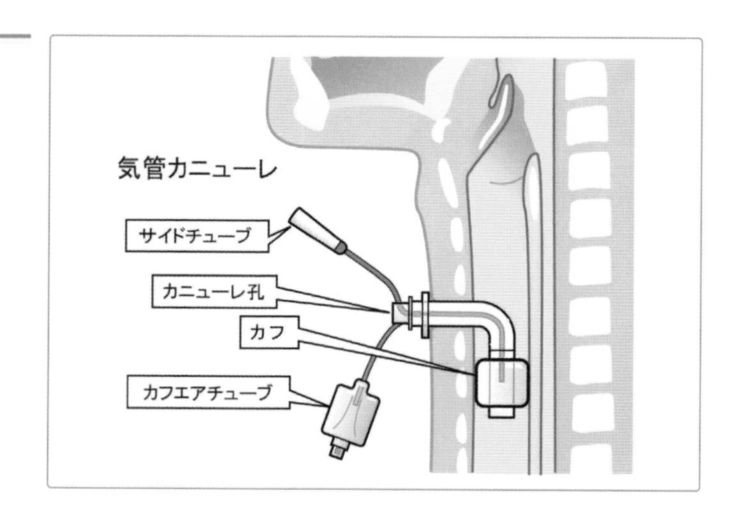


次に、気管切開からの吸引について、説明します。

喉頭の下に気管切開が行われ、一般的なカフつきの気管カニューレが気管の中に挿入されている様子をイメージしてください。カニューレの先端にはカフという風船があり、空気をカフエアチューブから注入することで膨らますことができ、気管の内壁に密着固定されています。カフは、人工呼吸療法が有効にできるように用いられますが、そのためだけでなく、上から落ち込んだ唾液などの分泌物が下の気管内に落ち込むことを、ある程度防いでいます。また、カニューレに付属したサイドチューブの先端は、カフ上部に開口しており、サイドチューブを吸引すると、カフ上部にたまった分泌物を吸引できるようになっています。

Ⅲ-79

## 気管カニューレの種類

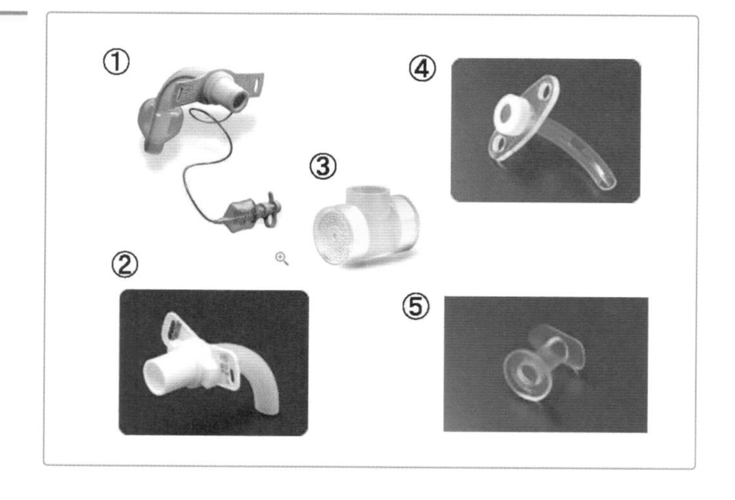


気管カニューレの種類としては、Ⅱ-88で紹介したサイドチューブがついていない①のようなものや、嚥下機能が良く誤嚥の心配のない人ではカフのついてない②のようのものがあります。

このようなタイプの気管カニューレを使用し、普段は人工呼吸器を使用していない場合には、③のような人工鼻（じんこうばな）が気管カニューレに接続されています。

この人工鼻は、吸気をゆるめ、フィルター

で空気中のゴミを取り除く役目をしています。吸引の際には、この人工鼻を取ってから、気管カニューレ内吸引を行うことになります。

また嚥下も良好で、言葉も出せる人では、④で示したスピーチカニューレがあります。また同様に嚥下も言葉の機能も良好で、ただ空気の通り道を確保するために気管切開を行った人では、⑤のような、気管切開孔の閉塞を防ぎ、気道を確保し、たんの吸引もできるレティナと呼ばれる器具をしている場合もあります。

Ⅲ-80

## 気管カニューレからの吸引の基本的注意点

- 気管切開部からの吸引は口鼻腔吸引よりもしっかりとした清潔操作(無菌的操作)が、必要。
- 基本的な考え方としてたんが出やすい状態にしてあげてその上で必要最小限の対応として吸引を行うべきことは、口鼻腔吸引と共通するが、気管切開部からの吸引ではこの点がさらに重要。カニューレ内の吸引で済むように、たんがやわらかくなり出やすくなるような対応(水分の充分な摂取、ネブライザーの合理的使用など)、姿勢の調節が重要。呼気をしっかり介助することによってたんが気管支や気管下部から上がってくるようにしてあげることが必要な場合もかなりある。
- たまっている分泌物は必ずしも肺の方から上がってくるたんだけではなく、のどから気管に下りていった(誤嚥された)唾液であることが多く、鼻汁のこともある。したがって、気管切開部からの吸引を最小限にできるようにするためには、唾液の誤嚥への対策、鼻の分泌物への対策(適切な鼻腔吸引、鼻分泌物を減少させる治療や鼻腔ケア)を合わせて行うことが重要。
- 吸引カテーテルを入れる長さをしっかり確認して守ることが重要。

気管切開部からの吸引が、有効かつ安全で苦痛の少ない吸引であるためには、口鼻腔吸引よりもいっそうの注意や配慮、対応が必要です。

気管切開部からの吸引は口鼻腔吸引よりもしっかりとした清潔操作、無菌的操作が必要です。

基本的な考え方として、たんが出やすい状態にして、その上で必要最小限の対応として吸引を行うべきことは、口鼻腔吸引と共通しますが、気管切開部からの吸引では、この点がさらに重要です。カニューレ内の吸引で済むように、また、気管内でも浅い範囲の吸引で済むように、水分の充分な摂取、ネブライザーの合理的使用などでたんがやわらかくなり出やすくなるような対応や、姿勢の調節が重要です。呼気をしっかり介助することによってたんが気管支や気管下部から上がってくるようにすることが必要な場合もかなりあります。

気管にたまっている分泌物は必ずしも肺の方から上がってくるたんだけではなく、のどから気管に下りていった(誤嚥された)唾液であることが多く、鼻汁のこともあります。したがって、気管切開部からの吸引を最小限にできるようにするためには、唾液の誤嚥への対策、鼻の分泌物への対策を合わせて行うことが重要です。

人工呼吸療法を継続している時の気管切開からの吸引では、人工呼吸器をつけていない場合の気管切開からの吸引よりも配慮すべき事項が多くあります。迅速な処置が必要であり、人工呼吸器回路をカニューレから外す、回路をテストラングにつなぐなどの操作が加わり、吸引の後のバッグによる陽圧換気が必要な場合もあるなど、吸引の操作以外の手技もしっかり行われることが必要です。

気管切開での吸引では、吸引カテーテルを入れる長さをしっかり確認して守ることが、口鼻腔吸引よりもさらに重要です。

Ⅲ-81

# 気管内の肉芽形成

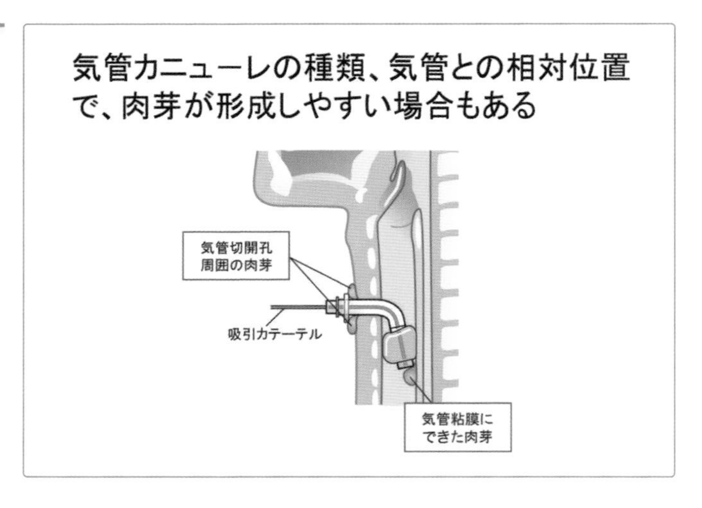
気管カニューレの種類、気管との相対位置で、肉芽が形成しやすい場合もある
気管切開孔周囲の肉芽
吸引カテーテル
気管粘膜にできた肉芽

気管カニューレを挿入している人では、気管切開孔周囲に、肉芽と言って、赤茶色の軟らかい組織が盛り上がってくることがありますが、場合によっては気管カニューレ先端が気管粘膜を刺激して、気管粘膜にも肉芽を形成することがあります。吸引カテーテルの刺激によって、気管粘膜の損傷や出血が起こることがあり、出血はしなくても気管粘膜の浮腫(むく)みをきたすこともあります。また、これらが繰り返すことにより肉芽を生じることがあります。肉芽ができている部分に吸引カテーテルが当たると、出血したり、肉芽をさらに悪化させます。

したがって、吸引カテーテルの先端は気管カニューレ内を越えたり、直接気管粘膜に触れることがないようにするのが基本です。

Ⅲ-82

# 気管カニューレ内の吸引

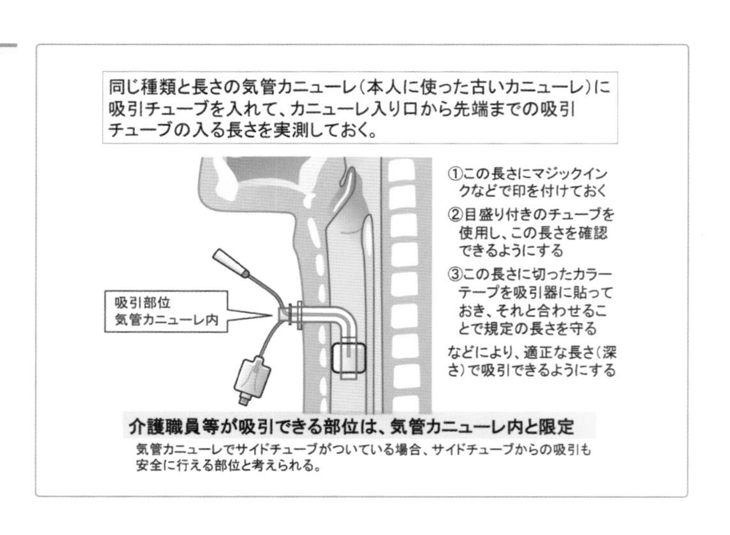
同じ種類と長さの気管カニューレ(本人に使った古いカニューレ)に吸引チューブを入れて、カニューレ入り口から先端までの吸引チューブの入る長さを実測しておく。
①この長さにマジックインクなどで印を付けておく
②目盛り付きのチューブを使用し、この長さを確認できるようにする
③この長さに切ったカラーテープを吸引器に貼っておき、それと合わせることで規定の長さを守る
などにより、適正な長さ(深さ)で吸引できるようにする
吸引部位
気管カニューレ内
介護職員等が吸引できる部位は、気管カニューレ内と限定
気管カニューレでサイドチューブがついている場合、サイドチューブからの吸引も安全に行える部位と考えられる。

介護職員等が吸引できる部位は、気管カニューレ内と限定されています。

このためには、まず、本人が使用しているのと同じ種類とサイズの気管カニューレ（本人に使った古いカニューレ）に実際に吸引カテーテルを入れて、カニューレ入り口から先端までの吸引カテーテルの入る長さを実測しておくことが必要です。そして、

①この長さにマジックインクなどで印を付けておく

②目盛り付きのチューブを使用し、この長さを確認できるようにする
③この長さに切ったカラーテープを吸引器に貼っておき、それと合わせることで規定の長さを守る

などにより、適正な長さ（深さ）で吸引できるようにします。

なお気管カニューレでサイドチューブがついている場合、サイドチューブからの吸引も安全に行える部位と考えられます。

## Ⅲ-83 短時間で確実に

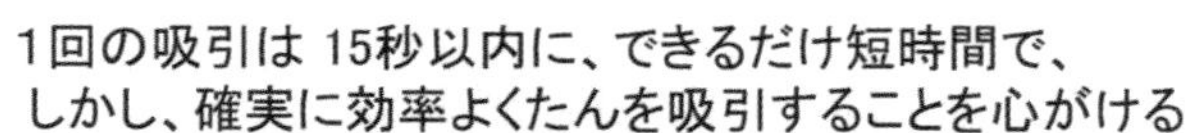


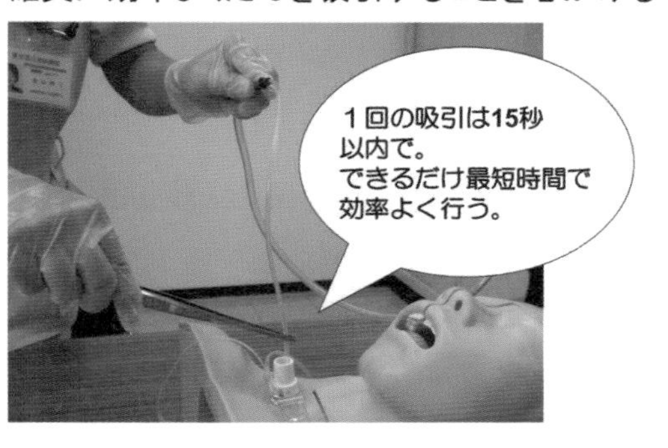

1回の吸引は15秒以内で。できるだけ最短時間で効率よく行う。


気管カニューレ内吸引は、1回の吸引は15秒以内に、できるだけ短時間で、しかし確実に効率よくたんを吸引することを心がけましょう。

## Ⅲ-84 サイドチューブの吸引

サイドチューブがある場合は、こちらの吸引も行う

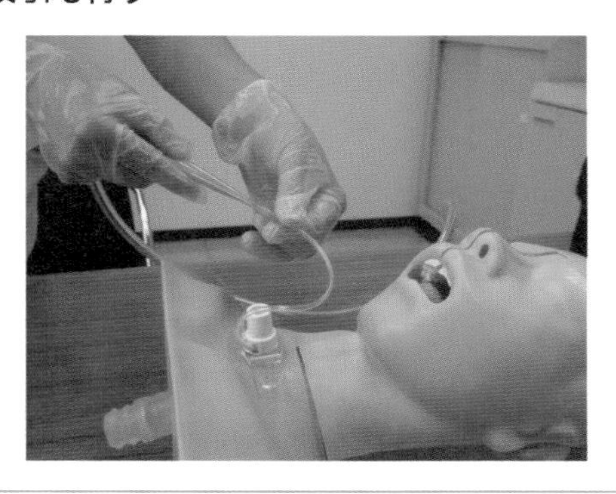

サイドチューブがある気管カニューレ内吸引の場合、肺炎予防の目的で、サイドチューブからの吸引も行ってください。

Ⅲ-85

## 吸引時に必要な感染予防知識

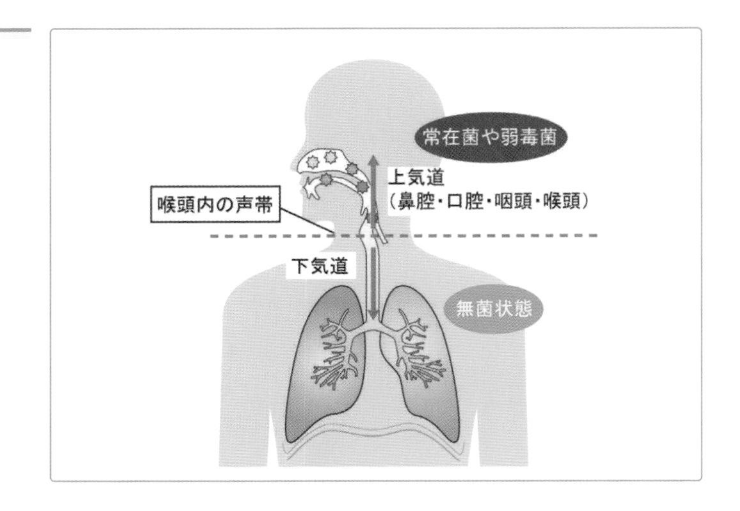


ここで、吸引時に必要な感染予防知識をまとめてみます。

空気の通り道である気道は、喉頭にある声帯（せいたい）を境にして、それより上の鼻腔・口腔・咽頭・喉頭を上気道、それより下を下気道と呼んでいます。上気道には常在菌や弱毒菌が棲みついていますが、下気道は原則として無菌状態であることが基本です。

Ⅲ-86

## 気管カニューレ内の吸引は無菌的に

- 鼻腔・口腔内吸引は、できるだけ清潔に行う
- 気管カニューレ内吸引は、無菌的に行う

注意!: 気管カニューレ内吸引に用いた吸引カテーテルは、表面をアルコールなどで拭いて鼻腔・口腔内吸引に用いることができるが、その逆は禁止。

したがって、鼻腔・口腔内吸引はできるだけ清潔に、気管カニューレ内吸引は、無菌的に行う必要があります。そのため、気管カニューレ内吸引に用いた吸引カテーテルは、表面をアルコールなどで拭いて鼻腔・口腔内吸引に用いることができますが、その逆は行ってはいけません。

### コラム 清潔と不潔の考え方

清潔と不潔の考え方は、ちくわに例えることがあります。ちくわの表面は皮膚、穴は口から肛門と想定して、空気に直接触れている部分は「不潔」、中身の部分は「清潔」と （次ページにつづく）

III-87

## 清潔と不潔

**清潔と不潔の意識を常にもつ！**

滅菌や消毒されたもの：　清潔

それ以外のもの：　　　　不潔

清潔なものの一部を手に持って使う
場合、手で握った部位は「不潔」となる。

必要物品が清潔か、不潔かといった意識を常にもつことが重要です。

滅菌や消毒されたものは、清潔ですが、それ以外のものは、不潔です。清潔なものの一部を手に持って使う場合、手で握った部位は「不潔」となります。

吸引する場合に、吸引カテーテルの先の方を持つ手（利き手）は清潔に保ち、もう一方の手は器械のスイッチ操作など不潔になる操作を行います。

左右の手の使い分けも、必須です。

III-88

## 先端約10㎝に注意

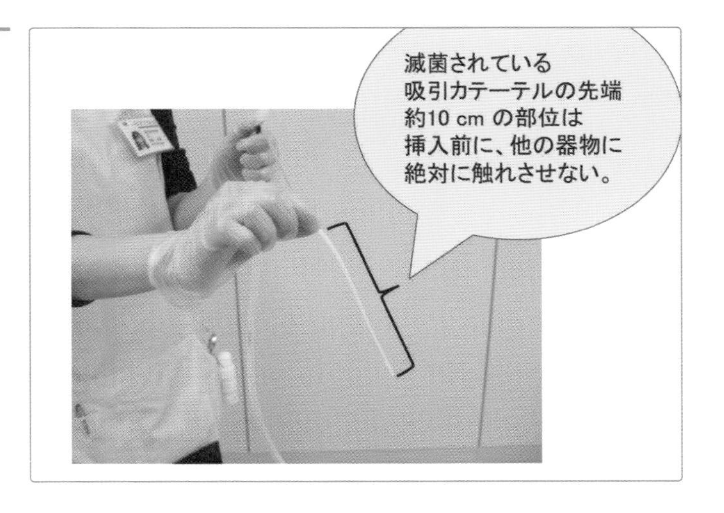

滅菌されている
吸引カテーテルの先端
約10 cm の部位は
挿入前に、他の器物に
絶対に触れさせない。


例えば、滅菌された吸引カテーテルの先端約10㎝の部位は清潔ですから、気管内カニューレに挿入する前に、他の器物に触れさせて不潔にしないように十分注意してください。

考えます。清潔な部分に触れる場合は滅菌が必要、外に触れる場合は不潔と考えます。

しかし、「清潔」の線引きは曖昧です。一例として、同じ人でも不調でICUに入院している時は「清潔」レベルで、元気に自宅で過ごしている時も「清潔」？　また、気管切開部からの吸引カテーテルの洗浄でも、自宅で長年にわたって親が管理している場合、水道流水で行っても問題がない場合があります(S)。

Ⅲ-89

## 標準予防策の遵守

すべての患者の血液、体液、分泌物(たんなど)、排泄物などの湿性生体物質は、感染の可能性のある物質として取り扱うことを前提とし、すべての患者に適応される。

- ■ 適切な手洗い (手袋の着用にかかわらず)
- ■ 防護用具の使用(手袋、ガウン、プラスチックエプロン、マスク、ゴーグル等の着用)
- ■ ケアに使用した器材の取り扱い
- ■ 廃棄物処理
- ■ 環境整備
- ■ 患者の配置

最近は、病院などの医療関連施設と同様に、在宅においても医療関連感染を防ぐ目的で、標準予防策が遵守されてきています。これは、すべての患者の血液、体液、分泌物 (たんなど) は、感染の可能性のある物質として取り扱うことを前提とし、手洗い、手袋、マスクやガウンなどの防護用具を適宜使用して、感染の拡大を防ごうとする考え方です。

学校や施設においても、基本的にこれと共通した予防策が必要です (ゴーグル、ガウンなどが必要な生徒や利用者の登校、施設への通所はないと考えられますが)。

Ⅲ-90

## 流水による手洗い

吸引前には、石けんと流水でよく手を洗いましょう。

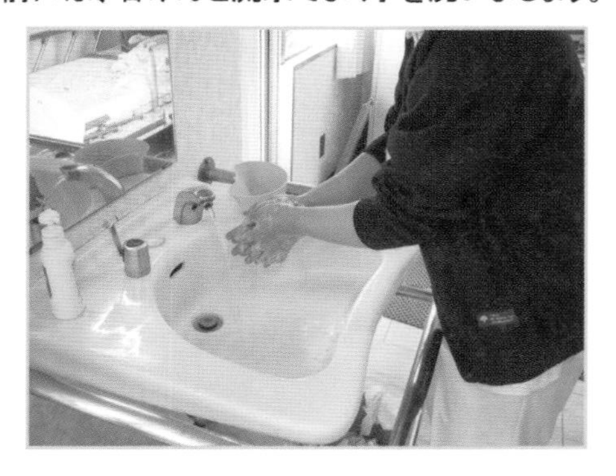

標準予防策の基本は手洗いですから、吸引前後には正しい方法で手洗いをしましょう。石けんはポンプ式液体石けんがより清潔であり、タオルの共有もしないようにしてください。手にねばねばした物質などが付着していない場合は、最近では、速乾性擦式手指消毒剤(そっかんせいさっしきしゅししょうどくざい)による手洗いが推奨されています。

Ⅲ-91

# 速乾性擦式手指消毒剤による手洗い

これが速乾性擦式手指消毒剤による手洗い方法です。実習の時に、使用手順を学んでください。

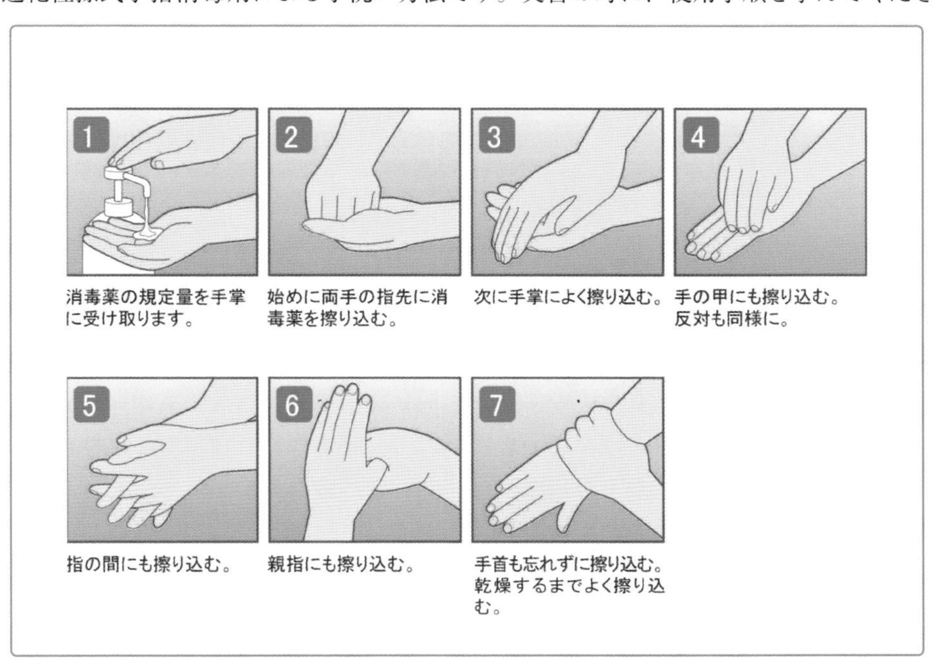

1
消毒薬の規定量を手掌に受け取ります。
2
始めに両手の指先に消毒薬を擦り込む。
3
次に手掌によく擦り込む。
4
手の甲にも擦り込む。反対も同様に。
5
指の間にも擦り込む。
6
親指にも擦り込む。
7
手首も忘れずに擦り込む。乾燥するまでよく擦り込む。


Ⅲ-92

# 咳エチケット
## ご自身にしぶきがかからないように

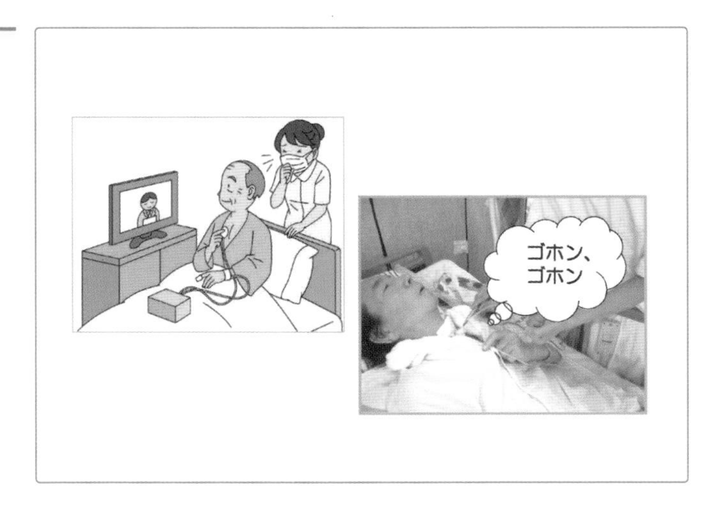


介護者が咳やクシャミをするときは、ハンカチやティッシュで鼻と口をおおいましょう。またマスクをして利用者に病原体をうつさないようにしましょう。また、利用者が咳き込んでいる場合も、自分自身を守る目的でマスクをしましょう。

吸引の際には、利用者のクシャミや咳のしぶきをあびることがありますので、技術をみがいて直接あびないようにしましょう。

Ⅲ-93

## 薬剤耐性菌の問題

- 抗生物質治療を頻回に行った人では、各種抗生物質に抵抗性をもった薬剤耐性菌が、鼻腔、口腔、咽頭、喉頭などに棲みついている場合がある。→ 保菌　あるいは 定着と呼ぶ
- 薬剤耐性菌の代表
  メチシリン耐性黄色ブドウ球菌（MRSA）
  多剤耐性緑膿菌（MDRP）など
- 健康な人では感染症を発症しないが、抵抗力の弱った人では、重篤な感染症を起こし、治療も困難。
  院内感染症の起炎菌として注目されるが、学校や施設においても看護師、介護職員等が吸引操作を介して、他の人とその家族（とくに乳児）にうつさないための注意が必要。

最後に、感染症を発症していなくても、各種抗生物質に抵抗性をもった薬剤耐性菌が、鼻腔、口腔、咽頭、喉頭などに棲みついている場合があります。これを定着と呼んでいます。メチシリン耐性黄色ブドウ球菌（MRSA）や多剤耐性緑膿菌などが代表的薬剤耐性菌です。これらの情報は家族や医療者から得て、標準予防策を十分守ってください。なぜなら、抵抗力が弱った場合、重篤な感染症を起こしたり、吸引操作を介して、他の人に伝搬する可能性があるからです。

Ⅲ-94

## 用語の統一

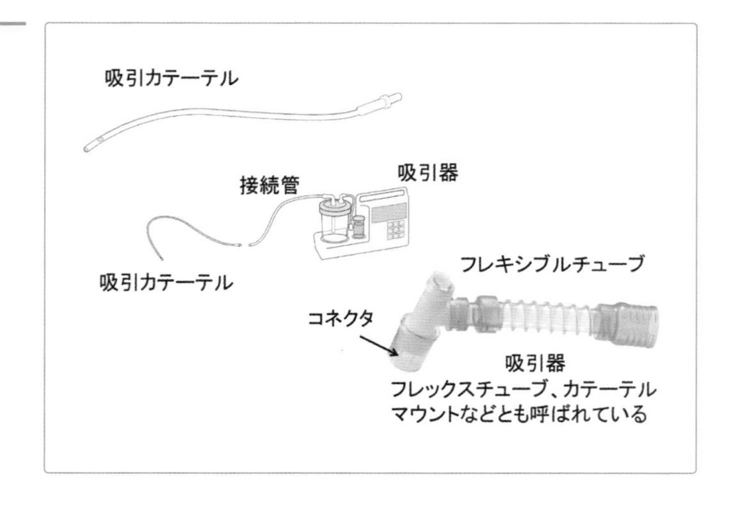


ここであらためて、この研修内で使用する用語を、統一したいと思います。

口腔・鼻腔内や、気管カニューレ内に入れて吸引を行う管を、吸引チューブと呼ぶこともありますが、ここでは吸引カテーテルと呼びます。

またこの吸引カテーテルと吸引器を結ぶ太い管のことを、接続管と呼びます。

次に、人工呼吸器使用者の気管カニューレ内吸引の時に、気管カニューレからとりはずさなければならない人工呼吸器側の部品をフレキシブルチューブと呼びます。フレックスチューブ、カテーテルマウントとも呼ばれている部品です。

Ⅲ-95

## 吸引をする前に

- 感染防止
  周囲の整頓、施行者の手洗い、手袋装着
- 利用者の状態や意向を確認する
- 利用者の周囲を整える体位
  分泌物の汚染を防ぐためにタオルをかけるなど
- 吸引圧に関する知識

先ほどの説明のように、吸引は、口や鼻、気管の中に吸引カテーテルを入れる行為です。清潔な手や器具、環境の中で行うことが何よりも重要です。

吸引をする周囲に汚いものがあると、吸引に使う物品に接触して汚くなってしまうおそれがあります。これらをどかし、周囲を整頓しておきましょう。

吸引の前にはもう一度、石けんを用い、十分に手を洗いましょう。

本人の状態や意向を確認し、必ず声をかけて行います。

吸引は本人の苦痛を伴うこともありますので、できるだけ、本人の同意を得て行わなくてはなりません。

体位（姿勢）は、本人がリラックスできて吸引カテーテルが入りやすく効果的に吸引できるよう、必要に応じて整えます。

気管内吸引では、呼吸器のコネクターをはずした際に、たまっていた分泌物が飛び出すことがあるので、本人の服が汚れないようタオルなどをかけておくとよいでしょう。

吸引器の吸引する陰圧の調節は、原則として介護者等がしないことになっていますが、確認は簡単にできます、スイッチを入れた状態で、接続管の末端を手の親指でふさぐと、圧がメーター表示でなされます。通常、口腔・鼻腔内吸引の場合は、20kPa（キロパスカル）以下、気管カニューレ内吸引は、20～26kPa以下が適切です。もし高すぎたり、低すぎる場合には、圧調整つまみで調整する必要があります。吸引圧は、毎回、確認します。

コラム **確認追加事項**

三号研修の場合、現場で吸引する人は特定の相手になります。日々の繰り返し操作になります。どうしても慣れが生じたり、一般的な注意事項を頭において実施することになります。当然のことですが、一人ひとりの病態や体調も異なります。特定の本人についての情報は再確認しながら操作すべきです。

例えば、鼻腔ならどちらの側の刺激が少ないか、カテーテルの入りやすさ、吸引前の声かけの内容などもしっかり確認の上の実施になります。実施は１回で、短い時間で終了できる方向で努力すべきです(S)。

Ⅲ-96・97

# 吸引器

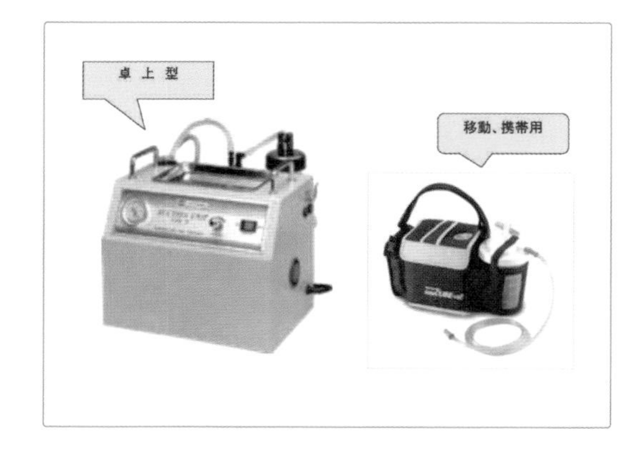


これが吸引器です。

掃除機のようなしくみで、陰圧をかけてたんなどの分泌物を吸いだします。

さまざまな形がありますが、在宅用の吸引器は比較的コンパクトな形になっています。移動用、携帯用の小型吸引器は家庭用電源とともに、短時間充電式の内部バッテリーでも使えるようになっています。最近は、震災等備えて、電気を必要としない足踏み式、手動式の吸引器も準備しておくよう推奨されています。

吸引器は、吸引カテーテルに接続する吸引

**吸引物品**

吸引物品のイメージです（写真は演習用セット）。

チューブ、吸引した分泌物をためる吸引びん、本体のつくりになっています。

Ⅲ-98

# 吸引に必要な物品

- 吸引器、接続管
- 吸引カテーテル（気管カニューレ内用、口腔内・鼻腔内用）
- 滅菌手袋（使い捨て）またはセッシ（ピンセットのこと）およびセッシ立て（気管カニューレ内用）
- 使い捨てビニール手袋（口鼻腔用）
- 滅菌蒸留水（気管カニューレ内用）
- 水道水（口腔内・鼻腔内用）
- アルコール綿
- 吸引カテーテルの保存容器

★気管カニューレ内用、口腔内・鼻腔内用に分けて消毒液に浸す
または乾燥させて保存する

吸引カテーテル内腔の洗浄用水は、気管カニューレ内用と口腔内・鼻腔内用に分けるのはなぜ？

吸引には次のようなものが必要です。

・吸引器、接続管

・吸引カテーテル……気管カニューレ内用と、口腔内・鼻腔内用で分ける

・滅菌手袋またはセッシ（ピンセットのこと）およびセッシ立て

・精製水もしくは水道水（煮沸が望ましい）……気管カニューレ内用
・水道水……口腔内・鼻腔内用
・アルコール綿
・吸引カテーテルの保存容器消毒液入り（再利用時、消毒液につけて保存する場合）……気管カニューレ内用と、口腔内・鼻腔内で容器を分ける

吸引カテーテルを使い捨てではなく再利用する場合、消毒剤入りの保存容器につけてカテーテルの清潔を保つ方法と、消毒液が入っていない保存容器に入れ乾燥した状態にして清潔を保つ方法があります。それぞれの利用者の方法に従ってください。

基本研修での演習では、吸引カテーテルを使い捨てる方法で演習を行いますが、実地研修での吸引の演習および評価票では、消毒剤入りの保存液につける方法を説明します。

注意：学校や施設等での気管切開部からの吸引で手袋使用の場合は滅菌手袋（使い捨て、薄いポリエチレン製）を使用します。セッシは通常、口腔内・鼻腔内吸引で共有します。口鼻腔吸引では清潔な使い捨て手袋でよいでしょう。

Ⅲ-99

## 吸引カテーテルの再使用について

**薬液浸漬法(やくえきしんせきほう)**
気管カニューレ内吸引用の吸引カテーテルは、単回使用が推奨されていますが、コスト等の問題もあり、同じ人に使用する場合は、口腔・鼻腔内吸引専用と気管カニューレ内吸引専用に使用カテーテルを分け、また、それぞれのカテーテルを別の消毒剤入り保存容器に保存し、洗浄水も別にして、約1日間繰り返して使用している場合が多く見られる。

**ドライ保管法**
最近は、消毒液に漬けておくのでなく、アルコール清拭の後に乾いた状態で容器に保管する方式(「ドライ法」)が普及してきている。感染予防について、この方法の根拠を示すエビデンスは充分とは言えないが示されており、急性感染症の例以外には、とくに在宅のケースでは、コストの点からもこれが普及しつつある。

清潔、不潔は常に意識しながら、それぞれの人の方法を身につけるようにしてください。

なお、多くの場合に、吸引カテーテルを再使用しています。

本来、気管カニューレ内吸引用の吸引カテーテルは、単回使用が推奨されていますが、コスト等の問題もあり、同じ利用者に使用する場合は、口腔・鼻腔内吸引専用と気管カニューレ内吸引専用に使用カテーテルを分け、また、それぞれのカテーテルを別の消毒剤入り保存容器に保存し、洗浄水も別にして、約1日間繰り返して使用している場合が多く見られます。

従来はこの薬液浸漬法(やくえきしんせきほう)での保管が多かったのですが、最近は、ドライ保管法といって、消毒液に漬けておくのではなく、アルコール清拭の後に乾いた状態で容器に保管する方式（「ドライ法」）が普及しています。感染予防についてのこの方法の根拠を示すエビデンスは充分とは言えませんが、急性感染症の例以外には、とくに在宅のケースでは、コストの点からも、普及しつつあるものです。

みなさんは、清潔、不潔は常に意識しながら、それぞれの利用者の方法を身につけるようにしてください。

# 3 たんの吸引に関する演習

それでは、たんの吸引の演習の手順について説明します。

## 口腔鼻腔内の吸引手順

### Ⅲ-100 実習に必要な物品

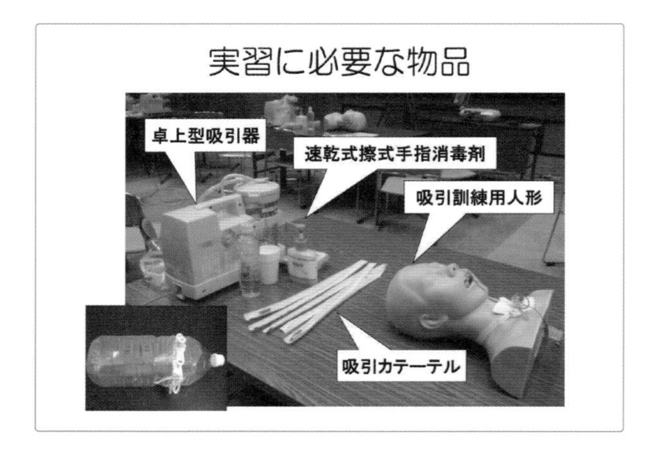


吸引の実習に必要な物品としては、テーブル、椅子、吸引器、電源からの延長コードや電源タップ、12Fr（フレンチ）程度の細めの吸引カテーテル、紙コップ、ペットボトル水、速乾式擦式手指消毒剤、アルコール綿、使い捨て手袋、模擬たん、吸引訓練用人形、サイドチューブ付き気管カニューレ、人工呼吸器回路につなぐフレキシブルチューブなどが挙げられます。

なお、吸引訓練用人形が手に入らない場合には、スライド左下に示したように、ペットボトル上部に穴を開け、気管カニューレを挿入して、ヒモで固定したものを代用してもよいでしょう。

### Ⅲ-101 口腔内吸引の場所

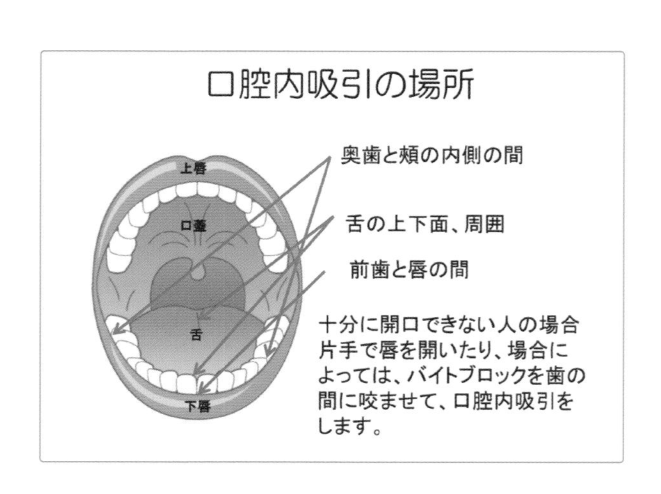


口腔内吸引の場所としては、奥歯と頬の間、舌の上下と周囲、前歯と唇の間等を吸引します。十分に開口できない人の場合、片手で唇を開いたり、場合によっては、バイトブロック

を歯の間に咬ませて、口腔内吸引を行う場合もあります。

Ⅲ-102

## 嘔吐反射の誘発に注意

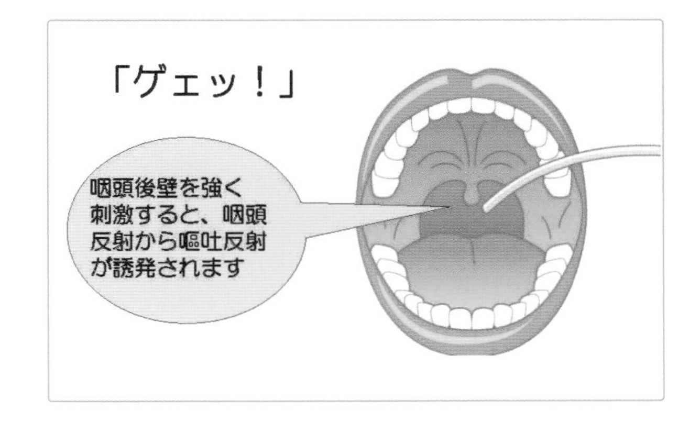

「ゲェッ！」
咽頭後壁を強く刺激すると、咽頭反射から嘔吐反射が誘発されます


この時、咽頭後壁を強く刺激すると、嘔吐反射が誘発されるので、とくに食後間もない時などは、強く刺激しないように、注意して行いましょう。

Ⅲ-103

## 口腔と鼻腔内の吸引の手順

それでは、吸引の演習の手順について説明します。この基礎研修では、吸引カテーテルを使い捨ての単回使用する方式で行います。

まず、吸引の必要性についての意思確認（または状態の確認）を行い、吸引の環境、利用者の姿勢を整え、口の周囲、口腔内の状態を観察することから始まります。

Ⅲ-104

### 手順1

まず両手を洗います。石けんと流水を用いた手洗い、あるいは速乾性擦式手指消毒剤による手洗いをします。感染の危険や手指に傷がある時は手袋をします。なお、口腔内・鼻腔内吸引では、未滅菌の手袋はを使って吸引カテーテルを操作しても結構です。

実際の口鼻腔吸引では、利き手には、非滅菌のビニール手袋をつけます。

両手を洗います。「石けんと流水」による手洗い、あるいは速乾性擦式手指消毒剤による手洗いをします。

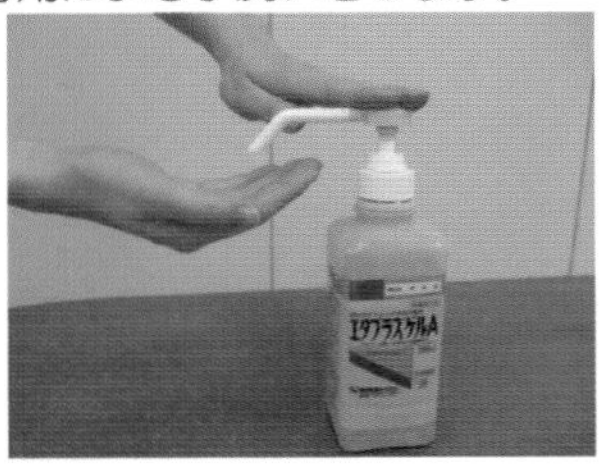

（学校や施設での実際の口鼻腔吸引では、利き手には、非滅菌のビニール手袋をつけます。）

## Ⅲ-105・106・107・108

### 手順2

利き手で吸引カテーテルを不潔にならないように取り出します。この時、カテーテル先端には触らず、また、先端が周囲の物に触れて不潔にならないように、十分注意します。

吸引カテーテルを不潔にならないように取り出す。

### 手順3

次に吸引カテーテルを吸引器に接続した接続管につなげます。

吸引カテーテルを吸引器に接続した接続管につなげます。

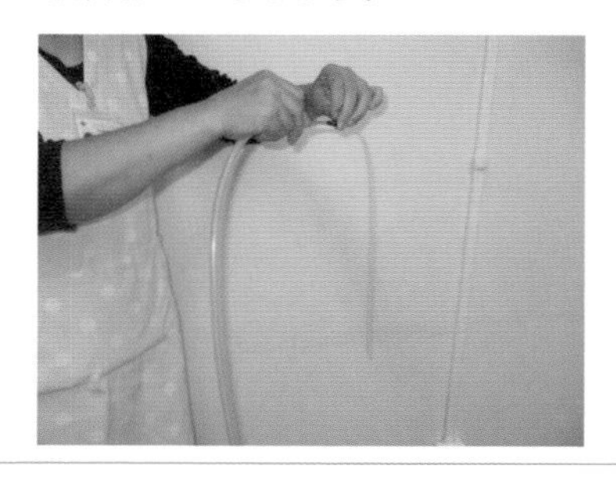

### 手順4

吸引カテーテルを操作する利き手と反対の手で、吸引器のスイッチを押します。

利き手でない方の手で、吸引器のスイッチを押します。

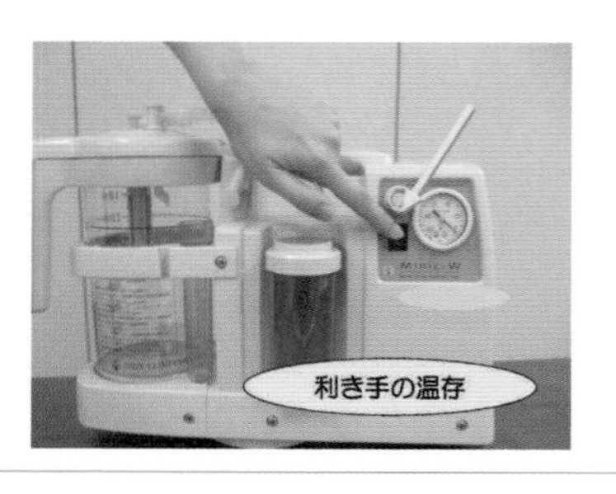


### 手順5

利き手と反対の手の親指で吸引カテーテルの根本をふさぎ、吸引圧が、20kPa以下であることを確認します。

それ以上の場合、圧調整ツマミで調整します。この間も、カテーテル先端が周囲のものに触れないように注意します。

圧調整は、毎回吸引ごとにやる必要はありませんが、圧の確認は毎回行います。

非利き手親指で吸引カテーテルの根本を短時間ふさぎ、吸引圧が、20 kPa 以下であることを確認。それ以上の場合、圧調整ツマミで調整。

## Ⅲ-109•110•111•112

### 手順6

吸引の前には、必ず「○○さん、今から口の中の吸引をしますよ」と、必ず声をかけます。

たとえ、本人が返事ができない場合や、意識障害がある場合でも同様にしてください。

声かけをします
○○さん、
今から口の中の
吸引をさせて
くださいね


### 手順7

口腔内の吸引が終わったら、吸引カテーテルの外側をアルコール綿で先端に向かって拭きとります。最後に吸引カテーテルと連結管の内腔を、水で洗い流します。

注意：口腔内・鼻腔内用吸引カテーテルの場合は、スライドのようにティッシュで拭き取ってもよいのですが、気管カニューレ内用吸引カテーテルの場合は、必ずアルコール綿で拭きとってください。

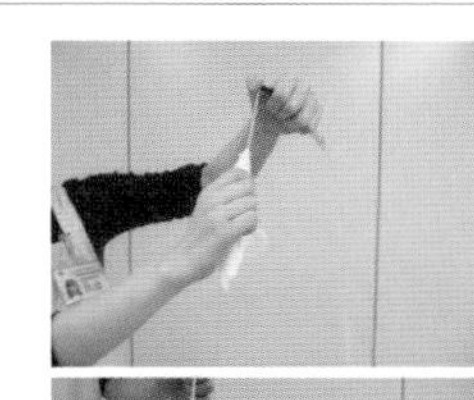

吸引カテーテルの外側をアルコール綿で、先端に向かって拭きとる。

吸引カテーテルと接続管の内腔を水で洗い流す。

### 手順8

次に同じ吸引カテーテルを用いて、鼻腔内吸引を行います。この時も、口腔内と同じように、必ず「○○さん、今度は鼻の中の吸引をさせてください」と声をかけます。

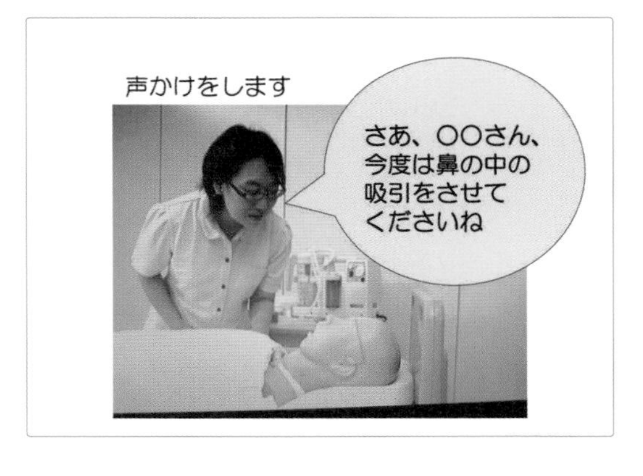

声かけをします
さあ、○○さん、
今度は鼻の中の
吸引をさせて
くださいね


### 手順9

吸引カテーテルを直接手で操作する場合は、先端から約10㎝くらいの所を、親指、人差し指、中指の3本でペンを持つように握ります。また反対の手で吸引カテーテルの根本を折り曲げ、まだ陰圧が吸引カテーテルにかからないようにします。この状態で、まずカテーテル先端を鼻孔からやや上向きに少し入れます。実際の吸引では、やや上向きに入れるのは0.5㎝程度です。

圧調整は、毎回吸引ごとにやる必要はありませんが、圧の確認は毎回行います。

まずカテーテル先端を鼻孔からやや上向きに数cm入れます（実際の吸引ではやや上向きに入れるのは0.5cm程度です）

やや上向きに挿入

Ⅲ-113

# 鼻腔の構造をイメージしましょう

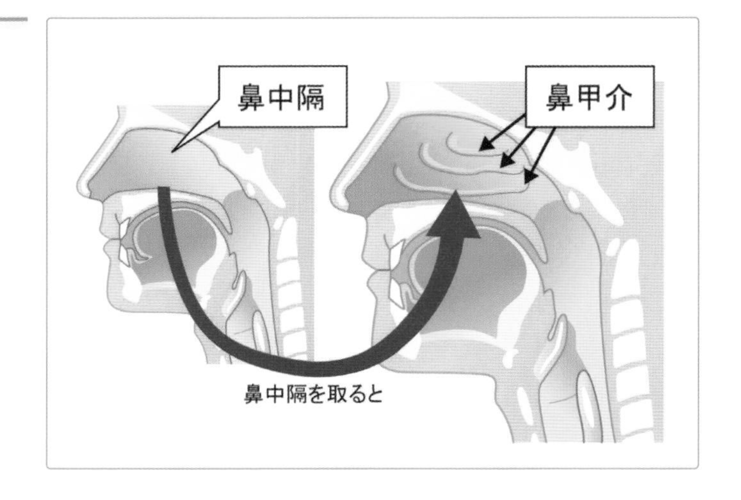


吸引前に、鼻腔内の構造、とくに真ん中に鼻中隔という隔壁があり、左右の鼻腔には、上、中、下の3つの鼻甲介というヒダが垂れ下がっていることをイメージしましょう。もし吸引カテーテルを挿入してみて、カテーテルがなかなか入って行かないようであれば、無理をせず、反対側の鼻腔から吸引を行います。左右の鼻腔は、奥でつながっているからです。

Ⅲ-114

## 手順10

その後、すぐにカテーテルを上向きから下向きに変え、底を這わせるように深部まで挿入します。このように、方向を変えることと、カテーテルをイメージした顔の正中方向に進めることがコツです。

カテーテルを上方向のまま進めると、鼻甲介や鼻腔の天井部に当たって、利用者が痛みを訴えたり、吸引そのものができなくなります。慣れないと、カテーテルは数cmしか入りませんが、うまく入ると、8～10cm程度挿入できます。

次にカテーテルを下向きに変え、底を這わせるように深部まで挿入

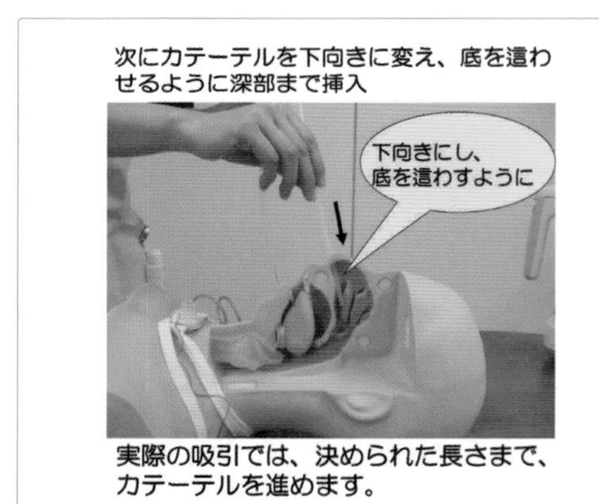


実際の吸引では、決められた長さまで、カテーテルを進めます。

実際の吸引では、決められた長さまで、カテーテルを進めます。

### コラム　鼻腔の左右差

人はみんな顔の形が違います。鼻の穴の大きさも、そして鼻腔の弯曲度も異なります。どちらの穴が、より刺激が少ないかを意識して実施してください。鼻出血のしやすさも一方が多いです。もし研修時に可能なら、自分の鼻へカテーテルを挿入して、その不快感もぜひ体得してください（s）。

## Ⅲ-115・116・117・118

### 手順11

奥まで挿入できたら、吸引カテーテルの根本を折り曲げた指を瞬間的でなく、2～3秒かけてゆるめて吸引カテーテルに陰圧をかけ、ゆっくり引き抜きながら鼻汁やたんを吸引します。

この時、カテーテルをもった3本の指でこよりをよるように、左右にカテーテルを回しながらゆっくり引き抜きます。

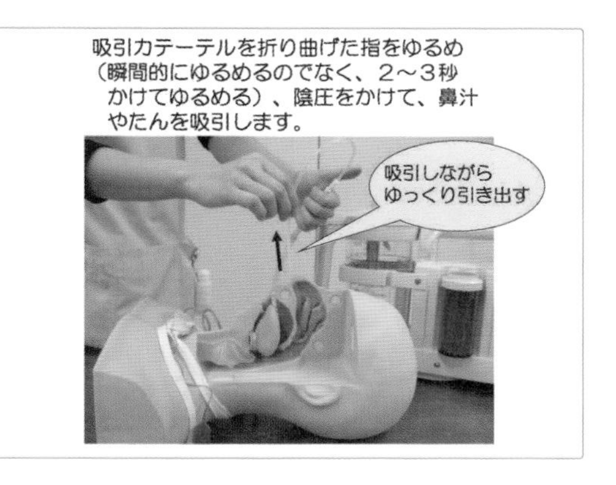

吸引カテーテルを折り曲げた指をゆるめ
（瞬間的にゆるめるのでなく、2～3秒
かけてゆるめる）、陰圧をかけて、鼻汁
やたんを吸引します。
吸引しながら
ゆっくり引き出す


### 手順12

口腔、鼻腔内吸引が終わったら、吸引が十分であったかどうか、再度吸引をしてほしいかを、確認します。

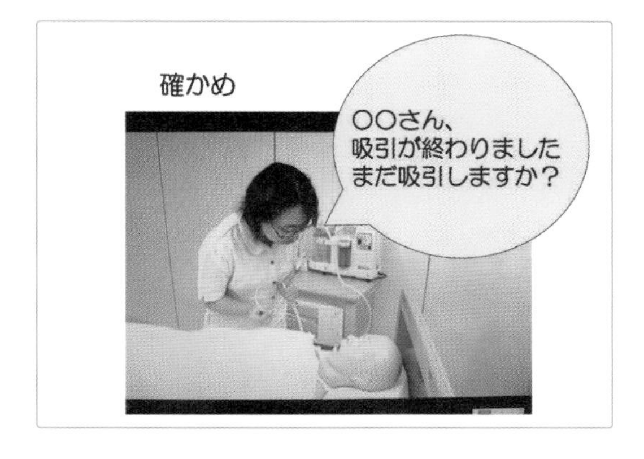

確かめ
○○さん、
吸引が終わりました
まだ吸引しますか？


### 手順13

以上の吸引が終わったら、吸引カテーテルの外側をティッシュで拭きとります。実際の吸引では、アルコール綿で、挿入した長さ＋2cm以上からチューブ先端まで、拭き取ります。

次に吸引カテーテルと連結管の内腔を、水で洗い流します。

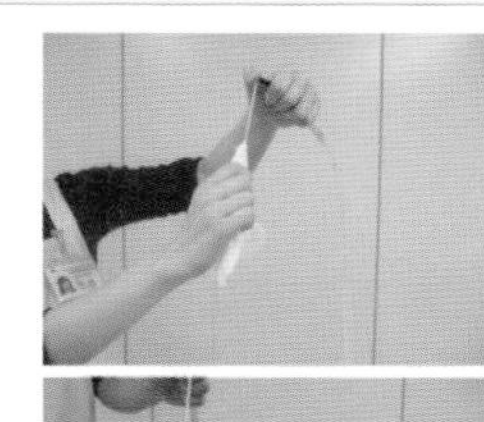

### 手順14

吸引器の電源スイッチを、手袋をしていない方の手で押して電源を切り、一連の操作を終了します。

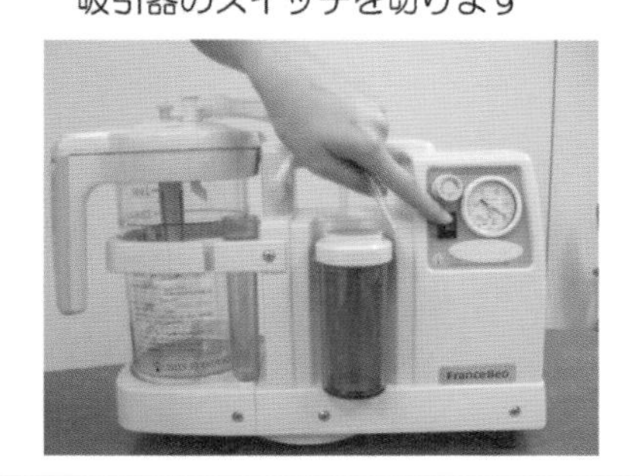

# 気管カニューレ内の吸引手順

次は、気管カニューレ内吸引の手順をみてみましょう。

## Ⅲ-119 気管カニューレの状態をイメージ

気管カニューレが、気管切開部から
挿入されている状態をイメージする

サイドチューブ
サイドチューブから、カフ上部にたまった分泌物を吸引
気管カニューレ内吸引
下気道から出てきたたん

まず、気管カニューレが、のどに開けられた気管切開部から、気管内に挿入されている状態をイメージしましょう。気管カニューレにはカフなしとカフ付きがあり、カフ付きでは気管カニューレ先端にカフという柔らかい風船がついており、これを膨らませるためのチューブが付いています。また最近は、このカフの上部にたまった分泌物を吸引することができるサイドチューブが付いているものがよく使用されています。

担当する利用者が使用している気管カニューレのタイプを、知っておくことも重要です。

気管カニューレから吸引されるものは、図のように下気道（気管・気管支）から上がってきたたんと、鼻・口・のどから下りてきて、カニューレと気管の壁の間の隙間から気管の中にたれ込んできた唾液や分泌物の場合があります。

## Ⅲ-120 吸引する部位

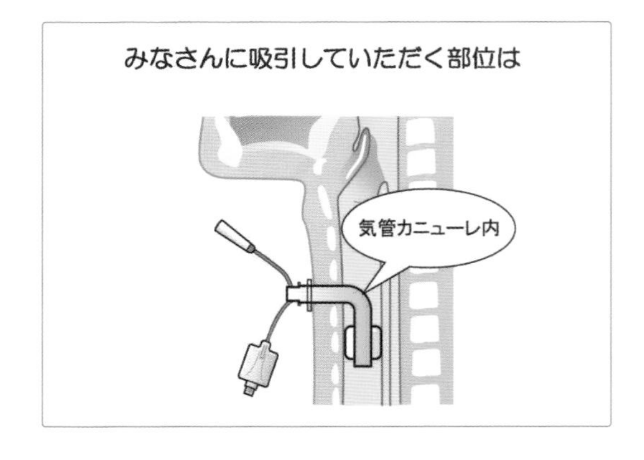


みなさんに吸引していただく部位は、この気管カニューレ内部で、カニューレの先端から、カニューレ内に入ってきたたんを吸引します。なお、サイドチューブが付いたタイプの気管カニューレでは、気管カニューレ内の吸引の前後で、サイドチューブからの吸引を行うことが、肺炎予防の上で望ましいと言えます。

## Ⅲ-121・122・123・124

### 手順1

事前に、吸引カテーテルを弯曲した気管カニューレに通してみて、カニューレ内腔の長さ(7～10cm程度)を確認してください。吸引の時、その長さだけ気管カニューレ内に挿入すればよいわけです。

吸引カテーテルを気管カニューレに通してみて、カニューレ内腔の長さを確認する

カニューレ内腔に相当する長さ

### 手順2

次に、両手を洗って、利き手に滅菌の使い捨ての手袋（薄いポリエチレン製）をします。なお、清潔なセッシを手洗いした手で持って操作しても結構です。

両手を洗って、利き手に滅菌の使い捨て手袋をします

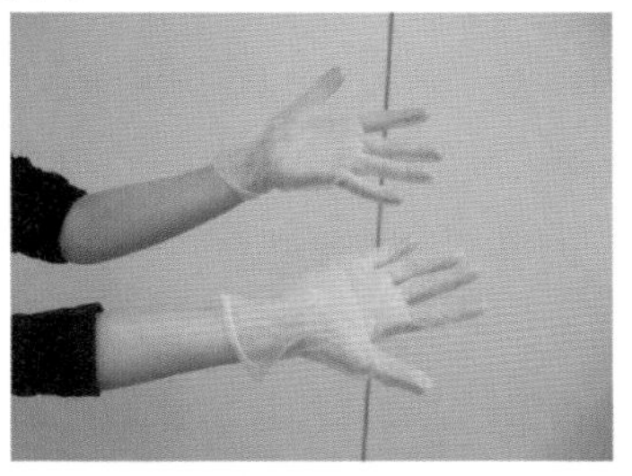

清潔なセッシ（ピンセット）を手洗いした手で持って操作しても結構です

### 手順3

吸引カテーテルを不潔にならないように取り出します。このとき、カテーテル先端には触らず、また先端が周囲のものに触れて不潔にならないよう十分注意します。

吸引カテーテルを不潔にならないように取り出す

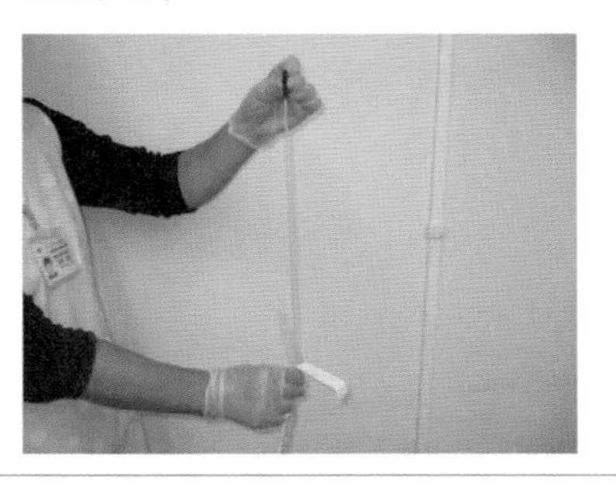

### 手順4

次に吸引カテーテルを吸引器に接続した接続管につなげます。

吸引カテーテルを吸引器に接続した接続管につなげます

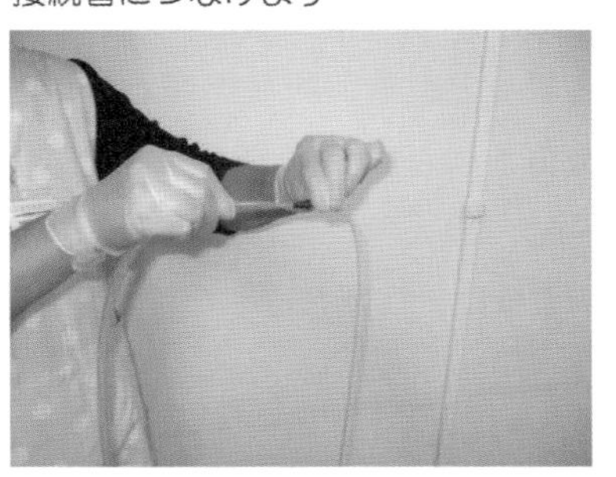

## Ⅲ-125・126・127・128

### 手順5

吸引カテーテルを操作する利き手と反対の手で、吸引器のスイッチを押します。

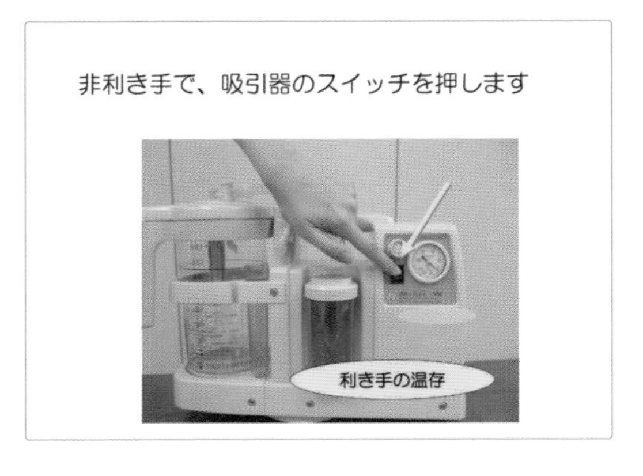

非利き手で、吸引器のスイッチを押します
利き手の温存


### 手順6

非利き手親指で吸引カテーテルの根本をふさぎ、吸引圧が、20～26kPa以下であることを確認します。

それ以上の場合、圧調整ツマミで調整します。この間も、カテーテル先端が周囲のものに絶対に触れないように注意します。

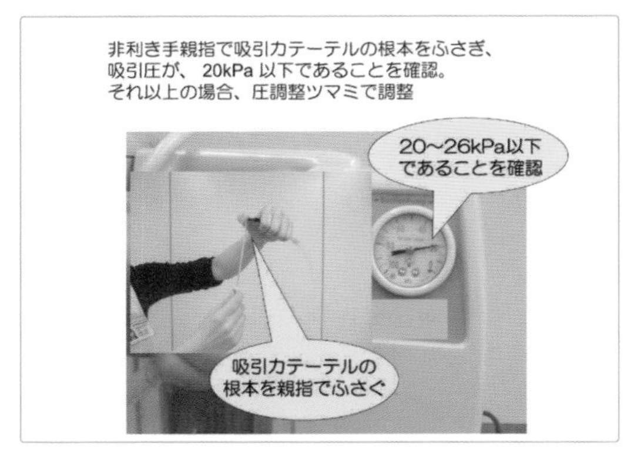


### 手順7

口腔・鼻腔内吸引と同じように、これから気管カニューレ内のたんの吸引を行うことを本人に告げます。

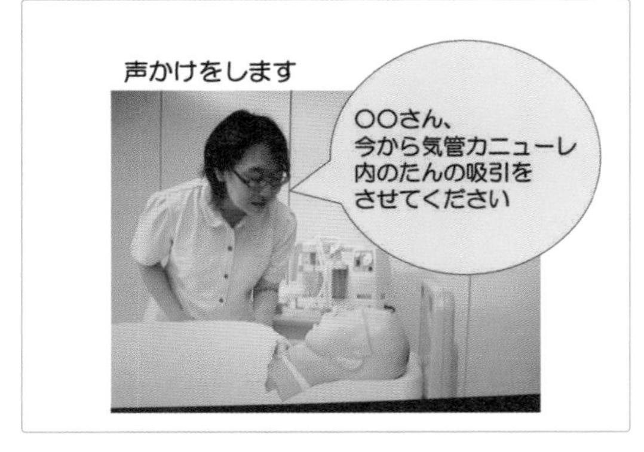

声かけをします
○○さん、
今から気管カニューレ
内のたんの吸引を
させてください


### 手順8

気管カニューレ内吸引では、口腔・鼻腔内吸引と異なり、無菌的な操作が要求されるので、滅菌された吸引カテーテルの先端約10cmの部位は、挿入前に他の器物に絶対に触れさせないように、注意してください。

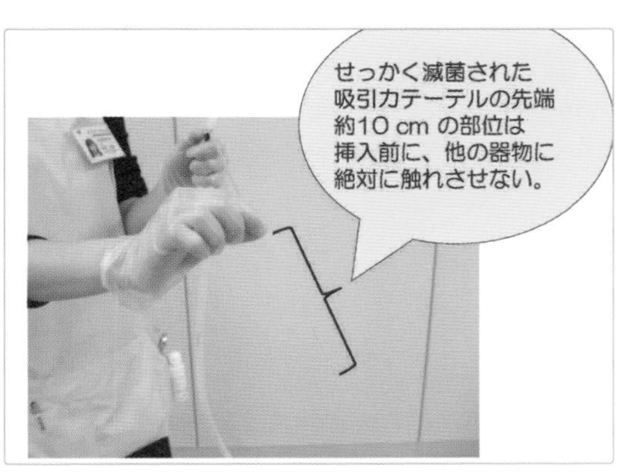

## Ⅲ-129•130•131•132

### 手順9

気管内に吸引カテーテルを挿入します。

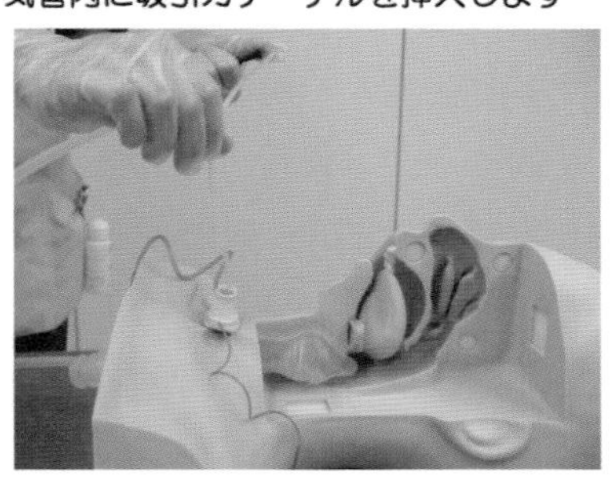


### 手順10

吸引カテーテルを気管カニューレに挿入する時、2つの方法があります。

①接続管を持っている方の手の親指で接続管近くの吸引カテーテルの根本を折り曲げ、陰圧をかけずに奥まで挿入し、その後、親指をゆるめて、陰圧をかけながら吸引する方法

②初めから陰圧をかけてたんを引きながら挿入し、そのまま陰圧をかけて引き抜きながら吸引する方法

どちらの方法でもよいので、医療者の指示に従ってください。

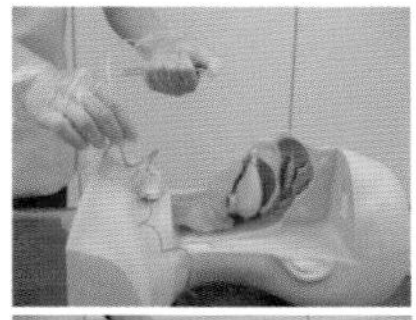

### 手順11

吸引カテーテルを気管カニューレの先端を越えて深く挿入することは、絶対にさけてください。吸引カテーテルが深く入りすぎて、吸引カテーテルが気管の粘膜に接触すると、通常は咳が誘発されますが、咳が誘発されないこともあります。

気管粘膜は傷つきやすいので、カテーテルが粘膜に接触し、また、吸引圧が粘膜に加わることにより、粘膜からの出血を起こしたり、粘膜の細胞が増殖して肉芽を生じる原因となります。

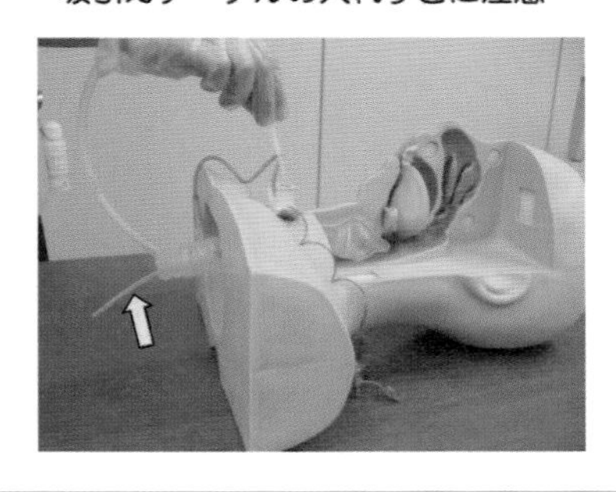


### 手順12

なお、吸引カテーテルを引き抜く時、こよりをひねるように、左右に回転させたりしてもよいでしょう。

1回の吸引は15秒以内にとどめ、できるだけ短時間で、しかし、確実に効率よく吸たんすることを心がけましょう。せっかく吸引しても、挿入の深さが浅すぎたり、挿入時間が短かすぎると、たんが十分に吸引できません。

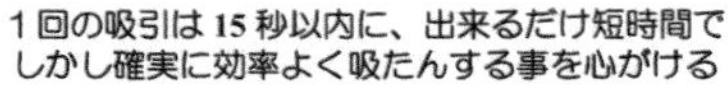


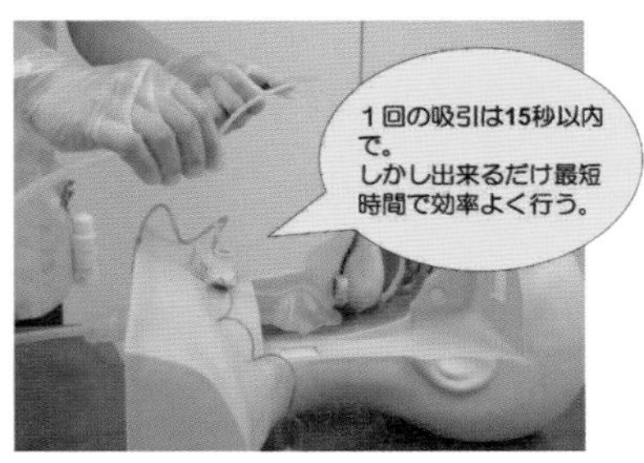

1回の吸引は15秒以内
で。
しかし出来るだけ最短
時間で効率よく行う。

## Ⅲ-133•134•135•136

### 手順13

人工呼吸器使用者の気管カニューレ内の吸引は、家族や看護師が行うのが原則ですが、家族や看護師がすぐに対応できる状況での介護職等による気管カニューレ内の吸引は可能です。侵襲的人工呼吸療法の利用者の場合、この図のような状態になっています。したがって、気管カニューレ内吸引を行う場合、まずフレキシブルチューブのコネクターを気管カニューレからはずす必要があります。

侵襲的人工呼吸器療法の状態

### 手順14

この場合は、利き手で吸引カテーテルを持った状態で、もう一方の手で、フレキシブルチューブ先端のコネクターをはずすことになります。場合によっては、あらかじめコネクターを少しゆるめておいたり、コネクターを固定しているひもをほどいておくなどの、吸引前の準備が必要です。

また、コネクターをはずした時、フレキシブルチューブ内にたまった水滴が、気管カニューレ内に落ちないよう注意してください。はずしたコネクターは、きれいなタオルなどの上に置いておきます。

フレキシブルチューブのコネクターを気管カニューレからはずす

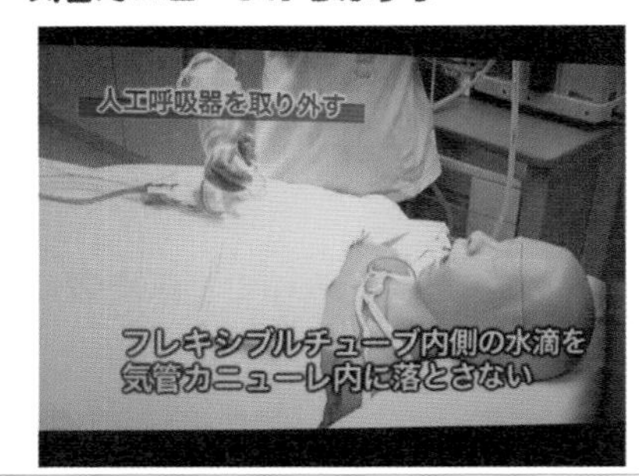

人工呼吸器を取り外す
フレキシブルチューブ内側の水滴を
気管カニューレ内に落とさない


### 手順15

吸引後、気管カニューレにフレキシブルチューブ先端のコネクターを装着します。この時フレキシブルチューブ内にたまった水滴をはらい、気管カニューレ内に落ちないよう注意してください。

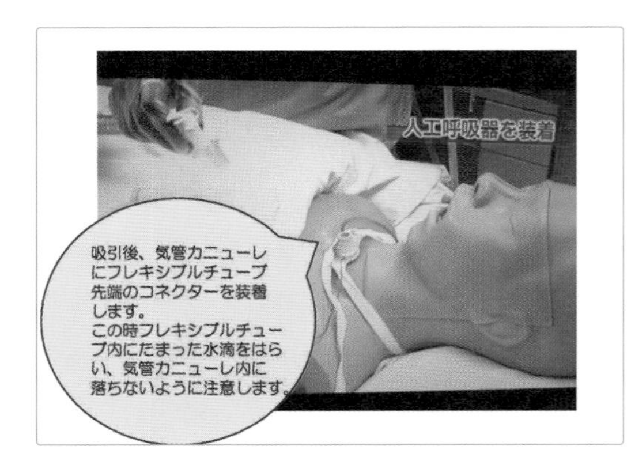


### 手順16

吸引カテーテルと接続管の内腔を水で洗い流します。気管カニューレ内吸引に用いた吸引カ

吸引カテーテルと接続管の内腔を水で洗い流す

気管カニューレ内吸引に用いたカテーテルは、原則として単回使用ですので、使用後廃棄します

消毒液につけて、複数回使用している場合には、その家庭の方法に従ってください

テーテルは、1回ごとに廃棄する単回使用が推奨されていますので、ここでは使用後廃棄します。しかし、消毒するなどして、複数回使用している場合もあるので、その場合は、それぞれの家庭の方法に従ってください。

**Ⅲ-137・138**

### 手順17

サイドチューブがある場合は、こちらも吸引を行ってください。

サイドチューブがある場合は、こちらの吸引も行う

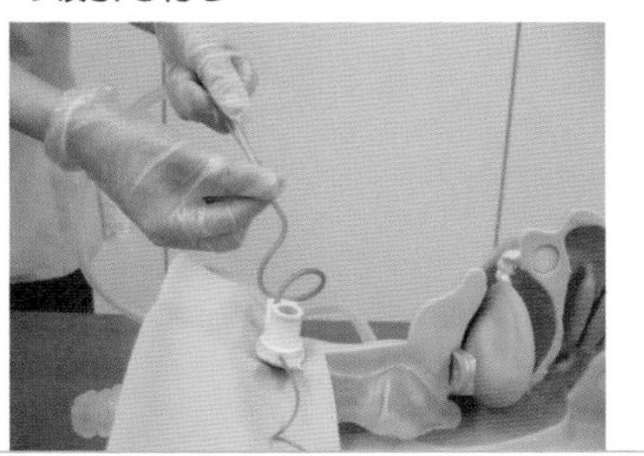

### 手順18

最後に、吸引器のスイッチを切ります。なお、気管カニューレ内吸引に使用した吸引カテーテルは、周囲をティッシュで拭いて、口腔内や鼻腔内吸引に用いてもよいですが、その逆は絶対にしてはいけません。

吸引器のスイッチを切ります

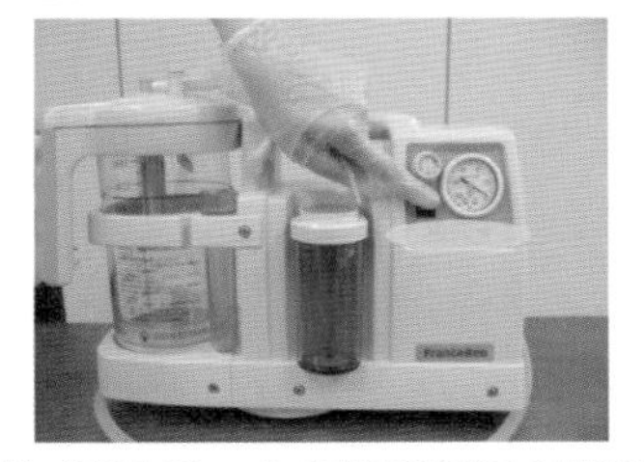

なお、気管カニューレ内吸引に使用した吸引カテーテルは、周囲をテッシュで拭いて、口腔内や鼻腔内吸引に用いても結構ですが、その逆は絶対にしないでください。

**Ⅲ-139**

## 気管カニューレ内吸引の手順の追加事項

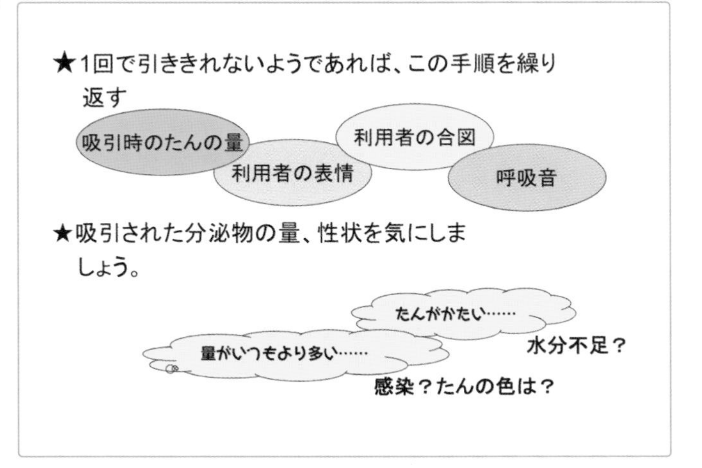

★1回で引ききれないようであれば、この手順を繰り返す
吸引時のたんの量
利用者の合図
利用者の表情
呼吸音
★吸引された分泌物の量、性状を気にしましょう。
たんがかたい……
水分不足？
量がいつもより多い……
感染？たんの色は？


1回の吸引時間は、息を止めていられる15秒以内で終わるようにしますが、たんが多い場合などで一度で取りきれない時は、低酸素にならないよう一度呼吸器に接続し、空気が

送り込まれ呼吸が整ってから、再度行うようにします。

吸引中に引けるチューブの色や、吸引びんにたまったたんの量や性状、色を観察し、先に説明したような異常があれば、看護師や医師に連絡しましょう。

Ⅲ-140

## 吸引の片づけ

★次の使用がすぐにできるように整えておく
・消毒液や洗浄用の水（水道水、滅菌精製水など）は、残量が少ない時には交換する。つぎ足さない
待たせずにケアできるように
・アルコール綿などの補充
・周囲に飛び散った水滴、分泌物などを拭く
・吸引びんの排液を捨てる
70-80%になる前に、もしくは定期的に
感染防止！

吸引が終了したら、片づけを行います。

片づけは、次回の使用がすぐにでき、利用者を待たせずに清潔にケアを行えるよう、きちんと行いましょう。

消毒液や洗浄用の水の残量が少ない時には、つぎ足すのではなく、交換しておきましょう。

アルコール綿なども補充しておきましょう。

吸引では、ベッド周囲にカテーテルの水滴や分泌物などで汚染しがちです。もう一度周囲を見て、これらのものを拭き取っておきましょう。

吸引された分泌物や消毒液、水は吸引びんにたまります。上方までたまると、吸引器に逆流したり、吸引できなくるので、ある程度たまったら捨てるようにしましょう。

捨てる場所は、在宅の場合トイレなどの下水道に流すのが一般的ですが、事前に確認しておきましょう。

Ⅲ-141

## ヒヤリハット・アクシデントの実際

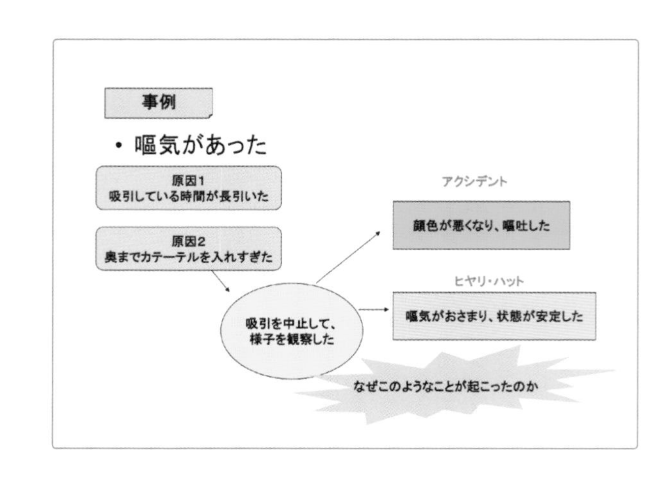


最後に、吸引をした後の確認報告についてです。

先に説明したように、吸引は利用者にとって必要なものですが、少なからず苦痛が伴い

ます。方法に誤りがあると、利用者にさらなる苦痛と危険を及ぼしてしまうことにもなりかねません。

吸引した後には、利用者の状態が変化していないかよく観察をし、「いつもと違う変化」があれば、必ず報告するようにしましょう。

ここでは、吸引の際に起こりがちなヒヤリ・ハットの事例を紹介します。

吸引中に顔色が悪くなった事例です。

パルスオキシメーターを着けている人で、酸素飽和度が下がっているような事例です。低酸素になった状態ですが、この原因として①吸引している時間が長引いた、②吸引圧を高くして吸引した、という報告がありました。吸引を中止して様子を観察したところ、ほどなく顔色が良くなり、表情も落ち着いたとしたら「ヒヤリ・ハット」として報告します。顔色が戻らず表情も苦しそうで回復しなかった場合は、低酸素状態に陥ったのですからアクシデントとして報告します。

## コラム ヒヤリハット事例を蓄積して事故防止に努めよう

「ヒヤリハット」とは、「利用者等に被害はないが、日常の学校や施設の生活の場で“ひやり”としたり、“ハッ”としたりした経験を有する事例」と定義されています。重大事故の発生前には、多くのヒヤリハットが潜んでいると言われています。

特別支援学校に勤務する看護師への全国調査では、指示書の有無にかかわらず、40%以上の看護師が緊急事態を経験していました。最も多かったのは、呼吸に関連するもので、日常的に経験しているという看護師もいました。

特別支援学校や施設では、呼吸の安定しない重症心身障害児者が多いため、これは決して楽観できる数字ではありません。誤嚥やチアノーゼが起きても対処して戻れば何事もなかったことになってしまう鈍感さでは、事故を未然に防ぐことはできません。

ヒヤリハットは、事故にまでは至らなかった小さな問題状況に対して予防対策を取ることによって事故を未然に防ぐためのものです。それを有効に活用するためには、①ヒヤリハット事例を蓄積することの目的、意味・意義を十分に認識すること、②誰にでも起こりうることとして、ヒヤリハットに遭遇した者を責めない体質を学校や施設内に作ることが大切です。

## コラム 特別支援学校や通所施設における感染予防

特別支援学校や施設では、教室や部屋の中に複数の利用者が1～2mも離れていない距離で長時間過ごしています。周囲の利用者も抵抗力が弱く、感染すればすぐに重症化します。一人ひとりの利用者の感染しやすいレベルは、病状や栄養状態などによって変化します。そのため、個別の状況を判断し、感染予防に取り組む必要があります。

分泌物を多く排出している利用者がいる場合は、飛沫感染しないように他の利用者と2m以上離す、もしくはカーテンをして隔離する、教職員や介護職員はエプロンをするなどの予防が必要です。

一方、教職員や介護職員も感染源になります。日頃の手洗い、うがいは重要ですが、学校や施設で、ケアの後の手洗い後に自分のハンカチやタオルで拭いている状況はありませんか。分泌物を排出する子どものケアをする際は、使い捨てのペーパータオルや手袋を使用することが重要です。また、教職員や介護職員がくしゃみや鼻水などの風邪症状がある場合は、必ずマスクをしてケアを行いましょう。さらにインフルエンザの予防接種は、必ず受けるようにしましょう。

Ⅲ-142

## 介護職員等が医療者に連絡をとるタイミング

- 吸引をいくら行っても、唾液やたん等が引ききれず、利用者が苦しい表情を呈している場合。
- パルスオキシメーターで、なかなか酸素飽和度が90%以上にならない場合。
- いつもと違う意識障害やチアノーゼ（口唇や爪が青紫色）がみられる場合。
- 吸引後人工呼吸器回路をつけた時、いつもより気道内圧が高い状態が持続する場合。
- 介護職員等・家族ともに、いつもとは違う利用者の様子に不安を感じた時。

吸引において、介護職員等が医療者に連絡を取るタイミングとしては、

- 吸引をいくら行っても、唾液やたん等が引ききれず、利用者が苦しい表情を呈している場合。
- パルスオキシメーターで、なかなか酸素飽和度が90%以上にならない場合。
- いつもと違う意識障害やチアノーゼ（口唇や爪が青紫色）がみられる場合。
- 吸引後、人工呼吸器回路をつけた時、いつもより気道内圧が高い状態が持続する場合。
- 介護職員等・家族ともに、いつもとは違う利用者の様子に不安を感じたとき。

などがあげられます。

Ⅲ-143

## 緊急連絡先のベッドサイド表示

緊急連絡先の順序を決めて、患者さんのベッドサイドや電話台のところにメモをおいておく。
＜例＞
1⇒訪問看護ステーション
2⇒地域主治医あるいは専門医のいる病院、人工呼吸器供給会社の連絡先もメモしておく。
また、気管切開人工呼吸器使用患者の場合、誰がバッグバルブ（アンビューバッグ）を押しながら、誰が緊急連絡するのかの役割分担を決めておくことも必要です。
分単位で状態が悪化するようであれば、医師への連絡とともに救急搬送も要請します。

まさかの緊急時にそなえて、訪問看護ステーション、地域主治医、専門医、人工呼吸器供

### コラム 医療職とのコミュニケーション

学校や生活介護事業所で、非医療職が当面相談する相手は看護師になります。多くの現場では複数配置され、身近にいて相談できると思います。もとより看護師は訪問系の経験者はともかく、多くは病院内でのチーム医療で育っています。

即座の判断や状態像の急変対応などに万全でないことがあります。そんな時、保護者連絡はしても主治医連絡はなかなかつきません。一人ひとり歴史が異なります。一人ひとりについての連絡マニュアルが常備される必要があるでしょう(S)。

給会社など、緊急連絡先の順序を決めて、利用者のベッドサイドや電話台のところにメモをおいておくことも重要です。分単位で状態が悪化するようであれば、医師への連絡とともに救急搬送も要請します。

## Ⅲ-144
# 吸引される方の気持ち、家族の思い

最後に、吸引を必要とする利用者は、呼吸する力が弱っている状態です。

自分でたんや唾液を出したりできないために、他人から吸引してもらって呼吸を整えなくてはならないことは苦痛でしょう。

吸引は時間で決まっているケアではなく、その時の状態により必要になるものです。

吸引が必要な時に、迅速に対応されるべきですが、介護者が利用者の意思に気がつかなかったり準備に時間がかかったりして、つらい思いをされていることもあります。不快なだけではなく、たんがたまることで呼吸が苦しくなり、命の危険さえよぎり、不安を感じることもあります。

また、呼吸の苦しさは主観的なものも大きく、吸引の手技によっては、思うようなすっきり感が得られず、もどかしい思いをされていることもあるでしょう。

このような利用者の思いを理解し、ケアに入っていくようにしましょう。

家族も利用者と同じように、不安を感じています。

利用者の意思に気づかないようなケアや乱暴に見えるようなケア、手順の違いは、任せてもよいのか大きな不安にかられます。誠実に行っていくようにしましょう。

また、吸引の物品、カテーテルの保存の仕方、やり方は、その利用者によって個別性があります。個別性に沿った手順で行えるよう、事前に家族や医療者とよく確認しておきましょう。

たんの吸引は、本研修で学んだことを実践すれば、けっしてむずかしいことではありません。

みなさんの安全で優しいケアが、利用者の安心や安楽につながりますので、よろしくお願いいたします。

Ⅳ

# 資料

- 評価表
- 評価判定基準
- 同意書
- 気管カニューレ内吸引時の覚書・修了証書
- 介護職員等による喀痰吸引等制度Q&A

## 評価票：喀痰吸引　口腔内吸引（通常手順）

| | 回数 | （　）回目 | （　）回目 | （　）回目 | （　）回目 | （　）回目 |
|---|---|---|---|---|---|---|
| | 月日 | ／ | ／ | ／ | ／ | ／ |
| | 時間 | | | | | |

| 実施手順 | | 評価項目 | 評価の視点 | 評価 | | | | |
|---|---|---|---|---|---|---|---|---|
| STEP4：実施準備 | 1 | 訪問時、第一回目の流水と石けんによる手洗いを済ませておく。 | 外から細菌を持ち込まない。 | | | | | |
| | 2 | 医師・訪問看護師の指示を確認する。 | ここまでは、ケアの前に済ませておく。 | | | | | |
| | 3 | 利用者本人あるいは家族に体調を聞く。 | | | | | | |
| STEP5：実施 | 4 | 利用者本人から吸引の依頼を受ける。あるいは、利用者の意思を確認する。 | 必要性のある時だけ行っているか。 | | | | | |
| | 5 | 吸引の環境、利用者の姿勢を整える。 | 効果的に喀痰を吸引できる体位か。 | | | | | |
| | 6 | 口の周囲、口腔内を観察する。 | 唾液の貯留、出血、腫れ、乾燥などのチェックをしたか。 | | | | | |
| | 7 | 流水と石けんで手洗い、あるいは速乾性擦式手指消毒剤で手洗いをする。 | 利用者の体に接触した後、吸引前の手洗いを行っているか。 | | | | | |
| | 8 | 必要に応じ、きれいな使い捨て手袋をする。場合によってはセッシを持つ。 | 手洗い後、決められた吸引カテーテル保持方法を守っているか。 | | | | | |
| | 9 | 吸引カテーテルを不潔にならないように取り出す。 | 衛生的に、器具の取扱いができているか。吸引カテーテルの先端をあちこちにぶつけていないか。 | | | | | |
| | 10 | 吸引カテーテルを吸引器に連結した接続管につなげる。 | 衛生的に操作できているか。 | | | | | |
| | 11 | （薬液浸漬法の場合）吸引器のスイッチを入れ、水を吸って吸引カテーテルの内腔を洗い流すとともに吸引カテーテルの周囲を洗う。 | 衛生的に、器具の取扱いができているか。 | | | | | |
| | 12 | 決められた吸引圧になっていることを確認する。 | 吸引圧は20キロパスカル以下に設定する。 | | | | | |
| | 13 | 吸引カテーテルの先端の水をよく切る。 | よく水を切ったか。 | | | | | |
| | 14 | 「吸引しますよ〜」と声をかける。 | 本人に合図を送り、心の準備をしてもらえているか。 | | | | | |
| | 15 | 吸引カテーテルを口腔内に入れ、両頬の内側、舌の上下周囲を吸引する。 | 静かに挿入し、口腔内の分泌物を吸引できたか。あまり奥まで挿入していないか。 | | | | | |
| | 16 | 一回で吸引しきれなかった場合は、吸引カテーテルの外側をアルコール綿で拭き取った後、洗浄水を吸って内側を洗い流してから、再度吸引する。 | 外側に分泌物がついた吸引カテーテルをそのまま洗浄水（水道水等）に入れて水を汚染していないか。 | | | | | |
| | 17 | （薬液浸漬法の場合）使用済み吸引カテーテルは外側をアルコール綿で拭き取った後、水を吸って内側を洗い流してから、保存容器の消毒液を吸引カテーテル内に吸引する。 | 洗浄水、消毒液を吸いすぎていないか。吸引カテーテル内に分泌物が残っていないか。 | | | | | |
| | 18 | 吸引器のスイッチを切る。 | 吸引器の機械音は、吸引が終わったらできるだけ早く消す。 | | | | | |
| | 19 | 吸引カテーテルを連結管からはずし、破棄する。（薬液浸漬法の場合）消毒液の入った保存容器にもどす。 | | | | | | |
| | 20 | 手袋をはずす（手袋着用の場合）またはセッシをもとに戻し、手洗いをする。 | | | | | | |
| | 21 | 利用者に吸引が終わったことを告げ、確認できる場合、喀痰がとれたかを確認する。 | 本人の意思を確認しているか。喀痰がとれ切れていない場合はもう一回繰り返すかを聞いているか。 | | | | | |
| | 22 | 利用者の顔色、呼吸状態等を観察する。 | 苦痛を最小限に、吸引できたか。利用者の状態観察を行えているか。経鼻胃管使用者では、吸引後、経鼻胃管が口腔内に出てきていないかを確認。 | | | | | |
| | 23 | 体位を整える。 | 楽な体位であるか利用者に確認したか。 | | | | | |
| | 24 | 吸引した物の量、性状等について、ふり返り確認する。 | 吸引した喀痰の量・色・性状を見て、喀痰に異常はないか確認しているか。（異常があった場合、家族や看護師、医師に報告したか。感染の早期発見につながる。） | | | | | |
| STEP6：片付け | 25 | 吸引びんの廃液量が70〜80%になる前に廃液を捨てる。 | 手早く片づけているか。吸引びんの汚物は適宜捨てる。 | | | | | |
| | 26 | 洗浄用の水や保存容器の消毒液の残りが少なければ取り換える。 | 洗浄の水や消毒液は継ぎ足さず、セットごと取り換えているか。 | | | | | |
| STEP7：評価記録結果確認報告 | 27 | 評価票に記録する。ヒヤリハットがあれば報告する。 | 記録し、ヒヤリハットがあれば報告したか。（ヒヤリハットは業務の後に記録する。） | | | | | |

**留意点**

※　特定の利用者における個別の留意点（良好な体位やOKサイン等）について、把握した上でケアを実施すること。

※　実際に評価票を使用する際は、各対象者の個別性に適合させるよう、適宜変更・修正して使用すること。

## 評価票：喀痰吸引　口腔内吸引（人工呼吸器装着者：口鼻マスクによる非侵襲的人工呼吸療法）

| | | | | | | | | |
|---|---|---|---|---|---|---|---|---|
| | | | 回数 | （　）回目 | （　）回目 | （　）回目 | （　）回目 | （　）回目 |
| | | | 月日 | ／ | ／ | ／ | ／ | ／ |
| | | | 時間 | | | | | |
| 実施手順 | | 評価項目 | 評価の視点 | 評価 | | | | |
| STEP4：実施準備 | 1 | 訪問時、第一回目の流水と石けんによる手洗いを済ませておく。 | 外から細菌を持ち込まない。 | | | | | |
| | 2 | 医師・訪問看護師の指示を確認する。 | ここまでは、ケアの前に済ませておく。 | | | | | |
| | 3 | 利用者本人あるいは家族に体調を聞く。 | | | | | | |
| STEP5：実施 | 4 | 利用者本人から吸引の依頼を受ける。あるいは、利用者の意思を確認する。 | 必要性のある時だけ行っているか。 | | | | | |
| | 5 | 吸引の環境、利用者の姿勢を整える。 | 効果的に喀痰を吸引できる体位か。 | | | | | |
| | 6 | 口の周囲、口腔内を観察する。 | 唾液の貯留、出血、腫れ、乾燥などのチェックをしたか。 | | | | | |
| | 7 | 流水と石けんで手洗い、あるいは速乾性擦式手指消毒剤で手洗いをする。 | 利用者の体に接触した後、吸引前の手洗いを行っているか。 | | | | | |
| | 8 | 必要に応じきれいな使い捨て手袋をする。場合によってはセッシを持つ。 | 手洗い後、決められた吸引カテーテル保持方法を守っているか。 | | | | | |
| | 9 | 吸引カテーテルを不潔にならないように取り出す。 | 衛生的に、器具の取扱いができているか。吸引カテーテルの先端をあちこちにぶつけていないか。 | | | | | |
| | 10 | 吸引カテーテルを吸引器に連結した接続管につなげる。 | 衛生的に操作できているか。 | | | | | |
| | 11 | （薬液浸漬法の場合）吸引器のスイッチを入れ、水を吸って吸引カテーテルの内腔を洗い流すとともに吸引カテーテルの周囲を洗う。 | 衛生的に、器具の取扱いができているか。 | | | | | |
| | 12 | 決められた吸引圧になっていることを確認する。 | 吸引圧は20キロパスカル以下に設定する。 | | | | | |
| | 13 | 吸引カテーテルの先端の水をよく切る。 | よく水を切ったか。 | | | | | |
| | 14 | 「吸引しますよ～」と声をかける。 | 本人に合図を送り、心の準備をしてもらえているか。 | | | | | |
| | 15 | 口鼻マスクをはずす。 | 個人差があり、順番が前後することがある。 | | | | | |
| | 16 | 吸引カテーテルを口腔内に入れ、両頬の内側、舌の上下周囲を吸引する。 | 静かに挿入し、口腔内の分泌物を吸引できたか。あまり奥まで挿入していないか。 | | | | | |
| | 17 | 口鼻マスクを適切にもとの位置にもどす。 | 個人差があり、順番が前後することがある。 | | | | | |
| | 18 | 一回で吸引しきれなかった場合は、吸引カテーテルの外側をアルコール綿で拭き取った後、洗浄水を吸って内側を洗い流してから、再度吸引する。 | 外側に分泌物がついた吸引カテーテルをそのまま洗浄水（水道水等）に入れて水を汚染していないか。 | | | | | |
| | 19 | （薬液浸漬法の場合）使用済み吸引カテーテルは外側をアルコール綿で拭き取った後、水を吸って内側を洗い流してから、保存容器の消毒液を吸引カテーテル内に吸引する。 | 洗浄水、消毒液を吸いすぎていないか。吸引カテーテル内に分泌物が残っていないか。 | | | | | |
| | 20 | 吸引器のスイッチを切る。 | 吸引器の機械音は、吸引が終わったらできるだけ早く消す。 | | | | | |
| | 21 | 吸引カテーテルを連結管からはずし、破棄する。（薬液浸漬法の場合）消毒液の入った保存容器にもどす。 | | | | | | |
| | 22 | 手袋をはずす（手袋着用の場合）またはセッシをもとに戻し、手洗いをする。 | | | | | | |
| | 23 | 利用者に吸引が終わったことを告げ、確認できる場合、喀痰がとれたかを確認する。 | 本人の意思を確認しているか。喀痰がとれ切れていない場合はもう一回繰り返すかを聞いているか。 | | | | | |
| | 24 | 利用者の顔色、呼吸状態等を観察する。 | 苦痛を最小限に、吸引できたか。利用者の状態観察を行えているか。経鼻胃管使用者では、吸引後、経鼻胃管が口腔内に出てきていないかを確認。 | | | | | |
| STEP6：片付け | 25 | 人工呼吸器が正常に作動していること、口鼻マスクの装着がいつも通りであることを確認する。 | 人工呼吸器の作動状態、マスクの装着状態を確認しているか。 | | | | | |
| | 26 | 体位を整える。 | 楽な体位であるか利用者に確認したか。 | | | | | |
| STEP7：評価記録結果確認報告 | 27 | 吸引した物の量、性状等について、ふり返り確認する。 | 吸引した喀痰の量・色・性状を見て、喀痰に異常はないか確認しているか。（異常があった場合、家族や看護師、医師に報告したか。感染の早期発見につながる。） | | | | | |
| | 28 | 吸引びんの廃液量が70～80%になる前に廃液を捨てる。 | 手早く片づけているか。吸引びんの汚物は適宜捨てる。 | | | | | |
| | 29 | 洗浄用の水や保存容器の消毒液の残りが少なければ取り換える。 | 洗浄の水や消毒液は継ぎ足さず、セットごと取り換えているか。 | | | | | |
| | 30 | 評価票に記録する。ヒヤリハットがあれば報告する。 | 記録し、ヒヤリハットがあれば報告したか。（ヒヤリハットは業務の後に記録する。） | | | | | |

**留意点**
※　特定の利用者における個別の留意点（良好な体位やOKサイン等）について、把握した上でケアを実施すること。
※　実際に評価票を使用する際は、各対象者の個別性に適合させるよう、適宜変更・修正して使用すること。

## 評価票：喀痰吸引 鼻腔内吸引（通常手順）

| 実施手順 | | 評価項目 | 評価の視点 | 評価 | | | | |
|---|---|---|---|---|---|---|---|---|
| | | | 回数 | (　)回目 | (　)回目 | (　)回目 | (　)回目 | (　)回目 |
| | | | 月日 | ／ | ／ | ／ | ／ | ／ |
| | | | 時間 | | | | | |
| STEP4：実施準備 | 1 | 訪問時、第一回目の流水と石けんによる手洗いを済ませておく。 | 外から細菌を持ち込まない。 | | | | | |
| | 2 | 医師・訪問看護師の指示を確認する。 | ここまでは、ケアの前に済ませておく。 | | | | | |
| | 3 | 利用者本人あるいは家族に体調を聞く。 | | | | | | |
| STEP5：実施 | 4 | 利用者本人から吸引の依頼を受ける。あるいは、利用者の意思を確認する。 | 必要性のある時だけ行っているか。 | | | | | |
| | 5 | 吸引の環境、利用者の姿勢を整える。 | 効果的に喀痰を吸引できる体位か。 | | | | | |
| | 6 | 鼻の周囲、鼻腔内を観察する。 | 鼻汁の貯留、出血、腫れ、乾燥などのチェックをしたか。 | | | | | |
| | 7 | 流水と石けんで手洗い、あるいは速乾性擦式手指消毒剤で手洗いをする。 | 利用者の体に接触した後、吸引前の手洗いを行っているか。 | | | | | |
| | 8 | 必要に応じきれいな使い捨て手袋をする。場合によってはセッシを持つ。 | 手洗い後、決められた吸引カテーテル保持方法を守っているか。 | | | | | |
| | 9 | 吸引カテーテルを不潔にならないように取り出す。 | 衛生的に、器具の取扱いができているか。吸引カテーテルの先端をあちこちにぶつけていないか。 | | | | | |
| | 10 | 吸引カテーテルを吸引器に連結した接続管につなげる。 | 衛生的に操作できているか。 | | | | | |
| | 11 | （薬液浸漬法の場合）吸引器のスイッチを入れ、水を吸って吸引カテーテルの内腔を洗い流すとともに吸引カテーテルの周囲を洗う。 | 衛生的に、器具の取扱いができているか。 | | | | | |
| | 12 | 決められた吸引圧になっていることを確認する。 | 吸引圧は20キロパスカル以下に設定する。 | | | | | |
| | 13 | 吸引カテーテルの先端の水をよく切る。 | よく水を切ったか。 | | | | | |
| | 14 | 「吸引しますよ～」と声をかける。 | 本人に合図を送り、心の準備をしてもらえているか。 | | | | | |
| | 15 | 吸引カテーテルを陰圧をかけない状態で鼻腔内の奥に入れる。 | 奥に挿入するまで、吸引カテーテルに陰圧はかけていないか。適切な角度の調整で吸引カテーテルを奥まで挿入できているか。 | | | | | |
| | 16 | （吸引カテーテルを手で操作する場合）こよりを撚るように左右に回転し、ゆっくり引き抜きながら吸引する。 | （吸引カテーテルを手で操作する場合）吸引カテーテルを左右に回転させながら引き抜いているか。 | | | | | |
| | 17 | 一回で吸引しきれなかった場合は、吸引カテーテルの外側をアルコール綿で拭き取った後、洗浄水を吸って内側を洗い流してから、再度吸引する。 | 外側に分泌物がついた吸引カテーテルをそのまま洗浄水（水道水等）に入れて水を汚染していないか。 | | | | | |
| | 18 | （薬液浸漬法の場合）使用済み吸引カテーテルは外側をアルコール綿で拭き取った後、水を吸って内側を洗い流してから、保存容器の消毒液を吸引カテーテル内に吸引する。 | 洗浄水、消毒液を吸いすぎていないか。吸引カテーテル内に分泌物が残っていないか。 | | | | | |
| | 19 | 吸引器のスイッチを切る。 | 吸引器の機械音は、吸引が終わったらできるだけ早く消す。 | | | | | |
| | 20 | 吸引カテーテルを連結管からはずし、破棄する。（薬液浸漬法の場合）消毒液の入った保存容器にもどす。 | | | | | | |
| | 21 | 手袋をはずす（手袋着用の場合）またはセッシをもとに戻し、手洗いをする。 | | | | | | |
| | 22 | 利用者に吸引が終わったことを告げ、確認できる場合、喀痰がとれたかを確認する。 | 本人の意思を確認しているか。喀痰がとれ切れていない場合はもう一回繰り返すかを聞いているか。 | | | | | |
| | 23 | 利用者の顔色、呼吸状態等を観察する。 | 苦痛を最小限に、吸引できたか。利用者の状態観察を行えているか。経鼻胃管使用者では、吸引後、経鼻胃管が口腔内に出てきていないかを確認。 | | | | | |
| | 24 | 体位を整える。 | 楽な体位であるか利用者に確認したか。 | | | | | |
| | 25 | 吸引した物の量、性状等について、ふり返り確認する。 | 吸引した喀痰の量・色・性状を見て、喀痰に異常はないか確認しているか。（異常があった場合、家族や看護師、医師に報告したか。感染の早期発見につながる。） | | | | | |
| STEP6：片付け | 26 | 吸引びんの廃液量が70～80%になる前に廃液を捨てる。 | 手早く片づけているか。吸引びんの汚物は適宜捨てる。 | | | | | |
| | 27 | 洗浄用の水や保存容器の消毒液の残りが少なければ取り換える。 | 洗浄用の水や消毒液は継ぎ足さず、セットごと取り換えているか。 | | | | | |
| STEP7：評価記録結果確認報告 | 28 | 評価票に記録する。ヒヤリハットがあれば報告する。 | 記録し、ヒヤリハットがあれば報告したか。（ヒヤリハットは業務の後に記録する。） | | | | | |

**留意点**
※　特定の利用者における個別の留意点（良好な体位やOKサイン等）について、把握した上でケアを実施すること。
※　実際に評価票を使用する際は、各対象者の個別性に適合させるよう、適宜変更・修正して使用すること。

## 評価票：喀痰吸引　鼻腔内吸引（人工呼吸器装着者：口鼻マスクまたは鼻マスクによる非侵襲的人工呼吸療法）

| 実施手順 | | 評価項目 | 評価の視点 | 評価 | | | | |
|---|---|---|---|---|---|---|---|---|
| | | | 回数 | （　）回目 | （　）回目 | （　）回目 | （　）回目 | （　）回目 |
| | | | 月日 | ／ | ／ | ／ | ／ | ／ |
| | | | 時間 | | | | | |
| STEP4：実施準備 | 1 | 訪問時、第一回目の流水と石けんによる手洗いを済ませておく。 | 外から細菌を持ち込まない。 | | | | | |
| | 2 | 医師・訪問看護師の指示を確認する。 | ここまでは、ケアの前に済ませておく。 | | | | | |
| | 3 | 利用者本人あるいは家族に体調を聞く。 | | | | | | |
| STEP5：実施 | 4 | 利用者本人から吸引の依頼を受ける。あるいは、利用者の意思を確認する。 | 必要性のある時だけ行っているか。 | | | | | |
| | 5 | 吸引の環境、利用者の姿勢を整える。 | 効果的に喀痰を吸引できる体位か。 | | | | | |
| | 6 | 鼻の周囲、鼻腔内を観察する。 | 鼻汁の貯留、出血、腫れ、乾燥などのチェックをしたか。 | | | | | |
| | 7 | 流水と石けんで手洗い、あるいは速乾性擦式手指消毒剤で手洗いをする。 | 利用者の体に接触した後、吸引前の手洗いを行っているか。 | | | | | |
| | 8 | 必要に応じきれいな使い捨て手袋をする。場合によってはセッシを持つ。 | 手洗い後、決められた吸引カテーテル保持方法を守っているか。 | | | | | |
| | 9 | 吸引カテーテルを不潔にならないように取り出す。 | 衛生的に、器具の取扱いができているか。吸引カテーテルの先端をあちこちにぶつけていないか。 | | | | | |
| | 10 | 吸引カテーテルを吸引器に連結した接続管につなげる。 | 衛生的に操作できているか。 | | | | | |
| | 11 | （薬液浸漬法の場合）吸引器のスイッチを入れ、水を吸って吸引カテーテルの内腔を洗い流すとともに吸引カテーテルの周囲を洗う。 | 衛生的に、器具の取扱いができているか。 | | | | | |
| | 12 | 決められた吸引圧になっていることを確認する。 | 吸引圧は20キロパスカル以下に設定する。 | | | | | |
| | 13 | 吸引カテーテルの先端の水をよく切る。 | よく水を切ったか。 | | | | | |
| | 14 | 「吸引しますよ～」と声をかける。 | 本人に合図を送り、心の準備をしてもらえているか。 | | | | | |
| | 15 | 口鼻マスクまたは鼻マスクをはずす。 | 個人差があり、順番が前後することがある。 | | | | | |
| | 16 | 吸引カテーテルを陰圧をかけない状態で鼻腔内の奥に入れる。 | 奥に挿入するまで、吸引カテーテルに陰圧はかけていないか。適切な角度の調整で吸引カテーテルを奥まで挿入できているか。 | | | | | |
| | 17 | （吸引カテーテルを手で操作する場合）こよりを撚るように左右に回転し、ゆっくり引き抜きながら吸引する。 | （吸引カテーテルを手で操作する場合）吸引カテーテルを左右に回転させながら引き抜いているか | | | | | |
| | 18 | 一回で吸引しきれなかった場合は、吸引カテーテルの外側をアルコール綿で拭き取った後、洗浄水を吸って内側を洗い流してから、再度吸引する。 | 外側に分泌物がついた吸引カテーテルをそのまま洗浄水（水道水等）に入れて水を汚染していないか。 | | | | | |
| | 19 | 口鼻マスクまたは鼻マスクを適切にもとの位置にもどす。 | 個人差があり、順番が前後することがある。 | | | | | |
| | 20 | （薬液浸漬法の場合）使用済み吸引カテーテルは外側をアルコール綿で拭き取った後、水を吸って内側を洗い流してから、保存容器の消毒液を吸引カテーテル内に吸引する。 | 洗浄水、消毒液を吸いすぎていないか。吸引カテーテル内に分泌物が残っていないか。 | | | | | |
| | 21 | 保存容器の消毒液を吸引カテーテル内に吸引する。 | | | | | | |
| | 22 | 吸引器のスイッチを切る。 | 吸引器の機械音は、吸引が終わったらできるだけ早く消す。 | | | | | |
| | 23 | 吸引カテーテルを連結管からはずし、破棄する。（薬液浸漬法の場合）消毒液の入った保存容器にもどす。 | | | | | | |
| | 24 | 手袋をはずす（手袋着用の場合）またはセッシをもとに戻し、手洗いをする。 | | | | | | |
| | 25 | 利用者に吸引が終わったことを告げ、確認できる場合、喀痰がとれたかを確認する。 | 本人の意思を確認しているか。喀痰がとれ切れていない場合はもう一回繰り返すかを聞いているか。 | | | | | |
| | 26 | 利用者の顔色、呼吸状態等を観察する。 | 苦痛を最小限に、吸引できたか。利用者の状態観察を行えているか。経鼻胃管使用者では、吸引後、経鼻胃管が口腔内に出てきていないかを確認。 | | | | | |
| | 27 | 人工呼吸器が正常に作動していること、口鼻マスクまたは鼻マスクの装着がいつも通りであることを確認する。 | 人工呼吸器の作動状態、マスクの装着状態を確認しているか。 | | | | | |
| | 28 | 体位を整える。 | 楽な体位であるか利用者に確認したか。 | | | | | |
| | 29 | 吸引した物の量、性状等について、ふり返り確認する。 | 吸引した喀痰の量・色・性状を見て、喀痰に異常はないか確認しているか。（異常があった場合、家族や看護師、医師に報告したか。感染の早期発見につながる。） | | | | | |
| STEP6：片付け | 30 | 吸引びんの廃液量が70～80%になる前に廃液を捨てる。 | 手早く片づけているか。吸引びんの汚物は適宜捨てる。 | | | | | |
| | 31 | 洗浄用の水や保存容器の消毒液の残りが少なければ取り換える。 | 洗浄用の水や消毒液は継ぎ足さず、セットごと取り換えているか。 | | | | | |
| STEP7：評価記録結果確認報告 | 32 | 評価票に記録する。ヒヤリハットがあれば報告する。 | 記録し、ヒヤリハットがあれば報告したか。（ヒヤリハットは業務の後に記録する。） | | | | | |

**留意点**
※　特定の利用者における個別の留意点（良好な体位やOKサイン等）について、把握した上でケアを実施すること。
※　実際に評価票を使用する際は、各対象者の個別性に適合させるよう、適宜変更・修正して使用すること。

## 評価票：喀痰吸引　気管カニューレ内部吸引（通常手順）

| 実施手順 | | 評価項目 | 評価の視点 | 評価 | | | | |
|---|---|---|---|---|---|---|---|---|
| | | | 回数 | (　)回目 | (　)回目 | (　)回目 | (　)回目 | (　)回目 |
| | | | 月日 | ／ | ／ | ／ | ／ | ／ |
| | | | 時間 | | | | | |
| STEP4：実施準備 | 1 | 訪問時、第一回目の流水と石けんによる手洗いを済ませておく。 | 外から細菌を持ち込まない。 | | | | | |
| | 2 | 医師・訪問看護師の指示を確認する。 | ここまでは、ケアの前に済ませておく。 | | | | | |
| | 3 | 利用者本人あるいは家族に体調を聞く。 | | | | | | |
| | 4 | 気管カニューレに人工鼻が付いている場合、はずしておく。 | | | | | | |
| STEP5：実施 | 5 | 利用者本人から吸引の依頼を受ける。あるいは、利用者の意思を確認する。 | 必要性のある時だけ行っているか。 | | | | | |
| | 6 | 吸引の環境、利用者の姿勢を整える。 | 効果的に喀痰を吸引できる体位か。 | | | | | |
| | 7 | 気管カニューレの周囲、固定状態及び喀痰の貯留を示す呼吸音の有無を観察する。 | 気管カニューレ周囲の状態（喀痰の吹き出し、皮膚の発等）、固定のゆるみ、喀痰の貯留を示す呼吸音の有無などのチェックをしたか。 | | | | | |
| | 8 | 流水と石けんで手洗い、あるいは速乾性擦式手指消毒剤で手洗いをする。 | 利用者の体に接触した後、吸引前の手洗いを行っているか。 | | | | | |
| | 9 | 必要に応じきれいな手袋をする。場合によってはセッシを持つ。 | 手洗い後、決められた吸引カテーテル保持方法を守っているか。 | | | | | |
| | 10 | 吸引カテーテルを不潔にならないように取り出す。 | 衛生的に、器具の取扱いができているか。吸引カテーテルの先端をあちこちにぶつけていないか。 | | | | | |
| | 11 | 吸引カテーテルを吸引器に連結した接続管につなげる。 | 衛生的に操作できているか。 | | | | | |
| | 12 | 吸引器のスイッチを入れる。 | 先端から約10㎝のところを手袋をした手（またはセッシ）で持つ。 | | | | | |
| | 13 | （薬液浸漬法の場合）水を吸って吸引カテーテルの内腔を洗い流すとともに吸引カテーテルの周囲を洗う。吸引カテーテル先端の水を良く切る。 | 衛生的に、器具の取扱いができているか。 | | | | | |
| | 14 | 決められた吸引圧になっていることを確認する。 | 吸引圧は20～26キロパスカル以下に設定する。 | | | | | |
| | 15 | 吸引カテーテルの先端の水をよく切る。 | よく水を切ったか。 | | | | | |
| | 16 | 「吸引しますよ～」と声をかける。 | 本人に合図を送り、心の準備をしてもらえているか。 | | | | | |
| | 17 | 手袋をつけた手（またはセッシ）で吸引カテーテルを気管カニューレ内（約10cm）に入れる。 | 手（またはセッシ）での持ち方は正しいか。どの時期で陰圧をかけるか、あらかじめ決めておく。吸引カテーテルは気管カニューレの先端を越えていないか。 | | | | | |
| | 18 | カテーテルを左右に回し、ゆっくり引き抜きながら、15秒以内で吸引をする。 | 吸引中、直後の患者の呼吸状態・顔色に気をつける。異常があった場合、家族や看護師に即座に報告したか。陰圧をかけて吸引できているか。吸引の時間は適切か。 | | | | | |
| | 19 | 一回で吸引しきれなかった場合は、吸引カテーテルの外側をアルコール綿で拭き取った後、洗浄水を吸って内側を洗い流してから、再度吸引する。 | 外側に分泌物がついた吸引カテーテルをそのまま洗浄水（滅菌蒸留水）に入れて水を汚染していないか。 | | | | | |
| | 20 | （薬液浸漬法の場合）使用済み吸引カテーテルは外側をアルコール綿で拭き取った後、水を吸って内側を洗い流してから、保存容器の消毒液を吸引カテーテル内に吸引する。 | 洗浄水、消毒液を吸いすぎていないか。吸引カテーテル内に分泌物が残っていないか。 | | | | | |
| | 21 | 吸引器のスイッチを切る。 | 吸引器の機械音は、吸引が終わったらできるだけ早く消す。 | | | | | |
| | 22 | 吸引カテーテルを連結管からはずし、破棄する。（薬液浸漬法の場合）消毒液の入った保存容器にもどす。 | | | | | | |
| | 23 | （サイドチューブ付き気管カニューレの場合）吸引器の接続管とサイドチューブをつなぎ、吸引する。 | | | | | | |
| | 24 | 手袋をはずす（手袋着用の場合）またはセッシをもとに戻し、手洗いをする。 | | | | | | |
| | 25 | 利用者に吸引が終わったことを告げ、確認できる場合、たんがとれたかを確認する。 | 本人の意思を確認しているか。たんがとれ切れていない場合はもう一回繰り返すかを聞いているか。 | | | | | |
| | 26 | 利用者の顔色、呼吸状態等を観察する。 | 苦痛を最小限に、吸引できたか。利用者の状態観察を行えているか。 | | | | | |
| | 27 | 体位を整える。 | 楽な体位であるか利用者に確認したか。 | | | | | |
| | 28 | 吸引した物の量、性状等について、ふり返り確認する。 | 吸引した喀痰の量・色・性状を見て、喀痰に異常はないか確認しているか。（異常があった場合、家族や看護師、医師に報告したか。感染の早期発見につながる。） | | | | | |
| STEP6：片付け | 29 | 吸引びんの廃液量が70～80%になる前に廃液を捨てる。 | 手早く片づけているか。吸引びんの汚物は適宜捨てる。 | | | | | |
| | 30 | 洗浄用の水や保存容器の消毒液の残りが少なければ取り換える。 | 洗浄用の水や消毒液は継ぎ足さず、セットごと取り換えているか。 | | | | | |
| STEP7：評価記録結果確認報告 | 31 | 評価票に記録する。ヒヤリハットがあれば報告する。 | 記録し、ヒヤリハットがあれば報告したか。（ヒヤリハットは業務の後に記録する。） | | | | | |

**留意点**
※　特定の利用者における個別の留意点（良好な体位やOKサイン等）について、把握した上でケアを実施すること。
※　実際に評価票を使用する際は、各対象者の個別性に適合させるよう、適宜変更・修正して使用すること。

## 評価票：喀痰吸引　気管カニューレ内部吸引（人工呼吸器装着者：侵襲的人工呼吸療法）

| 実施手順 | | 評価項目 | 評価の視点 | 評価 | | | | |
|---|---|---|---|---|---|---|---|---|
| | | | 回数 | （　）回目 | （　）回目 | （　）回目 | （　）回目 | （　）回目 |
| | | | 月日 | ／ | ／ | ／ | ／ | ／ |
| | | | 時間 | | | | | |
| STEP4：実施準備 | 1 | 訪問時、第一回目の流水と石けんによる手洗いを済ませておく。 | 外から細菌を持ち込まない。 | | | | | |
| | 2 | 医師・訪問看護師の指示を確認する。 | ここまでは、ケアの前に済ませておく。 | | | | | |
| | 3 | 利用者本人あるいは家族に体調を聞く。 | | | | | | |
| | 4 | 気管カニューレに固定ヒモが結んである場合はほどいておき、少しコネクターをゆるめておいても良い。 | | | | | | |
| STEP5：実施 | 5 | 利用者本人から吸引の依頼を受ける。あるいは、利用者の意思を確認する。 | 必要性のある時だけ行っているか。 | | | | | |
| | 6 | 吸引の環境、利用者の姿勢を整える。 | 効果的に喀痰を吸引できる体位か。 | | | | | |
| | 7 | 気管カニューレの周囲、固定状態および喀痰の貯留を示す呼吸音の有無を観察する。 | 気管カニューレ周囲の状態（喀痰の吹き出し、皮膚の発等）、固定のゆるみ、喀痰の貯留を示す呼吸音の有無などのチェックをしたか。 | | | | | |
| | 8 | 流水と石けんで手洗い、あるいは速乾性擦式手指消毒剤で手洗いをする。 | 利用者の体に接触した後、吸引前の手洗いを行っているか。 | | | | | |
| | 9 | 必要に応じきれいな使い捨て手袋をする。場合によってはセッシを持つ。 | 手洗い後、決められた吸引カテーテル保持方法を守っているか。 | | | | | |
| | 10 | 吸引カテーテルを不潔にならないように取り出す。 | 衛生的に、器具の取扱いができているか。吸引カテーテルの先端をあちこちにぶつけていないか。 | | | | | |
| | 11 | 吸引カテーテルを吸引器に連結した接続管につなげる。 | 衛生的に操作できているか。 | | | | | |
| | 12 | 吸引器のスイッチを入れる。 | 先端から約10cmのところを手袋をした手（またはセッシ）で持つ。 | | | | | |
| | 13 | （薬液浸漬法の場合）吸引カテーテルの周囲、内腔の消毒液を取り除くため、専用の水を吸引し、周囲も洗う。吸引カテーテル先端の水を良く切る。 | 衛生的に、器具の取扱いができているか。 | | | | | |
| | 14 | 決められた吸引圧になっていることを確認する。 | 吸引圧は20～26キロパスカル以下に設定する。 | | | | | |
| | 15 | 吸引カテーテルの先端の水をよく切る。 | よく水を切ったか。 | | | | | |
| | 16 | 「吸引しますよ～」と声をかける。 | 本人に合図を送り、心の準備をしてもらえているか。 | | | | | |
| | 17 | 人工呼吸器から空気が送り込まれ、胸が盛り上がるのを確認後、フレキシブルチューブのコネクターを気管カニューレからはずし、フレキシブルチューブをきれいなタオル等の上に置く。 | 呼吸器から肺に空気が送り込まれたことを確認後に、片手でフレキシブルチューブ（コネクター）を、そっとはずせているか。気管カニューレをひっぱって痛みを与えていないか。はずしたフレックスチューブをきれいなガーゼかタオルの上に置いているか。水滴を気管カニューレ内に落とし込んでいないか。 | | | | | |
| | 18 | 手袋をつけた手（またはセッシ）で吸引カテーテルを気管カニューレ内（約10cm）に入れる。 | 手（またはセッシ）での持ち方は正しいか。どの時期で陰圧をかけるか、あらかじめ決めておく。吸引カテーテルは気管カニューレの先端を越えていないか。 | | | | | |
| | 19 | カテーテルを左右に回し、ゆっくり引き抜きながら、15秒以内で吸引をする。 | 吸引中、直後の患者の呼吸状態・顔色に気をつける。異常があった場合、家族や看護師に即座に報告したか。陰圧をかけて吸引できているか。吸引の時間は適切か。 | | | | | |
| | 20 | 吸引を終了したら、すぐにコネクターを気管カニューレに接続する。 | フレキシブルチューブ内に水滴が付いている場合、水滴を払った後に、コネクターを気管カニューレに接続しているか。 | | | | | |
| | 21 | 一回で吸引しきれなかった場合は、吸引カテーテルの外側をアルコール綿で拭き取った後、洗浄水を吸って内側を洗い流してから、再度吸引する。 | 外側に分泌物がついた吸引カテーテルをそのまま洗浄水（滅菌蒸留水）に入れて水を汚染していないか。 | | | | | |
| | 22 | （薬液浸漬法の場合）使用済み吸引カテーテルは外側をアルコール綿で拭き取った後、水を吸って内側を洗い流してから、保存容器の消毒液を吸引カテーテル内に吸引する。 | 洗浄水、消毒液を吸いすぎていないか。吸引カテーテル内に分泌物が残っていないか。 | | | | | |
| | 23 | 吸引器のスイッチを切る。（吸引終了） | 吸引器の機械音は、吸引が終わったらできるだけ早く消す。 | | | | | |
| | 24 | 吸引カテーテルを連結管からはずし、破棄する。（薬液浸漬法の場合）消毒液の入った保存容器にもどす。 | | | | | | |
| | 25 | 手袋をはずす（手袋着用の場合）またはセッシをもとに戻す。手洗いをする。 | | | | | | |
| | 26 | 利用者に吸引が終わったことを告げ、確認できる場合、喀痰がとれたかを確認する。 | 本人の意思を確認しているか。喀痰がとれ切れていない場合はもう一回繰り返すかを聞いているか。 | | | | | |
| | 27 | 利用者の顔色、呼吸状態等を観察する。 | 苦痛を最小限に、吸引できたか。利用者の状態観察を行えているか。 | | | | | |
| | 28 | 人工呼吸器が正常に作動していること、気道内圧、酸素飽和度等をチェックする。 | | | | | | |
| | 29 | 体位を整える。 | 楽な体位であるか利用者に確認したか。 | | | | | |
| | 30 | 吸引した物の量、性状等について、ふり返り確認する。 | 吸引した喀痰の量・色・性状を見て、喀痰に異常はないか確認しているか。（異常があった場合、家族や看護師、医師に報告したか。感染の早期発見につながる。）サイドチューブ付き気管カニューレの場合、サイドチューブからも吸引する。（吸引器の接続管とサイドチューブをつなぐ） | | | | | |
| STEP6：片付け | 31 | 吸引びんの廃液量が70～80%になる前に廃液を捨てる。 | 手早く片づけているか。<br>吸引びんの汚物は適宜捨てる。 | | | | | |
| | 32 | 洗浄用の水や保存容器の消毒液の残りが少なければ取り換える。 | 洗浄用の水や消毒液は継ぎ足さず、セットごと取り換えているか。 | | | | | |
| STEP7：評価記録結果確認報告 | 33 | 評価票に記録する。ヒヤリハットがあれば報告する。 | 記録し、ヒヤリハットがあれば報告したか。（ヒヤリハットは業務の後に記録する。） | | | | | |

**留意点**
※　特定の利用者における個別の留意点（良好な体位やＯＫサイン等）について、把握した上でケアを実施すること。
※　実際に評価票を使用する際は、各対象者の個別性に適合させるよう、適宜変更・修正して使用すること。

## 評価票：胃ろうまたは腸ろうによる経管栄養（滴下）

| 実施手順 | | 評価項目 | 評価の視点 | 評価 | | | | |
|---|---|---|---|---|---|---|---|---|
| | | | 回数 | (　)回目 | (　)回目 | (　)回目 | (　)回目 | (　)回目 |
| | | | 月日 | ／ | ／ | ／ | ／ | ／ |
| | | | 時間 | | | | | |
| STEP4：実施準備 | 1 | 流水と石けんで手洗い、あるいは速乾性擦式手指消毒剤で手洗いをする。 | 外から細菌を持ち込まない。 | | | | | |
| | 2 | 医師・訪問看護師の指示を確認する。 | ここまでは、ケアの前に済ませておく。 | | | | | |
| | 3 | 利用者本人あるいは家族に体調を聞く。 | | | | | | |
| STEP5：実施 | 4 | 利用者本人から注入の依頼を受ける。あるいは、利用者の意思を確認する。 | 本人の同意はあるか。意思を尊重しているか。声をかけているか。 | | | | | |
| | 5 | 必要物品、栄養剤を用意する。 | 必要な物品が揃っているか。衛生的に保管されていたか。（食中毒予防も）栄養剤の量や温度に気を付けているか。（利用者の好みの温度とする。栄養剤は冷蔵保存しないことが原則である。） | | | | | |
| | 6 | 体位を調整する。 | 安全にかつ効果的に注入できる体位か。（頭部を30～60度アップし、膝を軽度屈曲。関節の拘縮や体型にあわせ、胃を圧迫しない体位等）頭部を一気に挙上していないか（一時的に脳貧血などを起こす可能性がある）。 | | | | | |
| | 7 | 注入内容を確認し、クレンメを止めてから栄養剤を注入容器に入れ、注入容器を高いところにかける。滴下筒に半分位満たし滴下が確認できるようにする。 | クレンメは閉めているか。 | | | | | |
| | 8 | クレンメをゆるめ、栄養剤を経管栄養セットのラインの先端まで流し、空気を抜く。 | 経管栄養セットのライン内の空気を、胃の中に注入しないため。 | | | | | |
| | 9 | 胃ろうチューブの破損や抜けがないか、固定の位置を観察する。 | 破損、抜けがないか。胃ろうから出ているチューブの長さに注意しているか。 | | | | | |
| | 10 | 胃ろうに経管栄養セットをつなぐ。 | しっかりつなげ、途中で接続が抜けるようなことはないか。つないだのが胃ろうチューブであることを確認したか。<br>利用者の胃から約50cm程度の高さに栄養バッグがあるか。 | | | | | |
| | 11 | クレンメをゆっくり緩めて滴下する。 | 滴下スピードは100ミリリットル～200ミリリットル／時を目安に、本人にあった適切なスピードが良い。 | | | | | |
| | 12 | 異常がないか、確認する。 | 胃ろう周辺やチューブの接続部位から漏れていないか。利用者の表情は苦しそうではないか。下痢、嘔吐、頻脈、発汗、顔面紅潮、めまいなどはないか。意識の変化はないか。息切れはないか。始めはゆっくり滴下し、顔色や表情の変化がないかどうか確認し（場合によってはパルスオキシメーターも参考に）適切なスピードを保ったか。 | | | | | |
| | 13 | 滴下が終了したらクレンメを閉じ、経管栄養セットのラインをはずし、カテーテルチップ型シリンジで胃ろうチューブに白湯を流す。 | チューブ先端の詰まりを防ぎ、細菌が繁殖しないように、よく洗ったか。細菌増殖予防目的で、食酢を10倍程度希釈し、カテーテルチップ型シリンジで注入する場合もある。 | | | | | |
| | 14 | 体位を整える。 | 終了後しばらくは上体を挙上する。<br>楽な体位であるか利用者に確認したか。 | | | | | |
| STEP6：片付け | 15 | 後片付けを行う。 | 使用した器具（栄養チューブやシリンジ）を洗浄したか。割ったり壊したりしないように注意したか。食器と同じ取り扱いでよく洗浄したか。 | | | | | |
| STEP7：評価記録結果確認報告 | 16 | 評価票に記録する。ヒヤリハットがあれば報告する。 | 記録し、ヒヤリハットがあれば報告したか。（ヒヤリハットは業務の後に記録する。） | | | | | |

※　**利用者による評価ポイント（評価を行うに当たって利用者の意見の確認が特に必要な点）**

・調理の仕方は適切か。流してみてチューブにつまらないか。
・注入の早さ、温度は利用者の好みであるか。
・注入中の体位が楽な姿勢か。

**留意点**

※　特定の利用者における個別の留意点（良好な体位やOKサイン等）について、把握した上でケアを実施すること。
※　実際に評価票を使用する際は、各対象者の個別性に適合させるよう、適宜変更・修正して使用すること。

## 評価票：胃ろうによる経管栄養（半固形タイプ）

| | | | 回数 | (　)回目 | (　)回目 | (　)回目 | (　)回目 | (　)回目 |
|---|---|---|---|---|---|---|---|---|
| | | | 月日 | ／ | ／ | ／ | ／ | ／ |
| | | | 時間 | | | | | |
| 実施手順 | | 評価項目 | 評価の視点 | 評価 | | | | |
| STEP4：実施準備 | 1 | 流水と石けんで手洗い、あるいは速乾性擦式手指消毒剤で手洗いをする。 | 外から細菌を持ち込まない。 | | | | | |
| | 2 | 医師・訪問看護師の指示を確認する。 | ここまでは、ケアの前に済ませておく。 | | | | | |
| | 3 | 利用者本人あるいは家族に体調を聞く。 | | | | | | |
| STEP5：実施 | 4 | 利用者本人から注入の依頼を受ける。あるいは、利用者の意思を確認する。 | 本人の同意はあるか。意思を尊重しているか。声をかけているか。 | | | | | |
| | 5 | 必要物品、栄養剤を用意する。 | 必要な物品が揃っているか。衛生的に保管されていたか。（食中毒予防も）栄養剤の量や温度に気を付けているか。（利用者の好みの温度とする。栄養剤は冷蔵保存しないことが原則である。） | | | | | |
| | 6 | 体位を調整する。 | 安全にかつ効果的に注入できる体位か。（頭部を30～60度アップし、膝を軽度屈曲。関節の拘縮や体型にあわせ、胃を圧迫しない体位等）頭部を一気に挙上していないか（一時的に脳貧血などを起こす可能性がある）。 | | | | | |
| | 7 | 胃ろうチューブの破損や抜けがないか確認する。 | 破損、抜けがないか。胃ろうから出ているチューブの長さに注意しているか。 | | | | | |
| | 8 | 胃ろうに半固形栄養剤のバッグないし、半固形栄養剤を吸ったカテーテルチップ型シリンジをつなぐ。 | つないだのが胃ろうチューブであることを確認したか。圧をかけたとき、液がもれたり、シリンジが抜けたりすることがあるので、接続部位を把持しているか。（タオルなどで把持するとよい） | | | | | |
| | 9 | 半固形栄養剤のバッグないしカテーテルチップ型シリンジの内筒を適切な圧で押しながら注入する。 | 5分～15分程度で全量注入する（250ccから400ccくらい）。本人にあった適切なスピードが良い。半固形の栄養バッグ（市販）は手で丸めこみ最後はぞうきんを絞るように注入する（専用のスクイーザーや加圧バッグで注入しても良い。） | | | | | |
| | 10 | 異常がないか、確認する。 | 胃ろう周辺やチューブの接続部位から漏れていないか。利用者の表情は苦しそうではないか。下痢、嘔吐、異常な頻脈、異常な発汗、異常な顔面紅潮、めまいなどはないか。意識の変化はないか。息切れはないか。始めはゆっくり注入し、顔色や表情の変化がないかどうか確認し　（場合によってはパルスオキシメーターも参考に）適切なスピードを保ったか。 | | | | | |
| | 11 | 注入が終わったら、チューブ内洗浄程度の白湯あるいは10倍に希釈した食酢をシリンジで流す。 | 半固形栄養剤が液体になるほど加量に水分を注入していないか。チューブ先端の詰まりを防ぎ、細菌が繁殖しないように、圧をかけてフラッシュしたか。 | | | | | |
| | 12 | 体位を整える。 | 終了後しばらくは上体を挙上する。<br>楽な体位であるか利用者に確認したか。 | | | | | |
| STEP6：片付け | 13 | 後片付けを行う。 | 使用した器具（栄養チューブやシリンジ）を洗浄したか。割ったり壊したりしないように注意したか。食器と同じ取り扱いでよく洗浄したか。楽な体位であるか利用者に確認したか。（半固形の場合は大きな角度のベッドアップは必要ではない） | | | | | |
| STEP7：評価記録結果確認報告 | 14 | 評価票に記録する。ヒヤリハットがあれば報告する。 | 記録し、ヒヤリハットがあれば報告したか。（ヒヤリハットは業務の後に記録する。） | | | | | |

**※　利用者による評価ポイント（評価を行うに当たって利用者の意見の確認が特に必要な点）**

・調理の仕方は適切か。流してみてチューブにつまらないか。
・注入の早さ、温度は利用者の好みであるか。
・注入中の体位が楽な姿勢か。

**留意点**

※　特定の利用者における個別の留意点（良好な体位やOKサイン等）について、把握した上でケアを実施すること。
※　実際に評価票を使用する際は、各対象者の個別性に適合させるよう、適宜変更・修正して使用すること。

## 評価票：経鼻経管栄養

| | | | | ( )回目 | ( )回目 | ( )回目 | ( )回目 | ( )回目 |
|---|---|---|---|---|---|---|---|---|
| | | | 回数 | ( )回目 | ( )回目 | ( )回目 | ( )回目 | ( )回目 |
| | | | 月日 | ／ | ／ | ／ | ／ | ／ |
| | | | 時間 | | | | | |
| 実施手順 | | 評価項目 | 評価の視点 | 評価 | | | | |
| STEP4：実施準備 | 1 | 流水と石けんで手洗い、あるいは速乾性擦式手指消毒剤で手洗いをする。 | 外から細菌を持ち込まない。 | | | | | |
| | 2 | 医師・訪問看護師の指示を確認する。 | ここまでは、ケアの前に済ませておく。 | | | | | |
| | 3 | 利用者本人あるいは家族に体調を聞く。 | | | | | | |
| STEP5：実施 | 4 | 利用者本人から注入の依頼を受ける。あるいは、利用者の意思を確認する。 | 本人の同意はあるか。意思を尊重しているか。声をかけているか。 | | | | | |
| | 5 | 必要物品、栄養剤を用意する。 | 必要な物品が揃っているか。衛生的に保管されていたか。（食中毒予防も）栄養剤の量や温度に気を付けているか。（利用者の好みの温度とする。栄養剤は冷蔵保存しないことが原則である。） | | | | | |
| | 6 | 体位を調整する。 | 安全にかつ効果的に注入できる体位か。（頭部を30～60度アップし、膝を軽度屈曲。関節の拘縮や体型にあわせ、胃を圧迫しない体位等）頭部を一気に挙上していないか（一時的に脳貧血などを起こす可能性がある）。 | | | | | |
| | 7 | 注入内容を確認し、クレンメを止めてから栄養剤を注入容器に入れ、注入容器を高いところにかける。滴下筒に半分位満たし滴下が確認できるようにする。 | クレンメは閉めているか。 | | | | | |
| | 8 | クレンメをゆるめ、栄養剤を経管栄養セットのラインの先端まで流し、空気を抜く。 | 経管栄養セットのライン内の空気を、胃の中に注入しないため。 | | | | | |
| | 9 | チューブの破損や抜けがないか、固定の位置を確認する。口の中でチューブが巻いてないか確認する。 | 破損、抜けがないか。鼻から挿入されたチューブの鼻より外に出たチューブの長さに変わりがないか確認したか。口腔内で経鼻胃管がとぐろを巻いていないか。 | | | | | |
| | 10 | 経鼻胃管に経管栄養セットをつなぐ。 | しっかりつなげ、途中で接続が抜けるようなことはないか。つないだのが経管栄養のチューブであることを確認したか。利用者の胃から約50cm程度の高さに栄養バッグがあるか。 | | | | | |
| | 11 | クレンメをゆっくり緩めて滴下する。 | 滴下スピードは100ミリリットル～200ミリリットル／時を目安に、本人にあった適切なスピードが良い。 | | | | | |
| | 12 | 異常がないか、確認する。 | 利用者の表情は苦しそうではないか。下痢、嘔吐、頻脈、発汗、顔面紅潮、めまいなどはないか。意識の変化はないか。息切れはないか。始めはゆっくり滴下し、顔色や表情の変化がないかどうか確認し（場合によってはパルスオキシメーターも参考に）適切なスピードを保ったか。 | | | | | |
| | 13 | 滴下が終了したらクレンメを閉じ、経管栄養セットのラインをはずし、カテーテルチップ型シリンジで胃ろうチューブに白湯を流す。 | チューブ先端の詰まりを防ぎ、細菌が繁殖しないように、よく洗ったか。細菌増殖予防目的で、食酢を10倍程度希釈し、カテーテルチップ型シリンジで注入する場合もある。 | | | | | |
| | 14 | 体位を整える。 | 終了後しばらくは上体を挙上する。<br>楽な体位であるか利用者に確認したか。 | | | | | |
| STEP6：片付け | 15 | 後片付けを行う。 | 使用した器具（栄養チューブやシリンジ）を洗浄したか。割ったり壊したりしないように注意したか。食器と同じ取り扱いでよく洗浄したか。楽な体位であるか利用者に確認したか。 | | | | | |
| STEP7：評価記録結果確認報告 | 16 | 評価票に記録する。ヒヤリハットがあれば報告する。 | 記録し、ヒヤリハットがあれば報告したか。（ヒヤリハットは業務の後に記録する。） | | | | | |

**※ 利用者による評価ポイント（評価を行うに当たって利用者の意見の確認が特に必要な点）**
- 調理の仕方は適切か。流してみてチューブにつまらないか。
- 注入の早さ、温度は利用者の好みであるか。
- 注入中の体位が楽な姿勢か。

**留意点**
※ 特定の利用者における個別の留意点（良好な体位やOKサイン等）について、把握した上でケアを実施すること。
※ 実際に評価票を使用する際は、各対象者の個別性に適合させるよう、適宜変更・修正して使用すること。

## 評価判定基準

### (1) 基本研修（現場演習）評価判定基準

| | |
|---|---|
| ア | 評価項目について手順通りに実施できている。 |
| イ | 評価項目について手順を抜かしたり、間違えたりした。 |
| ウ | 評価項目を抜かした。（手順通りに実施できなかった。） |

### (2) 実地研修評価判定基準

| | |
|---|---|
| ア | 1人で実施できる。<br>評価項目について手順通りに実施できている。 |
| イ | 1人で実施できる。<br>評価項目について手順を抜かしたり、間違えたりした。<br>実施後に指導した。 |
| ウ | 1人で実施できる。<br>評価項目について手順を抜かしたり、間違えたりした。<br>その場では見過ごせないレベルであり、その場で指導した。 |
| エ | 1人での実施を任せられるレベルにはない。 |

# 同意書

平成　　年　　月　　日

下記の内容について、私は十分な説明を受け内容を理解したので、喀痰吸引等業務（特定行為業務）の実施に同意いたします。

【喀痰吸引等を行う介護職員等】

氏名：

住所：

【提供体制】

事業所名称：

事業所責任者氏名：

事業所担当者氏名：

担当看護職員氏名：

担当医師氏名：

【提供を受ける期間】

年　　月　　日　～　　年　　月　　日

【喀痰吸引等（特定行為）の種類】

- □ 口腔内の喀痰吸引
- □ 鼻腔内の喀痰吸引
- □ 気管カニューレ内部の喀痰吸引
- □ 胃ろうによる経管栄養
- □ 腸ろうによる経管栄養
- □ 経鼻経管栄養

住所：

氏名：　　　　　　　　　　　　印

代理人・代筆者氏名：　　　　　　印（本人との続柄　　　）

（同席者）

事業所名：

事業所住所：

代表者名：　　　　　　　　　　　印

# 気管カニューレ内吸引時の覚書

平成　　年　　月　　日

＿＿＿＿＿＿＿＿＿＿＿さまの吸引カテーテルは、

種類（製品名）：＿＿＿＿＿＿＿＿＿＿＿＿＿＿　太さ＿＿＿＿Fr.（フレンチ）
気管カニューレ内への挿入の深さは、＿＿＿＿＿cm
吸引器の圧は、＿＿＿＿＿＿＿kPa（キロパスカル）

●この覚書は、吸引カテーテルの深さの目安を示す目印の付いた棒、紙、あるいは定規を吸引器の周囲においておき、気管カニューレ内吸引の際に挿入する長さを確認できるようにするためのものです。

●吸引圧についても、吸引器の圧表示の部位に、吸引圧上限の20kPaの部位に印を付けておきます。また、通常使用している吸引圧になる圧調整ダイアルの位置にも、印をつけておくようにします。

●気管カニューレ内吸引に当たっては、この覚書をベッドサイドに貼っておくのも、よいでしょう。

第　　号

# 修　了　証　書

さくら花子 殿

昭和　　年　　月　　日生

あなたは厚生労働省の委託を受けてNPO法人ALS／MNDサポートセンターさくら会が実施した　介護職員等によるたんの吸引等の実施のための試行事業（特定の者対象）の研修において下記を修了したことを証します

記

<table>
<tr><th>区分</th><th colspan="2">修了内容</th></tr>
<tr><td>基本研修<br>（講義）</td><td colspan="2">全課程（8時間）</td></tr>
<tr><td>基本研修<br>（演習）</td><td colspan="2">口腔内の喀痰吸引<br>鼻腔内の喀痰吸引<br>気管カニューレ内部の喀痰吸引<br>胃ろう又は腸ろうによる経管栄養<br>経鼻経管栄養</td></tr>
<tr><td>実地研修</td><td>〈対象者氏名〉</td><td>□ 口腔内の喀痰吸引<br>□ 鼻腔内の喀痰吸引<br>□ 気管カニューレ内部の喀痰吸引<br>□ 胃ろう又は腸ろうによる経管栄養<br>□ 経鼻経管栄養</td></tr>
</table>

以上

平成23年＊月＊日

NPO法人ALS／MNDサポートセンターさくら会
理事長　橋本　操

# 介護職員等による喀痰吸引等制度Q&A

## A 喀痰吸引等の制度に関すること

### 1.登録事業者

**問 A-1　登録申請**

登録事業者の登録申請については、事業所毎に所在地を管轄する都道府県に対し行うこととなっているが、同一敷地内の複数の事業所を抱える事業者の場合についても、事業所毎に申請を行うということでよいか。

答そのとおりです。

**問 A-2　登録申請（従業者関係の変更登録）**

登録事業者の登録申請事項上、介護福祉士・認定特定行為業務従事者の氏名登録が義務づけられているが、都道府県におけるデータ管理は重要であり、

①同一所在地内の複数の登録事業所間での職員異動についても変更登録は必要。

②認定特定行為業務従事者の退職等により、喀痰吸引等の提供が可能な従事者がいなくなった場合も変更登録は必要。

と解してよいか。

答そのとおりです。

**問 A-3　登録申請**

特別養護老人ホーム併設の短期入所生活介護の場合、人員基準上一体的な配置が認められているが、こうした場合についても、事業所毎に登録申請を行わなければならないか。また、空床利用の場合はどうか。

答併設する施設であっても対象者が異なる場合は、その業務内容が異なることから、事業所ごとに申請を行うこととします（対象者が同一になる場合は併設施設を合わせた申請としてもかまいません）。ただし、人員配置基準は一体的となっていますので、申請書以外の書類（職員の名簿や適合書類等）については、一本化してもかまいません。

**問 A-4　適合要件**

法第48条の5第1号各号に適合することを証する書類については、どのような内容が記載されていれば適合とみなしてよいか。

答最低限の内容として、別紙「適合要件チェックリスト」の項目が満たされていれば適合とみなしてかまいません。

**問 A-5　登録の必要性**

喀痰吸引等を利用者本人又は家族が行う場合であって、介護職員は喀痰吸引等を行わず、事前の姿勢の整えや器具の準備、片付けのみをする場合には、介護職員の認定や、事業者としての登録は必要ないと解してよいか。

答そのとおりです。

### 2.認定特定行為業務従事者

**問 A-6　認定証の有効期限**

「認定特定行為業務従事者認定証」には有効期限が定められていないが、例えば、認定後、離職・休職により喀痰吸引等の介護現場からしばらく離れていた者が再び従事する際には、改めて喀痰吸引等研修を受講する必要はないが、登録特定行為事業者が満たすべき登録基準である”特定行為を安全かつ適切に実施するために必要な措置”（法第48条の5第1項第2号）には、当該者に対する再教育（例えば、喀痰吸引等研修に定める演習、実地研修等に類似する行為をOJT研修として実施するなど）を行うことも含まれると解してよいか。また、介護福祉士に対する登録喀痰吸引等事業者においても同様と解してよいか。

答そのとおりです。

**問 A-7　認定証交付事務**

「認定特定行為業務従事者認定証」は個人に対し交付されるものと理解しているが、「喀痰吸引等研修」受講地である都道府県に関係なく、当該者の住所地等を管轄する都道府県に対し認定証の申請が行われた場合、当該都道府県において認定証交付事務が行われると解してよいか。

また、一度認定登録した者については、勤務地・住所地の異動、登録抹消・登録辞退申請等に関わらず、「登録名簿」上は永年管理が必要であると解してよいか。

なお、同一の従事者が複数の登録事業所において勤務する場合においても、事業者の登録申請はそれぞれの事業所毎に当該従事者氏名の登録が必要であると解してよいか。

答そのとおりです。

### 問A-8 認定証交付事務

認定特定行為業務従事者について、以下のような変更が発生した場合に、どのように取り扱えばよいか。

①経過措置対象者が平成24年度以降に登録研修機関の研修（第一号～第三号）を修了した場合
②第三号研修修了者が別の対象者の実地研修を修了した場合
③第三号研修修了者が同一の対象者に対する別の行為の実地研修を修了した場合
④第三号研修修了者が第一号、第二号研修を修了した場合
⑤第二号研修修了者が第一号研修を修了し、実施可能な行為が増えた場合

答基本的な考え方としては、実施できる行為が増えた場合には既存の認定証を変更し、対象者の変更（第三号研修から第一・二号への変更を含む）や、経過措置から本則の適用に変わった場合には新たな認定登録が必要となります。

①新規の申請を行い、新たな認定証を交付する
②新規の申請を行い、新たな認定証を交付する
③変更の申請を行い、交付済みの認定証を書き換える
④新規の申請を行い、新たな認定証を交付する
⑤変更の申請を行い、交付済みの認定証を書き換える

### 問A-9 認定証交付事務

認定特定行為業務従事者の認定については、申請者の住所地の都道府県へ申請することになると思うが、例えば勤め先の事業所の所在地が、申請者の住所地とは別の都道府県にある場合などにおいて、事業所が職員の認定申請をとりまとめの上、事業所の所在地の都道府県へ申請を行うことは可能か。

答問い合わせのとおり、申請者の住所地の都道府県に申請することが基本となりますが、住所地以外の都道府県で認定しても差し支えありません。

### 問A-10 認定証交付事務

認定証の交付申請書（様式5-1、5-2）の添付資料に、住民票（写し）とあるが、本籍、住所地が確認できるものとして、例えば、運転免許証の写しなど、これに代わるものでもよいか。

答住民票の写しの提出は省令附則第５条に規定されている事項のため、他のものでの代替はできません。

ただし、学校教育法第１条に規定する学校（大学及び高等専門学校を除く）の教員に限っては、教育職員免許状の写しの提出と、住所を記載した書類等を所属する学校等で作成し学校長等が承認するなど、公的機関の証明により内容が担保されるのであれば、住民票の写しに換えることとしてかまいません。具体的な処理方法や様式等については、教育委員会と都道府県の知事部局とで個別に調整してください。

### 問A-11 認定辞退

様式11「認定特定行為業務従事者認定辞退届出書」について、認定の辞退とはどのような場合を想定しているのか。また、辞退の根拠は法附則第４条第４項のどの条文が該当するのか。

答認定の辞退が発生するケースとしては、H27年度までは介護職員として特定行為を実施しますが、H27年度以降は介護福祉士として喀痰吸引等業務に従事するため、特定行為業務従事者認定証は返納する場合を想定しています（それ以外の従事者が辞退したい場合にも用いてかまいません）。

なお、認定辞退については上記のようなケースに備えて示したもので、法令上の規定はありません。

### 問A-12 様式（本籍の届出）

平成23年12月9日付事務連絡で送付された喀痰吸引等業務の登録申請等に係る参考様式の中で、認定特定行為業務従事者の申請に係る様式5-1、5-2、7、17-1、17-2、17-4において、申請者の本籍（国籍）を記入もしくは届出させるようになっており、また認定特定行為業務従事者認定証登録簿（様式６）でも本籍（国籍）を管理するような様式になっているが、本籍（国籍）を届け出させ、管理する意図は何か。

申請者の本籍（国籍）は、社会福祉士及び介護福祉士法施行規則（昭和62年厚生省令第49号）第５条に規定する届出事項とはなっておらず、個人情報の収集は最小限とすべきと考えるため、県の判断で申請者の本籍（国籍）を届出させないこととして差し支えないか。

答認定特定行為業務従事者の認定証や登録事項は介護福祉士資格と横並びとし、本人確認を行う情報の一つとして「本籍地」を記載する例を提示したところです。

しかし、本籍地は法令に規定されているものではなく、また今回の様式は参考様式のため、法令で定める必要最低限の登録・申請事項が網羅されていれば、その他の部分は各都道府県において修正などしてかまいません。

## 3. 登録研修機関

### 問A-13 公正中立性

登録研修機関における喀痰吸引等研修の実施においては、当該研修機関を有する事業者が自社職員のみに対するお手盛

り研修とならないよう、公正中立な立場で研修実施が行われるよう、通知等で示されると解してよろしいか。
答そのとおりです。

### 問A-14　都道府県による研修の業務委託

喀痰吸引等研修の業務委託については、都道府県が自ら実施する場合について、基本研修、実地研修を別々の機関かつ複数の機関に委託することは可能であると解して良いか。なお、「事業委託」は可能であるが、「指定」という概念はないと解してよいか。
答そのとおりです。

### 問A-15　登録研修機関による研修の業務委託

登録研修機関については、登録要件を満たすべき責務を担うことから、基本研修、実地研修の全てを委託することはないが、いずれかを委託（複数の機関への委託を含む）することは可能であると解してよいか。

また、例えば、実地研修の委託先が複数都道府県にまたがる場合（※基本研修を共同実施する形式）も想定されるが、その場合は基本研修を行う登録研修機関の所在地を管轄する都道府県に登録申請を行えばよいと解してよいか。
答そのとおりです。

### 問A-16　登録基準（講師）

喀痰吸引等研修の業務に従事する講師については、必ずしも雇用関係は必要とせず、研修の実施に支障がなければ常勤・非常勤等の採用形態についても問うものではないが、賃金の支払いや講師としての業務従事に一定程度の責任を担ってもらうため、都道府県又は登録研修機関と講師との間において一定程度の契約や取り決めを行うことは差し支えないか。
答かまいません。

### 問A-17　登録基準（修了証明）

喀痰吸引等研修については、基本研修（講義＋演習）、実地研修から成り立っており、実地研修修了時点において「研修修了証明証」を交付するが、演習未修了者や実地研修未修了者に対する何らか一定の担保措置を講ずる観点から、講義や演習の修了時点においても「研修受講者名簿」において管理を行い、必要に応じて都道府県と登録研修機関間において情報共有を行うことになる、と考えてよいか。
答問い合わせのとおりです。なお、平成24年4月以降には都道府県だけでなく、登録研修機関で実地研修を受講することも考えられるため、基本研修が修了していることが証明できる書類を発行してください。

### 問A-18　履修免除（介護福祉士養成学校）

通知の中で介護福祉士養成学校の卒業者に関する記述が2項目あるが（P.18 法第40条第2項第1号から第3号まで若しくは第5号の規程に基づく養成施設若しくは学校又は同項第4号の規程に基づく高等学校若しくは中等教育学校）、この2つの違いはなにか。
答介護福祉士養成学校において、H24年度から喀痰吸引等の医療的ケアに関する科目がカリキュラムに加わることになりますが、この養成課程では、基本研修までは修了必須としていますが、実地研修までは必須としていないため、修了した段階ごとに免除される範囲を規定したところです。

### 問A-19　履修免除（介護福祉士養成課程等）

H24年度より開始される介護職員の実務者研修を修了した者、又はH27年度以降に介護福祉士の養成課程を卒業した者は、その授業の中で喀痰吸引等の医療的ケアについて学習しているが、これらの者が介護福祉士国家試験に合格する前に、介護職員として喀痰吸引等の業務を行う場合はどのように認定特定行為業務従事者として認定することになるのか。（法附則第4条では、認定される条件として「都道府県知事から認定を受けた者が行う研修の課程を修了したもの」とされている。）
答養成学校も登録研修機関として登録し、当該課程の修了をもって、登録研修機関としての修了証明書を発行できるようにしてもらう必要があります。

### 問A-20　休廃止

登録研修機関から休止の届出書（休止予定期間を明記）が出され、その後、休止期間満了に伴い事業を再開する際、もしくは引き続き事業を休止する際は何か届出は必要になるか。
答休止後の事業再開については、再開届出等の提出なく再開可能です。一方、当初の期間を延長して休止する場合には、再度休止届出書を提出する必要があります。

なお、廃止を行った場合は、その時点で帳簿などが都道府県に引き継がれることとなるため、この後に再開する場合には、再度登録申請から行うことになります。

## 4.喀痰吸引等研修

### 問A-21　研修課程の区分（不特定・特定の判断基準）

喀痰吸引等研修の課程については省令上「第一号研修～第三号研修」が定められており、第一号及び第二号研修はこれまでの試行事業等における「不特定多数の者対象」、第三号研修は「特定の者対象」の研修に見合うものと考えるが、不特定・特定の判断基準としては、

○不特定：複数の職員が複数の利用者に喀痰吸引等を実施する場合

○特定：在宅の重度障害者に対する喀痰吸引等のように、個別性の高い特定の対象者に対して特定の介護職員が喀痰吸引等を実施する場合ということでよいか。

答そのとおりです。

### 問A-22　研修課程（第三号研修）

第三号研修（特定の者対象）の研修修了者が新たな特定の者を担当とする場合には、あらためて第一号研修若しくは第二号研修（不特定多数の者対象）を受講する必要はないと解してよいか。

また、第三号研修についても、基本研修を受ける必要はなく、その対象者に対応した実地研修を受講すればよいと解してよいか。

答そのとおりです。

## 5.研修の一部履修免除

### 問A-23　研修課程の区分（不特定・特定の判断基準）

違法性阻却通知に基づく研修等を修了し、たんの吸引等を行っていた介護職員等で、対象者の死亡や転出等、何らかの事情により特定の者の経過措置認定が受けられない介護職員等が、平成24年4月1日以降に第3号研修を受ける場合、通知に基づく研修等の受講履歴その他受講者の有する知識及び経験を勘案した結果、相当の水準に達していると認められる場合には、当該喀痰吸引等研修の一部を履修したものとして取り扱うことができ、一部履修免除されると考えてよいか。

答問い合わせの通りです。

研修の一部履修免除の範囲等については、平成23年11月11日付け社援発1111第1号「社会福祉士及び介護福祉士法の一部を改正する法律の施行について（喀痰吸引等関係）」局長通知を参照してください。

※第5-2-⑷研修の一部履修免除

省令附則第13条の喀痰吸引等研修の課程については、当該喀痰吸引等研修以外の喀痰吸引等に関する研修等の受講履歴その他受講者の有する知識及び経験を勘案した結果、相当の水準に達していると認められる場合には、当該喀痰吸引等研修の一部を履修したものとして取り扱うこととし、以下に定める者の場合には、以下の履修の範囲とすること。

○第1号研修及び第2号研修（略）

○第3号研修

・平成22年度に厚生労働省から委託を受けて実施された「介護職員等によるたんの吸引等の実施のための試行事業（特定の者対象）」の研修修了者

（履修の範囲）基本研修

・「平成23年度介護職員等によるたんの吸引等の実施のための研修事業（特定の者対象）の実施について」（平成23年11月11日障発1111第2号厚生労働省社会・援護局障害保健福祉部長通知）

（履修の範囲）基本研修

・「ALS（筋萎縮性側索硬化症）患者の在宅療養の支援について」（平成15年7月17日医政発第0717001号厚生労働省医政局長通知）に基づくたんの吸引の実施者

（履修の範囲）基本研修の「喀痰吸引等を必要とする重度障害児・者等の障害及び支援に関する講義」及び「緊急時の対応及び危険防止に関する講義」のうちの喀痰吸引に関する部分並びに「喀痰吸引等に関する演習」のうちの通知に基づき実施している行為に関する部分

・「在宅におけるALS以外の療養患者・障害者に対するたんの吸引の取扱いについて」（平成17年3月24日医政発第0324006号厚生労働省医政局長通知）に基づくたんの吸引の実施者

（履修の範囲）基本研修の「喀痰吸引等を必要とする重度障害児・者等の障害及び支援に関する講義」及び「緊急時の対応及び危険防止に関する講義」のうちの喀痰吸引に関する部分並びに「喀痰吸引等に関する演習」のうちの通知に基づき実施している行為に関する部分

・「盲・聾・養護学校におけるたんの吸引等の取扱いについて」（平成16年10月20日医政発第1020008号厚生労働省医政局長通知）に基づくたんの吸引等の実施者

（履修の範囲）基本研修（気管カニューレ内部の喀痰吸引に関する部分を除く。）

### 問A-24　研修課程の区分（不特定・特定の判断基準）

違法性阻却通知（「ALS（筋萎縮性側索硬化症）患者の在宅療養の支援について」「在宅におけるALS以外の療養患者・障害者に対するたんの吸引の取扱いについて」）に基づく研修等を修了し、たんの吸引等を行っていた介護職員等で、対象者の死亡や転出等何らかの事情により特定の者の経過措置認定が受けられない介護職員等が、平成24年4月1日以降に、第3号研修を受講し、新たな対象者にたんの吸引等を行う場合、例えば、

・喀痰吸引の行為が必要な対象者の場合は、実地研修（特定の対象者に対する当該行為）のみを受講すればよく、
・経管栄養の行為が必要な対象者の場合は、基本研修（経管栄養部分の講義3時間と演習1時間）及び実地研修（特定の対象者に対する当該行為）を受講するということでよいか。

答そのとおりです。
なお、喀痰吸引の行為が必要な対象者の場合に、基本研修（経管栄養部分の講義3時間と演習1時間）を受講することを妨げるものではありません。

### 問A-25　研修課程の区分（不特定・特定の判断基準）

違法性阻却通知（「盲・聾・養護学校におけるたんの吸引等の取扱いについて」）に基づく研修等を修了し、たんの吸引等を行っていた教員で、異動等何らかの事情により特定の者の経過措置認定が受けられない教員が、平成24年4月1日以降に、第3号研修を受講し、新たな幼児児童生徒にたんの吸引等を行う場合、A-23の研修の一部履修免除を適用し、例えば、
・気管カニューレ内部の喀痰吸引以外の特定行為が必要な幼児児童生徒の場合は、実地研修（特定の対象者に対する当該行為）のみを受講すればよく、
・気管カニューレ内部の喀痰吸引が必要な幼児児童生徒の場合は、基本研修（気管カニューレ内部の喀痰吸引に関する部分を含む講義3時間と演習1時間）及び実地研修（特定の対象者に対する当該行為）を受講するということでよいか。

答そのとおりです。
なお、気管カニューレ内部の喀痰吸引以外の行為が必要な幼児児童生徒の場合に、基本研修（気管カニューレ内部の喀痰吸引に関する部分を含む講義3時間と演習1時間）を受講することを妨げるものではありません。

## 6.都道府県事務

### 問A-26　公示

登録等に関する公示については、喀痰吸引等の対象者に対して登録事業者や登録研修機関の登録等の状況を広範囲かつ一定程度の継続性をもって行うことができれば、その方法等（県庁舎の然るべき公示掲載場所での一定期間の掲載、県庁ホームページや県広報誌等の活用など）については、各都道府県での取り決めに従い行えばよろしいか。
なお、介護福祉士・認定特定行為業務従事者の氏名については、個人情報に類し公示させる意義に乏しいため、公示の対象としないということでよろしいか。

答そのとおりです。

### 問A-27　事業廃止

登録研修機関や登録事業者が廃止となる場合においては、業務停止前に、「研修修了者名簿」等については、当該研修機関もしくは事業者の廃止後においても継続的に研修修了者等の修了証明を担保する必要があることから、都道府県において引継ぎし、管理していくべきものであると解してよいか。

答そのとおりです。

### 問A-28　事務処理体制

窓口設定、名簿管理等について、都道府県内で複数のセクション（例えば、高齢福祉課と障害福祉課）において実施したり、関係事項に関する事務処理（決裁処理、行政文書に関する審査委員会の設置等）については、各都道府県に委ねられていると解してよいか。
また、登録事務そのものについて、最終的な決定事務は都道府県が行うが、申請書の受理や書類審査等の事務を外部団体に委託することも可能であると解してよいか。

答そのとおりです。

### 問A-29　登録手数料

登録事務に関する手数料設定については、設定の可否、料金設定、設定すべき種別等について各都道府県の判断に委ねられているものと解してよいか。また、設定については手数料条例の改正等をもって行うべきものと思慮しているが、少なくとも経過措置対象者に対する権利保障の関係から鑑みて、平成23年度内の然るべき時期までに事務処理を行うべきものと解してよいか。

答そのとおりです。

## 7.その他

### 問A-30　特定行為の範囲

今般の制度化によって、介護従事者にも可能となった行為以外の行為は、実施できなくなると考えて良いか。

答喀痰吸引と経管栄養以外の行為が医行為に該当するか否かや、介護職員が当該行為を実施することが当面のやむを得ない措置として許容されるか否かは、行為の態様、患者の状態等を勘案して個別具体的に判断されるべきものであり、法が施行された後もその取扱いに変更を加えるものではありません。

### 問A-31　H27年度対応登録事業所の変更手続（特定行為→喀痰吸引等）

当面、認定特定行為業務従事者として介護福祉士と介護福祉士以外の介護職員のいる「登録特定行為事業者」については、平成27年度以降、当該介護福祉士が「特定登録者」となること等を踏まえ、「登録喀痰吸引等事業者」との二枚看板を背負うことになるが、その場合、例えば「従事者氏名=名簿一覧」については、同一者でも「認定特定行為業務従事者」から「介護福祉士」へと区分変更申請を行う必要があると思慮するが、改めて事業者登録申請を出し直すこと等は事業者側・都道府県側の双方での事務煩雑化を招きかねず、何らかの事務簡素化措置(※当初より登録申請書については「登録特定行為事業者」と「登録喀痰吸引等事業者」を同じものを用いて申請させる等）が講じられるものと解してよろしいか。

答そのとおりです。

### 問A-32　H27年度対応登録事業所の変更手続（特定行為→喀痰吸引等）

仮に、従業者全て介護福祉士である「登録喀痰吸引等事業者」において、離職等により介護福祉士の確保が困難となり、介護福祉士以外の認定特定行為業務従事者を雇用し業務を行う場合には、「登録喀痰吸引等事業者を廃止」し「登録特定行為事業者としての新規登録」すべく事務処理が必要となるものと思慮されるが、突発的な離職等による変更登録申請時と同様に、事後的に遅滞なく届出を行えばよいと解してよいか。

答そのとおりです。

### 問A-33　H27年度対応特定登録証交付に伴う事務

認定特定行為業務従事者である介護福祉士が平成27年度以降において「特定登録者」となった場合の都道府県における事務処理については、特段の都道府県から当該者に対する能動的な対応は不要と思慮するが、認定特定行為業務従事者からの登録取消申請があった場合には、「認定特定行為業務従事者認定証」の返納を受け、その旨を「管理名簿」に記載した上で継続管理を行う（「管理名簿」上からの削除は行わない）こととすることでよいか。

また、平成27年度以降のこうした者等に関する「(財）社会福祉振興・試験センター」との間の事務調整や情報連携等については、厚生労働省を介在して何らかのスキームが示されるものと解してよいか。

答そのとおりです。

## B 経過措置対象者に関すること

### 1.経過措置対象者

### 問B-1　経過措置対象者の範囲

違法性阻却通知又は平成22年度介護職員等によるたんの吸引等の実施のための試行事業・平成23年度都道府県研修に基づく研修は受講したが、現在喀痰吸引等を実施していない者については、経過措置対象者に含まれるか。

答今後、喀痰吸引等の業務を実施する見込みがある場合は対象としてかまいません。

### 問B-2　第3号研修

経過措置対象者（居宅におけるALS等の障害者に対する喀痰吸引を実施していた者）がH24年4月1日以降に第3号研修を受講し、対象者や行為を変更する場合、例えば、

- 口腔内喀痰吸引を実施していた者が、鼻腔内喀痰吸引の行為を追加する場合は、実地研修（特定の対象者に対する当該行為）のみを受講すれば良く、
- 口腔内喀痰吸引を実施していた者が、胃ろう又は腸ろうによる経管栄養の行為を追加する場合は、基本研修（経管栄養部分の講義3時間と演習1時間）及び実地研修（特定の対象者に対する当該行為）を受講するということでよいか。

答そのとおりです。

### 問B-3　第三者証明

経過措置者に係る交付申請時に添付の第三者証明書について、第三者とはどのような者が該当するか。

答不特定多数の者を対象とした介護職員であれば、その者が勤める事業所の長となり、特定の者を対象とした者であれば、その者が勤める事業所の長や主治の医師等によるものと考えられます。

### 2.経過措置の範囲

### 問B-4　研修受講の可否

H23年度都道府県研修における実地研修の修了がH24年3月31日までに満たされない者については、

(1) 年度を越えた後においてもH23年度事業の対象として実地研修を行うのか、それともH23年度事業の対象としては当該者は未修了者扱いとして事業を終了させ、改めて法施行下で都道府県（又は登録研修機関へ

の受入依頼等）により実地研修のみを行うのか。

(2) 前者の場合は研修修了時点をもって経過措置対象者として取り扱われ、後者の場合は「基本研修」を一部免除として取り扱った上で「喀痰吸引等研修」を修了し、かつ、認定特定行為業務従事者として取り扱うのか。

(3) それぞれの場合の実地研修に要した費用についてはH23年度国庫補助事業として精算確定すればいいのか、それとも受講者負担とすることは可能か。

答一定範囲までを本事業で実施し、H 24年度以降は都道府県又は登録研修機関で残りの研修を行った上で認定することは可能です。その際、受講者がどこまで研修を終えているか、証明できる書類を発行することが必要になります。

予算単年度主義が原則であり、H 23年度国庫補助金については年度末までにかかった費用について対応する予定です。

問B-5 対象者

違法性阻却の通知は、施設関係は「特別養護老人ホームにおけるたんの吸引等の取扱いについて」のみで、障害者施設や通所事業所における取扱いについては明記されていない。また、「ALS患者の在宅療養の支援について」「在宅におけるALS以外の療養患者・障害者に対するたんの吸引の取扱いについて」は在宅に限定されている。障害者施設や通所事業所の職員は、経過措置の対象に含まれるのか。

答障害者施設や通所事業所の職員は、経過措置対象者には含まれません。

問B-6 認定証に記載される行為

現在違法性阻却論により容認されている方については、その範囲において、認定特定行為従事者になりうるが、今後もたん吸引研修を受講する必要がないのか。

答現在、違法性阻却でたんの吸引等を実施している方については、その行為の範囲内で経過措置の認定が行われます。したがって、それ以外の行為を実施する場合には、研修を受ける必要があります。

## 3. 認定特定行為業務従事者

問B-7 申請

認定特定行為業務従事者の認定が遅れ、4月1日までに間に合わない場合については、4月中に従業者の交付申請書が受理された場合に限り、4月1日に遡って、登録したものとする取り扱いできないか。

答そのような扱いとしてかまいません。

問B-8 申請

様式17- 3「認定特定行為業務従事者認定証（経過措置）交付申請書添付書類」について、※一時的に離職している者（…やむを得ず離職し転職活動中等の者を含む。）とあるが、これは、どのようなケースを想定しているのか。

答経過措置対象者の要件として、法では「法律の施行の際現に介護の業務に従事する者」とされているが、育児休暇中やH 24.4.1間際で離職した者も経過措置対象者に含まれるようにするため注記を加えています。

## 4. 登録喀痰吸引等事業者

問B-9 申請

登録事業者の登録については、認定特定行為業務従事者の認定が行われた後、従事者名簿が整って初めて申請が可能となるものであり、認定特定行為業務従事者の認定が遅れ、事業者登録が4月1日に間に合わない場合については、事業者登録の申請書が受理された後、4月1日に遡って、登録したものとする取り扱いできないか。

答そのような扱いとしてかまいません。

## 5. 特別養護老人ホームにおけるたんの吸引等の経過措置認定者の認定行為の範囲

問B-10 認定証の有効範囲

①特養で14 hの研修を受け、施設長名の修了証が発行されたが職員が、転勤、転職等により登録時に特養に在籍していない場合でも認定は可能か。

※介護には従事している。（たとえば法人の老健に勤務している。グループホーム、他特養に勤務している等）

②また認定後退職し、他の施設（他特養、老健、デイ等）で勤務した場合、資格は有効か。

※登録事業所である老健や、デイでも特養の経過措置のケアが可能か、あるいは特養でしか有効ではないのか。

答認定は介護職員個人に対する認定行為であり、認定された行為を行う限りにおいては、事業種別を問うものではありません。

## 6. 違法性阻却通知関係

### 問B-11 対象者

障害程度区分４以上のケアホーム利用者が重度訪問介護を利用し、喀痰吸引を行っている場合について、当該介護職員は、今回の制度の経過措置対象となるか。

答ケアホームで派遣介護職員が支援する時は、在宅扱いとしていることから、ケアホーム利用者が重度訪問介護を利用し、喀痰吸引を行っている場合についても、違法性阻却通知に基づき実施している行為については経過措置の対象となります。

### 問B-12 対象者

「特別養護老人ホームにおけるたんの吸引等の取扱いについて」（平成22年４月１日医政発第0401第17号厚生労働省医政局長通知）に基づくたんの吸引等の実施者について、経過措置としての認定特定行為業務従事者の認定の範囲はどのように考えればよいか。

答認定特定行為業務従事者としての認定は、原則として平成24年３月末までの間に特別養護老人ホームで就業した者となります。なお、上記通知に基づき特別養護老人ホームでたんの吸引等を実施していた介護職員であって、平成24年３月末の時点で休業中の者等を含みます。

### 問B-13 違法性阻却通知の取扱い

違法性阻却の通知はいつ廃止されるのか。

答介護職員等による喀痰吸引等の実施については、従来、厚生労働省医政局長通知により、当面のやむを得ない措置として、在宅、特別養護老人ホーム及び特別支援学校において一定の要件の下に認めるものと取り扱っているが、当該通知について、新制度施行後は、その普及・定着の状況を勘案し、特段の事情がある場合を除いて原則として廃止する予定です。

## 7. その他

### 問B-14 H23年度研修の未修了者の扱い

経過措置対象者については、申請により認定証の交付を受けたうえで、平成24年４月１日以降も行為が可能と説明されているが、H24年度より開始される喀痰吸引等研修の３課程とは別に、実施可能な行為ごとに認定されるものという理解でよいか。（特養であれば「口腔内、胃ろう」のみと行為の範囲が記載されるなど）。

答ご指摘のとおり、実施可能な行為が認定証に記載され、その範囲でのみ経過措置として認められます（ただし、特養については、現在、胃ろうによる経管栄養のうち、栄養チューブ等と胃ろうとの接続、注入開始は通知により認められていないため、これらの行為は除かれます）。

### 問B-15 H23年度研修の未修了者の扱い

平成24年度に、違法性阻却の通知に基づいて、特養において施設内で研修を実施した場合、口腔内、胃ろうの行為について、認定証の交付は可能なのか。

答平成24年度以降に開始した研修については、経過措置の対象とはなりません。

医政発０３２９第１４号
老発０３２９第７号
社援発０３２９第１９号
平成２４年３月２９日

各都道府県知事　殿

厚生労働省医政局長
老健局長
社会・援護局長

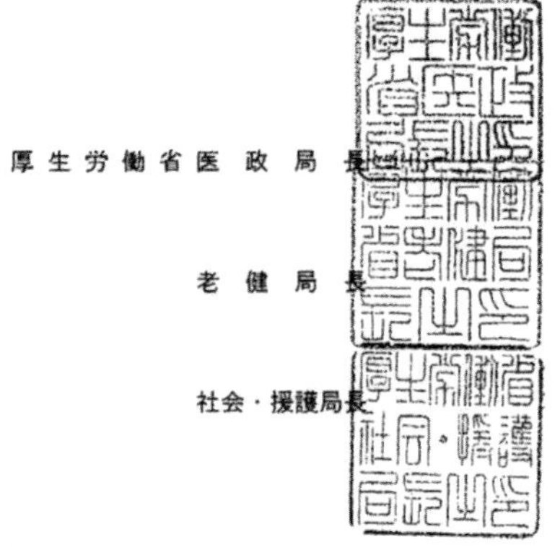

介護職員等の実施する喀痰吸引等の取扱いについて（通知）

標記については、「ＡＬＳ（筋萎縮性側索硬化症）患者の在宅療養の支援について」（平成15年7月17日付け医政発第0717001号）、「盲・聾・養護学校におけるたんの吸引等の取扱いについて」（平成16年10月20日付け医政発第1020008号）、「在宅におけるＡＬＳ以外の療養患者・障害者に対するたんの吸引の取扱いについて」（平成17年3月24日付け医政発第0324006号）及び「特別養護老人ホームにおけるたんの吸引等の取扱いについて」（平成22年4月1日付け医政発0401第17号）（以下「喀痰吸引関連４通知」という。）により、介護職員が喀痰吸引等を実施することがやむを得ないと考えられる条件について示してきたところである。

今般、介護サービスの基盤強化のための介護保険法等の一部を改正する法律（平成23年法律第72号）（以下、「法」という。）の施行に伴い、介護職員等による喀痰吸引等（改正後の社会福祉士及び介護福祉士法施行規則で定める行為に限る。以下同じ。）の実施について、下記のとおりとなるので、貴職におかれては、管内の市町村、関係機関、関係団体及び各特別養護老人ホーム等に周知いただくとともに、制度の円滑な実施に向けて特段の配慮をお願いしたい。

記

介護職員等による喀痰吸引等については、平成24年４月１日から、改正後の社会福祉士及び介護福祉士法（昭和62年法律第30号。以下「改正法」という。）に基づき行われることとなること。

このため、改正法に基づかず実施している事実が確認された場合においては、できる限り速やかに改正法に基づいた適用手続を促すべきであること。具体的には、改正法施行の平成24年度前に喀痰吸引等の行為を実施していた者については、認定特定行為業務従事者認定証の交付申請及び当該者が属する事業所における登録喀痰吸引等事業者の登録手続をできる限り速やかに行うよう周知すること。

また、平成24年４月以降に喀痰吸引関連４通知で示した研修を実施しても、改正法の経過措置に基づく特定行為業務従事者の認定は受けられないことに誤解なきよう対応されたい。

なお、改正法に基づかない介護職員等の喀痰吸引等がやむを得ないものかどうかは個別具体的に判断されることになるが、その際、喀痰吸引等は原則として改正法に基づいて実施されるべきであることも勘案された上で判断されることとなると考えられること。

## C 平成23年度介護職員等によるたんの吸引等の実施のための研修事業（不特定多数の者対象）（略）

## D 平成23年度介護職員等によるたんの吸引等の実施のための研修事業（特定の者対象）

### 問D-1 全体

平成23年度末の時点で、研修の全課程を修了できない場合、都道府県又は都道府県の委託を受けた事業実施者は、終了した内容をどのように証明すればよいか。

また、残りの研修について平成24年度以降に研修を実施しても差し支えないか。

答都道府県の任意の様式で、終了した内容等についての証明書を発行してください。

また、残りの研修について平成24年度以降に引き続き研修を実施してもかまいません。

### 問D-2 全体

どのような場合に「第三号研修（特定の者対象）」を選択しうるか、適切な例をお示しいただきたい。

答特定の者の研修事業は、ALS等の重度障害者について、利用者とのコミュニケーションなど、利用者と介護職員等との個別的な関係性が重視されるケースについて対応するものです。以下に限定されるものではありませんが、具体的な障害等を例示するとすれば以下のような障害等が考えられます。

〈障害名等の例〉

・筋萎縮性側索硬化症（ALS）又はこれに類似する神経・筋疾患
・筋ジストロフィー
・高位頸髄損傷
・遷延性意識障害
・重症心身障害等

なお、上記のような対象者であって、対象者も限定されている場合は、障害者支援施設においても「特定の者」研修を選択し得ます。

### 問D-3 全体

特別養護老人ホーム、老人保健施設等高齢者施設で従事する職員は、特定の者の研修事業の受講者には該当しないと考えるが、いかがか。

また、介護保険施設以外の介護保険サービスに従事する職員に関しては、どのように考えればよいか。

答そのとおりです。

特定の者対象の研修事業は、ALS等の重度障害者について、利用者とのコミュニケーションなど、利用者と介護職員等との個別的な関係性が重視されるケースについて対応をするものであり、事業として複数の利用者に複数の介護職員がケアを行うことが想定される高齢者の介護施設や居住系サービスについては、特定の者対象の研修事業の対象としない予定です。また、その他の居宅サービスについては、上記の趣旨を踏まえ、ALS等の重度障害者について、個別的な関係性を重視したケアを行う場合に、特定の者対象の研修を実施してください。

### 問D-4 カリキュラム

研修カリキュラムについて、時間数、項目はそのとおりに行わなければいけないのか。県の裁量や独自性は一切認められないのか。

答実施要綱に示された時間数や項目の内容に沿って、研修カリキュラムとして適切な講義を行っていただく必要があります。ただし、受講生の理解度に応じて内容を付け加える等、実施要綱に示された内容以上に実施することはかまいません。

なお、「重度障害児・者等の地域生活等に関する講義」については、研修の対象である行為を受ける「特定の者」の状況等により必要となる講義内容を設定してください。（例：特別支援学校の教員に対する研修における講義については、「学校生活」へ変更する等、対象者に応じた内容とする等。）

### 問D-5 カリキュラム

都道府県研修において、基本研修の内容を「不特定」と「特定」と比較した時、「講義」の科目、及び時間数に違いがあるため、「不特定」と「特定」の研修を合同で行うことは不可能（別々に行うべき）と考えてよいか。

答特定と不特定では別のカリキュラムですので、研修は原則別々に行うべきです。

### 問D-6　基本研修

特定の者の研修事業について、国から筆記試験事務規程に関する通知はあるのか。

答特定の者の研修事業に特化した筆記試験事務規程に関する通知をする予定はありません。特定の者対象の研修の実施要綱及び特定の者対象の研修関係の事務連絡等を参照の上で、実施してください。

### 問D-7　基本研修

ALS等の進行性疾患の場合、現在は喀痰吸引等の必要はないが、将来必要になる可能性がある。このような者を担当している、又は担当する可能性がある介護職員等の場合、特定の者の基本研修でシミュレーター演習まで終了し、当該対象者に喀痰吸引等が必要になる際に現場演習を実施し評価を受け合格した上で実地研修に進むことで良いか。その際、研修実施機関はシミュレーター演習まで終了した旨の証明書を発行できると解して良いか。

答そのとおりです。

### 問D-8　基本研修・実地研修

基本研修について本研修事業以外の他の研修において、基本研修で受講すべき科目と重複した内容を既に受講済みの者について、都道府県の判断で当該科目の受講を免除することは認められるか。

答研修等の受講履歴その他受講者の有する知識及び経験を勘案した結果、相当の水準に達していると認められる場合には、通知等で示す範囲について受講を免除することは認められます。

### 問D-9　演習

シミュレーター演習については、受講者によっては特定の行為のみの実施でも可能なのか（例えば、口腔内たん吸引のみ実施など）。可能な場合でも、1時間の演習が必要なのか。すべての行為を行う必要があるのか。

答講義後の1時間のシミュレーター演習は、イメージをつかむことを目的としますが、すべての行為について演習を行ってください。

現場演習は、利用者のいる現場で、利用者の使用している吸引器等を使って、シミュレーターで特定の行為の演習を行います。

【別紙1】参照

### 問D-10　演習

すべての現場へ人体モデル（シミュレーター）を持って行くことは困難。

簡易なシミュレーターとはどのような物なのか。

答ペットボトルの口に気管カニューレとチューブを繋げる、ペットボトルに穴をあけて胃ろうのペグを付ける等、簡易な物でかまいません。

<参考>簡易なシミュレータの例

【別紙2】

http://www.mhlw.go.jp/seisakunitsuite/bunya/hukushi_kaigo/seikatsuhogo/tannokyuuin/dl/2-6-1-2.pdf

### 問D-11　実地研修

特定の者対象の研修の場合、経鼻胃管チューブが胃まで届いているかの確認は誰が実施することとして研修を行えばよいか。

答経鼻胃管チューブが胃まで届いているかの確認については、重要な事項であるので、介護職員等が行う手順としても、栄養を注入する前に、少なくとも鼻から管が抜けていないか、口腔内で経鼻胃管がとぐろを巻いていないか程度は確認するように手順の中に含めているところです。

注入前に、シリンジで内容物を吸う、空気を入れてバブル音を確認するといった処置に関しては、知識としてもっていただく必要がありますので、講義では説明していただきたいのですが、基本的には、経鼻経管栄養の際には、栄養チューブが正確に胃の中に挿入されていることの確認は医師、保健師、助産師又は看護師が行うこととしており、例えば在宅においては、訪問看護師等の医療者が確認する事項、あるいは家族が確認する事項として位置づけており、介護職員等には要求しないこととしています。

### 問D-12　実地研修

研修実施要綱案について「3. 対象者」に記載されている施設と実地研修施設として記載されている施設には違いがあるのか。

答実地研修施設は、介護療養病床、重症心身障害児施設等を含みますが、研修の受講対象者では、制度化後、医療機関が登録事業所にならないため、介護療養病床、重症心身障害児施設等に勤務する職員は除外しています。

### 問D-13　実地研修

実地研修実施要領において、利用者のかかりつけ医等の医師からの指示とあるが、この医師は誰を想定しているのか。

答利用者のかかりつけ医や主治医、施設の配置医等を想定しており、指導者講習を受けている必要はありません。

問D-14　講師の要件

研修の講師は、本年度実施する指導者養成事業を修了する必要があるのか。指導者養成事業を修了した看護師等が在籍していないと研修事業を実施できないのか。

答平成23年度の事業における特定の者研修の講師は原則として、指導者養成事業（都道府県講習又は自己学習）を修了する必要があります（次項を併せて参照のこと）。

研修事業の実施に当たっては、外部講師や委託も可能としており、実際に講師、指導者となる者が指導者養成事業を修了していればよく、在籍していないと研修事業を実施できないというわけではありません。

なお、平成24年度以降の喀痰吸引等研修における講師の要件として義務づけられているものはありませんが、研修講師候補者については、履歴等を提出させ、講師要件との整合性や適正等につき、十分な審査を行うこととし、適宜、当該研修講師候補者への面接、ヒアリング等についても行うよう努めることとしています。

問D-15　講師の要件

平成23年度研修事業介護職員等によるたんの吸引等の実施のための研修事業実施要綱の5．講師の項において、基本研修（講義、演習）の講師は、原則として指導者講習を受講した医師、保健師、助産師又は看護師とあるが、「例外」として想定されるのはどのような場合か。

答実施要綱5（4）の「重度障害児・者等の地域生活等に関する講義」については、指導者講習の受講に関わらず、当該科目に関する相当の学識経験を有する者を講師として差し支えない、としています。また、指導者養成事業に相当すると都道府県知事が認めた事業を修了した医師、保健師、助産師又は看護師（具体的には、試行事業の際の指導看護師等を想定）も講師となることができます。

（参考）訪問看護ステーションとの関わり方の例（特定の者対象の場合）

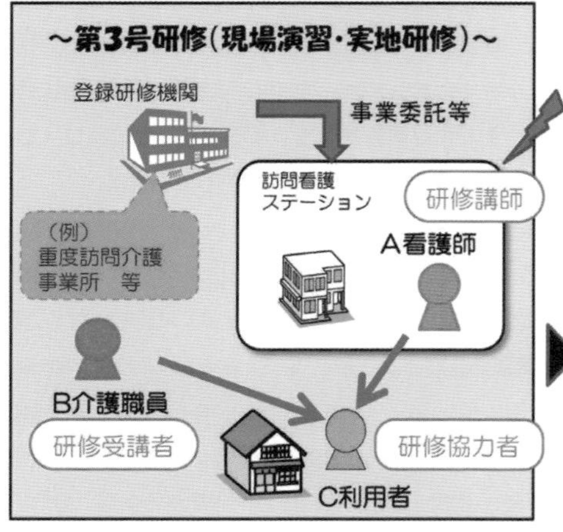


訪問看護ステーションが、実地研修の事業委託を受けている場合、研修講師として、現場演習～実地研修に関与（指導・助言及び評価）を行います。

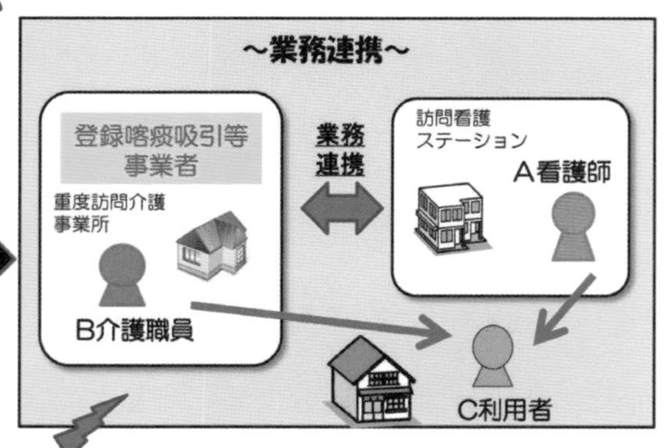


訪問看護ステーションが、登録喀痰吸引等事業者（重度訪問介護事業所）の事業連携先である場合、介護職員（ホームヘルパー等）と看護師が連携して、喀痰吸引等を含めたサービス提供を行います。

「研修（第３号研修）」は、特定の利用者に対する医行為の提供を前提として行われることから、研修場面、実際の業務場面を通じて、同一の利用者（特定の者）に対し、同じ介護職員が喀痰吸引等を提供することとなりますが、その際、同じ看護師が関与することが望ましいと考えられます。

【別紙1】

【別紙】

## 【特定の者】基本研修(演習)

○　基本研修における演習(シミュレーター演習)[1時間]については、当該行為のイメージをつかむこと(手順の確認等)を目的とし、評価は行わないが、すべての行為について演習を行っていただきたい。

○　実地研修の序盤に、実際に利用者のいる現場において、指導看護師や経験のある介護職員が行う喀痰吸引等を見ながら利用者ごとの手順に従って演習(現場演習)を実施し、プロセスの評価を行う。

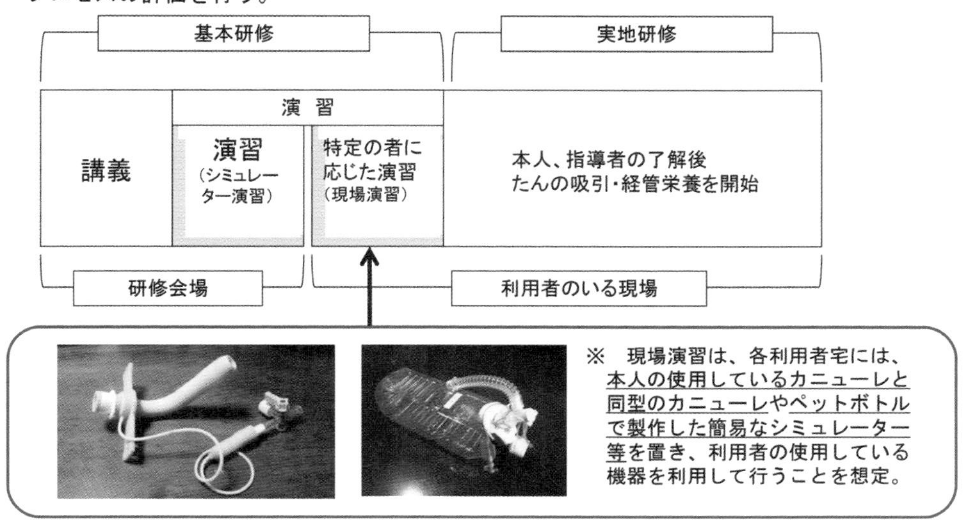


【別紙2】

## 気管カニューレ内部の喀痰吸引練習器(愛称：Pちゃん)の製作方法と練習のしかた

NPO法人さくら会

ペットボトルとカニューレ、はさみ、カッター、ひも、Yガーゼ、を用意します。
カニューレは使用済みのものでもいいのですが、その場合はよく洗浄してください。

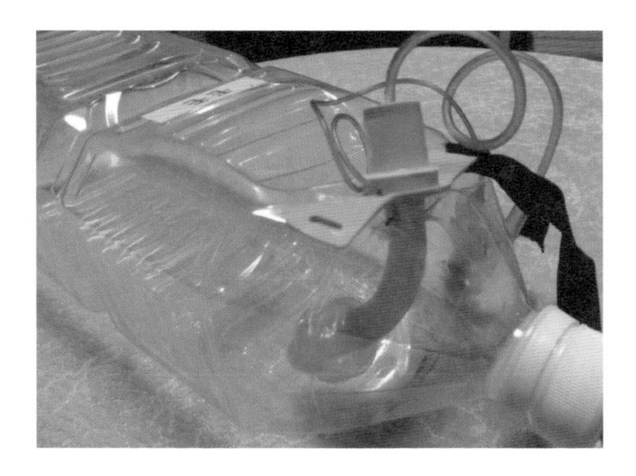

ペットボトルの上部に穴をあけて、カテーテルを差し込みます。差し込んだら、カフから空気を入れてバルーンを膨らましてください。カフにどれくらい空気を入れたらどれくらいバルーンが膨らむか見えます。気管カニューレの長さもわかりますので、どれくらいカテーテルを入れるといいのかがわかります。

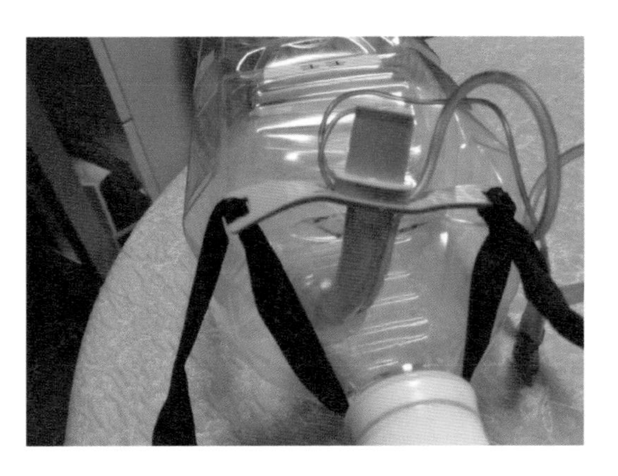

ぐらつかないように、しっかりペットボトルの首にひもで縛ります。

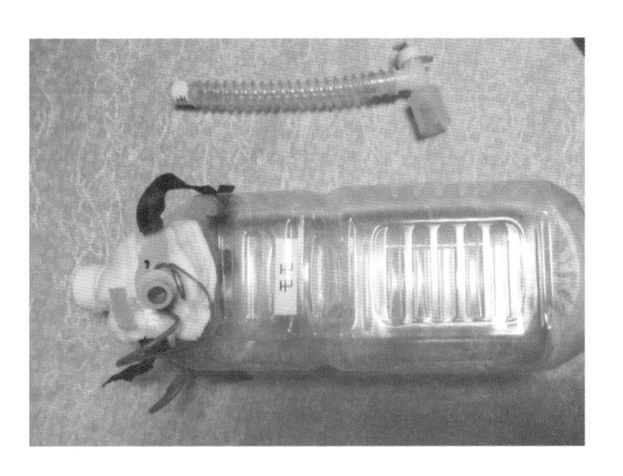

上からみたＰちゃん。介護職員等は、この吸引練習器で繰り返し練習して手順をしっかりと覚えてください。100回ほど手順どおり練習を繰り返すと身体が覚えてしまいます。

Ｙガーゼを差し込み、実際の雰囲気を出しましょう。演習では、まず、吸引の手順、コネクターの取りつけ、取り外しなどの扱い、セッシの扱い方を練習します。慣れてくれば、ペットボトルの中に模擬たんを入れて、実際に吸引を行っても良いでしょう。

在宅においては、人形型のシミュレーターを利用者宅に持ち込んで練習することは、スペースの関係上困難ですが、これなら簡単に持ち運びができ、利用者の目の届くところで演習が可能です。コストもかからず、製作にかかる時間も１時間程度ですので、是非活用してみてください。

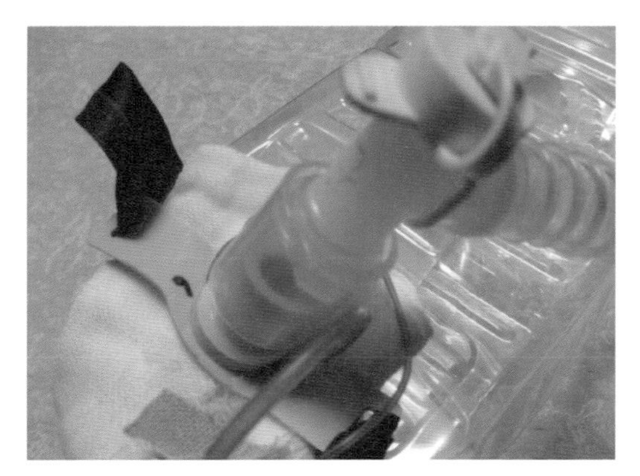

カニューレにコネクターを差し込んだところです。コネクターを利き手でないほうの手で丁寧かつ迅速に取り外したり、はめたりする練習をします。乱暴に行えば痛みを与えますのでこれがもっとも大事です。片手であっても、きちんと締めないと外れてしまいます。

### 問D-16　試行事業との関係

「介護職員によるたんの吸引等の試行事業」で研修を受講した介護職員は、都道府県研修を受講したものと見なせるか。

答試行事業において、基本研修及び実地研修を修了と判定された方については、本年度の研修の免除が可能（修了した行為のみ）です。基本研修まで修了した方については、基本研修の免除が可能です。

### 問D-17　研修受講対象者

障害者（児）サービス事業所及び障害者（児）施設等（医療機関を除く。）で福祉サービスに従事している保育士だけでなく、保育所の保育士も研修事業の対象となると考えてよいか。

答そのとおりです。

### 問D-18　訪問看護師との関わりについて

実地研修の講師については、当該対象者をよく知る看護師等が望ましいと思うが、在宅の場合は、その家に入っている訪問看護師が望ましいと考えてよいか。

答問い合わせのとおりです。

なお、具体的なイメージについては、以下の厚生労働省ホームページに掲載している図を参照してください。

http://www.mhlw.go.jp/seisakunitsuite/bunya/hukushi_kaigo/seikatsuhogo/tannokyuuin/dl/5-1-2.pdf

**編　者**

NPO法人 医療的ケアネット
理事長　杉本健郎
〒601-8382 京都市南区吉祥院石原上川原町21
電話075-693-6604　FAX.075-693-6605
ホームページ　http//www. mcnet.or.jp
Eメール　mcnet-info@mcnet.or.jp

**執筆者一覧（執筆順・分担）**

講義Ⅰ／
高木憲司（和洋女子大学家政学部家政福祉学科准教授）：Ⅰ-1～7、27～40、57、63、コラム
下川和洋（NPO法人 地域ケアさぽーと研究所理事）：Ⅰ-8～26、58～60、64、コラム
江川文誠（えがわ療育クリニック院長・ソレイユ川崎施設長）：Ⅰ-41～56、61、62、おわりに
コラム／尾瀬順次（O）（NPO法人てくてく理事長、NPO法人医療的ケアネット理事）

講義Ⅱ・Ⅲ／
三浦清邦（愛知県医療療育センター中央病院副院長・NPO法人医療的ケアネット理事）：Ⅱ-1～10、Ⅲ-30、41、コラム
石井光子（千葉県千葉リハビリテーションセンター愛育園長）：Ⅱ-11～41、コラム
勝田仁美（兵庫県立大学看護学部名誉教授）：Ⅲ-42~69、コラム
北住映二（心身障害児総合医療療育センター所長・むらさき愛育園名誉園長）：Ⅲ-1～29、31～40、42、46～99
二宮啓子（神戸市看護大学看護学部小児看護学教授）：Ⅲ-100~144、コラム
コラム／杉本健郎（S）、下川和洋（SI）

たんの吸引等第三号研修（特定の者）テキスト［改訂版］
たんの吸引、経管栄養注入の知識と技術

2018年８月31日　初版発行
2021年８月31日　改訂版発行
2024年５月31日　改訂版第２刷発行

編　者●© NPO 法人 医療的ケアネット
執筆者●高木憲司・下川和洋・江川文誠・三浦清邦
　　　　北住映二・石井光子・二宮啓子・勝田仁美

発行者●田島英二　info@creates-k.co.jp
発行所●株式会社 クリエイツかもがわ
〒 601-8382　京都市南区吉祥院石原上川原町 21
電話 075(661)5741　FAX 075(693)6605
http://www.creates-k.co.jp　info@creates-k.co.jp
郵便振替　00990-7-150584

印刷所●モリモト印刷株式会社
ISBN978-4-86342-308-4 C0036　printed in japan